应用型本科经济管理类专业系列教材

商务沟通与谈判

主编　刘　菲

西安电子科技大学出版社

内 容 简 介

本书共 12 章,主要内容包括商务沟通概述、商务沟通原理、商务沟通的技巧、商务谈判概述、商务谈判原理、商务谈判的组织与准备、商务谈判的开局阶段、商务谈判的报价阶段、商务谈判的讨价还价阶段、商务谈判的成交阶段、商务谈判中不同情况的有效应对,以及商务沟通与谈判实践案例分析。

本书重视教与学的适用性,注重对实务知识的深入讲解,并具备良好的可操作性。

本书可作为应用型本科院校、高职高专院校相关专业商务沟通与谈判课程的教材,也可作为企事业单位管理人员或公司对外联络部门等需要沟通与谈判技能的相关人员的培训、自学用书。

图书在版编目(CIP)数据

商务沟通与谈判 / 刘菲主编. -- 西安:西安电子科技大学出版社, 2024. 12. -- ISBN 978-7-5606-7557-2

Ⅰ. F715.4

中国国家版本馆 CIP 数据核字第 20245RJ126 号

策　　划　李鹏飞
责任编辑　李鹏飞
出版发行　西安电子科技大学出版社(西安市太白南路 2 号)
电　　话　(029) 88202421　88201467　　邮　　编　710071
网　　址　www.xduph.com　　　　　　　电子邮箱　xdupfxb001@163.com
经　　销　新华书店
印刷单位　广东虎彩云印刷有限公司
版　　次　2024 年 12 月第 1 版　　2024 年 12 月第 1 次印刷
开　　本　787 毫米×1092 毫米　1/16　印 张　17
字　　数　397 千字
定　　价　48.00 元

ISBN 978-7-5606-7557-2

XDUP 7858001-1

*** 如有印装问题可调换 ***

前　言

随着全球化不断推进，商业环境日趋复杂且充满变数，企业间的竞争与合作关系变得错综复杂。在这一背景下，商务沟通与谈判显得尤为重要，它不仅是企业日常运营的关键环节，更是企业在市场竞争中取胜的法宝。有效的沟通与谈判不仅能够促进合作、解决冲突，还能最大化共同利益。高超的商务沟通与谈判技巧对商务人士至关重要，对于高校大学生和企事业单位人员提升职业素养、增强就业竞争力、提高工作效率以及促进个人和企业共同发展也具有重要作用。

正是基于这样的背景，我们精心编写了本书。本书旨在帮助读者构建一套全面、系统且实用的商务沟通与谈判知识体系，引导读者深入理解商务沟通与谈判的本质，掌握关键技能，提升实战能力，以应对日益复杂的商业环境。

我们在编写本书的过程中，特别注重将理论知识与实际应用场景相结合，通过结合丰富多样的案例解析，让本书内容更加贴近实际，易于理解和应用。本书旨在帮助学习者更加高效、深入地学习和理解相关知识，提升他们的实践能力和解决问题的能力。无论是在学术研究还是在实际工作中，本书都将为学习者提供有效帮助。

本书具有以下特色与创新点：

1. 理论与实践相结合。 本书不仅系统介绍了商务沟通与谈判的理论知识，还通过大量案例分析与实践项目让读者亲身体验谈判过程，将理论知识转化为实际操作能力。同时，本书还注重将理论知识与实际工作场景相结合，通过情景呈现、小故事大道理等栏目，让读者在实操演练中掌握和运用所学知识。这种理论与实践相结合的方式，能够帮助读者更好地理解和应用所学知识，提升实际操作能力。

2. 前瞻性与实用性并重。 本书紧跟时代步伐，融入了最新的研究成果与实践经验，确保内容的前瞻性与实用性并重。同时，本书还结合了最新的商业趋势和实践经验，为读者提供具有前瞻性和实用性的知识和技能。这种前瞻性与实用性并重的特点，有助于读者掌握最新的商务沟通与谈判的知识和技能，更好地应对实际工作中的挑战。

3. 注重能力培养。 本书不仅注重知识的传授，更注重能力的培养，通过实操演练、知识链接等多种方式，帮助读者提升沟通、谈判、团队协作等多方面的能力。本书还注重培养读者的创新思维和解决问题的能力，通过案例的思考和解析，激发读者的创新潜力和实践能力。这种注重能力培养的特点，可以帮助读者在学习的过程中不断提升自己的综合素养和实战能力。

4. 情商与沟通相结合。 除了上述特色与创新点之外，本书还特别注重情商与沟通的结合。在商务沟通与谈判中，情商的高低往往决定了沟通效果的好坏和谈判的成败。因此，本书在介绍沟通技巧的同时，也深入探讨了情商在商务沟通中的重要性，并提供了提升情商的具体方法和技巧。情商与沟通的有机结合，可以使读者在商务场合中更加自信、从容地与他人进行有效沟通，从而取得更好的谈判结果和商业合作机会。

本书由浙江树人学院管理学院刘菲担任主编。本书是校企合作的成果，其编写得到了杭州机蛋仔网络科技有限公司、杭州亿芳源网络科技有限责任公司以及杭州六丁火餐饮管理有限公司的大力支持。本书的出版获得了浙江省"十三五"优势专业和浙江省一流专业——浙江树人学院市场营销专业建设项目的资助。在编写的过程中，作者参考了大量相关书籍，在此对这些书籍的作者和为本书的出版提供了帮助与支持的同行、朋友及出版单位表示衷心的感谢。

借此机会，我更要向我的家人表达我最深切的感激之情。在我全身心投入编写本书的过程中，家人默默地承担了很多。家人的理解和支持，如同温暖的阳光，照亮了我前行的道路；家人的鼓励和关怀，是我不断前进的动力和源泉。愿我的努力能够为他们带来一丝欣慰，也愿本书能够成为我回馈他们辛勤付出的最好礼物。

展望未来，我将继续关注商务沟通与谈判领域的发展动态，不断更新与完善教材内容，以满足读者日益增长的学习需求。同时，期待能够与更多的专家学者、企业和实践者合作，共同推动商务沟通与谈判领域的教育与研究发展。我相信，在大家的共同努力下，商务沟通与谈判这一领域必将迎来更加辉煌的明天。我也期待读者能够认真阅读本书内容，积极实践所学知识与技能，不断提升自己在商务沟通与谈判领域的竞争力，为未来的职业生涯打下坚实的基础。同时，我也希望读者能够将所学知识应用到实际工作中，为企业和社会的发展做出更大的贡献。

尽管编者在编写过程中力求准确、完善，但书中难免存在疏漏与不足之处，恳请各位专家和读者批评指正！

刘　菲

2024 年 10 月于杭州

目 录

第1章　商务沟通概述

学习目标

　　理解商务沟通的基本概念与分类：掌握沟通的定义，了解商务沟通的概念，熟悉沟通的类型，以及沟通在商务活动中的重要作用。

　　掌握商务沟通的特点、原则及一般过程：深入理解商务沟通的特点，明确商务沟通的原则，熟悉商务沟通的一般过程。

　　理解情商与商务沟通的关系：掌握情商的概念，了解情商的五要素，认识情商在商务沟通中的积极作用。

重点知识

- 商务沟通的概念、类型及其在商务活动中的重要作用。
- 商务沟通的特点、原则及一般过程。
- 情商的概念及其在商务沟通中的积极作用。

学习难点

- 如何将商务沟通的理论知识应用于实际的商务活动中，有效进行商务沟通。
- 深入理解并掌握情商的五要素，以及如何在商务沟通中运用情商提升沟通效果。
- 理解和分析商务沟通的一般过程，掌握其在实际商务活动中的应用。

——情景呈现——

一场智慧与情商的较量

　　张伟，一位经验丰富的销售经理，站在了 X 公司的谈判室门口。他深吸一口气，准备迎接一场至关重要的商务谈判。X 公司是行业内的新兴势力，与 X 公司的合作对于张伟所在的公司来说，不仅能获得稳定的收入来源，更是拓宽市场份额、提升品牌知名度的绝佳机会。这次谈判的目标是为公司争取到一份为期三年、金额高达数千万元的长期合作合同，其重要性不言而喻。

　　在谈判前，张伟做了充分的准备。他不仅仔细研究了商务沟通的技巧，还深入分析了 X 公司的现状，并准备了翔实的数据和案例来支持自己的观点。他知道，这场谈判不仅仅是一场普通的交流，还是一场充满了策略、技巧和情商的较量。

带着充分的准备，张伟走进了谈判室。他自信而冷静，用专业的语言和得体的举止与 X 公司的代表进行了深入的交流。

"非常感谢 X 公司给予我们这次合作的机会。"张伟微笑着伸出手，"我相信，通过我们的共同努力，一定能够实现双方的共赢。"

X 公司的代表也礼貌地伸出手与张伟相握："张经理，我们很高兴能与贵公司探讨合作的可能性。不过，我们也有一些疑虑和期望，希望在谈判中能够得到解答。"

张伟点了点头，示意对方开始提问。X 公司的代表也不客气，直接抛出了第一个问题："我们很关心合作后的长期发展和利益分配问题，不知道贵公司对此有何打算？"

张伟早有准备，他从容不迫地回答："关于长期发展，我们可以共同制定战略规划，确保双方在市场中的竞争优势。而在利益分配方面，我们愿意根据双方的贡献和市场表现来确定合理的分配机制，确保双方的利益最大化。这一点，请贵公司放心。"

X 公司的代表听了张伟的回答，似乎有些满意，但又提出了另一个问题："我们注意到，贵公司的产品在某些方面与我们的现有产品线存在重叠。如果合作，如何确保不会对我们的现有业务造成冲击？"

张伟微微一笑，他早就想到了这个问题："关于产品线重叠的问题，我们可以进行差异化定位，确保双方的产品线是互补的而不是竞争的。同时，我们可以共同开发新的产品线，以满足市场的不同需求。这样，不仅可以避免对现有业务的冲击，还可以共同开拓新的市场。我相信，通过我们的合作，一定能够实现更大的商业价值。"

X 公司的代表听了张伟的解释，点了点头表示认可。接下来的谈判中，双方就合作的具体细节进行了深入的讨论。张伟凭借着充分的准备和出色的沟通技巧，成功地化解了对方的疑虑和担忧，并逐渐赢得了对方的信任和支持。

在谈判的过程中，张伟巧妙地运用了一些谈判技巧来推动谈判的进程并与对方达成了共识。他通过提问引导对方思考与张伟所在公司合作的潜在价值和长远利益，让对方逐渐认识到合作是一个明智的选择。同时，他也展示了灵活性和妥协的意愿，对于一些非核心的合作条款进行了适当的让步，以展现合作的诚意和共赢的态度。

最终，在经过几轮激烈的讨价还价和深入的讨论后，张伟成功地为公司争取到了这份长期合作的合同。X 公司的代表对张伟的专业能力和沟通技巧给予了高度评价，并表示期待与公司展开更加紧密的合作。

──名师点拨──

这场商务谈判不仅是一次商业上的胜利，更是张伟智慧和情商的展现。他通过充分的准备、专业的知识和出色的沟通技巧，成功地赢得了 X 公司的信任和支持，为公司带来了长期稳定的合作机会和广阔的市场前景。这场谈判也成为公司内部的经典案例，被广泛传播和学习。

1.1　商务沟通的概念与分类

商务沟通对于促进合作、协调行动、解决问题和建立关系至关重要。有效的商务沟通技巧能够提升决策质量，增强团队协作，并在激烈的市场竞争中保持组织的竞争力。随着科学技术的发展和全球化趋势的加快，商务沟通的方式和工具也在不断变化，要求专业人士掌握多样化的沟通手段，以适应不断变化的商业环境。

1.1.1 沟通的概念

在日常生活中，沟通无处不在，无论是面对面的交谈、电话中的讨论、电子邮件的往来还是社交媒体上的互动，都是沟通的不同形式。每一种形式都有其独特的优势与局限，但共同的目标都是促进双方或多方之间的理解与合作。从一般意义上讲，沟通是指人们为了达成设定的目标，通过信息媒介在个人或群体间，借助于共同的符号系统(包括语言和非语言符号)获得、传递和交流信息、思想和情感的个人和社会互动行为，也就是发送者凭借一定的渠道(亦称媒介或通道)，将信息发送给既定对象(接收者)，并寻求反馈以达到相互理解的过程。

沟通，作为一项严谨且正式的信息、思想和情感传递与交互的过程，涉及多个参与方，包括但不限于个体与群体。沟通参与方通过精心选择的语言、精确无误的文字表达以及得体的行为举止，能够确保信息被准确传递与深度理解，以达成共同的认知与目标。

良好的沟通不仅有助于个人关系的建立与维护，还能在团队合作中发挥重要作用，提升团队的凝聚力与执行力。在商业领域，良好的沟通更是不可或缺的要素，它能够促进商业交易的顺利进行，为企业的发展创造更多的机遇。沟通通常包含以下几层含义。

1. 沟通首先是信息的传递

沟通包含着意义的传递，如果信息没有传递到既定对象，那么就没有发生沟通。也就是说，如果演讲者没有听众或写作者没有读者，就无法构成沟通。

沟通中的信息包罗万象。在沟通过程中，我们不仅传递信息，还表达着赞赏或不快之情，或者提出自己的意见和观点。这样，沟通的信息就可分为：① 语言信息，包括口头语言信息和书面语言信息，两者所表达的都是一种事实或个人态度；② 非语言信息，是指沟通者所表达的情感，包括副语言和身体语言信息等。沟通过程中，发送者要把传送的信息"编码"成符号，接收者则进行"解码"。接收者要完整地理解传递的信息，不仅要获取事实，还要分析发送者的价值观、个人态度，只有这样才能达到有效的沟通。

2. 信息不仅要被传递，还要被充分理解

完美的沟通，如果它存在的话，那么经过传递后，接收者所感知到的信息应与发送者发出的信息完全一致。值得注意的是，信息是无形的。在沟通过程中，传递于沟通者之间的只是一些符号，而不是信息本身。传送者要把传递的信息翻译成符号，接收者则要进行翻译。由于每个人的"信息-符号存储"系统各不相同，对同一符号常常存在不同的理解。

3. 有效的沟通并不是沟通双方达成一致的意见，而是准确地理解信息的含义

许多人认为，有效的沟通就是使别人接受自己的观点。实际上，你可以明确地理解双方所说的意思但不一定赞同对方的看法。沟通双方能否达成一致意见，对方是否接受你的观点往往不是由沟通有效与否这个因素决定的，它还涉及双方利益是否一致、价值观念是否相似等其他关键因素。例如，在谈判过程中，如果双方存在着根本利益的冲突，即使沟

通过程中不存在任何噪声干扰，谈判双方的沟通技巧也十分纯熟，双方都已充分了解了对方的要求和观点，往往也不能达成一致协议。

4. 沟通是一个双向、互动的反馈和理解过程

有人认为，既然我们每天都在与别人沟通，那么沟通并不是一件难事。事实并非如此，虽然我们每天都在进行沟通，但这并不表明我们是一个成功的沟通者，正如我们每天都在工作，并不表明我们每天都能获得工作上的成就一样。沟通不是一个纯粹单向的活动，或许你已经告诉对方你所要表达的信息，但这并不意味着对方已经与你沟通了。沟通的目的不是行为本身，而在于结果。如果预期结果并未产生，接收者并未对你发出的信息作出反馈，那么就没有达成沟通。

【金钥匙】

松下幸之助："企业管理过去是沟通，现在是沟通，未来还是沟通。"——这句话强调了沟通在企业管理中的持续性、重要性，也是松下幸之助长期管理理念的体现。

戴尔·卡耐基："做一个好听众，鼓励别人说说他们自己。"——这句话来自戴尔·卡耐基的人际关系和沟通技巧著作，是卡耐基沟通理念的核心之一。

马克·吐温："鼓励自己最好的办法，就是鼓励别人。"——马克·吐温作为19世纪的著名作家和演说家，他的这句话体现了其积极的人生态度和沟通理念。

安德鲁·S. 葛洛夫："愈坏的消息，应该用愈多的气力沟通它。"——安德鲁·S.葛洛夫作为英特尔公司的前CEO，对企业管理有着深刻的见解，这句话体现了他在危机沟通方面的智慧。

列夫·托尔斯泰："与人交谈一次，往往比多年闭门劳作更能启发心智。"——列夫·托尔斯泰是19世纪的俄国文学巨匠，他的这句话深刻揭示了人际交往和沟通对心智成长的重要性。

爱默生："有许多隐藏在心中的秘密都是通过眼睛泄露出来的，而不是通过嘴巴。"——爱默生作为19世纪的美国思想家和文学家，他的这句话以独特的视角探讨了沟通的微妙之处，也反映了其深邃的观察力和思考力。

1.1.2 商务沟通的概念

商务沟通(Business Communication)，作为现代商业运作的核心要素，其重要性不言而喻。它不仅是企业间信息传递的纽带，更是企业构建、巩固及深化商业关系的关键策略。在商务沟通的语境中，应始终秉持严谨、稳重、理性和官方的语言风格，以确保信息的精确传达和专业的商业形象。商务沟通就是在商业经济活动中，不同个体、不同组织之间相互传递信息、交流思想、传达情感并最终达成共识的过程，商务沟通也指在商务环境中，个人或组织之间为了达成共同目标而进行的信息传递、协商和谈判等活动。它涉及商务活动的各个方面，包括采购、销售、储存、运输等基本商务活动，以及商情研究、商业机会选择、商务洽谈、合同签订与履行、商务纠纷处理等更为复杂的商务活动。

商务沟通的重要性体现在多个方面。首先，它有助于塑造企业独特的专业形象。在商业交流中，企业的一言一行都是其专业能力和信誉的直观体现。通过严谨、稳重的商务沟通，企业能够展示出高度的专业水准和可靠的信誉，赢得合作伙伴的信赖与尊重。其次，商务沟通有助于增进客户信任。在复杂的商业环境中，信任是合作的基础。通过理性、客观的商务沟通，企业能够深入了解客户需求，提供定制化的解决方案，从而建立起良好的信任关系。此外，商务沟通还能够促进商业合作的达成。在商务谈判、市场推广等关键环节中，通过精准、高效的商务沟通，企业能够迅速把握商机，推动合作的顺利进行。

在商务沟通的过程中，应遵循一系列基本原则。首先是清晰性。应致力于确保信息的准确、清晰传达，避免任何可能的误解或歧义。其次是准确性。应坚持提供真实、可靠的信息，拒绝任何形式的夸大或虚假宣传。再次是及时性。应知晓商业信息的时效性，始终保持快速响应和及时沟通。最后是尊重性。应尊重每一个合作伙伴的意见和立场，倾听他们的声音，以实现共同发展的目标。

在全球化和信息化高速发展的时代背景下，商务沟通的重要性愈发凸显。企业需要不断提升商务沟通能力，以应对日益复杂的商业环境和挑战。这包括提升企业的跨文化沟通能力和充分利用现代科技手段提升沟通效率的能力等。同时，企业也应注重培养员工的商务沟通能力，以打造一支高效、专业的商务团队，为企业的长远发展提供有力支持。

1.1.3　沟通的类型

沟通是一项重要的社交技能，它涉及信息、思想和情感的传递与理解。沟通的分类可以从多个角度进行，以下是一些主要的分类方式。

1. 按照组织结构划分

按照组织结构特征进行分类，沟通可分为正式沟通和非正式沟通，如图 1-1 所示。

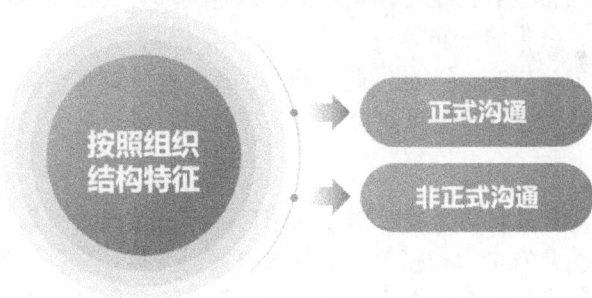

图 1-1　沟通按照组织结构特征分类图

1）正式沟通

正式沟通是指通过组织明文规定的原则、渠道所进行的信息传递和交流。它遵循组织的既定权力结构、反馈线路和信息载体，具有组织的严肃性、程序性、稳定性和可靠性。正式沟通通常发生在组织内部，遵循一定的程序和规则，用于传递正式的信息、决策或指令。正式沟通的具体表现形式主要包括组织间的公函来往、组织内部的文件传达、定期的会议沟通及书面报告等。

特点： 正式沟通具有明确性、规范性和权威性，有助于维护组织的稳定性和秩序。

2）非正式沟通

非正式沟通是指通过正式组织途径以外的信息流通程序进行的信息传递与交流。它不受组织明文规定的限制，相对灵活，不受组织结构和程序的限制，通常发生在组织成员之间的日常交往中。非正式沟通的具体表现形式主要包括领导与员工的非正式会面、同事间的闲聊等。这些沟通方式更加自由、随和，有助于增进成员之间的了解和信任。

特点：非正式沟通具有灵活性、及时性和广泛性，能够迅速传递信息并促进组织内部的互动。

2. 按照信息发送者和接收者的位置是否变换划分

按照信息发送者和接收者的位置是否变换进行分类，沟通可分为单向沟通和双向沟通，如图 1-2 所示。

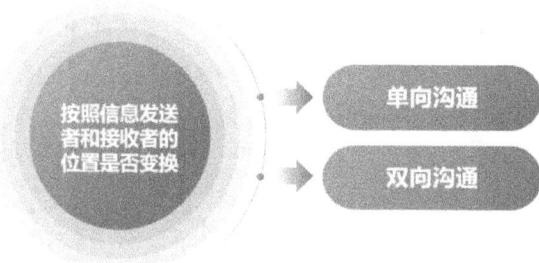

图 1-2　沟通按照信息发送者和接收者的位置是否变换分类图

1) 单向沟通

单向沟通是指信息在发送者和接收者之间单向流动，接收者通常不给予反馈。在单向沟通中，信息发送者与接收者的位置固定不变。这种沟通方式常见于权威性的信息传递，如上级对下级的指令、公告的发布等。

特点：单向沟通效率较高，信息传递明确、迅速，能够确保信息的准确性和一致性，但接收者可能缺乏表达意见和反馈的机会，容易导致误解或信息失真。

2) 双向沟通

双向沟通是指信息在发送者和接收者之间双向流动，接收者可以给予反馈。与单向沟通不同，双向沟通中信息发送者与接收者的位置可灵活变换。这种沟通方式鼓励双方之间的互动和交流，允许信息的反馈和协商，常见于日常对话、会议讨论等场景。

特点：双向沟通有助于增强互动性和理解度，提高沟通效果，有利于问题的解决和决策的制定，以及建立更加紧密和信任的关系。然而，它也面临着信息过载、沟通效率较低等挑战。

这两种沟通方式都有其特点和作用。单向沟通以其明确性和迅速性在权威性信息的传递中发挥着重要作用，双向沟通则以其互动性和全面性在日常对话和决策制定中展现出优越性。商务人士需要根据具体的沟通场景和目标，灵活地选择和运用不同的沟通方式。在需要确保信息准确性和一致性的场合，可以选择单向沟通；在需要促进双方理解和信任的场合，可以选择双向沟通。

总之，沟通是一门艺术，而信息发送者与接收者的位置变换是这门艺术中的重要篇章。通过深入了解和灵活运用不同类型的沟通方式，我们可以更好地驾驭沟通的舞台，奏响信息的华美乐章。

3. 按照沟通方向划分

按照沟通方向进行分类，沟通可分为上行沟通、下行沟通和平行沟通，如图 1-3 所示。

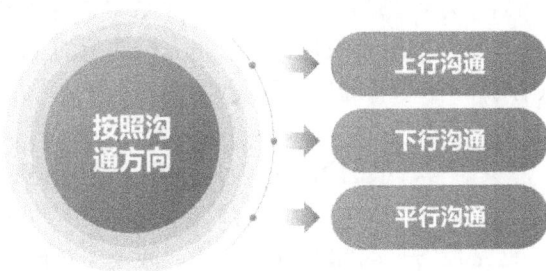

图 1-3　沟通按照沟通方向分类图

1) 上行沟通

上行沟通是指信息从较低层次流向较高层次的过程，如下级对上级的汇报、建议等。它是组织内部垂直沟通的一种重要形式。

特点：上行沟通具有反馈性和参与性，能够允许下级表达意见和需求，增强组织的民主性和员工的参与度。在上行沟通中，沟通者需要关注信息的真实性、客观性和建设性，以确保上级对信息的正确理解和决策。

2) 下行沟通

下行沟通是指信息从较高层次流向较低层次的过程，如上级对下级的指示、命令等。它是组织内部垂直沟通的另一种重要形式。

特点：下行沟通具有权威性和指导性，能够确保信息的准确传递和执行。在下行沟通中，沟通者需要关注信息的准确性、清晰性和可执行性，以确保下级对信息的正确理解和执行。

3) 平行沟通

平行沟通是指同一层次的人员或部门之间的信息交流过程。它是组织内部水平沟通的重要形式，有助于增强团队协作和协调。

特点：平行沟通具有协作性和互动性，能够促进不同部门或个体之间的合作和信息共享。在平行沟通中，沟通者需要关注信息的共享性、协作性和互动性，以确保信息的有效传递和团队协作的顺利进行。

4. 按照沟通方式划分

按照沟通方式进行分类，沟通可分为语言沟通和非语言沟通，如图 1-4 所示。

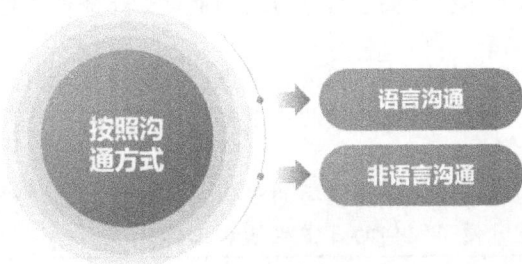

图 1-4　沟通按照沟通方式分类图

1) 语言沟通

语言沟通是指建立在语言文字基础上，以语言作为沟通媒介，以词语符号为载体实现的沟通，主要包括口头语言沟通、书面语言沟通和电子数据语言沟通等，涉及生活的各个方面，是人们交流、交换和学习的最有效途径。它是人类沟通的主要方式之一。

特点：语言沟通具有明确性、准确性和可记录性，是沟通中最常用和最重要的方式之一。

语言沟通主要包含口头语言、书面语言以及电子数据语言沟通三种形式，具体内容如下。

(1) **口头语言沟通**。这是最常见的沟通方式之一，涉及面对面的交谈、电话沟通、视频会议等。口头语言沟通的特点是信息传递迅速，反馈及时，有助于建立和维护人际关系。然而，口头语言沟通也可能存在信息传递失真、易受干扰等问题。口头语言沟通的具体形式既包括演讲、正式讨论，也包括非正式的讨论，以及传话或小道消息传播等。

(2) **书面语言沟通**。书面语言沟通通过文字来表达思想和情感，如书信、报告、邮件、短信、社交媒体上的文字交流等。书面语言沟通具有记录性、可追溯性和持久性等优点，有助于确保信息的准确性和完整性，但书面沟通可能缺乏即时的反馈和情感表达。

(3) **电子数据语言沟通**。电子数据语言沟通是指将包括图表、图像、声音、文字等在内的书面语言性质的信息，通过电子信息技术转化为电子数据进行信息传递的一种沟通方式。这种沟通方式在现代社会中得到了广泛的应用，特别是在信息技术高速发展的背景下，它已经成为人们日常工作和生活中不可或缺的一部分。在电子数据语言沟通中，常见的沟通工具包括电子邮件、即时通信软件、视频会议系统、网络论坛等。这些工具各具特色，可以满足不同场景下的沟通需求。例如，电子邮件适用于正式场合下的文件传输和信息交流；即时通信软件适合日常的即时沟通和协作；视频会议系统则能够跨越地域限制，实现远程的面对面交流。总的来说，电子数据语言沟通是现代信息技术发展的产物，它以其高效性、多样性和灵活性成为人们日常沟通和协作的重要工具。随着信息技术的不断发展和普及，电子数据语言沟通的应用范围还将不断扩大，为人们的日常生活和工作带来更多便利。

【知识链接】

电子数据语言沟通的主要特点和优势

信息传递的高效性

电子数据语言沟通能够利用电子信息技术，将大量信息以较低的成本快速地进行远距离传送。这种高效性不仅提高了信息传递的速度，还降低了信息传递的成本。

信息形式的多样性

电子数据语言沟通包含文字、图表、图像、声音等多种形式的信息，这种多样性使信息传递更加直观、生动，有助于接收者更好地理解信息。

沟通方式的灵活性

电子数据语言沟通不受时间和空间的限制，可以随时随地进行。这种灵活性不仅提高了沟通的效率，还方便了人们的日常生活和工作。

2) 非语言沟通

非语言沟通是指通过身体语言、面部表情、姿势、眼神等非语言元素进行信息传递的沟通方式。它是人类沟通的重要组成部分，能够传递情感、态度和信任等难以用语言表达的信息。除此之外，人们的生理吸引力、沟通的环境、沟通的距离、时间因素、情绪表情等也属于非语言沟通的范畴。高达 80%的人际沟通都是非语言性的，人们经常会注意互动中的非语言线索，并赋予其界定人际关系、管理认同等不同的功能。非语言沟通的研究始于 1872 年，学者们发现所有的行为都具有沟通的价值，个体的每个行为都是信息的载体。了解如何合理使用非语言沟通手段，建立健康而有效的沟通方式，有利于建立良好的人际关系，发展友谊与亲密关系，促进个人的社会性发展。

特点：非语言沟通具有直观性和辅助性，能够传递语言沟通难以表达的信息和情感。在非语言沟通中，沟通者需要关注自己的肢体语言、面部表情和声音特质，以确保信息的准确传递和接收者的正确理解。

非语言沟通主要包含肢体动作、面部表情、眼神、声音语气以及空间距离等，具体内容如下。

(1) **肢体动作**。肢体动作是非语言沟通中非常重要的一部分，如手势、姿态、舞蹈等。肢体动作可以表达丰富的情感和意图，有时甚至比语言更能准确地传达信息。

(2) **面部表情**。面部表情是非语言沟通中最直观的形式之一。通过面部表情，人们可以传达喜怒哀乐等各种情绪，以及对他人的态度和评价。

(3) **眼神**。眼神交流是非语言沟通中不可或缺的一部分。通过眼神，人们可以传递关注、认同、拒绝等情感信息，同时有助于建立和维护人际关系。

(4) **声音语气**。声音的语气、音调、音量等也可以传递丰富的信息。例如，柔和的声音可以传达友善和关怀，严厉的声音则可能表示不满或警告。

(5) **空间距离**。人们在交往中会保持一定的空间距离，这种距离也可以传达信息。例如，亲密的朋友之间可能会保持较近的距离，陌生人之间则会保持较远的距离。

综上所述，在实际生活中，语言沟通和非语言沟通这两种沟通方式往往是相互交织、共同作用的，以实现有效的信息传递和情感交流。

【知识链接】

语 言 沟 通

情景一：面对面交谈

情境：小明和小红是同事，他们在午休时间面对面交谈，讨论即将进行的项目计划。

沟通方式：小明和小红通过口头语言交流想法和意见，直接对话使得信息传递迅速且可以即时获得反馈。

特点：这种沟通方式有助于建立和维护人际关系，同时能够更直观地感知对方的情绪和非语言信号(如面部表情、肢体语言)。

情景二：书面报告

情境：小李是项目经理，他需要向团队成员发送每周的工作总结报告。

沟通方式：小李通过电子邮件发送书面报告，详细列出项目进展、存在的问题和下一步的计划。

特点：书面语言沟通具有记录性、可追溯性和持久性，确保信息的准确和完整。团队成员可以在任何时间查阅报告，了解项目情况。

【知识链接】

非语言沟通

情景一：肢体动作

情境： 小张在与客户进行商务谈判时，通过握手表达友好态度和诚意。

沟通方式： 小张的握手动作是一种非语言沟通方式，它向客户传递了积极的信息，有助于建立信任和合作关系。

特点： 肢体动作能够直观地表达情感和意图，有时甚至比语言更能准确地传达信息。

情景二：面部表情

情境： 在一次团队会议中，领导提出了一个新的项目方案，小王表示支持并露出了微笑。

沟通方式： 小王的微笑是一种非语言沟通方式，它向团队成员传达了积极、乐观的态度，增强了团队的凝聚力和向心力。

特点： 面部表情是非语言沟通中最直观的形式之一，能够迅速传递情感和态度信息。

案例三：眼神交流

情境： 在演讲过程中，演讲者与听众之间保持眼神交流。

沟通方式： 演讲者通过眼神与听众建立联系，传递关注、鼓励和认同等情感信息。

特点： 眼神交流是非语言沟通中不可或缺的一部分，它能够增强演讲的感染力和说服力，同时有助于建立和维护与听众之间的良好关系。

语言沟通和非语言沟通在人际交往和组织内部信息传递中都发挥着重要作用。通过具体的例子可以看出，这两种沟通方式各有特点且相辅相成，共同构成了人类复杂的沟通体系。

---

5. 按照沟通覆盖范围大小划分

按照沟通覆盖范围大小进行分类，沟通可分为人际沟通、群体沟通、企业沟通、跨企业沟通和跨文化沟通，如图 1-5 所示。

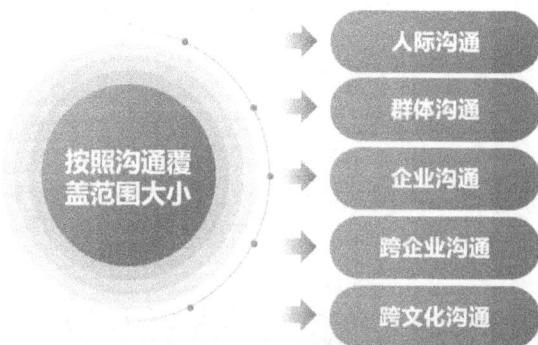

图 1-5　沟通按照沟通覆盖范围大小分类图

1) 人际沟通

人际沟通是指为了达到特定管理或协作目的，在两个人之间进行的情感和信息传递、交流的过程。它是群体沟通、企业沟通等更复杂沟通形式的基础。

特点：强调个体间的直接互动，涉及沟通双方的信任建立、情感表达和信息共享。在人际沟通中，沟通者需要关注对方的反应，灵活调整沟通策略，以确保信息的有效传递和理解。

2) 群体沟通(或小组/团队沟通)

群体沟通是指在有限数量的人群内部进行的沟通，旨在促进团队协作和共同目标的实现。它是企业内部沟通的重要组成部分。

特点：涉及多个个体，需要协调不同意见和利益，以实现团队的整体目标。在群体沟通中，沟通者需要关注团队成员的角色、责任和关系，确保信息的准确传递和团队成员的有效参与。

3) 企业沟通

企业沟通是指发生在整个企业内部，以及企业与外部实体之间的沟通，包括内部沟通和对外沟通两大部分。它是企业运营和管理的重要环节。

特点：涉及企业内部的各个部门、层级，以及企业与外部客户、供应商、政府机构等的关系。在企业沟通中，沟通者需要关注企业内部的沟通渠道、信息传递流程和外部沟通策略，以确保企业内外部信息的顺畅流通和有效整合。

4) 跨企业沟通

跨企业沟通是指两个或两个以上的企业之间进行的信息沟通，旨在促进合作、共享资源或实现共同目标。它是企业间合作和竞争的重要手段。

特点：涉及不同企业的文化、价值观和管理模式，需要更高的协调能力和沟通技巧。在跨企业沟通中，沟通者需要关注企业间的合作目标、利益分配和沟通机制，以确保合作的顺利进行和共同目标的实现。

5) 跨文化沟通

跨文化沟通是指处于两种不同社会文化背景下的企业内部或外部人员之间进行的管理性质的信息沟通。它是全球化背景下企业沟通的重要挑战。

特点：需要考虑文化差异对沟通的影响，包括语言、价值观、习俗等方面的差异。在跨文化沟通中，沟通者需要关注不同文化背景下的沟通习惯、礼仪和禁忌，以确保信息的准确传递和理解。

1.1.4　沟通在商务活动中的作用

在商务活动中，沟通发挥着至关重要的作用，它不仅是信息传递与共享的基石，确保了信息的准确性和时效性，让团队成员和合作伙伴能够及时获取所需的数据和知识，从而做出明智的决策，也是合作与协调的纽带，连接不同的部门、团队和个人，协调各方的努力和资源，确保项目和任务能够顺利进行。此外，沟通还是关系建立与维护的桥梁，它帮助建立和巩固客户关系、合作伙伴关系及内部员工之间的关系，增进相互理解和信任，为长期合作打下坚实的基础。

　　同时，沟通也是谈判与协商的利器，它在商业谈判中起着决定性的作用，可以帮助各方明确各自的立场和需求，通过有效的沟通技巧达成共识和协议。此外，沟通是决策效率与质量的提升器，它通过提供必要的信息和观点，提升决策过程的透明度和参与度，从而提高决策的速度和质量。最后，沟通是反馈与持续改进的通道，它允许团队和组织收集来自各方的反馈信息，识别问题和机会，不断改进产品和服务，以适应市场的变化和客户的需求。总之，沟通是商务成功不可或缺的组成部分，它影响着组织运营的各个方面，从战略规划到日常执行，沟通都是确保组织目标实现的关键。沟通在商务活动中的作用具体如图 1-6 所示。

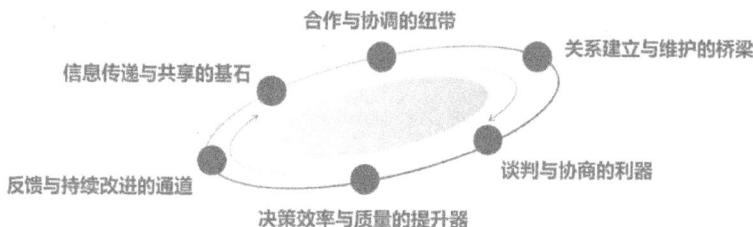

图 1-6　沟通在商务活动中的作用

1. 信息传递与共享的基石

　　沟通是商务活动中信息传递的核心渠道，它确保了信息的准确、及时流通。企业借助会议、报告、邮件等多种沟通手段，向内部员工、合作伙伴、客户及市场传递关于产品、服务、政策、战略等关键信息。这种信息的共享与理解，为各方的协作与决策奠定了坚实的基础，促进了商务活动的顺利进行。

2. 合作与协调的纽带

　　在商务活动中，多方合作是常态，沟通则是合作的纽带。沟通有助于协调不同部门、团队或个人之间的行动与目标，确保大家在共同的目标下协同工作。同时，沟通也是解决合作过程中出现分歧与冲突的有效途径，通过对话与协商，双方能够找到彼此都能接受的解决方案，确保项目或业务的顺利进行。

3. 关系建立与维护的桥梁

　　良好的沟通是建立和维护商务关系的关键。企业通过与客户、合作伙伴等利益相关者的积极、专业沟通，能够塑造良好的品牌形象，增强彼此的信任度。这种信任的建立，为企业与客户、合作伙伴之间建立长期稳定的合作关系奠定了坚实的基础，为企业的持续发展创造了有利条件。

4. 谈判与协商的利器

　　在商务谈判和协商过程中，沟通技巧的运用至关重要。有效的沟通能够帮助双方清晰表达各自的需求、利益与底线，促进双方的理解与妥协。通过沟通，双方可以更加深入地了解对方的立场和诉求，找到双方都能接受的解决方案，最终达成互利共赢的协议。

5. 决策效率与质量的提升器

　　商务决策往往涉及多方面因素的考量，沟通则是收集信息、征求意见的重要途径。通过充分的沟通与讨论，决策者能够收集到更多元化的意见和建议，更加全面地了解问题的本质和各方面的利益诉求。这有助于决策者做出更加明智、全面的决策，提高决策的效率与质量，降低决策风险。

6. 反馈与持续改进的通道

沟通也是获取反馈的重要途径。企业通过与客户、员工等利益相关者的沟通，可以及时了解产品或服务的问题与不足，收集改进建议。这种反馈机制有助于企业实现产品和服务的持续优化，提升市场竞争力。同时，沟通也能促进企业内部的持续改进和创新，推动企业的不断发展和进步。

综上所述，沟通在商务活动中发挥着多重作用。因此，企业应该高度重视沟通在商务活动中的作用，不断提升沟通技巧和能力，以实现更加高效、顺畅的商务合作与发展。

1.2 商务沟通的特点、原则及一般过程

商务沟通是商业运作中的核心环节，也是商业活动中不可或缺的一部分，它涉及信息的传递、理解和反馈，关系到信息的准确传递、有效的决策制定，以及商业关系的建立与维护。学习商务沟通的特点、原则和过程，对于提高个人和组织的沟通效率、建立良好的商业关系、解决冲突以及达成商业目标至关重要。

1.2.1 商务沟通的特点

商务沟通是一种在商业环境中至关重要的交流方式，它通过一系列高度结构化和规范化的方法来确保信息的有效传递、问题的及时解决以及组织内外合作的顺利进行。商务沟通是商业世界中的一门艺术和科学，它要求沟通者不仅要有清晰的思维，还要有精准的语言表达能力。学习商务沟通对于个人和组织都具有重大的意义。它不仅可以提高沟通效率，减少误解和冲突，还可以帮助个人建立良好的职业形象，促进职业发展。同时，有效的商务沟通也是组织成功的关键，它有助于组织在激烈的市场竞争中建立和维护良好的商业关系，实现商业目标。因此，无论是对于刚步入职场的新人，还是经验丰富的管理者，学习商务沟通都是一项必不可少的技能。以下是商务沟通的五个核心特点。

1. 目的性(Purposefulness)

目的性是商务沟通最为显著的特征之一。在商业环境中，每一次沟通都应当有明确的目标，这些目标可能是为了达成销售、解决客户问题、协调团队工作、推广新产品或服务、建立品牌形象等。目的性要求沟通者在沟通前进行充分的准备，明确沟通的意图和预期结果。这种目的性确保了沟通的有效性，使参与者能够集中精力于关键议题，避免无关信息的干扰，进而提高沟通的效率和效果。此外，目的性还要求沟通者在沟通过程中保持目标导向，及时调整沟通策略，以适应不断变化的商业环境。

1) 内部沟通的目的性

在组织内部，管理者通过定期的部门会议、电子邮件或备忘录等形式传达战略方向、项目更新或员工福利变化等信息。这些沟通旨在确保所有员工都清楚公司的目标，并理解

自己在实现这些目标中的角色。此外，内部沟通还包括绩效评估、培训和发展计划、紧急情况通报等，每一种沟通方式都需要根据其特定目的进行精心设计。例如，在组织变革期间，内部沟通的目的可能是解释变革的原因、过程和预期结果，以减少员工的不确定性和抵触情绪。

2) 外部沟通的目的性

当与客户、供应商或其他外部利益相关者沟通时，目的通常更加多样化，可能包括产品推广、售后服务支持、合同谈判等。在这种情况下，清晰地表达意图对于赢得信任和支持至关重要。例如，一个新产品发布会，其目的是向潜在客户介绍产品的特性和优势，同时收集市场反馈。为此，活动组织者需要精心策划，确保活动内容吸引人且信息传递准确无误。此外，针对不同的目标群体，沟通的内容和方式也需相应调整，以确保信息的有效传达。

2. 正式性(Formality)

商务沟通的正式性体现在其遵循的程序、格式以及使用的语言上。正式的沟通方式有助于维护商业关系的专业性和尊重性。在商务环境中，正式的沟通通常包括使用专业术语、礼貌用语，以及遵循特定的商务礼仪。这种正式性不仅体现了专业精神，而且有助于确保信息被接收者恰当地理解和执行，减少了由非正式或随意的沟通方式可能带来的误解或错误。正式性还要求沟通者在不同文化和商业环境中展现出适当的适应性和敏感性，以确保沟通的适宜性和有效性。

1) 书面沟通的正式性

商务信函、报告、提案等文件往往采用标准化格式，并使用正式的语言风格。例如，在撰写商务邮件时，开头通常会包含礼貌的问候语，正文部分逻辑清晰、条理分明，结尾则附有感谢词和签名。此外，邮件中还会使用恰当的称谓，如"尊敬的先生/女士"或"亲爱的(姓名)"，以显示尊重和专业态度。正式的书面沟通还包括使用正确的语法、拼写和标点符号，确保文档的专业性和权威性。例如，在提交给高层管理者的报告中，应当避免使用缩略语或口语表达，而是采用正式和客观的语言，以体现报告的专业性和严谨性。

2) 口头沟通的正式性

即使是在面对面会议或电话会议中，发言者也会注意使用适当的语气和措辞，以保持对话的专业性。此外，商务演讲或演示通常需要精心准备，确保内容结构严谨、表达准确。例如，在一次销售演示中，演讲者会提前准备幻灯片，并在演示过程中使用专业的行业术语，同时保持语言简洁明了，以便观众能够轻松理解。此外，正式的口头沟通还包括在会议开始前进行自我介绍、结束时总结要点，并在必要时邀请提问。在正式场合下，发言人还应注意保持适当的肢体语言和眼神交流，以增强演讲的效果。

3. 准确性(Accuracy)

准确性是商务沟通中不可或缺的要素。在商业决策过程中，准确的信息是至关重要的。不准确的信息可能会导致错误的决策，进而引发经济损失或其他负面后果。因此，发送者有责任确保所提供的数据、事实和观点都是经过验证的。这要求沟通者在传递信息之前进行彻底的研究和核实，以确保信息的可靠性和有效性。准确性还包括对信息的精确表达，避免模糊不清或容易引起歧义的表述，确保信息的清晰度和可操作性。

1) 数据的准确性

在报告财务状况、市场分析或销售预测时，必须使用可靠的数据来源，并确保数据经过验证。例如，在一份财务报告中，必须准确地报告收入、支出、利润等关键指标，任何错误的数据都可能导致投资者或管理层做出错误的决策。此外，还应当注明数据的来源和采集日期，以增加透明度和可信度。例如，在市场调研报告中，应当详细记录样本大小、调查方法和误差范围，以确保报告结果的准确性和可信赖性。

2) 表述的准确性

无论是书面还是口头沟通，都应该避免使用模糊不清或含糊其辞的表达方式。比如，在描述产品特性时，应提供详细的技术规格，以帮助潜在买家做出明智的决策。如果产品手册中关于产品的性能指标描述含糊不清，可能会误导消费者，进而影响产品的声誉。此外，准确的表述还包括使用精确的时间框架、量化指标和清晰的指导方针，以确保信息的一致性和可靠性。例如，在制定操作手册时，应明确列出每个步骤所需的时间、所需的工具和完成标准，以避免执行过程中的混淆。

3) 翻译的准确性

在跨国公司或涉及多语言环境的情况下，只有准确无误地翻译才能确保跨文化沟通的顺畅。例如，一份合同的翻译必须精准无误，以避免因语言差异而产生法律纠纷。在翻译过程中，除了确保语言的准确性外，还需考虑文化背景差异，确保译文在文化上也是合适的。又例如，在翻译营销材料时，应当考虑目标市场的文化习俗和社会价值观，避免使用可能被视为冒犯的图像或词汇。

4. 简洁性(Conciseness)

在商务沟通中，简洁性是提高沟通效率的关键。简洁明了的沟通可以帮助接收者快速理解信息的核心内容，并迅速做出反应，避免冗长和不必要的细节，可以减少信息过载，使接收者能够集中注意力于最重要的信息点。简洁的沟通风格也体现了沟通者的清晰思维和高效表达能力，有助于提升商业沟通的整体质量。此外，简洁性还要求沟通者在表达时去除多余的修饰，直接传达关键信息，以减少沟通的复杂性和提高信息的透明度。

1) 书面材料的简洁性

在撰写商务文档时，应尽可能使用简短的句子和段落，避免复杂的行话和技术术语(除非面向专业的受众)。例如，一份年度报告应该突出关键成就和未来计划，而不是详尽地列出每一项活动的细节。这样，读者可以快速浏览报告的主要内容，而不必花费大量时间阅读冗长的文字。此外，简洁的文档还包括使用列表、图表和图形来简化复杂信息，使关键数据一目了然。例如，在编写项目提案时，可以使用列表来突出项目的亮点，使用图表来展示市场趋势或竞争对手分析，从而让提案更加直观易懂。

2) 口头表达的简洁性

在会议或演讲中，发言人应该提炼出核心观点，并通过故事讲述或案例研究等方式来强化这些观点，而不是陷入琐碎的细节之中。例如，在一次项目进度汇报会上，项目经理需要清晰地概述项目的当前状态、遇到的问题以及下一步行动计划，而不是详细介绍每一个小环节的具体情况。这种做法不仅可以节省时间，也有助于保持听众的兴趣和注意力。此外，简洁的口头表达还包括使用直接而有力的语言，避免过多的修辞或冗余的重复。例如，在进行销售演示时，可以直截了当地陈述产品的优点和价值主张，避免使用复杂的行业术语，以确保信息易于理解。

5. 双向性(Two-way Communication)

商务沟通的双向性强调了沟通过程中的互动和反馈。与传统的单向信息传递不同，双向沟通鼓励信息的自由流动和观点的交流。这种沟通方式使各方都能够参与到对话中来，分享自己的观点和信息，从而促进更深入的理解和合作。双向沟通还允许接收者提供反馈，反馈对于发送者来说是宝贵的信息，可以帮助他们评估沟通的效果，并进行必要的调整。双向性还要求沟通者具备良好的倾听技巧，能够理解和尊重不同的观点和意见，以建立更加开放和包容的沟通环境。

1) 内部沟通的双向性

在团队会议上，领导者不仅需要传达指令，还需要倾听员工的意见和建议。这种开放式的沟通方式有助于增强员工的参与感，并促进创新思维的发展。例如，一个项目组在讨论解决方案时，每个人都被鼓励提出自己的想法，这样可以集思广益，找到最佳方案。此外，双向沟通还包括定期举行员工满意度调查、设立建议箱或开放论坛等，以鼓励员工分享意见和建议。又例如，通过定期的员工反馈会议，管理层可以了解员工对工作流程、办公环境等方面的改进建议，从而优化工作条件，提高员工满意度。

2) 外部沟通的双向性

与客户的互动尤其需要双向沟通，以便了解他们的需求、期望，以及对产品或服务的反馈。通过社交媒体平台、客户服务热线等渠道收集客户的反馈，可以帮助企业不断改进产品和服务质量。例如，一家在线零售商店可以通过调查问卷的形式收集顾客对购物体验的反馈，并据此优化网站设计或提升服务质量。此外，双向沟通还包括积极回应客户的评论和投诉，以展示企业的责任感和对客户的重视。例如，通过社交媒体监控工具，企业可以及时发现并回应客户在网上的评论，从而建立起积极的品牌形象。

总之，商务沟通是一种高度结构化和规范化的沟通形式，它通过明确的目的性、正式性、准确性、简洁性和双向性等特点，确保了信息的有效传递和接收。掌握这些特点并将其应用到实际工作中，对于任何希望在商业领域取得成功的个人或组织来说都是至关重要的。

1.2.2　商务沟通的原则

商务沟通是现代组织管理中的关键功能，它不仅涉及信息的传递与共享，更影响到战略决策的制定与执行、团队合作的效率，以及组织内外关系的维护与发展。在学术研究与实践应用中，商务沟通被视为一门综合性学科，其有效性依赖于对若干核心原则的严格遵循。这些原则不仅为沟通活动提供了系统化的指导，还确保了沟通过程的科学性、规范性与道德性。以下是经过深入分析与修订的六个商务沟通核心原则，以及这些原则的详细阐述和在不同情境下的应用示例。

1. 信息精确性原则(Principle of Information Accuracy)

信息精确性是商务沟通的基本原则，其核心在于确保所有信息的准确无误。这一原则不仅要求沟通者传递的信息内容必须基于事实和数据，还要求这些信息在传递过程中保持原始精度，不得被随意篡改或误传。信息精确性的重要性体现在多个层面。

1) 决策支持

企业管理层依赖于下属和各部门提供的信息进行战略决策。如果这些信息不够精确，将直接导致管理层做出错误的决策，进而影响企业的整体运营。

2) 数据分析

随着大数据时代的到来，企业越来越依赖于通过数据分析进行市场预测、产品研发和客户行为研究。在数据采集、处理和传播的过程中，信息精确性是确保分析结果可靠的前提。

信息精确性不仅影响个体沟通的有效性，更对整个组织的知识管理与信息系统的建设有着深远影响。因此，企业在沟通中应当建立严格的信息审核与校验机制，确保信息的来源可靠、内容准确，并在传递过程中保持原始精度。

2. 目标一致性原则(Principle of Goal Alignment)

目标一致性原则强调沟通内容与组织整体战略目标、部门运营目标，以及个人绩效目标的一致性。在现代组织中，不同层级和职能部门的目标可能存在差异，然而，所有的沟通行为必须围绕组织的核心目标展开，以确保资源的合理配置和行为的协同一致。

1) 战略执行

在战略实施过程中，组织通过沟通将目标传达至各个层级和部门，确保各单位的行动与组织整体战略方向保持一致。目标一致性原则帮助组织在动态变化的市场环境中保持战略稳定性和一致性，从而提高竞争优势。

2) 任务分解

在实际操作中，组织的战略目标通常需要被分解为具体的任务，并分配至各部门或个人。通过目标一致性沟通，确保各个任务的执行方向与组织总体目标一致，有助于避免资源浪费和重复劳动。

3) 绩效管理

目标一致性原则在绩效管理中同样扮演着重要角色。通过有效的沟通，管理者可以将组织目标与员工的个人发展目标相结合，激发员工的内在动机，并提高整体工作效率。

从理论角度来看，目标一致性原则是目标管理理论(Management by Objectives, MBO)的核心组成部分。通过将组织目标与个人目标紧密结合，该原则有助于在沟通中消除目标冲突，增强组织的整体凝聚力和执行力。

3. 内容全面性原则(Principle of Content Completeness)

内容全面性原则强调在商务沟通中，传递的内容必须覆盖所有相关方面，不可遗漏关键信息。全面的内容是确保接收者充分理解背景和条件，并做出合理判断的基础。内容全面性不仅适用于数据和事实，还包括背景信息、条件限制以及潜在的影响因素。

1) 决策支持

全面的内容能够提供丰富的背景和条件支持，帮助决策者做出更加理性和科学的选择。例如，在进行风险评估时，不仅需要考虑当前的数据，还需分析历史趋势、市场环境和法律规定，以形成完整的判断。

2) 沟通透明度

全面的内容有助于提高沟通的透明度，增强信任关系。通过传递详细而全面的内容，沟通者可以减少误解和猜测，确保所有利益相关者在相同的信息基础上做出决策。

3) 风险管理

在风险管理中，内容的全面性尤为重要。通过提供全面的风险信息，管理者可以识别潜在的威胁，并制定相应的应对策略，降低风险的可能性和影响。

从理论角度来看，内容全面性原则强调了沟通中的"全局观念"(Holistic View)，要求在信息传递中不仅关注细节，更要涵盖整体，确保信息的完整和多维度覆盖。企业在实践中应注重内容的全面性，以确保所有沟通都能为决策提供充分的信息基础，并增强组织内部和外部的沟通效率与透明度。

4. 专业礼仪原则(Principle of Professional Etiquette)

专业礼仪原则在商务沟通中至关重要，其核心在于沟通者必须遵循行业标准、职业规范以及社会礼仪，以维护沟通的专业性和职业形象。这一原则不仅体现在语言和行为的规范性上，还涉及沟通者对商业道德和社会责任的遵循。

1) 职业形象

专业礼仪有助于塑造和维护企业及个人的职业形象。无论是正式的商业会议、客户谈判，还是日常的内部交流，其间保持专业礼仪能够增强他人对沟通者的信任与尊重。

2) 跨文化沟通

在跨国界的商务活动中，专业礼仪原则显得尤为重要。不同国家和文化背景下的礼仪规范可能存在显著差异，沟通者需要具备文化敏感性，尊重对方的文化习惯和礼仪规范，避免产生文化冲突。

3) 商业伦理

专业礼仪原则还与商业伦理密切相关。遵循商业道德和行业规范，不仅是维护企业声誉的必要手段，更是履行社会责任、建立长期可持续发展关系的重要保障。

在理论层面，专业礼仪原则与组织行为学中的"职业伦理"(Professional Ethics)紧密相连。研究表明，企业在沟通中遵循专业礼仪，不仅能够提高内部协作的效率，还能在外部市场中树立良好的企业形象，增强品牌竞争力。

5. 反馈有效性原则(Principle of Effective Feedback)

反馈有效性原则强调沟通不仅是信息的单向传递，更是一个双向互动的过程。有效的反馈机制不仅确保信息接收者能够准确理解和回应信息传递者的意图，还能帮助传递者调整和优化沟通策略，形成良性互动。

1) 沟通循环

在沟通过程中，反馈是一个闭环的重要组成部分。有效的反馈能够验证信息的理解情况，并为后续沟通提供参考和改进方向。通过及时的反馈，沟通者可以迅速调整信息内容和表达方式，以达到预期的沟通效果。

2) 团队协作

在团队协作中，反馈有效性原则有助于增强成员之间的互动与合作。通过频繁的反馈沟通，团队成员能够更好地协调任务分配和进度控制，确保项目顺利推进。

3) 客户关系管理

在客户关系管理中，及时而有效的反馈是维护客户满意度和忠诚度的关键。通过积极回应客户的反馈意见，企业能够更好地满足客户需求，并在激烈的市场竞争中占据有利位置。

有研究表明，反馈在沟通中不仅具有信息传递的功能，还具有激励和引导的作用。反馈有效性原则是人际沟通理论中的核心概念之一，强调通过反馈实现沟通双方的共鸣和共识，从而提高沟通的效率和效果。

6. 诚信与透明原则(Principle of Integrity and Transparency)

诚信与透明原则在商务沟通中具有重要的学术和实践意义。该原则要求所有沟通行为必须遵循道德规范和法律法规，避免欺瞒、误导或其他不道德的行为。诚信与透明不仅涉及信息的真实性和公正性，还包括沟通过程的公开性和透明性。

1) 企业社会责任

诚信与透明原则是企业履行社会责任的重要体现。在与利益相关者的沟通中，企业应确保所有信息公开透明，不隐瞒任何可能影响利益相关者决策的信息。这有助于增强企业的公信力和社会声誉。

2) 危机管理

在企业危机管理中，诚信与透明尤为关键。当企业面临危机时，公开透明的沟通策略能够及时传递真实信息，缓解公众的担忧和恐慌，防止事态进一步恶化。

3) 法律合规

诚信与透明原则还涉及企业在沟通过程中的法律合规性。遵循相关法律法规，确保信息传播和商业行为的合法性，是企业长期稳健发展的基础。

诚信与透明原则与商业伦理学(Business Ethics)密切相关，强调通过透明和诚信的沟通，建立和维护组织的声誉和利益相关者的信任。学术研究表明，诚信与透明不仅有助于企业在市场中建立长期的竞争优势，还能有效预防和应对各种商业风险。

商务沟通的这些原则为管理者和员工提供了明确的行为指导，有助于提高沟通的效率和有效性。通过信息精确性、目标一致性、内容全面性、专业礼仪、反馈有效性、诚信与透明等原则，组织可以确保其沟通活动不仅是功能性和操作性的，更是战略性和道德性的。这些原则的遵循与实践，将有助于形成高效、和谐、可持续发展的商务环境。

有效的商务沟通不仅能促进业务的顺利进行，还能构建和维护长久的合作关系，实现共同的发展目标。在全球化和信息化迅速发展的今天，企业需要不断优化沟通策略，提升沟通能力，以适应复杂多变的商业环境。通过深入理解和应用上述核心原则，企业能够在激烈的市场竞争中保持竞争力，实现持续的成长与发展。

总之，商务沟通的核心原则不仅是组织成功的基石，也是个人职业发展的重要组成部分。通过不断学习和实践这些原则，管理者和员工能够在复杂的商务环境中游刃有余，实现个人与组织的双重目标。

1.2.3 商务沟通的一般过程

商务沟通是现代商业活动中不可或缺的组成部分，是企业内外部各个层面进行信息交换与互动的主要渠道。通过有效的沟通，企业能够更好地传递信息、协调行动、达成共识，并最终实现组织目标。商务沟通过程并非单一的线性过程，而是一个复杂的、多层次的互动过程。商务沟通的一般过程主要包括准备阶段、传递阶段、接收阶段、反馈阶段以及评估与调整阶段，具体如图 1-7 所示。每个阶段的有效性都直接影响着沟通的整体质量。

准备阶段 ▶ 传递阶段 ▶ 接收阶段 ▶ 反馈阶段 ▶ 评估与调整阶段

图 1-7 商务沟通的一般过程

1. 准备阶段(Preparation Stage)

准备阶段是商务沟通过程中的第一步，决定了沟通活动的方向和基础。在这个阶段，沟通者需要从明确沟通目标、分析受众、选择沟通方式和媒介到准备沟通内容等方面进行全面的规划和准备。充分的准备能够有效避免沟通过程中的意外和失误，提高信息传递的准确性和效率。

1) 明确沟通目标

沟通目标的明确是准备阶段的核心。不同的沟通情境下，目标可能会有所不同，例如传递信息、解决问题、达成协议、建立关系等。无论是与客户沟通产品信息，还是在团队内部协调任务，明确沟通的目标都是沟通成功的关键。明确的目标有助于沟通者在后续的步骤中有的放矢，避免沟通内容的泛化或偏离主题。

2) 分析受众

在准备沟通内容之前，沟通者需要对受众进行深入的分析。受众分析包括受众的背景、需求、期望、文化差异等方面。对于不同的受众，沟通内容的设计和表达方式应有所差异。例如，技术人员和市场人员对同一信息的关注点和理解方式可能截然不同。对受众的深入了解可以帮助沟通者调整沟通策略，使信息更易被接收和理解。

3) 选择沟通方式和媒介

在明确沟通目标和受众之后，选择适当的沟通方式和媒介也是准备阶段的重要任务。不同的沟通方式和媒介适用于不同的情境和目标。比如，面对面会议适用于讨论复杂的问题，电子邮件适合传递详细的书面信息，电话或视频会议则适用于跨地域的实时沟通。选择合适的媒介不仅可以提高沟通效率，还可以增强信息传递的效果。

4) 准备沟通内容

在所有的准备工作中，沟通内容的准备是最为重要的一环。内容的质量直接影响沟通的成败。在准备内容时，沟通者应注意信息的准确性、逻辑性和清晰性。复杂的信息应通过分段、列表或图表等形式进行整理，以帮助受众更好地理解。此外，还应考虑到内容的结构性，确保信息的传递具有连贯性和可理解性。在一些情况下，沟通者还需要准备相关的支持材料，如数据报告、图表或参考文献，以增强内容的可信度。

2. 传递阶段(Transmission Stage)

传递阶段是沟通过程的执行部分，即将准备好的信息通过选定的媒介传递给受众。这一阶段的核心任务是确保信息准确、清晰地传达给受众，并最大限度地减少在传递过程中可能出现的干扰和噪声。

1) 信息表达的清晰性和逻辑性

在传递信息时，沟通者需要确保信息的表达具有清晰性和逻辑性。清晰性意味着信息应易于理解，避免使用模糊或过于专业的术语；逻辑性则要求信息的组织应有序，使受众能够顺畅地理解信息的内在逻辑和主旨。在实际操作中，沟通者可以通过分段、列点、使用视觉辅助工具(如图表、幻灯片)等方式来增强信息的可理解性。

2) 沟通媒介的有效使用

选择适当的沟通媒介并合理使用，是信息传递的关键。不同的媒介具有不同的优势和局限性，例如，面对面的交流有助于迅速解决复杂问题并建立信任，而书面沟通(如电子邮件、报告)更适合传递需要保存记录的重要信息。对于跨国界或跨文化的商务沟通，沟通者还需要考虑时区差异、语言障碍以及文化差异等因素，选择最能达到沟通目标的媒介。

3) 非语言沟通的影响

除了语言表达外，非语言沟通(如肢体语言、表情、眼神接触等)也在信息传递中起着重要作用。非语言信号可以传递情感、态度或补充语言信息，使沟通更为生动和有效。在面对面交流或视频会议中，沟通者应注意自身的非语言行为，并解读受众的非语言反馈，以便及时调整沟通策略。此外，文化背景不同的受众对非语言信号的解读可能有所不同，沟通者需具备跨文化的敏感性。

3. 接收阶段(Reception Stage)

接收阶段是信息传递的反向过程，是指受众接收到并解读信息的过程。在这一阶段，受众的理解能力、背景知识、注意力水平等因素将影响信息的接收效果。沟通者需要尽可能消除信息接收中的障碍，以确保受众能够准确地理解信息。

1) 信息的有效接收

受众的接收能力和接收环境都会影响信息的有效接收。在商务沟通中，受众可能会因为环境噪声、分心或信息复杂而无法有效接收信息。因此，沟通者需要在信息传递前创造一个适合信息接收的环境，例如，选择一个安静的会议室，或在电子邮件中标明信息的重要性，提醒受众关注。

2) 信息的解读与理解

信息解读是受众将接收到的信息转化为可理解内容的过程。在这个过程中，受众的背景知识、经验、语言能力等都会对解读效果产生影响。信息的模糊性或复杂性可能导致误解，因此，沟通者应通过清晰的表达和背景信息的补充，减少信息解读中的不确定性。如果可能，沟通者还可以通过提问或讨论的方式，确认受众对信息的理解是否准确。

3) 应对可能的误解

由于各种原因，误解在信息传递和接收过程中是不可避免的。为了减少误解的可能性，沟通者应在传递信息时使用明确、具体的语言，并在必要时进行复述和确认。例如，在讨论复杂的业务问题时，沟通者可以通过总结和重述的方式，确保双方对关键信息的理解一致。如果发现受众存在误解，应及时澄清和纠正，以防止误解扩大化。

4. 反馈阶段(Feedback Stage)

反馈阶段是商务沟通过程中的关键环节，它不仅验证了信息传递的效果，还为进一步的沟通提供了基础。有效的反馈能够帮助沟通者确认信息是否被正确理解，并在必要时进行调整。反馈也是沟通者与受众之间形成互动和信任的重要手段。

1) 反馈的重要性

反馈是商务沟通过程的闭环部分，是确保沟通有效性的重要手段。通过反馈，沟通者可以了解受众对信息的反应和理解情况。如果反馈显示信息没有被正确理解，沟通者可以及时调整沟通策略，避免误解的进一步扩大。此外，反馈还能帮助沟通者了解受众的需求和期望，进而优化未来的沟通策略。

2) 反馈的形式与渠道

反馈可以有多种形式，如口头反馈、书面反馈、非语言反馈等。即时反馈(如在面对面交流中通过点头、提问等方式提供的反馈)可以迅速调整沟通的方向；延迟反馈(如邮件回复、报告批注)则适合更为复杂的内容。在选择反馈形式时，沟通者应考虑沟通内容的复杂性和受众的反馈习惯，确保反馈的有效性。

3) 主动寻求反馈

在一些情况下，受众可能不会主动提供反馈，尤其是在文化背景或职级差异较大的情境下。因此，沟通者应主动寻求反馈，确保沟通的双向互动。例如，在项目讨论中，沟通者可以通过询问受众的意见或要求他们总结关键信息来确认沟通效果。主动寻求反馈不仅有助于及时发现和纠正问题，还能增强受众的参与感和沟通的积极性。

5. 评估与调整阶段(Evaluation and Adjustment Stage)

评估与调整阶段是商务沟通过程的最后一步，也是对整个沟通过程进行反思和优化的环节。在这个阶段，沟通者需要系统地评估沟通过程的效果，识别沟通中的成功与不足之处，并根据评估结果进行调整，为未来的沟通奠定更好的基础。

1) 沟通效果评估

沟通效果评估是对整个沟通过程进行反思和总结的过程。沟通者需要从多个维度评估沟通是否达到了预期目标，例如，信息传递的准确性、受众的理解程度、反馈的有效性等。通过评估，沟通者可以发现沟通过程中的优点和不足之处，从而为后续的沟通提供改进依据。

2) 总结经验教训

在评估的基础上，沟通者应总结经验教训，以提高未来的沟通质量。成功的沟通策略和方法应当在未来的沟通中继续使用，而发现的问题应加以重视并制定相应的改进措施。总结经验教训不仅有助于个人沟通能力的提升，还能为组织建立更有效的内部沟通规范和流程。

3) 调整沟通策略

根据评估结果，沟通者可能需要对未来的沟通策略进行调整。这些调整可以涉及多个方面，如修改沟通方式、选择新的沟通媒介、改进信息表达方式等。例如，如果评估发现受众对某种媒介的使用不适应，沟通者可以尝试更适合的沟通工具；如果信息表达不够清晰，沟通者可以在未来的沟通中使用更简洁的语言或更直观的图表。通过不断地调整和优化，沟通者能够逐步提高沟通的有效性和效率。

综上所述，商务沟通是一个复杂且动态的过程，贯穿于企业的日常运营和战略发展中。从准备阶段的明确沟通目标、分析受众，到传递阶段的信息表达与媒介选择，再到接收阶段的信息解读与反馈，最后到评估与调整阶段的反思与优化，每个环节都至关重要。有效的商务沟通不仅有助于信息的准确传递，还能促进企业内部的协作，提高组织的决策效率，增强与外部利益相关者的关系。

掌握商务沟通过程的各个环节并加以实践，能够显著提升沟通的成功率，并为个人和组织的长期发展提供有力支持。在实际操作中，沟通者应根据具体情境灵活应用这一商务沟通过程，并通过持续的评估和调整，不断优化沟通策略和方法，最终实现更高效、更成功的商务沟通。

1.3　情商与沟通

1.3.1　情商的概念

情感智商的说法最早是由美国耶鲁大学心理学家萨洛维和新罕布尔什大学梅耶尔教授提出的。他们用这一术语来描述人们的情绪评价、表达和情绪调节及运用情绪信息引导思维的能力。随后专门从事人类行为和脑科学研究的美国哈佛大学心理学博士丹尼尔·戈尔曼在 1995 年发表《情感智商》一书，提出"情绪智力"(Emotional Intelligence)，通常称为"情商"(Emotional Quotient，EQ)这一理论，在全球教育界掀起了一股强劲的旋风，也使情商(EQ)一词变成时下的流行词。他认为，人们首先要认识 EQ 的重要性，改变过去只重视智商(IQ)、认为高 IQ 就等于高成就的传统观念。他通过科学论证得出结论：EQ 是人类最重要的生存能力。人生的成就至多 20%可归结于 IQ，另外 80%则要受其他因素(尤其是EQ)的影响。因此必须从重视 IQ 转到重视 EQ 上来，并大力提升年轻一代的 EQ。

情商是一个与智商相对应的概念，它通常被称为情绪商数或情绪智力。情商主要是指人在情绪、情感、意志、耐挫折等方面的品质，这些品质对于个体的成功与幸福有着不可忽视的影响。以往认为，一个人能否在一生中取得成就，智力水平是第一重要的，即智商越高，取得成就的可能性越大。但现在心理学家们普遍认为，情商水平的高低对一个人能否取得成功也有着重大的影响，有时其作用甚至要超过智力水平。

1.3.2 情商的五要素

情商的水平并不像智力水平那样可以通过测验分数来准确表示，它更多是通过个体的综合表现进行判断。情商高的人通常具备社交能力强、外向而愉快、不易陷入恐惧或伤感、对事业较投入、为人正直、富于同情心等特点。此外，情商的培养与提升，与童年时期的教育培养有着密切的关系，同时也受到个体后天经历和努力的影响。情商五要素主要包括自我意识、自我管理、自我激励、认知他人情绪、处理人际关系等，具体如图1-8所示。

图 1-8　情商五要素

1. 自我意识

自我意识是情商的基石，它指的是个体对自己情绪状态的认知和理解，即个体能够准确地认识并理解自己的情绪状态，包括情绪的产生、变化及原因。这是情商的基础，有助于个体更好地管理自己的情绪，保持对自我情绪的觉察。同时也有助于个体在面对情绪波动时保持冷静和理性，避免被情绪所左右。自我意识主要包括情绪识别和自我认知，具体内容如下。

1) 情绪识别

情绪识别是情绪智力的一个关键组成部分，它涉及对内在情绪状态的自我觉察和理解。在不同的情境下，个体可能会经历各种各样的情绪，如快乐、悲伤、愤怒、惊讶、恐惧或厌恶。识别并准确命名这些情绪对于情绪管理、人际交往和个人心理健康都至关重要。情绪识别也是情绪智力的核心能力之一，它涉及在不同情境下对个人情绪的自我觉察和理解。识别情绪包括注意生理反应、心理感受和行为冲动，命名情绪则要求个体为这些感受找到恰当的词汇，这有助于清晰理解自己的情绪并促进与他人的有效沟通。情绪识别不仅有助于个体产生应对策略，以更健康的方式处理情绪，而且对于建立和维护人际关系至关重要。能够识别并表达情绪的人更有可能获得他人的同情和支持，从而加深人际关系的质量和深度。因此，情绪识别对于个体的情绪健康、社会交往和人际互动具有重要意义。通过持续的自我觉察和实践，个体可以提高情绪识别的能力，从而在生活的各个方面获得更多的成功和满足。

2) 自我认知

自我认知是指意识到自己的情绪如何影响思维和行为，以及如何与自己的价值观和目标相一致。自我认知是一个涉及深刻理解个人内在世界的复杂过程，它要求我们不仅要意识到自己的情绪，还要理解这些情绪是如何影响我们的思维模式和行为选择的。这意味着我们需要认识在特定情境下我们的情绪反应，以及这些反应如何塑造我们对事件的解释、决策过程和与他人的互动。例如，焦虑可能影响我们的专注力和风险评估，愤怒可能促使我们采取更直接或更具对抗性的行动。

此外，自我认知还包括了解个人价值观如何指导我们的行为，并确保我们的行为与这些价值观和长期目标保持一致。这要求我们进行反思，识别内在的信仰和优先级，并评估我们的日常选择是否与这些核心价值观相符合。例如，如果我们重视诚实，那么在商业交易中我们可能会避免夸大其词或误导客户，即使这样做可能会只带来短期利益。

自我认知还涉及自我效能感，即我们对自己完成任务能力的信念。这种认知能够激励我们面对挑战，追求个人和职业发展。通过增强自我认知，我们可以更好地管理情绪，做出更符合个人价值观的决策，并在追求目标的过程中保持动力和方向。总之，自我认知是个人发展、情绪智力和有效人际交往的基石，它使我们能够以更有意义和更具目标导向的方式沟通交流。

2. 自我管理

自我管理是指个体在面对情绪波动时，能够主动采取措施进行改善、引导和控制，使情绪保持在适宜的范围内，避免情绪过度波动对个体行为产生负面影响。自我管理是将情绪智慧转化为实际行动的能力，有助于在面对压力和挑战时保持冷静和控制。情绪管理必须建立在自我认知的基础上。这方面能力较差的人常受低落、不良情绪的困扰，而能控制自身情绪的人则能很快走出命运的低谷，重新奔向新的人生目标。自我管理的核心在于将自我认知转化为实际的行动。这意味着我们在意识到自己的情绪反应后，个体能够采取具体措施来改善情绪状态，如通过运动、冥想、艺术创作或其他积极的方式来缓解压力和不安。这种能力还包括在面对挑战和压力时保持冷静和控制，从而做出更加理智和有效的决策。自我管理主要包括情绪调节、应对压力和自我调节，具体内容如下。

1) 情绪调节

情绪调节是指学会管理和调整自己的情绪，避免消极情绪对自己和他人产生负面影响。情绪调节是自我管理的重要组成部分，它要求个体不仅要识别情绪，还要学会调节情绪。这可能涉及重新评估情绪触发因素、改变消极思维模式或寻求社会支持。有效的情绪调节有助于个体在面对生活中的起伏时保持韧性，快速从挫折中恢复，并继续朝着个人目标前进。

2) 应对压力

应对压力是指有效处理压力和挫折，保持心理弹性和适应能力。应对压力是自我管理的另一个关键方面。在快节奏的现代生活中，个体经常面临各种压力源，如工作、家庭、健康或财务问题。有效的压力管理技巧，如时间管理、放松技术和积极的社交互动，可以帮助个体减少压力的负面影响，提高生活质量。

3) 自我调节

自我调节是指控制冲动和延迟满足，培养长远利益的意识和决策能力。自我调节是自我管理的最后一个关键组成部分，它涉及调整行为以符合个人目标和价值观。这可能意味着抑制冲动反应、延迟满足或坚持长期目标，即使在面对诱惑或困难时也不放弃。自我调节能力强的个体通常在个人生活和职业生涯中能够表现出更高的成就和满足感。

3. 自我激励

自我激励是保持积极心态和目标导向的关键，有助于个人成长和成就。情商高的人通常具备较强的自我驱动力，能够在遇到困难或挫折时，通过自我激励重新振作，保持积极向上的心态，不断追求进步和成功。自我激励是个人发展中一种极为重要的内在动力，它关乎个体如何激发和维持自己的积极心态，以及如何保持对目标的持续追求。这种能力不仅对个人的情绪稳定和心理健康至关重要，也是实现个人成长和职业成就的关键因素。情商高的人往往拥有出色的自我激励能力，他们能够在面临挑战或遭遇失败时，通过内在的动力源泉来鼓舞自己，避免被逆境压垮。自我激励主要包括设定目标、情绪驱动和成就感，具体内容如下。

1) 设定目标

设定目标是指为自己设定具有挑战性的目标，并持之以恒地追求。在自我激励的实践中，设定目标是基础环节。个体需要为自己制定清晰、具体且具有挑战性的目标，这些目标不仅能够指引行动方向，还能在追求过程中提供持续的动力。目标的设定应当与个人的价值观和长期愿景相一致，这样才能确保在实现目标的道路上保持热情和毅力。

2) 情绪驱动

情绪驱动是指通过积极情绪来增强动力，激励自己在困难时期保持乐观和积极。情绪驱动是自我激励的另一个重要组成部分。积极的情绪如热情、兴奋和乐观，能够极大地提升个体的动力和能量水平。通过培养和维持这些积极情绪，个体更容易克服困难，保持对目标的专注和努力。此外，学会在面对压力和挑战时调动积极情绪，也有助于增强个体的心理韧性。

3) 成就感

成就感是指学会从成就中获得满足感，建立自信心和自尊心。成就感是自我激励的第三个关键要素。当个体在实现目标的过程中取得进步或成功时，会产生成就感。这种感觉不仅能够为个体带来即时的快乐和满足，还能够让个体长期保持自信和自尊。学会认可和庆祝自己的成就，无论大小，都是激励自己继续前进的有效方式。

总的来说，自我激励涉及设定具有挑战性的目标、利用积极情绪来增强动力，以及从成就中获得满足感和自信。这些要素共同作用，帮助个体在追求个人和职业目标的道路上保持动力和积极性，从而实现持续的个人成长和成功。通过不断地自我激励，个体能够提升自己的适应能力，更好地应对生活中的各种挑战，并最终实现自我超越。

4. 认知他人情绪

认知他人情绪是指个体能够敏锐地感知并理解他人的情绪状态，这有助于个体更好地与他人建立联系，增强人际关系的和谐与稳定。这种能力对于个体在社会互动中的表现至关重要，因为它直接影响到人际关系的建立和维护。具备高度情绪认知能力的个体能够更好地与他人建立联系，因为他们能够敏感地捕捉到他人的情绪变化，并据此做出适当的响应，从而增强人际关系的和谐与稳定。认知他人情绪是建立良好人际关系和有效沟通的基础，对于领导力和团队合作尤为重要。认知他人情绪主要包括情绪感知、同理心和社交技巧，具体内容如下。

1) 情绪感知

情绪感知是指观察和理解他人的情感表达，包括面部表情、姿势和语言。通过他人的面部表情、身体姿势、语调、语言选择和非语言信号等外在表现，个体可以对他人的情绪状态做出推断，并据此调整自己的行为和反应。

2) 同理心

同理心是指站在他人的立场上，理解和感受他人的情绪。这种能力使个体能够建立信任和共鸣，因为它显示了对他人经历的关心和尊重。同理心是深层次的社交连接的基础，有助于形成持久和有意义的人际关系。

3) 社交技巧

社交技巧是指学会有效地在社交互动中应对他人情绪，避免冲突和误解，提升人际关系质量。这些技巧涉及在社交互动中有效地应对和处理他人的情绪。个体需要学会通过适当的言语和非言语行为来响应他人的情绪，以及通过积极的沟通策略来避免冲突和误解。社交技巧还包括在适当的时候提供支持、安慰或鼓励，以及在必要时引导情绪表达，从而提升人际关系的质量。

综上所述，认知他人情绪是一种复杂的社交能力，它要求个体具备敏感的情绪感知、强烈的同理心和熟练的社交技巧。通过培养这些能力，个体不仅能够更好地理解和响应他人的情绪，还能够在各种社交场合中建立更和谐、更稳定的关系。

5. 处理人际关系

处理人际关系涉及有效地解决冲突、建立合作关系和支持他人的能力。情商高的人擅长处理人际关系，能够有效地与他人沟通、协作，解决冲突，并在团队中发挥领导作用，推动团队目标的实现。处理人际关系是社交互动中一项至关重要的技能，它要求个体不仅能够理解他人的情绪和需求，还能够在复杂的社会环境中游刃有余。情商高的人在处理人际关系方面表现出色，他们能够洞察他人的情绪，建立信任，以及在必要时提供支持。这些能力使他们在团队中成为不可或缺的一员，能够有效地与他人沟通和协作，解决冲突，并在推动团队目标实现的过程中发挥领导作用。处理人际关系主要包括冲突解决、团队合作和支持他人，具体内容如下。

1) 冲突解决

冲突解决是处理人际关系的一个关键组成部分。掌握冲突解决技巧的个体能够以积极和建设性的方式处理分歧。他们通过倾听、同理心和非暴力沟通等技巧，将冲突转化为合作的机会，寻找双方都能接受的解决方案。这种能力不仅有助于维护个体之间的关系，还能够在更广泛的社会和职业环境中促进和谐与合作。

2) 团队合作

团队合作是现代工作环境中的另一个核心要素。在团队中建立良好的合作关系，意味着个体能够认识到每个成员的独特贡献，并与他人共同努力来实现共同的目标。情商高的人擅长调动集体智慧，协调不同的观点和技能，以提高团队效能。他们知道如何通过有效的沟通、明确的角色分配和共同的愿景来激励团队成员，从而推动团队向成功前进。

3) 支持他人

支持他人是处理人际关系的另一个重要方面。有效的支持不仅仅是在他人需要时提供帮助，更是在培养一种协作和互助的精神。情商高的个体懂得如何通过鼓励、认可和资源分享来支持他人。他们理解每个人都可能面临挑战，而团队的力量在于相互支持和共同成长。通过这种方式，他们不仅能帮助他人克服困难，也增强了团队的凝聚力和整体的适应能力。

总而言之，处理人际关系的能力是多方面的，它要求个体在冲突解决、团队合作和支持他人等方面具备高度的情商。这些技能不仅对个人的成功至关重要，也对团队和组织的发展具有深远的影响。通过不断地提升这些能力，个体可以更有效地与他人互动，建立更强的人际关系，从而在生活的各个领域取得更大的成就。

综上所述，情商的五要素构成了个体在情绪管理、人际关系处理和个人成长方面的重要能力。在这五个方面中，前三个方面只涉及"自身"，是对自身情绪的认识、管理、激励与约束；后两个方面则涉及"他人"，要设身处地理解他人情绪，并通过妥善管理他人情绪来达到人际关系的和谐。换句话说，情商的基本内涵实际上包括两个部分：第一部分是要随时随地认识、理解并妥善管理好自身的情绪；第二部分是要随时随地认识、理解并妥善管理好他人的情绪。这些要素相互关联、相互影响，共同促进个体的全面发展和社会适应能力的提升。情商在个体发展和社会交往中扮演着重要角色，它不仅直接影响个体的情绪管理和人际关系处理能力，还间接影响个体的职业发展和生活质量。因此，提升情商对于个体的全面发展具有重要意义。

【知识链接】

3Q 知多少?

3Q 在心理学上是智商(IQ)、情商(EQ)和逆商(AQ)的合称。这三者之间关系密切，共同影响着一个人的全面发展和社会适应能力。

1. 3Q 的定义

智商(IQ)：智力商数(Intelligence Quotient, IQ)，是个人智力测验成绩和同龄被试成绩相比的指数，是衡量个人智力高低的标准。智商主要涉及专业知识、逻辑思考能力、学习能力等方面。

情商(EQ)：情绪商数(Emotional Quotient, EQ)，主要是指人在情绪、意志、耐挫折等方面的品质。情商更多与后天的培养息息相关，包括认识自身情绪的能力、妥善管理情绪的能力、自我激励的能力、认识他人情绪的能力，以及人际关系的管理能力。

逆商(AQ)：挫折商或逆境商(Adversity Quotient, AQ)，指个体在面对逆境时的处理能力。逆商强调一个人的毅力、魄力与耐力，面对逆境是否有正面积极的心态，面临困难是否不轻易放弃。逆商是美国职业培训师保罗·斯托茨提出的概念，是衡量一个人耐挫折能力的重要指标。

2. 三者之间的关系

相辅相成： 智商、情商和逆商三者相辅相成，共同构成了一个人的综合素质。智商是基础，为个体提供了认知世界和处理信息的能力；情商则是调节个体与他人及环境之间关系的关键，有助于建立良好的人际关系和社会支持系统；逆商则是个体在面对困难和挑战时的坚韧不拔和积极应对的态度。

相互影响： 三者之间相互影响、相互促进。高智商的人可能更容易在学业和事业上取得成功，但缺乏情商和逆商的支持，可能难以维持长期的成功和幸福。同样，高情商的人能够更好地处理人际关系和情绪问题，为智商和逆商的发展提供有利的条件。逆商的提升则有助于个体在面对挫折和逆境时保持积极的心态和行动，从而进一步促进智商和情商的发展。

1.3.3 情商在商务沟通中的重要性

在商务沟通中，情商的重要性不容忽视。情商在商务沟通中的重要性主要体现在有利于增强理解与共鸣、有利于促进有效沟通、有利于解决冲突与分歧、有利于建立信任与长期关系，以及有利于提升个人与团队效能等方面，如图 1-9 所示。

图 1-9 情商在商务沟通中的重要性

1. 有利于增强理解与共鸣

1) 个性化关怀

了解对方的背景、兴趣或近期动态，并在沟通中适时提及，展现个性化的关怀。例如，如果知道对方喜欢某个运动项目，可以在对话中提及最近的相关赛事或成就，以此拉近双方的距离。

2) 积极回应情感表达

当对方在沟通中表达情感(如喜悦、担忧或不满)时，及时给予正面回应，如"我能理解您现在的感受"或"这确实是个令人振奋的消息"。通过认可对方的情感，建立更深层次的共鸣。

2. 有利于促进有效沟通

1) 明确沟通目标

在沟通开始前，明确自己的目标，并思考如何以最清晰、直接的方式传达给对方。同时，提前设想对方可能提出的疑问或反对意见，并思考如何回答，以便及时回应。

2) 使用积极语言

避免使用否定或消极的语言，而是采用积极、建设性的措辞来表达自己的观点和建议。例如，用"我们可以尝试这样做"代替"这样做不行"。

3) 非言语沟通的运用

注意自己的肢体语言、面部表情和语调，确保它们与言语信息一致，增强沟通的效果。例如，保持眼神交流，微笑以展现友好态度，调整语速以匹配对方的节奏。

3. 有利于解决冲突与分歧

1) 主动承担责任

当冲突发生时，勇于承认自己的不足或错误，展现解决问题的诚意和决心。这种态度有助于缓解紧张气氛，促进双方的合作。

2) 寻求共同点

努力寻找双方立场中的共同点，并以此为基础展开对话。通过强调共同点，减少分歧带来的障碍，为达成共识创造有利条件。

3) 提出折中方案

在充分听取对方意见的基础上，提出双方都能接受的折中方案。这种方案应兼顾双方的利益和需求，确保合作的持续性和稳定性。

4) 第三方调解

如果双方无法就某一问题达成共识，可以考虑引入第三方进行调解。第三方可以提供客观的意见和建议，帮助双方找到合理的解决方案。

4. 有利于建立信任与长期关系

1) 保持信息的透明与真实

在商务沟通中，始终保持信息的透明和真实。不隐瞒重要信息或误导对方，以建立稳固的信任基础。

2) 持续的价值提供

除完成当前的合作项目外，还要思考如何为对方提供持续的价值。例如，分享行业趋势、提供专业建议或帮助对方解决其他相关问题。这种价值提供有助于密切双方的关系。

3) 建立私人联系

在商务场合之外，尝试与对方建立私人联系。如邀请对方参加非正式的聚会或活动，以增进彼此的了解和友谊。这种私人联系有助于建立更加紧密和持久的关系。

4) 定期回顾与反馈

定期与合作伙伴进行回顾会议，讨论合作进展、存在的问题及改进方案。同时，鼓励双方提供反馈，以便及时调整合作策略，确保关系的持续发展。

5. 有利于提升个人与团队效能

1) 情绪调整

在面对压力或挑战时，保持冷静和理智。通过深呼吸、短暂休息或寻求支持等方式来管理自己的情绪，确保在沟通中保持最佳状态。

2) 激励与认可

对团队成员的努力和成就及时给予认可和激励。通过表扬、奖励或晋升等方式来激发团队成员的积极性和创造力，提升团队的整体效能。

3) 跨部门协作培训

为团队成员提供跨部门协作的培训，教授他们如何与不同部门的同事或外部合作伙伴进行有效沟通和协作。这有助于提升团队的整体协作能力，促进商务目标的顺利实现。

4) 设立明确目标与期望

与团队成员共同设立明确的工作目标和期望，确保每个人都清楚自己的职责和期望成果。这有助于减少误解和冲突，提高团队的工作效率和满意度。

综上所述，情商在商务沟通中发挥着至关重要的作用。它不仅能够帮助我们更好地增强理解与共鸣，促进有效沟通，还能够解决冲突与分歧，建立信任与长期关系，并提升个人与团队效能。由此可见，提升情商水平不仅对提高商务沟通能力具有显著的积极影响，也对个人的职业成长和企业的发展具有重要意义。它不仅能够优化沟通氛围，减少冲突和误解，还能够促进合作关系的深化与长期发展。因此，商务人士应该注重情商的培养和提升，以更好地应对商务沟通中的挑战和机遇。

课件资源

第2章　商务沟通原理

学习目标

理解沟通的过程：掌握商务沟通从开始到结束的完整过程，了解沟通中各个环节的作用和相互影响。

掌握沟通原理的构成要素：深入理解沟通原理中的各个构成要素，包括信息源、信息、编码、解码、反馈等，以及它们在沟通中的作用。

学会沟通信息的识别与障碍分析：掌握如何识别沟通中的信息，分析沟通障碍的产生原因，并学会运用策略克服沟通障碍。

重点知识

- 沟通的过程和构成要素。
- 沟通信息的识别方法。
- 沟通障碍的分析及克服策略。

学习难点

- 如何将沟通原理应用于实际沟通中，提高沟通效果。
- 深入分析沟通障碍产生的多种原因，并针对性地制定克服策略。
- 掌握并运用有效的沟通信息识别方法，确保信息的准确传递和接收。

——情景呈现——

跨越障碍的合作

在一个风和日丽的下午，张明作为A公司的销售经理，走进了B公司的会议室，准备与B公司的采购经理李华进行一场重要的商务沟通。这次沟通的目标是争取到B公司大订单的合作机会。张明深知，这次沟通不只是普通的商业谈判，更是沟通策略和技巧的较量。他回忆起之前学习的沟通原理，特别是沟通信息的识别和障碍分析的部分，决定将这些知识运用到这次的实际沟通中。

沟通开始了，张明首先向李华介绍了A公司的产品优势和市场竞争力："李经理，我们的产品在市场上一直有很好的口碑，无论是质量还是售后服务，都能给客户带来极佳的体验。"

李华听后，微微皱了皱眉："张经理，我听说你们的产品价格有些高，这可能会影响到我们的采购成本。"

张明立刻意识到，这可能是沟通中的信息识别问题。他迅速调整了自己的表达方式，用更加具体和生动的案例来阐述产品的优势："李经理，我完全理解您的担忧。不过，我想强调的是，我们的产品虽然价格稍高，但其卓越的质量和长期的耐用性，实际上会为您节省更多的维修和更换成本。而且，我们提供全面的售后服务，确保您在使用过程中无后顾之忧。"

然而，沟通并不总是一帆风顺的。当张明提到具体的合作细节时，李华突然变得有些冷淡："张经理，我还是对你们的价格有些疑虑。我觉得我们需要再考虑一下。"

张明知道，这可能是沟通障碍的出现。他回想起学过的沟通障碍分析，意识到这可能是因为双方对价格的理解存在偏差所导致的沟通障碍。为了克服这个障碍，张明决定采取更加开放和透明的沟通策略："李经理，我完全理解您的立场。价格确实是合作中非常重要的一环。不过，我想提出的是，我们可以根据您的具体需求和采购量，进行灵活的定价调整。我们更看重长期合作和共同发展，所以愿意在价格上做出一些让步。"

经过一番深入的沟通和协商，李华终于被张明的诚意和专业打动："张经理，您的解释让我更加了解你们产品的价值。我愿意给 A 公司一个机会，先试一批小订单，看看产品的实际表现和市场反馈。"

张明听到这个消息，心中一阵欣喜："非常感谢您的信任和支持！我相信我们的产品一定能够满足您的期望，并为您带来更大的商业价值。期待我们的合作能够取得圆满成功！"

——名师点拨——

这次商务沟通虽然遇到了不少障碍和挑战，但张明通过自己的努力和策略的运用，最终取得了成功。他深深地感受到，商务沟通并不仅仅是一场口舌之战，更是一场智慧与情商的较量。只有真正掌握了沟通的原理和技巧，才能在商场上立于不败之地。

2.1　商务沟通的过程及构成要素

沟通，作为信息双向传递的核心过程，不仅构成了人际交往的基石，更在人类活动的各个领域扮演着不可替代的角色。它像一条无形的纽带，将人们紧密相连，促进人与人之间思想、情感和信息的交流与共享。尤其 21 世纪以来，随着信息技术的迅猛发展和全球化的不断深入，沟通已经超越了简单的交流层面，成为一门需要精湛技巧与深入理解的艺术。它不再只是信息的传递，而是更多涉及情感的交流、文化的碰撞及价值观的共鸣。

2.1.1　商务沟通的过程

在商务活动中，沟通的重要性凸显无遗。它不仅是建立和维护商业合作伙伴关系的重要桥梁，更是商务活动中不可或缺的一环，在增进人际关系的紧密度方面发挥着关键作用。无论是商务谈判、项目合作还是市场营销，都离不开有效沟通的支撑。它能够帮助双方更好地理解彼此的需求和期望，消除误解和隔阂，从而推动商务活动的顺利进行。可以说，对于商务谈判的顺利完成，沟通具有决定性影响。在团队管理中，良好的沟通能够促进成员之间的协作与信任，提高工作效率和团队凝聚力；在客户服务中，有效的沟通能够帮助企业更好地了解客户需求，提供个性化的服务，增强客户满意度和忠诚度。

值得一提的是，美国的数学家、密码科学及信息论的创始者克劳德·艾尔伍德·香农(Claude Elwood Shannon)以及美国新闻学家及传播学家威尔伯·L·施拉姆(Wilbur Lang Schramm)等人，对这一复杂系统进行了深入的研究和探索。他们提出并经过实践验证的沟通原理过程图如图 2-1 所示。该图为我们揭示了沟通活动的内在机制和运行规律。这一原理过程图的提出，不仅为沟通研究提供了重要的理论支撑，也为我们在实际生活中提高沟通效果、实现更加顺畅的人际交往提供了有力的指导。我们应该深入学习和理解沟通过程的原理，不断提升自己的沟通技巧和能力，更好地应对各种沟通挑战，实现个人和组织的共同发展。

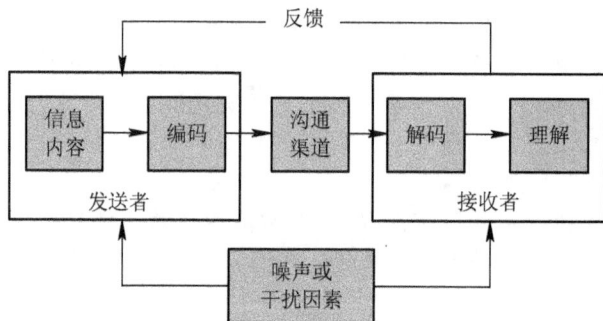

图 2-1　沟通原理过程图

2.1.2　沟通的构成要素

沟通作为人类社会中不可或缺的一种交流方式，其复杂性和多样性常常令人惊叹。一个完整且有效的沟通过程，离不开各个沟通构成要素的相互关联和作用。这些要素共同构成了一个精细而复杂的系统，确保信息能够在发送者和接收者之间准确、高效地传递。下面简要介绍主要的沟通要素。

1. 发送者(沟通的起点)

发送者作为沟通过程的起始点，扮演着至关重要的角色。他们负责将想要表达的信息、思想或情感进行编码，转换成可传递的符号形式。发送者就像交响乐中的指挥家，引领着整个沟通过程的节奏和方向。他们的沟通技巧、情商，以及对话题的了解程度，都会直接影响沟通的效果。

一个优秀的发送者需要具备良好的语言表达能力，能够清晰、准确地传达自己的意图。同时，他们还需要具备一定的情商，能够感知并回应接收者的情绪和反应。此外，对话题有深入了解也是发送者不可或缺的素质。只有对话题有深入的了解和认识，才能确保传递的信息准确、有深度。

2. 信息内容(沟通的核心)

信息内容是沟通的核心，承载着沟通的意义和深度。无论是口头沟通还是书面沟通，信息内容都需要被精准地编码和传递，以确保接收者能够准确理解发送者的意图。同时，信息内容还需要针对接收者的背景和理解能力进行调整，以确保其能够被准确理解。

3. 编码(思想的转化)

编码是将发送者头脑中的想法转化为可传递信息的过程。这个过程涉及选择适当的语言、文字、图像或其他符号来代表发送者的想法。有效的编码技巧对于沟通的成功至关重要。

使用简洁明了的语言是编码的关键之一。冗长复杂的句子和词汇往往容易造成理解上的困难，而简洁明了的语言则能够确保信息的准确传递。此外，避免歧义也是编码过程中需要注意的问题。发送者需要确保所使用的符号和表述具有明确的意义，避免引起误解或混淆。

考虑接收者的背景和理解能力也是编码过程中的重要环节。发送者需要根据接收者的知识水平和文化背景，选择适当的编码方式和符号，以确保信息能够被准确理解。

4. 沟通渠道(信息的桥梁)

沟通渠道是信息传递的媒介，为信息的传播提供了必要的途径和工具。没有合适的沟通渠道，信息就无法从发送者传递到接收者。因此，选择合适的沟通渠道对于确保信息的准确传递和理解至关重要。

按沟通渠道分类，沟通可包括口头沟通、书面沟通、电子数据沟通等多种形式。口头沟通适用于即时交流和反馈，能够确保信息的即时性和互动性；书面沟通适用于需要详细记录和回顾的场景，能够确保信息的准确性和完整性；电子数据沟通适用于需要远程传递和大量数据处理的场景。

每种沟通渠道都有其独特的优势和适用场景。在选择沟通渠道时，发送者需要考虑多种因素，包括信息的性质、接收者的偏好、沟通环境的限制等。只有选择了合适的沟通渠道，才能确保信息的准确传递和理解。

5. 解码(意义的还原)

解码是接收者将接收到的信息还原为原始意义的过程。这个过程需要接收者具备一定的知识、技能和经验来正确解读信息。解码过程中的挑战包括语言障碍、文化差异以及信息失真等。

语言障碍是解码过程中常见的问题之一。如果发送者和接收者使用的语言不同或存在语言障碍，那么信息的传递和理解就会受到严重影响。此时，接收者需要借助翻译工具或寻求他人的帮助来克服语言障碍。

文化差异也是解码过程中需要考虑的因素。不同的文化背景和价值观往往会导致对同一信息的不同解读和理解。因此，在跨文化沟通中，发送者需要充分了解接收者的文化背景和价值观，以确保信息的准确传递和理解。

信息失真也是解码过程中需要警惕的问题。在信息传递过程中，由于各种原因(如噪声、干扰等)，信息可能会发生变化或失真。这会导致接收者无法准确理解发送者的意图。因此，在沟通过程中，发送者需要采取措施来减少信息失真的可能性，如使用清晰的语言、重复关键信息等。

6. 理解(共识的基础)

理解不仅是信息传递的重要桥梁，更是沟通双方达成共识、建立信任和促进合作的基础。理解意味着接收者能够准确把握发送者所传达的意图和信息内容，这要求双方具备共通的语言、符号或文化背景，以便信息能够被正确解码和阐释。

同时，理解还涉及更深层次的认知，即对信息背后情感的把握。有效的沟通并不局限于字面意义的传递，更需要双方体会到彼此的情绪和态度，这种情感的共鸣有助于建立更深层次的沟通连接，使沟通更加富有成效。

在沟通过程中，理解的重要性不言而喻。它能够促进沟通的顺畅进行，减少误解和冲突，提升信息传递的准确性和效率。当双方都能够充分理解对方的意图和需求时，沟通就会变得更加高效。相反，如果缺乏理解，沟通就可能出现障碍，导致信息传递不畅，其至引发误解和冲突。

因此，在沟通过程中，双方都应努力提升自己的理解能力。这可以通过积极倾听、主动提问、给予反馈和澄清等方式来实现。通过这些努力，可以确保信息的准确传递与接收，从而达成更有效的沟通。总之，理解是沟通中不可或缺的要素，它对于建立有效的沟通关系、促进合作和实现共同目标具有至关重要的作用。

7. 反馈(沟通的互动)

沟通信息的反馈是接收者对接收的信息做出的反应或回应，是对沟通效果的直接体现。反馈如同听众的掌声，是对沟通成功的认可和肯定。它促进了沟通双方的互动和理解，有助于进一步完善沟通过程。

在沟通过程中，发送者需要积极寻求接收者的反馈，以了解沟通效果并做出相应的调整。接收者的反馈可以帮助发送者了解信息是否被准确理解，以及是否需要进一步澄清或补充信息。同时，接收者的反馈也可以帮助发送者了解沟通过程中的问题和挑战，以便在未来的沟通中进行改进和优化。

8. 噪声或干扰因素(沟通的障碍)

噪声是沟通过程中的干扰因素，可能来自外部环境或内部因素。噪声对沟通的有效性构成挑战，需要发送者和接收者共同应对和克服。

外部环境中的噪声可能包括嘈杂的声音、不适当的沟通环境等。这些噪声会干扰信息的传递和理解，降低沟通效果。因此，在选择沟通环境时，发送者和接收者需要考虑噪声因素，并尽量选择安静、舒适的环境进行沟通。

内部因素中的噪声可能包括发送者和接收者的心理状态、情绪等。这些内部因素会影响信息的编码和解码过程，导致沟通障碍。因此，在沟通过程中，发送者和接收者需要保持良好的心理状态和情绪，以确保信息的准确传递和理解。

了解噪声的来源和影响，采取有效的应对措施，是确保沟通顺利进行的关键。发送者和接收者可以通过提高沟通技巧、增强心理素质等方式来应对噪声的干扰和挑战。

9. 接收者(沟通的目标)

信息接收者是沟通过程的目标对象，负责接收并解码发送者传递的信息。接收者的理解、接受和共鸣是沟通成功的关键标志。

了解接收者的背景、需求和期望对于发送者来说至关重要。这有助于发送者更好地调整沟通方式和内容，以确保信息的准确传递和理解。例如，如果接收者是一个忙碌的经理，那么发送者可能需要选择更简洁、直接的方式来传达信息；如果接收者是一个注重细节的技术人员，那么发送者可能需要提供更详细、准确的信息来满足其需求。

同时，接收者也需要积极参与沟通过程，通过提问、澄清等方式来确保自己准确理解发送者的意图。接收者的积极参与和反馈是沟通成功的关键因素之一。

将上述沟通构成要素综合起来，可以得到一个完整的沟通过程模型(类似于图 2-1)。在这个模型中，发送者作为沟通的起点，负责将想要表达的信息进行编码并选择合适的渠道传递给接收者。接收者则负责接收并解码这些信息，通过自己的理解和反馈来回应发送者。在这个过程中，信息内容、编码、渠道、解码、反馈以及噪声或干扰因素都发挥着重要的作用。通过这个模型，可以更加清晰地认识到沟通是一个复杂而精细的过程，需要发送者和接收者的共同努力和配合。只有充分了解和掌握这些沟通构成要素的特点和作用，才能更好地应用沟通理论，提高沟通效果，实现更加顺畅、高效的沟通。

2.2　沟通信息的识别与障碍分析

沟通信息的识别与障碍分析是深入理解和改善沟通过程的重要基石。下文将详细探讨沟通信息的识别与障碍分析，并提供具体的克服策略。

2.2.1　沟通信息的识别

沟通信息的识别是个体在接收、处理、分析和理解信息的过程中，能够准确把握信息核心内容和意图的能力。这一过程涉及多个具体方面。

1. 硬信息与软信息的区分

硬信息是指具体、客观存在的事实，如数字、日期、地点、统计数据、产品规格等。这类信息通常可以直接验证，且信息量相对较少，但它们是沟通的基础。接收者需要准确理解并记住这些硬信息，以便进行后续的工作或决策。

软信息是指包含主观判断、情感色彩的内容，如"我觉得这件事很难处理""他的态度让我感觉不舒服""这个项目对我们团队来说是个挑战"。软信息需要更多的理解和解读，是沟通中需要特别关注的部分，因为它们往往影响沟通的氛围和效果。接收者需要关注发送者的语气、表情、姿态等非语言信息，以便更好地理解软信息的含义。

2. 信息识别力的提升

具有高信息识别力的人能够在繁杂的信息中迅速捕捉到关键信息，这源于他们深思熟虑的思维方式和注重有效沟通的态度。例如，在会议中，话少但总能提出关键问题的人，往往能在关键时刻用简洁的语言表达出深刻的见解，因为他们更注重信息的准确性和沟通的有效性。

要提升信息识别力，个体需要培养自己的逻辑思维能力，学会从大量信息中筛选出有价值的内容，并注重沟通的目的和效果。可以通过多读书、多思考、多练习写作和演讲等方式来提升自己的逻辑思维能力和信息识别力。

2.2.2 沟通障碍的分析

沟通障碍是人与人之间、团体与团体之间交流意见、传递信息时所遇到的困难。这些障碍主要来自发送者、接收者以及沟通渠道三个方面，每个方面都有具体的表现。

1. 发送者的障碍

1) 技能与知识的缺乏

信息发送者必须具备良好的口头或书面表达能力以及逻辑推理能力。如果缺乏这些能力，就会导致信息传递的先天性缺陷，如表达不清、逻辑混乱等。同时，发送者在特定问题上所掌握的知识范围也会影响信息的质量，知识匮乏可能导致信息不准确或片面。因此，发送者需要不断提升自己的表达能力和知识水平。

2) 态度与情绪的波动

信息发送者的态度会影响其编码行为。如果发送者先入为主、带有偏见或情绪波动大，就会影响信息的传递，使信息带有主观色彩或情绪化。因此，发送者需要保持客观、中立的态度，并学会控制自己的情绪。

3) 社会文化系统的影响

社会文化系统通过对发送者地位、威信、信仰与价值观的作用，影响信息沟通行为。例如，在某些文化中，直接表达意见可能被视为不礼貌，这会影响信息的传递方式。因此，发送者需要了解并适应不同的社会文化环境，以选择合适的沟通方式。

2. 接收者的障碍

1) 解码能力的差异

接收者需要将其收到的信息解码成自己可理解的语言形式。解码过程同样受到技能、知识、态度和社会文化系统的影响。如果接收者缺乏相关的技能或知识，就可能无法准确理解发送者的意图。因此，接收者需要不断提升自己的解码能力，包括提高语言表达能力、扩大知识面等。

2) 心理障碍的干扰

接收者的心理障碍，如先入为主、怀有成见、缺乏信任等，会影响信息的接收和理解。这些心理障碍可能导致接收者对信息产生误解或偏见。因此，接收者需要保持开放的心态，避免先入为主和成见的影响，并学会信任他人。

3) 选择性知觉的作用

个人的兴趣、经验和态度会影响其有选择地解释所接收的信息。接收者可能只关注与自己兴趣或经验相符的信息，而忽略其他重要内容，导致信息失真。因此，接收者需要保持客观的态度，尽量全面地理解和接收信息。

3. 沟通渠道的障碍

1) 技术性问题的影响

信息需要通过合适的通道传递，渠道本身的问题或沟通网络中的环节过多都会导致信息失真。例如，电子邮件可能被误删或邮件服务器可能出现故障，导致信息丢失。此外，外部干扰如物理噪声、机器故障等也会影响沟通效果。因此，需要选择稳定可靠的沟通渠道，并尽量减少沟通环节。

2) 信息传递方式不当

信息表达不清、沟通要求不明、渠道不畅都会影响沟通。例如，口头传达重要事情可能效果较差，因为接收者可能认为"口说无凭"，需要书面确认才能确保信息的准确性。因此，需要明确沟通要求和方式，确保信息能够准确、及时地传递。

3) 地理障碍的限制

地理位置分散、距离过远会造成信息传递失真或延误。例如，跨国沟通可能由于时差、语言差异等原因而信息传递不畅。因此，需要利用现代科技手段如视频会议、即时通信工具等来克服地理障碍。

【金钥匙】

爱默生："所谓的'耳聪'，也就是'倾听'的意思。"——这句话强调了倾听在沟通中的重要性，倾听是识别沟通信息的关键。爱默生的这一观点对后世产生了深远的影响。

威廉·尼可尔斯："每一个人都知道，聆听对沟通来说是重要的。……但是极少组织会小心聆听它们的员工及顾客的心声。"——这句话指出了组织在沟通中常见的障碍之一，即忽视聆听的重要性。

格拉西安："在交谈中，判断比雄辩更重要。"——这句话强调了沟通中判断和理解的重要性，判断和理解有助于识别沟通信息的真实意图和潜在障碍。格拉西安是西班牙的哲学家和作家，其观点在多个领域都具有启示意义。

赫兹里特："谈话的艺术是听和被听的艺术。"——这句话简洁而深刻地揭示了沟通的本质，即双方都需要积极参与听和被听的过程，才能有效识别和理解沟通信息。赫兹里特是英国的散文家和批评家，其观点在文学和沟通领域都具有广泛的影响力。

2.2.3　克服沟通障碍的策略

为了克服沟通障碍并提高沟通的效率与质量，可以采取以下四种具体策略：第一，提高沟通能力，这包括培养清晰表达观点的能力，学习如何有效倾听，以及提升非语言沟通技巧，比如肢体语言和面部表情。第二，优化沟通渠道，意味着根据信息的性质和接收者的偏好选择合适的沟通方式，比如书面、口头或数字通信，确保信息能够以最佳方式传达。第三，增强信息识别力，即提高对信息真实性和相关性的判断能力，避免误解和错误传达，这对于确保信息准确性至关重要。第四，克服心理障碍，这涉及建立信任、减少恐惧和焦虑，以及培养开放和积极的态度，从而促进更坦诚和有效的沟通。这些策略的实施，可以显著提升个人和团队之间的沟通效果，减少误解，增强合作，最终实现共同目标，如图 2-2 所示。

图 2-2　克服沟通障碍的策略

1. 提高沟通能力

发送者和接收者都应加强自身的口头和书面表达能力，提升逻辑推理能力。可以通过参加沟通培训、阅读相关书籍、练习写作和演讲等方式来提升自己的沟通能力。

双方都应注重维护关系和控制情绪，确保沟通在友好和信任的氛围中进行。可以通过建立共同的兴趣和目标、增进彼此的了解和信任、学会倾听和尊重他人等方式来促进关系的维护。

2. 优化沟通渠道

选择合适的沟通媒介，确保信息传递的准确性和及时性。例如，对于重要且紧急的信息，可以选择电话或视频会议等即时沟通方式；对于需要详细解释和讨论的信息，可以选择电子邮件或书面报告等详细沟通方式。同时，要确保沟通渠道的稳定性和可靠性。

简化沟通网络，减少信息传递的环节，降低信息失真的风险。可以通过明确沟通流程和责任、减少不必要的中间环节、利用现代科技手段如企业社交平台等方式来简化沟通网络。

3. 增强信息识别力

培养深思熟虑的思维方式，注重有效沟通，提高从繁杂信息中筛选有价值信息的能力。可以通过多思考、多提问、多总结、学会分类和归纳信息等方式来培养自己的思维方式。

学会识别硬信息和软信息，对软信息进行深入解读，理解其背后的含义和情感色彩。可以通过多观察、多倾听、多理解、学会分析语境和非语言信息等方式来提升自己的信息识别力。

4. 克服心理障碍

建立相互信任的关系，消除成见和猜疑，确保信息在沟通双方之间顺畅传递。可以通过增进彼此的了解、坦诚相待、共同解决问题、学会换位思考等方式来建立信任关系。

对待不同意见时保持开放心态，鼓励充分表达和讨论，促进思想和感情上的真正沟通。可以通过尊重他人的观点、积极倾听、寻求共同点、学会妥协和包容等方式来促进开放心态的形成。同时，要学会处理冲突和分歧，确保沟通的顺利进行。

综上所述，沟通信息的识别与障碍分析是提高沟通效率和质量的关键环节。提升沟通能力、优化沟通渠道、增强信息识别力和克服心理障碍等措施，可以有效减少沟通障碍，实现更有效的沟通。在实际应用中，需要根据具体情况选择合适的策略和方法来克服沟通障碍。

课件资源

第3章 商务沟通的技巧

学习目标

掌握商务沟通的表达技巧：理解表达的含义与目的，学会在商务沟通中运用有效的表达技巧。

掌握商务沟通的倾听技巧：理解倾听的含义，了解倾听的技巧划分与原则，学会在商务沟通中运用倾听技巧。

掌握商务沟通的提问技巧：理解提问的含义，了解提问的方式，学会在商务沟通中运用提问技巧。

重点知识

- 商务沟通中的表达、倾听和提问的含义与目的。
- 各类技巧在商务沟通中的具体应用。

学习难点

- 如何在实际商务沟通中灵活运用表达、倾听和提问技巧。
- 分析并应对不同商务沟通情境下的技巧运用挑战。
- 掌握并实践各类技巧，以提高商务沟通的效果。

——情景呈现——

商务沟通的艺术

在一家国际贸易公司，新员工小李正在参加他的第一次重要商务会议。会议的主要目的是讨论与一家新供应商的合作事宜。小李紧张又兴奋，他知道自己需要展示出自己在商务沟通方面的能力。

(会议开始，小李的上级张经理首先发言)

张经理："小李，你是我们团队的新成员，我想听听你对这次合作有什么看法。"

(小李运用了他所学的"表达技巧")

小李："谢谢张经理给我这个机会。我认为，在与新供应商的合作中，我们应该首先明确我们的需求和期望，同时了解他们的能力和优势，以便找到最佳的合作方式。"(清晰、准确、有说服力)

(接着，供应商的代表开始发言，小李认真倾听)

供应商代表："我们非常期待与贵公司合作，但也需要确保我们的利益得到保障。"

(小李运用了他的"倾听技巧")

小李："我完全理解您的担忧，保障双方的利益是非常重要的。您能具体说说您有哪些具体的顾虑吗？"(全神贯注、反馈和理解对方观点)

(供应商代表详细解释了他们的顾虑，小李则运用了他的"提问技巧")

小李："非常感谢您的详细解释。我想确认一下，您提到的质量控制问题，是主要集中在生产流程上还是原材料的选择上？"(有针对性的提问，澄清需求)

(供应商代表回答了小李的问题，并给出了更具体的解释)

(会议结束后，张经理对小李的表现表示赞赏)

张经理："小李，你在会议上的表现非常出色。你能够有效地表达自己的观点，倾听他人的意见，并提出有针对性的问题。我相信你未来在商务沟通中一定会更加出色。"

(小李感到非常高兴和自豪，他知道自己在商务沟通方面还有很大的提升空间，但他也相信自己已经迈出坚实的一步)

小李："谢谢张经理的夸奖，我会继续努力提升自己的商务沟通能力，为公司的发展贡献自己的力量。"

——名师点拨——

通过这个小故事，我们可以看到商务沟通中的表达、倾听和提问技巧在实际应用中的重要性。只有掌握了这些技巧，我们才能在商务沟通中更加自信、有效地与他人交流，并达成共同的目标。

3.1　商务沟通表达技巧

3.1.1　表达的含义

表达是将人脑中的思维活动、情感体验、知识理解等内在成果，通过外部可感知的方式进行呈现。表达不局限于语言，还包括语音语调、表情、行为等多种方式。这些方式可以单独或组合使用，以达到更好的沟通效果。表达的本质是将人脑中的内在成果，如思维活动、情感体验、知识理解等，通过外部方式如语言、语音语调、表情、行为等进行呈现和传达。这一过程中，表达者需要将内在的、抽象的信息转化为外部的、具体的符号或行为，以便被他人所理解和接受。表达的核心在于实现有效的信息传递和交流，它是人类社会交往和沟通的基础。

3.1.2　表达的目的

表达的目的广泛而多样，它根植于人类深层次的社交与认知需求，涵盖了从基本的信息传递到复杂的社交互动、情感交流、观点阐述、说服影响、创造审美及教育启发等多个层面。这些目的共同构成了人类表达行为的丰富内涵和深远意义。以下是表达的主要目的及相关举例说明。

1. 传递信息

表达的基本目的之一是将知识、观点、事实或情感从一个人传递给另一个人或一群人。通过表达，我们可以分享经验、教导他人、提供数据或传达指令。

【小故事大道理 3-1】

在医学研讨会上，一位专家向与会者详细介绍了一种新型药物的研发背景、临床试验结果以及预期的治疗效果。他通过清晰的 PPT 演示、翔实的数据和案例，将药物的重要信息准确地传递给听众。这使医生们能够及时了解并掌握这种新型药物的知识，以便在未来的临床实践中更好地为患者服务。

2. 建立联系与沟通

表达是建立人际关系和社会联系的基石。它使我们能够与他人产生共鸣，理解彼此的需求和感受，从而促进更深层次的交往。

【小故事大道理 3-2】

在社交场合中，两个人通过交谈发现彼此有着共同的兴趣爱好和经历。他们开始分享自己的故事、见解和感受，逐渐建立起了一种亲密的联系。这种表达不仅加深了他们之间的情感纽带，还促进了相互的理解和信任。通过沟通，他们共同构建了一个基于共同兴趣和价值观的关系网络。

3. 阐述观点与立场

表达常常用于阐述个人或集体的观点、立场和态度。通过有力的表达，我们可以影响他人的看法，推动社会议题的讨论，或促进共识的形成。

【小故事大道理 3-3】

在一场关于教育改革的公开论坛上，一位教育家就当前教育体系中存在的问题提出了自己的观点和改革建议。他通过引用国内外的研究数据、分析教育现状以及阐述自己的教育理念，清晰地表明了自己的立场。这种表达旨在引起听众对教育问题的关注，并推动他们思考如何共同为改善教育质量做出贡献。

4. 说服与影响

表达的一个常见目的是说服他人接受某个观点、采取行动或改变行为。通过逻辑论证、情感诉求或道德劝说，表达者试图影响听众的决策和行动。

【小故事大道理 3-4】

一位环保组织的代表在一次社区会议上发言，呼吁居民们支持并参与一项旨在减少塑料垃圾污染的倡议活动。她通过展示塑料垃圾对海洋生态和野生动物造成的严重影响、介绍其他社区的成功案例以及提出具体可行的行动方案，试图说服听众改变他们的消费习惯并积极参与环保活动。这种表达旨在激发听众的环保意识和行动力，共同为保护环境做出贡献。

5. 情感表达与共鸣

表达也是情感交流的重要方式。通过表达喜悦、悲伤、愤怒或爱等情感，我们可以与他人建立情感联系，寻求支持或共鸣。

【小故事大道理 3-5】

在一场慈善晚会上，一位受益人分享了自己因病致贫、生活陷入困境的经历，以及在社会各界的帮助下重新站起来的故事。他通过真挚的情感表达和生动的叙述，引起了在场观众的强烈共鸣和同情。这种表达不仅传递了个人的情感经历，还激发了观众的善心和行动力，促使他们更加关注并支持慈善事业。

---

6. 创造与审美

在艺术和文学创作中，表达的目的可能是创造美的体验、传达独特的审美观点或激发听众的想象力。

【小故事大道理 3-6】

一位诗人通过创作一首描绘自然美景和人生哲理的诗歌来表达自己的审美观点和创造力。他运用丰富的想象力、独特的意象和优美的语句将读者带入一个充满美感和思考的空间。这种表达旨在创造一种美的体验和思考的空间，引导读者欣赏自然之美、思考人生真谛并提升他们的审美情趣和文化素养。

---

7. 教育与启发

表达可以用于教育和启发他人，传授知识或技能。通过有效的表达，我们可以激发听众的好奇心、培养批判性思维能力、促进个人成长。

【小故事大道理 3-7】

一位历史老师在课堂上通过讲述历史事件和人物故事来传授历史知识并启发学生的思考。他不仅注重知识的准确性和完整性，还注重培养学生的历史思维能力和批判性思考能力。通过生动的讲解和引导学生进行讨论，他旨在激发学生对历史的兴趣和探索精神，培养他们成为具有历史意识和文化素养的人才。同时，他还注重将历史知识与现实问题相结合，引导学生思考历史对当今社会的启示和意义。

综上所述，每个表达目的都在不同的情境中以不同的方式发挥着重要作用。通过有效的表达，我们可以实现信息的准确传递、建立深入的联系与沟通、清晰阐述自己的观点与立场、说服并影响他人做出积极改变、表达真挚的情感并与他人产生共鸣、创造美的体验并提升审美情趣，以及教育和启发他人等多重目标。

3.1.3 商务沟通中的表达技巧

在商务沟通中，有效的表达技巧对于构建良好关系、促进合作以及实现共同目标具有至关重要的作用。以下是商务沟通中的几个关键表达技巧。

1. 清晰性与精确性

1) 简明扼要

在商务沟通中，信息的简洁明了至关重要。应避免使用冗长和复杂的句子，尽量用精练的语句传达核心信息。例如，在撰写电子邮件或报告时，可以先列出要点，再进行详细阐述，以提高沟通效率。

2) 逻辑清晰

在表达过程中，应注重信息的逻辑性和条理性。可以通过使用有序列表、分段或标题等方式来组织信息，确保信息能够被对方准确理解。此外，在口头沟通中，也可以使用"首先""其次""最后"等过渡词来增强信息的逻辑性。

2. 积极倾听与反馈

1) 全神贯注

在商务沟通中，积极倾听是建立信任和理解的关键。应给予对方充分的注意力，避免分心或打断对方。可以通过点头、微笑或简单的肯定词来表明自己在认真倾听，以鼓励对方继续表达。

2) 有效反馈

倾听后，应通过复述或提问的方式确认自己理解的信息。例如，可以说："您刚才提到的××点，我的理解是……对吗？"这种反馈机制有助于减少误解，确保双方对沟通内容有共同的理解。

3. 尊重与礼貌的沟通态度

1) 礼貌用语

在商务沟通中，使用礼貌的语言是建立良好关系的基础。即使在有不同意见时，也应保持尊重，避免使用攻击性或负面的言辞。例如，可以使用"我认为……""或许我们可以考虑……"等表达方式，以更加委婉地提出自己的观点。

2) 文化敏感性

在跨文化沟通中，应特别注意对方的文化背景和价值观，避免使用可能引起不适或误解的言辞或行为。例如，在与拥有某些文化背景的商务伙伴沟通时，应避免使用过于直接或尖锐的言辞，以免冒犯对方。

4. 适应性与灵活性

1) 调整沟通风格

根据沟通对象的不同(如上级、同事、客户)，灵活调整沟通风格以适应对方的需求和期望。例如，在与上级沟通时，可以注重语言的正式性和准确性；在与同事沟通时，可以注重语言的亲切性和互动性。

2) 非语言沟通的运用

除了语言表达外，还应注意语气、语速和肢体语言等非语言因素。例如，保持适当的语速和音量，避免语速过快或过慢导致对方无法理解；使用适当的肢体语言来增强信息的传达效果, 如点头表示赞同、挥手表示告别等。

5. 技术与工具的有效运用

1) 掌握现代通信工具

熟悉并利用电子邮件、视频会议等现代通信工具进行高效沟通。例如, 可以使用电子邮件来发送文件或报告, 使用视频会议来进行远程会议或培训。

2) 文档清晰性与规范性

发送的文件或报告应符合规范格式, 内容清晰, 条理分明。例如, 可以使用标题、段落和列表来组织文档内容, 使用不同的字体和颜色来增强可读性。

6. 建立信任与长期关系

1) 诚实与透明

在商务沟通中, 提供准确、真实的信息是建立信任的基础。应避免夸大其词或隐瞒重要信息。例如, 在介绍产品或服务时, 应客观、真实地描述其优点和缺点, 避免过度夸大或虚假宣传。

2) 一致性与可靠性

在言行上保持一致, 增强自己的可靠性和专业性。例如, 在承诺完成某项任务时, 应确保按时、按质地完成, 以维护自己的信誉和形象。

7. 冲突管理与解决

1) 冷静与客观性

遇到分歧或冲突时, 应保持冷静和客观的态度。例如, 可以先听取对方的观点和意见, 然后表达自己的看法和想法, 以避免情绪化的冲突。

2) 寻求共识与合作

努力找到双方的共同利益点, 促进合作与共赢。例如, 可以通过协商和妥协来达成共识, 制定双方都能接受的解决方案。

8. 持续学习与自我提升

1) 不断学习新的沟通技巧

商务沟通是一个不断发展的领域, 新的沟通技巧和工具不断涌现。因此, 应持续学习沟通技巧和方法。例如, 可以参加商务沟通培训课程、阅读相关书籍或文章、向经验丰富的同事或导师请教等。

2) 寻求反馈与自我反思

向同事、导师或客户寻求反馈, 了解自己在沟通中的表现。例如, 可以定期向同事或导师请教自己在沟通中的不足之处, 并制订改进计划; 也可以向客户发送满意度调查问卷, 了解他们对沟通效果的看法和建议。通过反思和改进, 不断提升自己的沟通水平和专业能力。

综上所述, 商务沟通中的表达技巧是一个涉及多个方面的复杂问题。通过清晰性与精确性、积极倾听与反馈、尊重与礼貌的沟通态度、适应性与灵活性、技术与工具的有效运用、建立信任与长期关系、冲突管理与解决以及持续学习与自我提升等技巧的应用, 更加自信和专业地表达自己，促进业务关系的建立与发展。

3.2　商务沟通倾听技巧

3.2.1　倾听的含义

倾听是指一种主动地、积极地、有目的地聆听他人的言语，领会他人的情感和思想的行为。它不仅仅是听到对方说话的声音，更要理解对方的意思、感受对方的情感和认真思考对方的观点。倾听需要我们用心聆听，不打断对方，关注对方的表达方式和情绪变化，去理解对方的立场和观点。

倾听是一种复杂而多维的心理过程，它涉及接收信息、理解意义、关注情感、积极回应等多个方面。通过有效的倾听，我们可以更好地理解他人、建立信任并促进有效的沟通和合作。同时，倾听是一种重要的个人素质和能力，对于个人成长和职业发展具有重要意义。

> **【金钥匙】**
> 　塔克尔(1925)：他认为倾听是"一种需要主观努力和注意力的集中所导致的对印象的分析"。这强调了倾听过程中主观努力和注意力集中的重要性。
> 　兰金(1926)：他把倾听定义为"理解口头语言的能力"。这指出了倾听与理解语言之间的紧密联系。
> 　李维斯(1958)：他将倾听分为听、辨认、理解，以及解读口头语言的过程。这进一步细化了倾听的具体步骤和要素。

3.2.2　倾听技巧的划分

倾听的技巧有多个，这些技巧不仅涵盖了我们在与他人交流时的行为举止，还包括了我们的内心态度和思维方式。掌握和运用这些技巧，我们可以更加深入地理解他人的观点、情感和需求，从而做出更加恰当和有效的回应。这些技巧有助于我们建立起更加良好的沟通关系，促进彼此之间的理解和信任，使我们在与他人交往的过程中更加得心应手。倾听的技巧划分如图 3-1 所示。

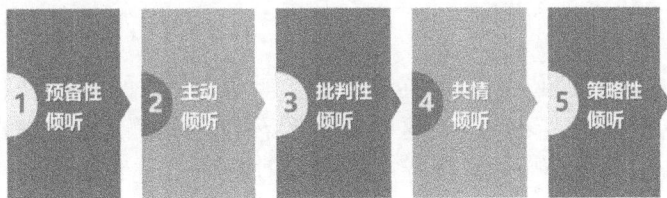

图 3-1　倾听的技巧划分

1．预备性倾听技巧

1) 心态调整与自我反思

倾听者需进行心态上的调整，摒弃任何先入为主的观念，确保以开放、无偏见的心态来接收信息。这意味着倾听者要暂时放下自己的立场和判断，全心全意地关注对方的话语。

自我反思是这一过程的重要组成部分，倾听者需要审视并管理个人的情感、经验和预期，以防止它们干扰对信息的客观理解。通过自我反思，倾听者可以更好地控制自己的情绪和思维，从而更加专注地倾听。

【小故事大道理 3-8】

在跨部门会议中，市场部门的经理可能带着对产品成功的预设立场参加会议。然而，通过心态调整和自我反思，他/她能够暂时放下这种立场，以开放的心态倾听销售部门的反馈和建议，从而更全面地了解市场需求。

---

2) 知识准备与背景了解

在沟通之前，倾听者应深入了解对方相关的背景信息，包括对方的文化、行业状况、过往交流记录等。这种知识准备有助于倾听者更准确地解读对方的话语，因为了解背景信息才可以更好地理解对方的语境和意图。

【小故事大道理 3-9】

在与一家日本公司进行合作谈判之前，了解日本商业文化中的礼貌和尊重传统是至关重要的。这样，在谈判过程中，倾听者就能更好地理解对方的沉默或委婉表达，并相应地调整自己的沟通策略。

---

3) 注意力集中与环境管理

倾听者应确保沟通环境适宜，减少干扰因素，以便能够将精力集中于对方的言语和非言语信息。干扰因素包括管理外部环境的噪声、干扰物，以及内部心理的注意力分散。注意力集中是倾听的基础，只有全神贯注地听，才能确保不遗漏任何重要信息。同时，环境管理也是至关重要的，一个嘈杂或不适宜的环境会严重干扰倾听者的注意力。

【小故事大道理 3-10】

在一个开放的办公环境中，一位项目经理需要与团队成员讨论一个重要项目。为了确保注意力集中，项目经理选择了一个安静的会议室，并关闭了手机和电子邮件通知，以便全神贯注地听团队成员的意见和建议。

---

2. 主动倾听技巧

1) 非言语反馈的运用

倾听者应通过目光接触、点头、微笑等肢体语言，以及适时的口头反馈(如"嗯""对"等)，向对方传达正在认真听的信号。这些非言语反馈能够增强沟通双方的互动和连接，促进信息的流畅传递。非言语反馈是倾听中的重要组成部分，它们能够向对方传达出倾听者的关注和理解。例如，当对方在讲述一个重要观点时，倾听者可以通过点头来表示赞同和理解，从而鼓励对方继续讲述。

【小故事大道理 3-11】

在客户咨询过程中，咨询师通过保持目光接触、适时的点头和微笑来传达对客户的关注和理解。这种非言语反馈让客户感到被重视，从而更加愿意分享自己的问题和需求。

---

2) 提问与澄清的策略

在对方讲话的间隙，倾听者应通过提问或请求澄清来确认自己的理解是否正确。提问和澄清不仅有助于深化对话内容，还展现了倾听者的积极参与和对沟通的重视。

提问和澄清是主动倾听的关键技巧。通过提问，倾听者可以进一步了解对方的观点和意图，从而更好地回应对方。同时，澄清可以帮助倾听者确保自己的理解是正确的，避免因为误解而产生沟通障碍。

> **【小故事大道理 3-12】**
>
> 在团队会议上，一位团队成员提出了一个新的项目想法。倾听者通过提问来进一步了解这个想法的具体细节和实施计划，并通过澄清来确保自己对想法的理解是正确的。这种提问和澄清的策略有助于团队成员更好地理解和评估这个想法的可行性。

3) 避免预设判断与保持开放

倾听时应避免过早下结论或做出判断，即使对方的话语触发了某些预设观念。倾听者应保持开放的心态，等待更多信息出现后再进行综合分析和判断。

避免预设判断和保持开放是倾听中的重要原则。倾听者应该尽量避免在对方讲话时过早做出判断或结论，因为这可能会干扰对信息的客观理解。相反，倾听者应该保持开放的心态，待对方讲述完整个观点或故事后再进行综合分析和判断。

> **【小故事大道理 3-13】**
>
> 在面试过程中，面试官可能会遇到一位与自己背景和价值观不同的候选人。通过避免预设判断和保持开放的心态，面试官能够更全面地了解候选人的能力和潜力，而不是仅仅基于自己的预设观念做出判断。

3. 批判性倾听技巧

1) 信息的分析与评估

倾听不仅仅是接收信息，更涉及对信息的分析和评估。倾听者应辨别信息的真实性、逻辑性和相关性，以便做出准确的回应。这意味着倾听者需要对接收到的信息进行深入思考和分析，以确定其准确性和可靠性。

> **【小故事大道理 3-14】**
>
> 在投资决策会议上，一位投资者倾听了关于某个新项目的市场分析报告。他/她不仅关注报告中的数据，还对其真实性、数据来源的逻辑性和与投资决策的相关性进行了深入分析。通过这种批判性倾听，投资者能够做出更明智的投资决策。

2) 识别隐含意义的敏感性

倾听者应注意对方话语中的弦外之音，如情绪、态度或未直接表达的需求和意图。这要求倾听者具备高度的敏感性和解读能力，能够捕捉并理解对方的隐含意义。例如，当对方在讲述一个问题时，他们的语气和用词可能透露出他们的情绪和态度，倾听者需要敏锐地捕捉这些信息。识别隐含意义是批判性倾听的重要技巧之一。通过捕捉对方的弦外之音，倾听者可以更深入地了解对方的观点和意图，从而更好地回应对方。

> **【小故事大道理 3-15】**
>
> 在员工绩效评估中，经理注意到一位员工在谈论自己的成就时语气略显沮丧。通过识别这种隐含的情绪，经理意识到员工可能对自己的表现感到不满意，并决定进一步探讨这个问题，以提供更好的支持和指导。

3) 反思与回应的准备

在倾听过程中，倾听者应不断反思对方的话对自己、对团队或对项目的影响。基于这种反思，倾听者应准备恰当的回应，以确保沟通的有效性和目标达成。这意味着倾听者需要在倾听过程中不断思考如何回应对方的话语，以确保沟通顺利进行并达成预期目标。

> **【小故事大道理 3-16】**
>
> 在项目团队会议上，一位团队成员提出了一个关于项目时间表的变更建议。倾听者反思了这个建议对项目进度和团队资源的影响，并准备了充分的理由和替代方案来回应。通过这种反思和回应的准备，团队能够更有效地讨论并做出决策。

4. 共情倾听技巧

1) 理解对方立场的努力

倾听者应努力从对方的角度看待问题，体会其感受和需求。通过这种努力，倾听者可以与对方产生情感共鸣，促进双方的理解和信任。这意味着倾听者需要尝试站在对方的角度思考问题，理解对方的感受和需求，从而建立情感上的联系和产生共鸣。

> **【小故事大道理 3-17】**
>
> 在客户服务中，一位客户因为产品问题而感到不满和焦虑。客服代表通过倾听客户的抱怨，并努力理解客户的感受和需求，表达了对客户的同情和支持。这种共情倾听有助于缓解客户的情绪，并促进双方之间的理解和信任。

2) 表达共鸣的方式与效果

倾听者应通过言语或非言语的方式向对方传达对其立场的理解和认同。这种共鸣的表达可以强化双方的沟通纽带，促进更深入的交流和合作。表达共鸣是共情倾听的重要技巧之一。通过向对方传达对其立场的理解和认同，倾听者可以建立更加紧密的沟通纽带，促进双方之间的交流和合作。

> **【小故事大道理 3-18】**
>
> 在团队讨论中，一位团队成员提出了一个创新的想法，但遭到了其他人的质疑。倾听者通过重复该成员的想法，并用自己的话来表达对其观点的理解，传达出自己的共鸣和支持。这种共鸣的表达鼓励了该成员继续分享自己的想法，并促进了团队之间的深入交流和合作。

5. 策略性倾听技巧

1) 关键信息的识别与应对

在倾听过程中，倾听者应快速识别对方话语中的关键信息。识别后，倾听者应准备有针对性的回应，以确保沟通过程的有效推进。这意味着倾听者需要在倾听过程中保持敏锐的洞察力，快速识别出对方话语中的关键信息，并准备有针对性的回应。

> **【小故事大道理 3-19】**
>
> 在商务谈判中，一位销售代表倾听了客户对产品功能的详细需求。通过快速识别关键信息，销售代表能够准确地回应客户的需求，并提供相应的产品解决方案。这种策略性倾听有助于销售代表更有效地满足客户需求，并促成交易。

2) 倾听与说服的结合策略

倾听不仅是接收信息的过程，也是说服策略的准备阶段。通过倾听了解对方的立场和需求，倾听者可以更有针对性地构建说服策略，以实现沟通目标。倾听与说服是相辅相成的。通过倾听了解对方的立场和需求，倾听者可以更好地构建说服策略，从而说服对方接受自己的观点或提议。

> **【小故事大道理 3-20】**
>
> 在市场推广策划中，市场团队经理倾听了销售团队关于目标客户群体的反馈。通过了解销售团队的观点和需求，市场团队经理能够更有针对性地制定市场推广策略，并说服销售团队接受该策略。这种倾听与说服的结合策略有助于实现团队的共同目标。

3) 长期关系构建的倾听作用

在商务沟通中，倾听也是关系管理的重要组成部分。通过倾听展现对对方的尊重和关注，倾听者可以为长期合作和共赢关系奠定基础。倾听在关系管理中起着至关重要的作用。通过倾听展现对对方的尊重和关注，倾听者可以与对方建立更加紧密和信任的关系，从而为双方长期合作和共赢奠定基础。

> **【小故事大道理 3-21】**
>
> 在供应商与制造商的长期合作中，双方经常进行沟通以协调生产计划和质量控制。通过倾听对方的意见和建议，双方能够共同解决问题，并不断改进合作流程。这种倾听和合作的态度有助于建立更加紧密和信任的长期合作关系。

综上所述，商务沟通中的倾听技巧涉及预备性倾听、主动倾听、批判性倾听、共情倾听和策略性倾听等多个层面。这些技巧的运用要求倾听者具备高度的自我意识、分析能力、情感智慧和沟通技巧。通过不断练习和提升这些技巧，商务沟通者可以在复杂多变的商业环境中更加有效地交流、协作和达成共赢。

3.2.3　商务沟通中的倾听技巧

倾听在商务沟通中的技巧是一项至关重要的能力，它不仅能够帮助建立信任和促进双方的理解，还能够推动有效的交流和达成共识。以下是在商务沟通中运用倾听技巧的一些详细建议，并结合具体案例进行说明。

1. 保持专注与耐心

1) 集中注意力

在商务沟通中，集中注意力是倾听的关键。当对方发言时，应全神贯注地听，避免分心或走神。通过眼神交流、点头等肢体语言来表明自己的专注，能够让对方感受到被重视和受尊重。避免打断对方，让对方有足够的时间来表达自己的观点和想法。

> **【小故事大道理 3-22】**
>
> 在一次商务谈判中，我方代表在与对方代表交流时，始终保持专注和耐心，即使对方的发言有些冗长和复杂，也没有打断或表现出不耐烦。这种专注和耐心的态度让对方代表感受到了尊重和重视，最终促成了双方的合作。

2) 保持耐心

商务沟通中可能会遇到冗长或复杂的发言，此时保持耐心尤为重要。不打断对方，让对方充分表达自己的观点和想法，有助于形成更加开放和包容的沟通氛围。

> **【小故事大道理 3-23】**
>
> 在一次产品展示会上，一位潜在客户对我方的产品提出了许多详细的问题和疑虑。我方代表耐心倾听，没有打断对方或急于反驳，而是逐一解答了客户的问题，并详细解释了产品的优势和特点。最终，客户对我方的产品表示了满意，并决定进行进一步的合作。

2. 展现尊重与理解

1) 尊重对方

在商务沟通中，尊重是建立信任和促进理解的基础。无论对方的观点是否与自己一致，都应保持尊重的态度，不轻易否定或批评对方。尊重对方的观点和经历，能够增进双方之间的情感和信任。

> **【小故事大道理 3-24】**
>
> 在一次跨部门会议上，不同部门的代表就某个项目提出了不同的观点和建议。尽管有些观点存在分歧，但各方代表都保持尊重的态度，没有互相攻击或否定。这种氛围促进了有效的沟通，最终各方达成了共识并制订了可行的项目计划。

2) 理解对方

努力理解对方所表达的信息和背后的含义是倾听的重要目标。理解对方包括对字面意思和潜在的情感或需求的理解。通过深入理解对方的观点和动机，我们可以更好地回应其需求，并促进双方达成共识和合作。

> **【小故事大道理 3-25】**
>
> 在一次客户投诉处理中，我方代表认真倾听客户的抱怨和不满，并努力理解其背后的需求和期望。通过深入沟通，代表发现客户对产品的某些功能存在误解，并及时进行了解释和澄清。最终，客户对我方的处理表示满意，并继续与我方保持合作关系。

3. 积极反馈与确认

1) 给予反馈

适时地给予对方反馈是倾听过程中的重要环节。反馈可以表明自己在认真听并理解对方的信息。这可以通过复述、提问或总结等方式来实现，让对方感受到自己的关注和重视。

> **【小故事大道理 3-26】**
>
> 在一次销售谈判中，我方代表在倾听对方的需求和期望后，及时给予了反馈。代表复述了对方的主要观点，并提出了一些问题和建议以进一步确认和理解。这种积极的反馈让对方感受到了关注和重视，增强了双方的沟通和合作意愿。

2) 确认理解

在必要时，确认自己是否正确理解了对方的意思是避免误解和冲突的关键。可以通过请对方澄清或解释来进一步确认自己的理解是否准确。

> **【小故事大道理 3-27】**
>
> 在一次合同谈判中，我方代表在听完对方的条款和条件后，及时请对方澄清了一些模糊或不确定的表述。通过确认理解，双方避免了后续的误解和纠纷，并顺利签订了合作协议。

4. 注意非语言信息

1) 观察肢体语言

在商务沟通中，肢体语言往往能够传达出比言语更深层的意义。注意对方的肢体语言、面部表情等非语言信息，可以更好地理解对方的情感和态度，从而做出更加恰当的回应。

> **【小故事大道理 3-28】**
>
> 在一次商务谈判中，我方代表注意到对方代表在发言时紧张地搓手，并表现出不安的情绪。我方代表及时给予了安慰和支持，缓解了对方的紧张情绪，并促进了双方的友好合作。

2) 适应语速语调

关注对方的语速和语调变化也是倾听的重要技巧。这些变化可能反映了对方的情绪或态度变化，通过适应对方的语速和语调，我们可以更好地与其建立情感连接，并促进沟通的顺利进行。

> **【小故事大道理 3-29】**
>
> 在一次电话会议中，我方代表注意到对方代表的语速较快且语调较高，表现出紧张和焦虑的情绪。代表适应了对方的语速和语调，以更加平和友好的方式进行了沟通，最终缓解了对方的紧张情绪并达成共识。

5. 避免先入为主与偏见

1) 保持开放心态

在倾听过程中，应保持开放的心态，不带先入为主的观念或偏见去听取对方的意见。这要求倾听者在沟通开始前就对对方的观点和立场保持中立态度，以客观、公正的心态去理解对方。

【小故事大道理 3-30】

在一次市场调研中，我方代表在与潜在客户交流时，没有先入为主地认为客户对产品存在偏见或不满。代表以开放的心态倾听客户的意见和建议，并及时调整了产品的设计和推广策略，最终赢得了客户的认可和市场份额。

---

2) 客观分析

对对方的信息进行客观分析是倾听的重要步骤。不轻易接受或拒绝对方的观点，而基于事实和逻辑进行判断。

【小故事大道理 3-31】

在一次商务谈判中，我方代表在倾听对方的提案和条件后，进行了客观分析和评估。我方代表没有轻易接受或拒绝对方的观点，而是基于事实和逻辑提出了自己的意见和建议。最终，双方达成了互利共赢的合作协议。

---

6. 适时提问与引导

1) 提问澄清

当对对方的观点或信息有疑问时，可以适时提问以澄清疑惑。这有助于双方更深入地交流和理解，避免由于误解而产生沟通障碍。

【小故事大道理 3-32】

在一次技术交流中，我方代表在倾听对方的技术方案和思路时，发现了一些不清晰或矛盾的地方。我方代表适时提出了问题，请对方进行澄清和解释。通过提问澄清，双方更好地理解了彼此的技术思路和方案，为后续的合作打下了坚实的基础。

---

2) 引导话题

在适当的时候，我们可以通过提问或引导话题来推动沟通的进程。这有助于确保双方能够围绕核心议题进行深入讨论，并达成共识和获得解决方案。

【小故事大道理 3-33】

在一次项目策划会议中，我方代表作为会议主持人，通过适时提问和引导话题的方式，推动了会议的进程。我方代表引导各方代表围绕项目的核心议题进行了深入讨论，并提出了可行的解决方案和建议。最终，会议达成了共识并制订了详细的项目计划。

---

7. 记录重要信息

1) 做好笔记

在对方发言时，适当地做好笔记是倾听的重要辅助手段。记录下关键信息和观点，有助于在后续讨论中回顾和引用对方的话，确保沟通的连贯性和准确性。

> **【小故事大道理 3-34】**
>
> 在一次商务谈判中，我方代表在倾听对方的提案和条件时，认真做了笔记。我方代表记录下了对方的主要观点和条件，并在后续讨论中及时回顾和引用。这种记录重要信息的做法增强了沟通的连贯性和准确性，为双方的合作打下了坚实的基础。

2) 整理归纳

在倾听结束后，可以对记录的信息进行整理归纳，提炼出双方的主要观点和共识点。这有助于回顾和总结沟通成果，并为后续的行动和决策提供有力支持。

> **【小故事大道理 3-35】**
>
> 在一次市场调研后，我方代表对收集到的客户意见和建议进行了整理归纳。我方代表提炼出了客户的主要需求和期望，并制定了针对性的产品改进和推广策略。这种整理归纳的做法为后续的产品研发和市场推广提供了有力的支持。

综上所述，倾听在商务沟通中是一项需要不断练习和提升的技能。保持专注与耐心、展现尊重与理解、积极反馈与确认、注意非语言信息、避免先入为主与偏见、适时提问与引导，以及记录重要信息等技巧，可以显著提升商务沟通的效果和质量。这些技巧不仅有助于与对方建立更加紧密和信任的商务关系，还能够推动有效的交流和达成共识，为企业的成功和发展奠定坚实基础。在实际应用中，要根据不同的沟通对象和情境，灵活运用这些技巧，以达到最佳的沟通效果。

3.3 ┃ 商务沟通提问技巧

3.3.1 提问的含义

在商务沟通中，"提问"的含义是倾听者为了更深入地理解、澄清或引导对话内容而主动向对方提出问题或询问的行为。提问不仅是获取信息的手段，也是展现倾听者积极参与、关注和思考的态度的重要方式。苏格拉底说过："人类最高级的智慧就是向自己或向他人提问。"在商务沟通中，有效的提问需要倾听者具备良好的观察力、判断力和表达能力。提问时应保持礼貌和尊重，避免提出过于尖锐或无关的问题，以免影响沟通氛围和效果。同时，倾听者还应注意提问的方式和时机，确保提问有助于推动对话的进展和达成共识。

3.3.2 提问的方式

在商务沟通中，不同的提问方式适用于不同的场景和目标。以下是各种提问方式的具体详细描述，如表 3-1 所示。

表 3-1　提问方式汇总表

方式名称	定义与内容	特　点	示　例
开放式提问	开放式提问是提出比较概括、广泛、范围较大的问题，对回答的内容限制不严格，给对方以充分自由发挥的余地。这类问题常常包含"什么""怎么""为什么""何时""何地""哪些"等词，鼓励对方详细阐述观点、经历、感受等。开放式提问能够引导对方提供深入、全面的信息，有助于了解对方的真实想法和感受	1. 给予回答者较大的发挥空间，有助于获取更多信息和深入理解 2. 促进双方更深入的交流和互动，增进彼此的了解和信任 3. 有助于发现新的问题和机会，推动沟通的深入和发展	1. 您对这次合作的具体期望和建议是什么？ 2. 您认为这个项目成功的关键因素有哪些，为什么？ 3. 您在工作中遇到过哪些挑战，是如何克服的？ 4. 您对未来市场的发展趋势有什么看法？
封闭式提问	封闭式提问是指在特定的领域中能引出特定答复（如"是"或"否"）的问句。这类问题通常针对某个具体的事实、观点或选择进行提问，要求对方给出明确的答案。封闭式提问有助于快速获取具体信息，明确对方的立场和态度	1. 问题具有明确性，可以快速获取具体信息 2. 有助于明确对方的立场和态度，便于后续沟通和决策 3. 有时可能带有一定程度的威胁性，需要谨慎使用，避免给对方造成压力	1. 您是否同意这个合同条款，是否有修改意见？ 2. 这个价格是否在您的预算范围内，如果可以接受，我们是否可以继续洽谈？ 3. 您是否认为这个方案可行，有没有需要改进的地方？
澄清式提问	澄清式提问是针对对方的答复重新提出问题，以促使对方进一步澄清或补充其原先答复的一种问句。这种方式有助于确保双方对讨论内容的理解一致，避免误解和歧义	1. 确保沟通双方在同一语言层面上进行交流，避免误解和歧义 2. 有助于获取更准确、更详细的信息，加深对问题的理解 3. 澄清式提问体现了对对方的尊重和关注，有助于增进彼此的信任	1. 您能再详细解释一下您刚才提到的那个观点吗，我有一些不太明白的地方 2. 关于这个数据，您能提供更多的背景信息吗，比如数据来源和采集方法 3. 您刚才说的那个方案，具体包含哪些步骤和措施，能否再给我详细阐述一下？
探索式提问	探索式提问是针对对方答复要求引申或举例说明，以便探索新问题、找出新方法的一种发问方式。这种方式有助于深入了解对方的思考过程和潜在需求，发现新的机会和可能性	1. 引导对方深入思考并分享更多见解，有助于发现新的问题或机会 2. 有助于发掘新的信息和可能性，推动沟通的深入和发展 3. 探索式提问体现了对对方的尊重和关注，有助于增进彼此的了解和信任	1. 如果您采用这个方案，您认为可能会遇到哪些挑战，如何克服这些挑战？ 2. 您能给我举一个具体的例子来说明您的想法吗，比如一个成功的案例或一个失败的教训 3. 您觉得在这个项目中，还有哪些潜在的问题或风险，我们应该如何应对？

续表

方式名称	定义与内容	特　点	示　例
婉转式提问	婉转式提问是在没有摸清对方虚实的情况下，采用婉转的语气或方法，在适宜的场所或时机向对方提问。这种方式有助于避免直接冲突和尴尬局面，保持沟通的和谐与尊重	1. 保持沟通氛围的和谐，避免直接冲突和尴尬局面 2. 有助于逐步引导对方透露更多信息，增进彼此的了解和信任 3. 婉转式提问体现了对对方的关心和尊重，有助于建立良好的沟通关系	1. 我很好奇，您对这个项目的看法是怎样的呢，是否有什么特别的考虑或建议？ 2. 我想了解一下，贵公司在选择合作伙伴时通常考虑哪些因素，我们是否符合这些要求？ 3. 我听说您在这个领域有着丰富的经验，您对我们这个方案有什么看法或建议吗？
借助式提问	借助式提问是一种借助第三者的意见来影响或改变对方意见的发问方式。这种方式通过引用第三方权威或对方尊重的人物的观点，来增强自己观点的说服力，引导对方接受或考虑新的观点和建议	1. 需要谨慎选择第三方人物，以确保其权威性和对方对其的尊重 2. 有助于间接影响对方的思考和决策过程，引导对方接受或考虑新的观点和建议 3. 借助式提问体现了对对方的尊重和关注，有助于增进彼此的了解和信任	1. 我听说贵公司的××先生在这个领域非常有经验，他对此有何看法呢，您是否愿意分享一下他的观点？ 2. 业界专家普遍认为这种方式更为有效，您是否也这么认为，或者您有什么不同的看法吗？ 3. 我们的一位共同朋友曾经提到过您在这个方面的独到见解，您能否给我一些建议或指导呢？

3.3.3　商务沟通中的提问技巧

在商务沟通中，提问是获取信息、引导讨论和推动合作的重要手段。然而，要确保提问的有效性并维护良好的沟通氛围，我们需要注意以下细节。

1. 提问的时机

1) 不打断对方

尊重对方的发言权，避免在对方阐述观点或回答问题时打断。选择合适的时机，如对方发言完毕后或自然停顿的间隙进行提问。

2) 选择合适的场合

根据沟通场合的不同(如公开谈判、私下交流、会议讨论等)，选择恰当的提问时机。避免在不适当的场合提出敏感或尖锐的问题，以免给对方造成压力或让对方尴尬。

2. 提问的表述

1) 清晰明了

问题应该表述清晰，避免使用模糊或含糊不清的词。确保对方能够准确理解问题的意图和要点，避免产生误解或歧义。

2) 简洁有力

提问时尽量用简短的句式来表达问题，避免冗长和复杂的问题表述。简洁明了的问题更容易引起对方的注意，并促使对方迅速作出回应。

3) 避免诱导性提问

提问时应保持客观中立，避免使用具有诱导性或预设答案的问题。这有助于获取对方真实的想法和反馈，促进更深入的讨论。

3. 提问的态度

1) 尊重对方

提问时应保持尊重的态度，避免使用攻击性或贬低性的语言。尊重对方的观点和立场，即使不同意对方的看法，也应以礼貌和尊重的方式提出疑问。这有助于维护良好的沟通氛围。

2) 积极倾听

在提问后，应给予对方充分的时间来思考和回答问题。同时，保持积极倾听的态度，关注对方的回答并适时给予反馈。这有助于鼓励对方继续发言，并促进更深入的交流。

4. 提问的策略

1) 开放式与封闭式结合

根据沟通的需要和目标，灵活运用开放式和封闭式提问。开放式提问有助于获取更多信息和深入了解对方观点；封闭式提问则有助于明确答案和快速推进讨论。结合使用这两种提问方式，可以更有效地引导讨论并达成目标。

2) 逐层深入

对于复杂或敏感的问题，可以采取逐层深入的方式进行提问。先提出一些简单、基础的问题作为铺垫，然后逐渐引导到核心问题上来。这种方式可以帮助对方更好地理解问题的背景和意义，并做出更准确的回答。

3) 预设答案与灵活应对

在提问前可以预设一些可能的答案，并准备好相应的回应策略。但也要保持灵活性，根据对方的实际回答进行适时调整。这有助于应对不同的情况，并确保沟通的顺利进行。

5. 提问后的处理

1) 及时回应

在对方回答后，应及时给予回应和反馈。可以感谢对方的回答，或者根据对方的回答提出进一步的问题或观点。这有助于维持对话的连贯性，并推动讨论的深入进行。

2) 总结归纳

对于重要的讨论点或对方的回答，可以进行适当的总结归纳。这有助于明确双方的观点和达成共识，并为后续的沟通奠定基础。同时，总结归纳还可以帮助双方回顾讨论内容，确保信息的准确传递和理解。

6. 其他注意事项

1) 考虑对方的感受

提问时应考虑对方的感受和需求，避免提出让对方感到尴尬或不舒服的问题。尊重对方的隐私，尽量避免敏感话题，维持良好的沟通氛围。

2) 保持礼貌和专业

在任何场合下，都应保持礼貌和专业的态度进行提问。使用恰当的语气和措辞，避免过于直接或冒犯性的提问方式。这有助于维护良好的商务形象和关系，促进合作的顺利进行。

综上所述，当在商务沟通中提问时应该注意的细节包括提问的时机、表述、态度、策略以及提问后的处理等多个方面。通过注意这些细节，我们可以确保提问的有效性和沟通的顺畅性，从而获得更好的沟通效果。同时，这些细节体现了我们对对方的尊重和关注，有助于维护良好的商务关系和融洽的合作氛围。

课件资源

第 4 章　商务谈判概述

学习目标

　　理解商务谈判的概念与类型：掌握谈判和商务谈判的定义，了解商务谈判的构成要素，熟悉商务谈判的主要类型。

　　掌握商务谈判的特征、原则及作用：深入理解商务谈判的特征，明确商务谈判应遵循的基本原则，了解商务谈判在商务活动中的重要作用。

　　理解商务谈判心理：掌握商务谈判心理的特点和作用，熟悉商务谈判心理的表现形式，了解心理因素在商务谈判中的影响。

重点知识

- 商务谈判的定义、构成要素和类型。
- 商务谈判的特征、原则及其在商业活动中的作用。
- 商务谈判心理的特点、作用及其表现形式。

学习难点

- 如何将商务谈判的理论知识应用于实际商务活动中，有效进行商务谈判。
- 深入分析商务谈判心理，并学会在实际谈判中运用心理策略。
- 了解并有效应对商务谈判中可能遇到的心理障碍和挑战。

──情景呈现──

商务谈判初体验

　　在一家新兴科技公司，新员工小张被安排参加与潜在投资商的商务谈判。这是他第一次正式参与商务谈判，他既紧张又兴奋，希望能够在谈判中展现自己的专业素养。

　　(谈判开始前，小张的上司李经理对他进行了一些指导)

　　李经理："小张，这是你第一次参与商务谈判，记住要冷静、专业，并时刻记住我们的谈判目标。运用你学过的谈判策略和技巧，争取最好的结果。"

　　小张："明白了，李经理。我会尽力展现我们公司的优势和潜力，同时灵活运用谈判策略。"

　　(谈判开始，投资商的代表首先发言)

　　投资商代表："我们很高兴能与贵公司探讨合作的可能性。在决定投资之前，我们想了解一下贵公司的商业模式、市场前景以及竞争优势。"

　　(小张运用了他所学的"商务谈判的构成要素"来回答，同时采用了"先听后说"的策略，先充分了解对方的需求和关注点，再有针对性地回答)

　　小张："非常感谢您对我们公司的关注。在回答您的问题之前，我想先了解一下您对我们公司的哪些方面特别感兴趣，这样我可以更准确地为您提供所需的信息。"

　　(投资商代表提到了他们关心的几个方面，小张则运用了他所学的"商务谈判的原则"和"利益交换"技巧来回应)

　　小张："非常感谢您的坦诚。针对您关心的商业模式，我们可以提供详细的解析和案例。同时，在市场前景方面，我们已经进行了深入的市场调研，并愿意与您分享这些数据。关于竞争优势，我相信我们的独特算法和高效团队将为您带来可观的回报。为了表达我们的合作诚意，我们愿意在某些条款上做出适当的让步，以达成双赢的局面。"

　　(在谈判过程中，小张还注意到了投资商代表的一些微妙表情和肢体语言，他运用了他所学的"商务谈判心理"来解读这些信息，并适时调整自己的谈判策略)

　　小张(内心独白)："看来他们对我们的技术实力很感兴趣，但可能对市场前景还有一些疑虑。我需要进一步用数据来消除他们的疑虑。"

　　(于是，小张继续用有力的数据和事实来阐述公司的市场前景和发展潜力，同时采用了"限时优惠"策略，强调当前合作的时机和优势)

　　小张："关于市场前景，我已经为您准备了一份详细的市场分析报告。根据我们的预测，未来几年内，我们的市场份额将稳步增长，并有望成为行业的领军企业。而且，如果您能在本月底前做出决定，我们将为您提供一些额外的优惠条件，以表示对我们的合作诚意。"

　　(谈判结束，投资商代表对小张的表现表示赞赏)

　　投资商代表："小张，你在谈判中展现出了非常专业的素养和灵活的谈判策略。我们会对贵公司的提案进行认真的考虑，并期待与你进一步合作。"

　　(小张感到非常高兴和自豪，他知道自己在商务谈判方面迈出了坚实的一步)

　　小张："谢谢您的夸奖，我期待与您共同创造美好的未来。如果您有任何疑问或需要进一步的信息，请随时与我联系。"

——名师点拨——

　　通过这次商务谈判的初体验，小张不仅展示了自己在商务谈判方面的能力，还学到了很多实用的谈判技巧和策略。他深知，商务谈判不仅仅是一种技巧，更是一种艺术。只有掌握了这门艺术，才能在商务活动中游刃有余，实现自己的职业梦想。

4.1　商务谈判的定义与类型

4.1.1　谈判的概念

　　"谈判"是一个在多个领域广泛使用的概念，它指的是双方或多方为了达成某种协议或解决某个问题，通过语言、文字或其他方式进行沟通和协商的过程。谈判是一个动态的沟通过程，需要双方或多方进行信息交换和意见表达。谈判的核心目的是达成协议或解决分歧。它涉及双方或多方利益、需求和期望的协调。谈判有广义与狭义之分。广义的谈判不仅包括正式场合下的谈判，一切协商、交涉、商量、磋商等，都可以看作谈判。狭义的谈判仅指正式场合下的谈判。谈判广泛应用于商业、政治、法律、国际关系等多个领域。在商业领域，谈判可能涉及价格、交货期、合同条款等。谈判是一个复杂而多维的过程，涉及沟通、协商、策略应用等多个方面。它在各个领域都发挥着重要作用，是解决分歧和达成协议的关键手段。

4.1.2 商务谈判的定义

商务谈判(Business Negotiation)是指谈判各方为了自身的经济利益和满足对方的需要，通过沟通、协商、妥协和合作等方式，争取达成协议的行为过程。也可以理解为买卖双方为了促成交易而进行的活动，或是为了解决买卖双方的争端，并取得各自经济利益的一种方法和手段。商务谈判是在商品经济条件下产生和发展起来的一种经济活动，已经成为现代社会经济生活中必不可少的组成部分。

商务谈判的动因是"追求某种需要"。无论是买方还是卖方，都希望通过谈判实现自己的特定需求，如降低成本、提高利润、获取资源等。商务谈判产生的前提是双方在观点、利益、行为方式等方面既相互联系又相互冲突或相互区别。这种既合作又竞争的关系促使双方通过谈判来协调分歧，寻求共识。商务谈判双方关系的构成条件是，双方必须在人格、物质力量、利益关系等方面相对独立或具有对等资格。这意味着谈判双方应具备平等的地位和谈判实力，以便在谈判过程中进行公平的协商。

商务谈判的内容是涉及双方利益的标的及其交易条件。这包括商品的价格、数量、质量、交货期、付款方式、售后服务等各个方面，双方需要围绕这些内容进行深入的沟通和协商。商务谈判的核心任务是一方在企图说服另一方理解或接受自己的观点、所维持的基本利益，以及所采取的行为方式。这要求谈判者具备高超的沟通技巧和策略思维，以有效地传达自己的立场和诉求，并争取对方的认同和支持。

商务谈判的手段是借助"语言思维"进行磋商而达成一致的。双方通过语言交流思想、表达意愿、传递信息，并通过思维活动对接收到的信息进行加工处理，以形成共识或达成妥协。商务谈判的结果必然是双方部分或全部的需要得到满足或取得实现的基础。这意味着通过谈判，双方能够在一定程度上实现自己的利益诉求，为交易的顺利进行或争端的妥善解决奠定基础。

综上所述，商务谈判是一种复杂的经济活动，它要求谈判者在遵循一定原则和策略的基础上，通过有效的沟通和协商来达成双方均能接受的协议。对于企业来说，商务谈判是实现经济目标、获取市场信息、开拓市场的重要途径之一。

4.1.3 商务谈判的构成要素

商务谈判的构成要素，无疑是构成这一复杂商业活动的基础与核心。它们就像建筑的基石，坚实而稳固地支撑着整个谈判过程，确保谈判能够在有序、有效的轨道上进行。这些要素并非孤立存在的，而是相互交织、相互影响的，它们共同编织成一张错综复杂的网络。它们之间的相互作用和动态平衡，决定了谈判的走向、节奏以及最终的结果。每一个要素的变化，都可能引发整个谈判局势的微妙变动。因此，在商务谈判中，对这些构成要素的深入理解和精准把握，是谈判者取得成功的关键所在。只有充分认识和运用这些要素，才能在谈判中游刃有余，最终实现自身的利益和目标。商务谈判的构成要素主要包括谈判主体、谈判客体、谈判目标以及谈判背景，具体如图 4-1 所示。

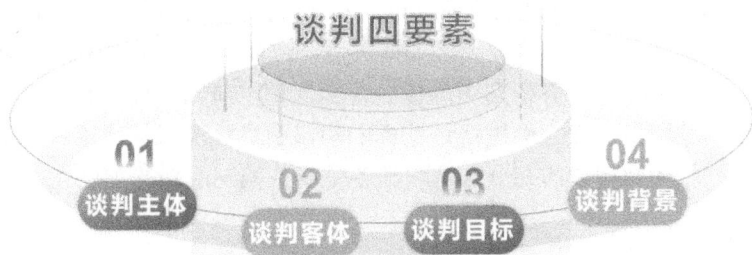

图 4-1　谈判四要素

1. 谈判主体

谈判主体是指商务谈判的当事人，包括谈判的直接参与者，以及主持谈判、参与谈判，以及与交易利益相关的人员。谈判主体可能是企业的销售代表、采购经理或法律顾问等。在谈判桌上，他们负责进行信息的交流、意见的交换和协议的达成。谈判主体需要具备丰富的行业知识、敏锐的市场洞察力和出色的沟通技巧。他们需要准确地理解对方的需求和意图，同时清晰地表达自己的立场和诉求。此外，谈判主体还需要具备良好的心理素质和情绪管理能力，以应对谈判过程中的压力和挑战。在商务谈判中，谈判主体占有至关重要的位置，他们的专业素养、沟通技巧和谈判能力对谈判的结果有直接的影响。

2. 谈判客体

谈判客体在商务谈判中占据核心地位，它主要由谈判的标的和谈判议题两大关键部分构成，是谈判双方关注和讨论的重点。

1) 谈判的标的

谈判的标的是指商务谈判双方共同关注并希望达成一致的具体对象或事项。它是谈判的基础和出发点，也是双方努力争取的目标。

(1) **明确性**。谈判的标的通常具有明确性，它可以是商品、服务、技术、合作条件等具体对象，也可以是双方共同关心的某个问题或事项。

(2) **利益关联性**。谈判的标的与双方的利益紧密相连，是谈判双方关注和争夺的焦点。双方通常会围绕标的展开激烈的磋商和辩论，以争取最有利的条件和结果。

(3) **可协商性**。谈判的标的具有一定的可协商性，意味着它可以在谈判过程中进行调整和修改，以适应双方的需求和让双方受益。

2) 谈判议题

谈判议题是谈判客体中的另一重要组成部分，它代表了谈判双方需要商议和解决的具体问题。谈判议题通常与谈判的标的紧密相连，并围绕标的展开。

(1) **具体性**。谈判议题具有明确和具体的特性，它们涵盖了与谈判的标的相关的各个方面和细节。例如，在商品交易中，谈判议题可能涉及商品的价格、数量、质量、交货期等具体条件。

(2) **敏感性**。谈判议题往往涉及双方的敏感利益和关切点，因此在谈判过程中需要谨慎处理。双方可能会对某些议题持有不同的立场和观点，需要通过磋商和辩论来寻求共识。

(3) **关联性**。谈判议题之间通常存在一定的关联性，它们相互交织、相互影响。在谈判过程中，双方需要全面考虑各个议题之间的关系，以确保整体利益的最大化。

综上所述，谈判客体是商务谈判中的核心内容，它由谈判的标的和谈判议题两大关键部分构成。在谈判过程中，双方会围绕这些标的和议题进行深入的讨论和磋商，以达成最终的协议。因此，对谈判客体的充分理解和准备是商务谈判成功的关键之一。

3. 谈判目标

谈判目标是商务谈判各方希望通过谈判达成的结果或协议，它们体现了各方的利益和战略考虑。

1) 经济目标

谈判各方通常会设定具体的经济目标，如获得最佳价格、改善交易条件、扩大市场份额等。这些目标体现了各方在经济利益上的诉求。例如，一个采购商可能希望通过谈判降低原材料的价格，以提高其产品的竞争力；而一个供应商可能希望通过谈判提高产品的售价，以增加其利润。

2) 非经济目标

除了经济目标外，谈判还可能涉及非经济目标，如建立长期合作关系、解决争议、提升品牌形象等。这些目标反映了各方在更广泛的商业环境中的战略考虑。例如，企业可能希望通过谈判与一个重要的客户建立长期合作关系，以确保其市场的稳定性；或者通过谈判解决与供应商的争议，以维护其声誉和形象。

4. 谈判背景

谈判背景是商务谈判所处的环境，包括政治、经济、文化、法律等客观条件，它们对谈判的进程和结果产生重要影响。

1) 政治背景

政治稳定与否、政府政策的变化、国际贸易关系的紧张或缓和等政治因素都可能对谈判产生重要影响。例如，如果两国之间的贸易关系紧张，那么这两国的企业在进行商务谈判时可能会面临更多的障碍和挑战。

2) 经济背景

市场的供求状况、价格水平、竞争格局等经济因素也会影响谈判的走向和结果。例如，在一个供大于求的市场中，供应商可能会更愿意做出让步以达成协议；而在一个供不应求的市场中，采购商则可能需要付出更多的努力来争取更好的交易条件。

3) 文化背景

不同文化背景下的谈判风格、沟通方式和价值观差异可能导致谈判过程中的误解和冲突。例如，一些文化可能更注重个人关系和信任的建立，另一些文化则可能更注重合同和法律的约束。因此，在进行跨文化商务谈判时，了解并尊重对方的文化背景是非常重要的。

4) 法律背景

法律法规的完善程度、执法力度，以及合同法的具体规定等法律因素为谈判提供了基本的框架和规则。例如，在某些国家，合同法的规定可能会更加严格和保护消费者的权益，这可能影响企业在这些国家进行商务谈判时的策略和决策。

综上所述，商务谈判的构成要素包括谈判主体、谈判客体、谈判目标以及谈判背景。这些要素相互作用、相互影响，共同构成了商务谈判的完整框架和过程，并决定了谈判的最终结果。

4.1.4　商务谈判的类型

商务谈判的类型划分是一个复杂而多维的议题，可以从多个维度进行深入的分析和探讨。商务谈判按照不同因素可以划分为不同的类型，具体内容如下。

1. 按谈判参与方的国域界限划分

按谈判参与方的国域界限划分，商务谈判可分为国内商务谈判和国际商务谈判。

1) 国内商务谈判

国内商务谈判是指商务谈判的所有参与方均来自同一个国家内部，享有相同的法律、文化和社会环境。由于文化背景、法律法规、市场环境等相对统一，谈判过程可能更加顺畅。然而，也可能因地域性差异(如地区政策、消费习惯、地方保护主义等)而产生特定的议题和挑战。国内商务谈判要求谈判者对国内市场有深入的了解，并具备处理地区差异的能力。

2) 国际商务谈判

国际商务谈判是指谈判参与方分属两个及两个以上的国家或地区，涉及不同法律、文化和社会环境的交互。国际商务谈判涉及跨文化交流，谈判者需要充分考虑不同国家的政治、经济、法律、文化等背景因素。这要求谈判人员具备较高的外语水平、外贸知识及跨文化沟通能力。国际商务谈判过程可能更加复杂，涉及更多的不确定性和风险，但同时可能带来更大的商业机会和利益。

【小故事大道理 4-1】

　　新星科技公司是一家在国内有着良好口碑的科技创新型企业，近期公司研发出了一款具有突破性的新产品，并计划将其推向国际市场。为此，新星科技公司需要与国内合作伙伴以及国际投资者进行商务谈判。

　　新星科技公司的市场部经理小张首先与国内的一家大型分销商进行了商务谈判。在谈判过程中，小张发现由于双方拥有相同的文化背景，沟通起来相对顺畅，对于新产品的市场前景、推广策略以及合作细节都能很快达成共识。这次国内商务谈判注重的是建立长期的合作关系和互信，谈判氛围也相对轻松。

　　随后，小张又与国际上的一家知名投资公司进行了商务谈判。这次谈判的复杂程度明显提高，由于双方的文化背景、商业习惯以及法律体系存在差异，小张需要更加谨慎地选择沟通方式和策略。在谈判中，双方不仅讨论了新产品的国际市场潜力，还就投资条款、知识产权保护以及国际市场推广策略等进行了深入的探讨。这次国际商务谈判更加注重合同条款的详细性和法律风险的控制。

通过这两次商务谈判，小张深刻体会到了国内与国际商务谈判的异同。国内商务谈判更注重人情关系和长期合作，国际商务谈判则更加注重合同条款的准确性和法律风险的规避。同时，小张也意识到，在进行国际商务谈判时，需要充分了解对方的文化背景和商业习惯，以更加灵活和专业的态度来应对各种挑战。

2. 按谈判人员数量划分

按谈判人员数量多少划分，商务谈判可分为一对一商务谈判、小组商务谈判和大型商务谈判。

1) 一对一商务谈判

一对一商务谈判又称为单人谈判，是指双方只出一个主谈人，就某一问题进行磋商。这是一种直接、简洁的谈判形式。这种谈判形式灵活简便，能够直接沟通，减少信息传递的中间环节。然而，它要求谈判人员具备全面的知识和丰富的经验，以应对可能出现的各种情况。

2) 小组商务谈判

小组商务谈判是指由一个人以上、若干人组成的谈判团队进行磋商，团队成员可能来自不同部门或具有不同专业知识背景。小组商务谈判可以形成知识互补和经验交叉的优势，提高谈判的效率和成功率。然而，也可能因为团队成员之间的意见分歧而影响谈判的效率和一致性。

3) 大型商务谈判

大型商务谈判是指参与谈判的人员众多，可能涉及多个部门和领域的专家，甚至包括高层管理人员。这是一种规模较大、涉及面较广的谈判形式。大型商务谈判通常涉及复杂的问题和重大的利益，需要高效的组织协调和决策机制。这类商务谈判要求谈判团队具备强大的组织能力和协调能力。

【小故事大道理 4-2】

智慧联创科技公司近期研发出了一款创新产品，并计划将其推向市场。为了寻求合作和推广机会，公司决定分别与一位潜在投资者、一个投资小组，以及一家大型企业进行商务谈判。

首先，智慧联创科技公司的市场部经理李华与一位对新产品感兴趣的潜在投资者进行了一对一商务谈判。在这次谈判中，双方直接、高效地就产品的特点、市场前景以及合作细节进行了深入讨论，并达成了初步的合作意向。

接着，李华又代表公司与一个由多位投资者组成的小组进行了小组商务谈判。在这次谈判中，李华需要同时应对多位投资者的不同关注和质疑，他充分展示了产品的优势和公司的实力，通过有效的沟通和协商，最终赢得了小组的投资意向。

最后，智慧联创科技公司还与一家大型企业进行了大型商务谈判。这次谈判涉及多个部门和多位高层领导，谈判内容也更加复杂和全面。李华和他的团队充分准备，详细阐述了产品的创新点、市场潜力以及合作方案，经过多轮磋商和谈判，最终成功与这家大型企业达成了战略合作协议。

通过这三次不同规模的商务谈判，李华深刻体会到了商务谈判的多样性和复杂性。一对一商务谈判注重直接和高效，小组商务谈判需要应对多位谈判者的不同意见，而大型商务谈判更加注重全面的准备和多方的协调。他意识到，在不同规模的商务谈判中，需要根据具体情况制定合适的谈判策略，以获得最有利的合作结果。

3. 按谈判地点划分

按谈判地点划分，商务谈判可分为主场商务谈判、客场商务谈判和中立地商务谈判。

1) 主场商务谈判

主场商务谈判是指在己方所在地进行的商务谈判，己方拥有谈判地点的控制权，能够利用熟悉的环境和资源进行谈判。主场商务谈判有利于谈判者发挥主场优势，如熟悉环境、准备充分、利用资源等。然而，谈判者也可能因过于自信而忽视对方的合理诉求或过于依赖主场优势而缺乏灵活性。

2) 客场商务谈判

客场商务谈判是指在谈判对手所在地进行的商务谈判，对方拥有谈判地点的控制权，己方需要适应对方的环境和条件进行谈判。客场商务谈判可能使谈判者处于被动地位，面临诸多限制和挑战，如不熟悉环境、资源有限等。然而，谈判者也可能因对对手的深入了解而发现新的谈判机会或利用对方的地域限制进行有利的协商。

3) 中立地商务谈判

中立地商务谈判又称为第三方商务谈判，是指谈判地点设在第三地，通常为关系不融洽、信任度不高的谈判双方所选用，也可能是为了方便双方而选择中间地点，是一种在中立环境下进行的谈判。中立地商务谈判可以减少外界干扰，有利于双方进行客观、公正的协商。然而，谈判者也可能因地点不熟悉而增加谈判成本或面临中立地特有的文化和法律差异。

【小故事大道理 4-3】

创新未来科技公司为了扩大市场份额，计划与国内一家知名企业进行合作。为了达成合作意向，双方决定在不同地点进行三轮商务谈判。

第一轮谈判在创新未来科技公司的总部进行，这是一次主场商务谈判。作为主场方，创新未来科技公司做了充分的准备，展示了公司的实力和创新产品的优势。在谈判过程中，他们充分利用了主场优势，对谈判环境、议程安排等进行了精心布置，使谈判氛围有利于自己。最终，双方就合作的基本框架达成了共识。

第二轮谈判在对方企业的总部进行，这是一次客场商务谈判。在客场环境中，创新未来科技公司的市场部经理王磊和他的团队面临了一定的挑战。他们不仅要适应对方的谈判风格和节奏，还要应对客场可能的不利因素。通过灵活的策略和充分的准备，王磊和他的团队成功地维护了公司的利益，并为进一步的合作奠定了基础。

第三轮谈判选择在一个中立的城市进行，这是一次中立地商务谈判。在中立地环境中，双方都没有主场优势，谈判更加公平和客观。在这次谈判中，双方主要就合作的细节和条款进行了深入的磋商。经过多轮讨论和协商，双方最终达成了互利共赢的合作协议。

通过这三次不同地点的商务谈判，创新未来科技公司的市场部经理王磊深刻体会到了谈判地点对商务谈判的影响。主场商务谈判有利于展示自身实力和优势，客场商务谈判需要灵活应对挑战，中立地商务谈判则更加注重公平和客观。他意识到，在选择谈判地点时，需要根据具体情况和谈判目标来制定合适的策略。

4. 按谈判方向划分

按谈判方向划分，商务谈判可分为纵向商务谈判和横向商务谈判。

1) 纵向商务谈判

纵向商务谈判是指在确定谈判的所有议题后，按照问题的逻辑要求，依序逐个进行谈判。只有将前一个问题磋商谈妥之后，才依次讨论其他问题。纵向商务谈判的优势在于程序明确，可以把复杂问题简单化，每次只谈一个问题，讨论详尽，解决彻底；同时这种方式可以避免多头牵制、议而不决的弊端，确保谈判的连续性和有效性；而且这种谈判类型特别适用于链条式复合问题的商务谈判，能够确保每个问题都得到充分的讨论和解决。但是双方很可能会在某个问题上僵持不休，长时间的争执不下，影响谈判进度，同时由于一次只讨论一个议题，如果某个议题无法达成一致，可能会影响整个谈判的进程和结果。纵向谈判方式通常适用于规模较小、业务简单，特别是双方已有过合作历史的谈判。在这些情况下，由于双方对彼此有一定的了解和信任基础，采用纵向谈判方式可以更深入地讨论每个问题，确保谈判的顺利进行。

2) 横向商务谈判

横向商务谈判是指在确定谈判涉及的所有议题后，开始逐个讨论预先确定的问题。在某一问题上出现矛盾或分歧时，双方可以把这一问题暂时搁置，先去讨论其他问题，如此周而复始地讨论下去，直到把所有内容都谈妥为止。横向商务谈判的优势在于不过分拘泥于议程所确定的谈判内容，只要有利于双方的沟通与交流，就可以采取任何形式；有利于寻找变通的解决办法，提高谈判效率。例如，在资金借贷谈判中，如果双方在贷款期限上不能达成一致意见，可以暂时放下这个问题，继续讨论担保、还款等其他问题；而且，这种谈判方式能够更好地发挥谈判人员的创造力和想象力，更好地运用谈判策略和技巧。但是横向商务谈判容易使谈判双方做对等让步，增加谈判的复杂性和耗时性。谈判人员有时容易纠缠在细节问题上，而忽略了主要问题。横向商务谈判方式通常适用于大型谈判、涉及两方以上人员参加的谈判。在这些情况下，由于议题众多、参与人员复杂，采用横向谈判的方式可以更有效地推进谈判进程。

【小故事大道理 4-4】

新兴科技教育集团为了拓展业务范围，计划与其他教育机构和供应商进行合作。为了达成合作意向，新兴科技教育集团的市场总监张伟决定进行两轮商务谈判，分别是纵向商务谈判和横向商务谈判。

第一轮谈判是与一家在教育领域有着深厚背景的供应商进行的，这是一次纵向商务谈判。在这次谈判中，张伟主要关注双方在供应链上的合作，讨论如何整合资源，提高教育产品的质量和效率。通过深入的交流和协商，双方就供应链合作的具体细节达成了共识，为后续的长期合作奠定了基础。

　　第二轮谈判是与一家同样在教育科技领域发展的公司进行的，这是一次横向商务谈判。在这次谈判中，张伟主要关注双方在业务上的互补性和合作潜力，探讨如何共同开发新的教育市场，扩大市场份额。经过多轮讨论和磋商，双方最终达成了战略合作意向，决定共同开发新的教育项目。

　　通过这两次不同方向的商务谈判，新兴科技教育集团的市场总监张伟深刻体会到了商务谈判方向的多样性。纵向商务谈判更注重供应链上的合作和资源整合，而横向商务谈判更注重业务上的互补性和市场拓展。他意识到，在不同方向的商务谈判中，都需要根据具体情况制定合适的谈判策略，以达成最有利的合作结果。

5. 按谈判态度和方式划分

　　按谈判态度和方式划分，商务谈判可分为软式商务谈判、硬式商务谈判和原则式商务谈判。

1) 软式商务谈判

　　软式商务谈判也称让步型商务谈判或关系型商务谈判，谈判者准备随时做出让步以达成协议，强调双方满意和关系维护，注重和谐、避免冲突，是一种以建立和维持良好关系为首要目标的谈判方式。这种商务谈判方式追求和谐、避免冲突，但可能因过度让步而损害己方利益或失去谈判的主动权。在这种谈判中，谈判者通常采取妥协和让步的态度，以寻求双方的共识和合作。

　　软式商务谈判的优势在于谈判者视谈判对手为朋友或合作伙伴，强调"和为贵"的原则，以维护和发展双方关系为重；强调妥协与让步，为了达成协议，谈判者愿意在利益上做出一定的妥协和让步，以换取对方的合作和信任；在谈判过程中，谈判者通常采取温和、友好的态度，避免直接冲突和对抗。软式商务谈判的目标是实现双方的共赢，即在达成协议的同时，确保双方都能获得满意的利益。软式商务谈判适用于长期合作、互信程度较高的谈判双方。在这种情境下，维护和发展双方关系比短期利益更重要。

2) 硬式商务谈判

　　硬式商务谈判也称立场型商务谈判，是指谈判者认为态度越强硬，收获越多，强调己方利益最大化和对对手的压制，是一种具有竞争性和对抗性的谈判方式，也是一种以争取己方最大利益为首要目标的谈判方式。这种商务谈判方式可能导致双方关系紧张甚至破裂，但也可能在特定情况下迫使对方做出让步或获得更有利的谈判结果。在这种谈判中，谈判者通常采取强硬的态度和立场，强调己方的需求和利益。

　　硬式商务谈判的主要特点体现在：谈判者坚持己方的立场和条件，不轻易做出妥协和让步；硬式商务谈判往往被视为一场意志力的竞赛，谈判者之间竞争激烈，对抗性强；谈判者更关注商务谈判的最终结果，即己方能够获得多少利益，而对过程中的关系维护相对忽视；为了达成目标，谈判者可能会采用各种策略和手段，包括威胁、施压等。硬式商务谈判适用于一次性交易、竞争激烈的谈判环境或双方实力悬殊的情况。在这些情境下，谈判者可能更倾向于采取强硬的态度来争取最大利益。

3) 原则式商务谈判

　　原则式谈判也称价值型谈判。这种谈判，最早由美国哈佛大学谈判研究中心提出，故又称哈佛谈判术。原则式商务谈判是指在注意与对方关系的同时，寻求双方利益上的共同点，积极设想各种使双方都有所获的方案，强调公平、公正和长期合作关系的建立，是一种既注重结果又关注过程的谈判方式。原则式商务谈判的参加者把对方看作与自己并肩合作的同事，既非朋友更非敌人；他们不像软式商务谈判那样只强调双方的关系而忽视己方利益的获取，也不像硬式商务谈判那样只坚持本方的立场，不兼顾双方的利益，而是竭力寻求双方利益上的共同点，在此基础上设想各种使双方都有所获的方案。它强调在公正、公平的基础上寻求双方的共同利益。原则式商务谈判注重利益而非立场，通过客观标准和共同利益来推动谈判进程。它有利于实现双赢的结果和建立长期的合作关系。

原则式商务谈判的特点主要体现在对事强硬，对人温和上，谈判者在谈判中会对具体问题采取强硬态度，但对待对方则保持温和、尊重的态度。原则式商务谈判注重公平与公正，强调按照公平、公正的原则来达成协议，确保双方的利益得到合理平衡；在谈判过程中，谈判者会坦诚地表达自己的意见和需求，同时尊重对方的立场和观点。原则式商务谈判寻求双赢或多赢，目标是实现双方的共赢或多赢，即在满足各自利益的同时，也考虑对方的合理需求。原则式商务谈判适用于大多数商务谈判场景，特别是那些需要长期合作、涉及复杂利益关系的谈判。通过采用原则式商务谈判方式，双方可以建立更加稳固、互信的合作关系，为未来的合作奠定坚实的基础。

【小故事大道理 4-5】

阳光新能源公司为了扩大其在可再生能源市场的份额，计划与另一家在该领域具有影响力的企业进行合作。为了达成合作意向，阳光新能源公司的销售总监李浩决定采取三种不同的谈判态度和方式进行三轮商务谈判。

第一轮谈判，李浩采取了软式商务谈判的方式。他注重与对方建立良好的关系，以友好的态度展开谈判。在谈判过程中，他充分倾听对方的意见和需求，并展示出合作的诚意和灵活性。通过这种软式的谈判方式，李浩成功地与对方建立了信任关系，并为后续的合作打下了良好的基础。

第二轮谈判，李浩采取了硬式商务谈判的方式。他更加关注公司的利益和目标，以坚定的态度进行谈判。在谈判中，他明确表达了公司的立场和要求，对关键问题进行有力的辩护。虽然谈判过程较为紧张，但李浩通过硬式谈判方式，成功地维护了公司的利益，并争取到了更有利的合作条件。

第三轮谈判，李浩采取了原则式商务谈判的方式。他注重在谈判中坚持原则，同时寻求双方的共同利益。在谈判过程中，他明确提出了公司的核心价值观和合作原则，并与对方进行了深入的讨论和协商。通过原则式的谈判方式，李浩成功地与对方达成了互利共赢的合作协议，实现了双方的共同发展。

通过这三轮不同态度和方式的商务谈判，阳光新能源公司的销售总监李浩深刻体会到了谈判态度和方式对商务谈判的重要性。软式商务谈判注重建立良好的关系和信任，硬式商务谈判更加关注公司的利益和目标，原则式商务谈判则注重坚持原则和寻求共同利益。他意识到，在不同情况和谈判对手下，需要灵活选择合适的谈判态度和方式，以达成最有利的合作结果。

6. 按谈判内容划分

按谈判内容划分，商务谈判可分为商品贸易商务谈判、非商品贸易商务谈判、战略合作商务谈判和合同商务谈判。

1) 商品贸易商务谈判

商品贸易商务谈判涉及商品买卖的具体条件，包括价格、数量、质量、交货期、付款方式、售后服务以及商品的技术规格、包装、运输等细节。这种类型是商务谈判中最常见的类型之一，直接关系到企业的销售和利润。商品贸易商务谈判要求谈判者对市场需求、竞争状况以及商品特性有深入的了解。

2) 非商品贸易商务谈判

非商品贸易商务谈判是指包括技术引进、劳务输出、资金借贷、工程承包、合资合作等非实物交易内容的谈判，涉及技术、服务、资金等非物质性资源的交换。这些商务谈判往往涉及更复杂的技术、法律和经济问题，对谈判人员的专业知识和综合能力有更高的要求。非商品贸易商务谈判要求谈判者具备广泛的知识面和跨领域的合作能力。

3) 战略合作商务谈判

战略合作商务谈判是指两个或多个组织之间就开展战略性合作或共同发展的事项进行讨论，如共同研发、市场拓展、品牌合作等，旨在建立长期合作关系和实现共同发展的愿景。战略合作商务谈判涉及长期目标和潜在利益的协商，要求双方要深入了解对方的核心竞争力和市场需求，以寻求双赢的解决方案。这类商务谈判强调建立长期合作关系和共同发展的愿景。

4) 合同商务谈判

合同商务谈判是指在签订正式合同之前，双方就合同条款进行协商和达成一致的过程，涉及价格、付款条件、交货要求、保修期限、违约责任等方面的详细讨论。合同商务谈判要求合同条款清晰明确，符合法律法规要求。合同商务谈判要求谈判者具备法律知识和合同撰写能力。

综上所述，商务谈判的类型划分是一个复杂而多维的议题，每种类型都有其特定的应用场景和谈判策略。在实际谈判过程中，谈判者应根据具体情况选择合适的谈判类型和策略，以实现最佳的谈判效果。同时，谈判者还需要具备全面的知识和丰富的经验，以应对不同类型的商务谈判所带来的挑战和机遇。

【小故事大道理 4-6】

蓝天科技发展有限公司为了进一步发展壮大，计划与其他企业在多个领域进行合作。为此，公司的商务经理赵强决定进行四轮不同内容的商务谈判，以探索合作机会。

第一轮谈判是与一家电子产品供应商进行的商品贸易商务谈判。赵强与该供应商就产品的规格、价格、交货期等贸易条款进行了详细的讨论。通过双方的协商，最终达成了商品采购协议，为蓝天科技发展有限公司的产品线增添了新的电子产品。

第二轮谈判是与一家技术服务商进行的非商品贸易商务谈判。赵强与技术服务商就技术服务的内容、方式、费用等进行了深入的交流。双方就技术服务合作达成了共识，为蓝天科技发展有限公司的技术创新提供了有力支持。

第三轮谈判是与一家在新能源领域具有领先地位的企业进行的战略合作商务谈判。赵强与该企业就共同开发新能源市场、共享技术资源等战略合作内容进行了充分的探讨。

通过双方的共同努力，最终达成了战略合作框架协议，为蓝天科技发展有限公司在新能源领域的发展奠定了坚实的基础。

第四轮谈判是与一家国际知名企业进行的合同商务谈判。赵强与该企业就一份涉及多项合作内容的合同进行了细致的谈判。双方就合同条款、权利义务、违约责任等进行了全面的协商，并最终签署了正式的合作合同，为蓝天科技发展有限公司的国际化发展迈出了重要一步。

通过这四轮不同内容的商务谈判，蓝天科技发展有限公司的商务经理赵强深刻体会到了商务谈判内容的多样性。商品贸易商务谈判关注商品贸易的具体条款，非商品贸易商务谈判涉及技术、服务等领域的合作，战略合作商务谈判注重长期的共同发展和资源共享，合同商务谈判则关注合同条款的细致协商。他意识到，在不同领域的商务谈判中，需要根据具体情况制定合适的谈判策略，以达成最有利的合作结果。

4.2　商务谈判的特征、原则及作用

4.2.1　商务谈判的特征

商务谈判作为商业活动中不可或缺的一环，其特征可以从多个维度进行深入剖析。下面从多样性、目标导向性、利益博弈性、"合作"与"冲突"并存性，以及科学与艺术结合性等方面对商务谈判的特征详细展开说明。

1. 多样性

商务谈判的多样性不仅体现在谈判内容的广泛性上，还涉及谈判形式、参与方以及谈判环境的多样性。

首先，商务谈判的内容可能涉及商品的价格、数量、质量、交货期、付款方式等具体条款，也可能深入到技术规格、知识产权、售后服务等更为复杂的层面。这种内容的多样性要求谈判者具备全面的知识结构和灵活的思维方式。

其次，商务谈判的形式多样，既可以是传统的面对面直接谈判，也可以通过电话、视频会议等现代通信手段进行远程谈判。这种形式的多样性适应了现代商业活动的快节奏和高效率要求。此外，谈判的参与方也呈现出多样性，可能包括供应商、客户、竞争对手、政府机构等多个利益相关方。这种参与方的多样性增加了谈判的复杂性和挑战性，要求谈判者具备高超的协调能力和沟通技巧。

最后，商务谈判环境也是多样的，可能涉及不同的文化背景、市场环境和法律法规，这要求谈判者具备跨文化沟通和适应不同环境的能力。

2. 目标导向性

商务谈判具有明确的目标导向性。参与谈判的每一方都有自己的目标和利益诉求，这些目标可能是获得最佳价格、改善交易条件、扩大市场份额、解决争议等。谈判者需要在谈判前明确自己的目标，包括最低可接受条件和最期望达成的目标，并在谈判过程中围绕这些目标进行有效的沟通和协商。目标导向性要求谈判者保持高度的专注力和执行力，确

保谈判活动的有序进行和最终目标的顺利实现。同时，谈判者还需要具备灵活调整目标的能力，以适应谈判过程中的变化和挑战。这种目标导向性和灵活性相结合的特点，使商务谈判成为一项既具有挑战性又充满魅力的商业活动。

3. 利益博弈性

商务谈判本质上是一种利益博弈过程。谈判各方都希望在谈判中获得尽可能多的利益，为此会运用各种策略和技巧来争取主动权和优势地位。这种利益博弈不仅体现在具体条款的讨价还价上，还体现在对合作方式、长期利益分配等更深层次问题的博弈上。利益博弈性要求谈判者具备高度的洞察力和判断力，能够准确把握对方的利益诉求和谈判底线，从而制定有效的商务谈判策略以争取最有利的谈判结果。同时，谈判者还需要具备灵活应对的能力，能够在博弈过程中及时调整策略以应对对方的反应和谈判环境的变化。这种利益博弈性和灵活性相结合的特点，使商务谈判成为了一项既充满挑战又充满机遇的商业活动。

4. "合作"与"冲突"并存性

在商务谈判中，合作与冲突并存是其显著特征。一方面，谈判双方或多方有着共同的合作意愿和利益诉求，希望通过谈判达成协议以实现各自的商业目标。这种合作意愿是推动商务谈判进程的重要动力，也是达成最终协议的基础。另一方面，由于利益分配、市场地位、文化差异等因素的存在，在商务谈判过程中不可避免地会出现冲突和分歧。这些冲突可能涉及具体条款的争议、合作方式的差异、长期利益分配的不均等问题。因此，谈判者需要在合作与冲突之间找到平衡点，通过有效的沟通和协商来化解冲突、增进合作，最终实现双方或多方的共赢。这就要求谈判者具备高超的沟通技巧和冲突管理能力，能够在紧张的氛围中保持冷静和理性，推动商务谈判向有利于双方的方向发展。

5. 科学与艺术结合性

商务谈判既是一门科学也是一门艺术，是科学性与艺术性的有机结合。科学性体现在谈判者需要对谈判涉及的问题进行系统的分析和研究，运用经济学、管理学、心理学等多学科知识来制定谈判方案和策略。同时，谈判者需要对谈判环境、对手情况、自身实力等因素进行客观评估以做出科学决策。这种科学性要求谈判者具备扎实的理论基础和丰富的实践经验，能够运用科学的方法来分析问题和制定策略。艺术性则体现在谈判过程中需要运用沟通技巧、谈判策略等手段来营造良好的谈判氛围，化解冲突，增进合作。谈判者需要灵活运用各种艺术手段来应对复杂多变的谈判情况以实现最佳谈判效果。这种艺术性要求谈判者具备良好的沟通技巧、情绪管理能力和创新思维，能够在谈判过程中展现出自己的魅力和个性。这种科学性与艺术性的结合使商务谈判成为一项既具挑战性又充满魅力的商业活动，要求谈判者不断提升自己的专业素养和综合能力以应对各种复杂多变的谈判情况。

4.2.2　商务谈判的原则

商务谈判的原则是指导商务谈判活动的思想和准则，是确保谈判过程公正、公平、有效，并达成令双方满意协议的基础，也是商务谈判者在商务谈判中应遵循的行动指南。商务谈判的原则如图 4-2 所示。

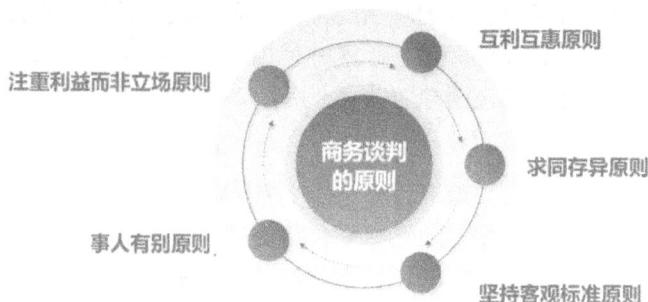

图 4-2　商务谈判的原则

1. 互利互惠原则

商务谈判的核心目的是实现双方利益的最大化。在谈判过程中，双方应摒弃零和博弈思维，积极寻求共同的利益点，通过妥协、合作和创新，确保双方都能从中获益，实现真正的共赢。这一原则强调了合作与共赢的重要性，鼓励双方在谈判中寻找共同目标，以实现长期合作和共同发展。在价格谈判中，双方不局限于价格本身的讨论，还可以探讨长期合作的可能性、市场份额的共享、新产品的共同研发等更广泛的合作领域。同时，也可以考虑在支付方式、交货时间等方面给予对方一定的优惠或便利，以换取对方在价格或其他方面的让步。通过这样的讨论和妥协，双方可以找到更多共同利益的交汇点，从而达成更加全面和互利的协议。

> **【小故事大道理 4-7】**
>
> 假设一家电子产品制造商与一家零售商进行商务谈判，制造商希望提高产品价格，零售商则希望降低采购成本。在互利互惠原则下，双方可以探讨长期合作的可能性，如共同推广新产品、共享市场份额等。通过深入讨论，双方最终达成了一项协议：制造商同意在一定时间内保持价格稳定，零售商则承诺增加采购量，并共同投入资源进行市场推广。这样一来，双方都获得了利益，实现了共赢。

2. 求同存异原则

在面对利益分歧时，谈判双方应从大局出发，努力寻求共同利益，并暂时搁置那些无法立即达成一致的分歧点。这种原则有助于保持谈判的积极氛围，避免谈判过早陷入僵局，为双方留出更多的时间和空间来思考和探索解决方案。在多议题谈判中，双方可以先就一些容易达成共识的议题进行讨论和确认，如交货时间、售后服务等，以建立信任和合作的基础。然后，逐步解决那些存在分歧的议题，如价格、技术规格等。在解决分歧时，双方可以采取灵活多样的方式，如提出替代方案、进行利益交换等，以寻求双方都能接受的解决方案。通过逐步推进的方式，双方可以在保持合作关系的同时逐步缩小分歧，最终达成全面协议。

> **【小故事大道理 4-8】**
>
> 在一家跨国公司与本土企业的合资谈判中，双方在股权分配、管理权等方面存在分歧。根据求同存异的原则，双方首先就合资目标、市场前景等容易达成共识的议题进行了讨论，并确认了共同的目标和愿景。随后，双方决定暂时搁置股权分配等分歧点，转

而探讨如何共同开拓市场、提升品牌影响力等更广泛的合作领域。通过逐步推进和妥协，双方最终达成了全面协议，实现了合资项目的顺利进行。

3. 坚持客观标准原则

在谈判中，双方应坚持用客观、公正的标准来解决问题，避免受到主观情感、偏见或不合理要求的影响。这种原则有助于确保谈判结果的公正性和合理性，增强双方对谈判结果的信任和接受度。在产品质量或技术标准的谈判中，双方可以依据行业标准、国家法规、第三方检测结果或国际公认的质量标准等客观依据来进行讨论和协商。如果双方对某一标准存在争议，可以邀请第三方专家或机构进行评估和裁定，以确保谈判结果的客观性和公正性。同时，在谈判过程中，双方还应保持冷静和理性，避免情绪化的言辞和行为，以维护谈判的公正性和专业性。

【小故事大道理 4-9】

在一家汽车制造商与供应商之间的价格谈判中，双方对原材料的价格存在争议。为了坚持客观标准原则，双方决定依据行业标准、市场价格以及第三方检测结果来进行讨论和协商。他们邀请了独立的第三方机构对原材料进行质量检测，并根据检测结果和行业标准来确定合理的价格范围。最终，双方达成了基于客观标准的协议，确保了谈判结果的公正性和合理性。

4. 事人有别原则

在商务谈判中，应将谈判人员个人的情感、态度、偏见和立场与谈判议题本身区分开来。这种原则有助于保持谈判的专业性和客观性，避免个人情感干扰谈判进程，确保双方能够就事论事地进行讨论和协商。即使双方在谈判过程中出现了不愉快或分歧，也应保持冷静和理性，就事论事，避免将个人情感带入谈判议题。为此，双方可以设立专门的谈判小组或指定专业的谈判代表，负责处理具体的谈判事务。同时，在谈判过程中，双方还可以通过建立互信机制、加强沟通等方式，增进彼此之间的了解和信任，为谈判创造更加积极和有利的环境。这样，即使双方在个人层面上存在分歧或不满，也能够就具体的谈判议题进行客观、专业的讨论和协商。

【小故事大道理 4-10】

在一家软件公司与一家硬件公司的合作谈判中，双方的谈判代表在初步接触时产生了一些不愉快。然而，为了维护谈判的专业性和客观性，双方决定遵循事人有别原则。他们设立了专门的谈判小组，负责处理具体的合作议题，并避免将个人情感带入谈判中。通过专业的讨论和协商，双方实现了将人与事分开，最终达成了基于合作议题的协议。

5. 注重利益而非立场原则

在谈判过程中，双方应关注各自的利益需求而非固定的立场或观点。通过深入探索对方的利益所在，寻找满足双方利益的解决方案，可以实现更加灵活和创造性的谈判结果。这一原则强调了利益导向的谈判思维，鼓励双方在谈判中寻求共同利益的交汇点，以达成更加积极和富有成效的合作。在合作谈判中，双方可以就合作的具体目标、利益分配、风险承担、合作期限等方面进行深入的讨论和协商。通过创造性的思考和妥协，如提出股权分期转让、设立共同管理委员会等方案，双方可以找到一种既能满足各自利益又能促进合作关系的解决方案。这种注重利益而非立场的谈判方式有助于打破传统谈判中的僵局和对抗性思维，推动双方达成更加积极的合作。同时，在谈判过程中，双方还应保持开放和灵活的态度，愿意根据对方的利益和需求进行调整和妥协，以达成更加全面和互利的协议。

【小故事大道理 4-11】

在一家房地产开发商与政府的土地使用谈判中，开发商希望获得更低的土地价格，政府则坚持其定价立场。为了打破僵局，双方开始注重利益而非立场。他们深入探讨了开发商的投资计划、政府对当地经济发展的期望等利益点。通过创造性的思考和妥协，双方最终达成了一项协议：开发商同意在项目中增加公共设施投资，以提升当地社区的生活质量，政府则同意在一定程度上降低土地价格。这样一来，双方都获得了满足各自利益的解决方案。

综上所述，商务谈判的原则是确保谈判顺利进行并达成令双方满意协议的重要保障。在实际应用中，这些原则需要根据具体情况进行灵活运用和调整，以实现最佳的谈判效果和合作关系。同时，双方还应注重建立良好的沟通机制和信任关系，为谈判创造更加积极和有利的环境。

4.2.3 商务谈判的作用

商务谈判在商业活动中扮演着至关重要的角色，其作用广泛而深远，主要体现在以下几个方面。

1. 促成交易并优化合作条件

商务谈判是双方或多方为了促成交易而进行的重要活动。通过深入的协商和谈判，各方可以就交易的具体条件、价格、交付方式、售后服务、合同条款等关键要素进行细致的讨论和妥协，最终达成一致。这一过程不仅有助于交易的顺利完成，还能确保合作条件对各方都尽可能有利，为后续的合作奠定坚实的基础。同时，商务谈判有助于建立长期稳定的商业关系，通过明确的合同条款和合作细节，减少后续合作中的不确定性和纠纷，提高合作的稳定性和可靠性。

2. 增进相互了解和信任

在商务谈判的过程中，各方会就各自的需求、期望、实力、市场情况，以及未来的发展战略进行深入的交流和探讨。这种开放和坦诚的沟通有助于增进彼此之间的了解和信任，减少信息不对称和误解。通过商务谈判，各方可以更好地理解对方的商业模式、企业文化和价值观，从而为后续的合作创造更加有利的环境。同时，商务谈判是建立商业信誉和口碑的重要途径，凭借诚信和专业的谈判态度，企业可以赢得合作伙伴的信任和尊重，为未来的合作奠定良好的基础。

3. 争取和实现各自利益的最大化

商务谈判的核心目的是获取利益，这包括经济利益、市场份额、品牌影响力、技术合作、战略联盟等多个方面。通过谈判策略和技巧，如提出有力的论据、运用谈判技巧讨价还价、灵活应对对方的反应等，各方可以充分展示自己的优势和价值，争取到更有利的交易条件，从而实现各自利益的最大化。商务谈判也是各方展示自身实力和谈判能力的重要机会，通过谈判桌上的较量，企业可以展示自己的专业水平和市场竞争力，进一步提升自身的品牌形象和市场地位。

4. 开拓新市场并拓展业务机会

商务谈判不仅是交易的过程，也是市场开拓和业务拓展的重要途径。通过谈判，企业可以深入了解市场需求、竞争对手的情况以及潜在客户的需求和偏好。这些信息对于企业制定更有针对性的市场策略、开拓新的市场领域以及拓展业务范围具有至关重要的作用。商务谈判还可以帮助企业发现新的商业机会，如与其他企业进行合作、共同开发新产品或进入新的市场领域。通过商务谈判，企业可以不断拓宽业务范围、不断扩大市场份额，实现业务的多元化和企业的可持续发展。

5. 改善和优化商业关系

商务谈判不仅是利益的争夺，也是关系的建立和维护。通过友好、诚信和尊重的谈判态度和行为，各方可以建立起长期的合作关系，共同应对市场挑战和风险。在商务谈判中，各方可以通过倾听对方的意见、关注对方的需求、提出建设性的解决方案等方式来增进彼此之间的合作和信任。这种合作关系的建立和维护对于企业的长期发展和稳定具有重要意义，也有助于企业在市场中获得更好的声誉和形象。通过商务谈判，企业可以建立起广泛的商业网络和合作伙伴关系，为自己的发展创造更多的机会和条件，实现资源共享和互利共赢。

6. 提高竞争力和市场地位

通过商务谈判，企业可以及时了解行业内的最新动态、技术发展趋势，以及竞争对手的策略和行动。这些信息对于企业调整自身的经营策略、市场定位以及产品创新具有重要的参考价值。通过商务谈判和实践，企业可以不断提高自身的谈判能力和市场竞争力，从而在激烈的市场竞争中脱颖而出。同时，商务谈判是企业展示自身实力和品牌形象的重要机会，有助于提升企业在市场中的知名度和影响力。通过商务谈判的成功案例和经验积累，企业可以不断提升自己的市场地位和竞争力，进一步巩固和扩大市场份额。

7. 解决纠纷和化解冲突

在商业活动中，难免会出现各种纠纷和冲突。通过商务谈判，各方可以就争议的问题进行深入的讨论和协商，寻求妥善的解决方案。这种通过谈判解决纠纷的方式不仅有助于维护各方的利益和关系，还能避免不必要的法律诉讼和损失。商务谈判可以提供一种更加灵活和高效的解决纠纷的方式，有助于保护企业的商业利益和声誉。同时，通过商务谈判解决纠纷还可以增强企业之间的合作和信任，为未来的合作奠定更坚实的基础，实现长期的合作共赢。

8. 促进跨文化交流与合作

在全球化的商业环境中，商务谈判还扮演着促进跨文化交流与合作的重要角色。不同国家和地区的企业在进行商务谈判时，需要充分了解并尊重对方的文化背景、商业习惯和法律法规。通过商务谈判，各方可以增进对彼此文化的理解和尊重，建立起跨文化交流的桥梁，促进国际商业合作与发展。商务谈判不仅是商业活动的一部分，也是文化交流的重要载体。商务谈判的交流和互动，可以促进不同文化之间的理解和融合，推动全球化的商业进程。

9. 提升企业决策质量与战略规划能力

商务谈判过程往往涉及对市场趋势、竞争对手动态、行业前景等关键信息的深入分析与讨论。这些信息不仅有助于企业在具体交易中获取优势，更能为企业制定长远战略规划提供重要参考。通过商务谈判，企业能够更加准确地把握市场动态，及时调整经营策略，从而提升整体决策质量和战略规划能力。这种能力的提升，对于企业在复杂多变的市场环境中保持竞争优势至关重要。同时，商务谈判还能促进企业内部的沟通和协作，使各个部门之间能够更加紧密地配合，共同推动企业的发展。

10. 培养专业人才与团队建设

商务谈判是一个高度专业化的领域，需要具备丰富的商业知识、高超的谈判技巧和出色的沟通能力的人才。通过参与商务谈判，企业可以培养和锻炼自己的谈判团队，提升团队成员的专业素养和综合能力。商务谈判不仅是个人能力的展现，也是团队合作的体现。在商务谈判中，团队成员需要相互协作、密切配合，共同应对各种挑战和困难。通过商务谈判的实践和经验积累，企业可以建立起一支高效、专业的谈判团队，为企业的长期发展提供有力的人才保障。这样的团队不仅能够在商务谈判中出色发挥，还能够在企业内部推动跨部门的沟通和协作，促进企业的整体发展。

综上所述，商务谈判在商业活动中具有多重作用，它不仅是交易达成的关键环节，还是企业获取利益、开拓市场、改善关系、提高竞争力、解决纠纷以及促进跨文化交流与合作的重要途径。因此，企业应高度重视商务谈判的准备和实施过程，注重谈判策略和技巧的运用，以确保在激烈的市场竞争中取得优势地位并实现可持续发展。通过不断优化商务谈判流程和提升谈判团队的专业能力，企业可以在商业谈判中取得更好的成果，为自身的长期发展奠定坚实的基础，实现商业目标和社会价值的双赢。

4.3 商务谈判心理

商务谈判不仅是谈判各参与方在谈判技巧、策略上的博弈，也是谈判各参与方在心理上的较量。在商务谈判中，我们不能忽视心理因素的影响和作用，研究和掌握谈判心理，既有助于谈判人员适时调整自己的心理，使自己保持最佳状态，也有助于谈判人员把握对方谈判人员的心理活动，为己方争取更多的优势。

4.3.1 商务谈判心理的特点

准确地认识商务谈判心理的含义，是精准把握商务谈判心理的基础。商务谈判心理是在商务谈判活动中谈判人员的各种心理活动和心态反映，它是谈判人员对谈判过程中各种客观情况的主观能动反映。商务谈判心理的特点表现在三个方面，即内隐性、相对稳定性和个体差异性。

1. 内隐性

内隐性是指商务谈判心理是谈判人员的精神活动，存在于谈判人员的头脑之中，别人是无法直接触摸到的。但是，人的行为与心理有着密切关系，人的心理会影响其行为，人的一些行为在一定程度上也能够反映其心理活动。因此，人们可以通过对方的行为表现来推测其心理活动的变化。

虽然人的行为在一定程度上能够反映其心理活动，但在谈判中为了迷惑对手、进行自我保护。谈判人员也会想方设法掩饰自己真实的心理活动。因此，避开对方设置的"烟雾弹"，准确解读对方的心理活动，对谈判人员在谈判中占据主动权有着重要的作用。

2. 相对稳定性

相对稳定性是指人的某种商务谈判心理产生后，在一定时期或一定时间内不会突然发生较大的变化。在商务谈判中，商务谈判心理的相对稳定性主要表现为在面对相同或相似的情况时，谈判人员产生的心理反应和行为反应具有一定的相似性。

因为商务谈判心理具有相对稳定性，所以人们可以通过观察谈判对手在过去谈判中的种种表现分析其谈判特点，以深入地了解谈判对手。

3. 个体差异性

个体差异性是指不同的谈判个体具有自身的独特性，其主客观情况存在不同之处，因此不同谈判个体之间的心理状态存在一定的差异。

商务谈判心理的个体差异性要求人们在分析、研究商务谈判心理时，既要探索商务谈判心理所具有的共同特点和规律，又要注意把握不同个体之间谈判心理的特别之处，以便更好地实施商务谈判策略。

【金钥匙】

罗杰·费希尔和威廉·尤里： 他们在《谈判力》等著作中深刻阐述了谈判心理："成功的谈判者并非一味固执己见，而是能与对方充分沟通，并从对方角度看问题。"这句话强调了同理心和理解对方在谈判中的重要性。

刘易斯·卡罗尔： "当你思考准备说什么的时候，就做出一副彬彬有礼的样子，因为这样可以赢得时间。"这句话间接反映了在谈判中保持良好心态和外在表现对于建立信任和赢得谈判优势的作用。

安东尼·罗宾斯： "谈判的目的是达成协议，而不是打败对手。"这句话虽然直接针对谈判目的，但也揭示了谈判中应保持平和心态，避免情绪化对抗的重要性。

戴尔·卡耐基： "如果你是对的，就要试着温和地、技巧地让对方同意你；如果你错了，就要迅速而热诚地承认。"这句话在商务谈判中同样适用，它强调了谈判者应具备的心理素质和应对策略，即无论对错都应保持冷静和理智。

4.3.2　商务谈判心理的作用

商务谈判心理对谈判人员的行为有着重要影响，研究和掌握商务谈判心理对谈判人员更好地参与商务谈判有着重要的作用。

1. 有利于谈判人员养成良好的心理素质

良好的心理素质是谈判人员在商务谈判中行为表现良好的重要基础。谈判人员研究并掌握商务谈判心理，才能正确认识商务谈判心理及其对商务谈判行为的影响，从而有意识地规避不良的心理表现，培养并提高自身心理素质，提升谈判的心理适应能力和抗挫折能力，最终提升自身的谈判能力。

2. 有利于谈判人员分析对手的真实想法

谈判人员掌握了商务谈判心理，可以在谈判过程中通过观察对手的言行举止、神态表情等，分析对手的心理状态，揣摩其真实意图和想法，从而实施合理的谈判策略，做出正确的决策，避免掉入对方设置的陷阱。

此外，谈判人员在商务谈判过程中通过分析对手的心理状态、了解对手的需求，可以对其实施心理诱导，从而推动商务谈判向着有利于己方的方向发展。

3. 有利于谈判人员恰当地表达或掩饰己方的心理

在商务谈判过程中，如果对方对己方的心理要求或需求不甚了解，在必要的情况下，己方谈判人员可以凭借自己掌握的商务谈判心理相关知识，采取合适的方法向对方表达己方的需求或态度，以推动商务谈判的顺利进行。

反之，如果己方谈判人员不想让对方发现自己真实的心理状态、态度，也可以运用自己掌握的商务谈判心理相关知识，通过调控自己的言谈举止、情绪状态等适当掩饰自己的心理动机或意图，以便采取更有效的谈判策略与对方展开博弈。

4. 有利于营造良好的谈判氛围

谈判氛围会对谈判人员的情绪、态度产生一定的影响，营造良好的谈判氛围有利于推进谈判达到预期目的。谈判人员掌握一定的商务谈判心理知识，有利于恰当地应对与对方的交谈，根据具体情形营造良好的谈判氛围，推动谈判的进程。

例如，当谈判陷入僵局时，谈判人员可以运用商务谈判心理知识适当地释放善意，避免谈判破裂；当对方有意制造不和谐的氛围时，己方谈判人员出于自身利益的考虑，可以运用商务谈判心理知识调控自己的心理状态、情绪、言行举止等，对抗对方的胁迫，给对方施加压力，以迫使对方做出让步。

4.3.3 商务谈判心理的表现形式

身处谈判之中，谈判人员的心理活动往往非常丰富，心理上的变化也非常快速。谈判人员只有有效地掌握自己和谈判对手的心理状况，才有可能控制谈判的节奏，取得有利于己方的谈判效果。

一般来说，谈判人员的心理通常会以下列四种形式表现出来。

1. 投射

投射是指个体不自觉地把自己的动机、情感、态度或特征归因于他人，认为他人也有与自己相似的想法或行为。这是一种心理防御机制，用以减轻内心的焦虑或不安。在商务谈判中，投射心理可能表现为谈判者将自己的意图或动机强加给对方，认为对方也有同样的想法或需求。例如，一个急于达成交易的谈判者可能会认为对方也同样迫切，从而忽略了对方可能存在的犹豫或保留意见。投射心理可能导致谈判者对对方意图的误判，进而影响谈判策略和决策的制定。了解并识别投射心理有助于谈判者更准确地把握对方的真实想法，从而做出更为合理的应对。

2. 移置

移置是指个体将某种情绪或冲动从一个对象转移到另一个不相干的对象上，以此来减轻内心的压力或不安。在商务谈判中，移置心理可能表现为谈判者出于某种原因(如受到上司批评、个人情绪不佳等)而将不满或愤怒的情绪转移到谈判对手身上，表现出不理智的行为或态度。移置心理可能导致谈判氛围的紧张和对立，增加谈判的难度和不确定性。谈判者需要保持冷静和理性，识别并应对对方的移置行为，以保证谈判的顺利进行。

3. 掩饰

掩饰是指个体为了隐藏自己的真实意图、情绪或动机而采取的一种行为策略。在商务谈判中，掩饰心理可能表现为谈判者故意模糊自己的立场或需求，避免直接暴露自己的底线或弱点。同时，也可能通过言语或行为来误导对方，使对方做出对自己有利的决策。掩饰心理虽然可以在一定程度上保护谈判者的利益，但也可能导致谈判双方之间的信任缺失和信息不对称。因此，谈判者需要在保护自身利益的同时，保持一定的透明度和诚信度，以建立和维护双方的信任关系。在谈判中，谈判人员即使有失误，在心理上也总是替自己辩解，通过看似合理的途径来使不利于自己的形势合理化，这就是掩饰心理。例如，在谈判中，卖方人员不小心泄露底价，他虽然懊恼，但会跟别人说："也许对方已经知道这种价格。"如果在谈判时发现对方试图用文字游戏来掩饰自己，谈判人员就应该顺水推舟，满足对方的需求，以获得皆大欢喜的谈判结局。

4. 攻击

攻击是指个体在遭受挫折或不满时，通过言语或行为对他人做出直接或间接的敌对行为。在商务谈判中，攻击心理可能表现为谈判者对对方的观点或行为提出尖锐的批评或反驳，甚至采取威胁或恐吓的手段来迫使对方让步。这种攻击行为可能针对对方个人，也可能针对对方的立场或观点。攻击行为会严重破坏谈判氛围和双方的关系，增加谈判破裂的风险。因此，谈判者需要保持冷静和理性，避免采取攻击性的行为。在面对对方的攻击时，也应以平和的态度进行回应和沟通。谈判人员遭受挫折时，有可能产生一种激烈的攻击反应，有时会将自己愤怒的情绪直接宣泄出来，有时可能通过无关的事反映出来，这就是攻击心理。如果谈判人员出现莫名其妙的情绪变化，可能就是攻击心理的外化形式。

综上所述，商务谈判心理的表现形式多种多样，谈判者需要了解并识别这些心理表现形式的影响和作用机制，以便在谈判中采取更为合理和有效的应对策略。

【实操演练】

同学们自由分组，5 位同学一组，每位同学用 10 个形容词来形容自己，并解释为什么要用这些形容词来形容自己。

课件资源

第5章　商务谈判原理

学习目标

理解谈判产生的前提：掌握冲突的概念、类型、过程、影响及解决方法，了解冲突在商务谈判中的作用。

掌握谈判的实质：深入理解说服的概念、核心要素、技巧及其作用，学会在商务谈判中有效运用说服策略。

熟悉商务谈判的评判标准：了解并掌握谈判目标实现、谈判成本优化、人际关系改善、效益与效率以及综合评价标准，学会如何评估商务谈判的效果。

重点知识

- 冲突的概念、类型、过程及解决方法。
- 说服的核心要素和技巧。
- 商务谈判的评判标准，特别是谈判目标实现和成本优化标准。

学习难点

- 如何将冲突理论应用于实际商务谈判中，有效解决冲突。
- 掌握并灵活运用说服技巧，提高商务谈判的说服力。
- 综合运用商务谈判的评判标准，全面评估谈判效果。

──情景呈现──

咖啡与合同的奇妙邂逅

在一个阳光明媚的下午，A公司的销售总监李大和B公司的采购经理王小相约在一家咖啡馆，准备就一笔重要的采购订单展开谈判。

李大一进门就豪爽地喊道："王小，听说你对咖啡有着独到的见解，我今天特意带了自家烘焙的咖啡豆，咱们边喝边聊，让这合同更有韵味！"

王小笑眯眯地回应："李大，你这名字真是名副其实啊，谈判还带咖啡豆，真是有备而来。不过，我这人对咖啡的要求可是很高的，你的咖啡豆得能通过我的'考验'才行。"

两人坐下后，李大开始介绍他的咖啡豆："我这咖啡豆，可是经过精心挑选、烘焙的，保证让你喝一口就忘不了。就像我们的产品，质量上乘，价格合理，绝对是你的首选。"

王小品尝了一口咖啡，故作严肃地说："嗯，这咖啡确实不错，不过嘛，我还得给你挤挤'水分'，浓缩一下，看看价格能不能再优惠点。"

李大哈哈一笑："王小，你这挤'水分'的功夫我可是早有耳闻。不过没关系，咱们谈判嘛，就是为了找到双方都能接受的平衡点。就像这咖啡，太浓或者太淡都不好喝，得恰到好处才行。"

经过一番激烈的讨价还价，两人终于达成了共识。签约的那一刻，李大和王小相视而笑。

李大打趣道："王小，下次谈判你可得准备更好的咖啡啊！"

王小也笑道："哈哈，李大，你放心，我这人对咖啡可是很执着的，下次一定让你喝到我的'独家秘制'咖啡。"

就这样，一场充满幽默与风趣的商务谈判在两人的笑声中圆满结束。这次谈判不仅体现了商务谈判的原理，更展示了沟通与协商的艺术。

——名师点拨——

在这个小故事中，我们看到了商务谈判的三大原理：首先，谈判产生的前提是双方存在利益冲突，就像李大和王小都希望在谈判中获得更多的利益；其次，谈判的实质是沟通与协商，通过双方的交流和妥协，找到满足各自需求的解决方案；最后，商务谈判的评判标准是实现目标和优化成本，李大和王小在谈判中不仅达成了合作，还尽量降低了成本，实现了共赢。这场幽默风趣的谈判不仅展示了商务谈判的智慧，也加深了双方的关系。

5.1　谈判产生的前提

谈判产生的前提，是谈判双方在观点、利益和行为方式等方面，既相互联系又发生冲突或差别。双方都期望从对方那里获得某种需要的满足，这就构成了他们之间的相互联系。但是，双方又都希望能在对己方最有利的条件下实现自身的需要，这就必定发生冲突或差别，从而使谈判成为必要。当冲突发生时，双方通常都有解决冲突的需求。

谈判作为一种和平解决冲突的方式，通过双方的沟通、协商和妥协，寻求共识和解决方案。这种解决冲突的需求促使双方走到谈判桌前，进行实质性的交流和讨论。冲突是谈判产生的重要前提。它激发了双方通过谈判解决问题的意愿，明确了谈判的议题，并推动了谈判的进程。因此，在商务谈判中，双方应正视冲突的存在，积极寻求通过谈判解决冲突的途径和方法。

5.1.1　冲突的概念

冲突是指两个或两个以上的社会单元(包括个人、群体或组织)之间，由于目标、特点、利益、观念或行为方式的不同而产生的对立态度或行为。这种对立可能表现为心理上的抵触、情感上的不满、行为上的对抗等多种形式。谈判双方在谈判过程中产生意见分歧，出现争论、对抗，导致彼此间关系紧张，这种紧张状态即为"冲突"。冲突的本质在于不同主体之间对同一事物或同一问题持有不同的态度和处理方法，这种分歧和差异导致了彼此之间的对立和矛盾。冲突是一个动态的过程，它可能随着时间和环境的变化而发展、升级或缓解。

5.1.2 冲突的类型

商务谈判中的冲突类型多种多样，每种类型都有其特定的成因和表现形式。以下是对商务谈判中常见冲突类型的具体说明。冲突的类型如图5-1所示。

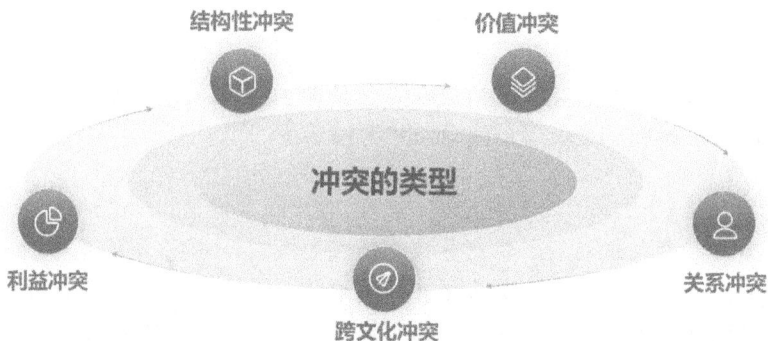

结构性冲突　　　价值冲突

冲突的类型

利益冲突　　　跨文化冲突　　　关系冲突

图 5-1　冲突的类型

1. 利益冲突

利益冲突是商务谈判中最常见且最核心的冲突类型。它主要是由谈判双方对利益分配的不满和争夺引起的。商务谈判的本质是各方追求自身利益的最大化，然而，由于资源的有限性和各方对利益的不同认知，利益冲突成为谈判过程中的常态。这种冲突往往涉及价格、付款方式、交货期、质量标准等关键条款。

【小故事大道理 5-1】

某国内著名商用车公司A与国外著名汽车设计企业B就某款商用车的整车外流场仿真设计(CFB)进行合作谈判。A公司希望以较低的价格获得B公司的CFB分析服务，以降低成本；而B公司凭借其在CFB领域的丰富经验和口碑，希望在某国市场获得较高的利润。双方在价格问题上产生了严重分歧，A公司认为首次合作应注重长远利益，愿意在后续合作中给予B公司更多机会；B公司则坚持其定价策略，不愿在价格上做出让步。经过多轮谈判和双方的努力，最终通过妥协和平衡利益，达成了合作协议。A公司同意支付稍高于其预期的价格，而B公司也承诺在后续合作中给予A公司一定的优惠和支持。

---

2. 结构性冲突

结构性冲突是指由谈判双方在资源控制、谈判力量或权利上的不对等，以及时间限制、地域或环境等因素的阻碍而导致的冲突。这种冲突可能源于一方在市场上的垄断地位、技术优势或谈判经验的丰富，使其在谈判中占据主导地位；而另一方可能因资源有限、经验不足或急于达成协议而处于劣势地位。此外，由于时间紧迫、地理距离遥远、文化差异以及法律制度的不同等因素也可能加剧结构性冲突。

【小故事大道理 5-2】

一家中国电子公司与一家国际知名芯片供应商就某项芯片采购进行谈判。由于国际供应商在芯片技术上的垄断地位和市场资源的丰富性，其在谈判中占据主导地位。而中国电子公司因急需该芯片完成一项重要项目，处于相对劣势的地位。双方在芯片价格、交货期等条款上产生了分歧。国际供应商利用其市场地位，提出了较高的价格和较长的交货期；而中国电子公司因项目紧迫，希望获得更优惠的价格和更快的交货期。经过长时间的谈判和多次妥协，双方最终在价格和交货期上达成了一致。中国电子公司同意支付稍高于其预期的价格，并接受稍长的交货期；国际供应商也承诺在后续合作中给予中国电子公司一定的支持和优惠。

3. 价值冲突

价值冲突主要源于谈判双方价值评价标准的差异，以及宗教信仰、道德判断和生活方式等方面的不同。这种冲突往往涉及双方的核心价值观和原则，因此难以通过简单的妥协和让步来解决。在商务谈判中，双方可能因为对同一问题产生截然不同的看法和态度而导致价值冲突。

【小故事大道理 5-3】

一家环保组织与一家传统制造企业就一项环保合作项目进行谈判。环保组织强调可持续发展和环境保护的重要性，希望在合作后能够推动绿色生产和减少污染排放；而传统制造企业更注重经济效益和短期利益，对环保要求持保留态度。双方在环保标准和投入成本等问题上产生了严重分歧。环保组织认为企业应该承担更多的社会责任和环保义务；而传统制造企业认为过高的环保标准会增加其生产成本并降低竞争力。经过深入的价值沟通和共同探讨，双方最终找到了平衡点。传统制造企业同意按照一定的环保标准进行生产，并承诺在后续合作中逐步提高环保水平；而环保组织也同意给予传统制造企业一定的技术和资金支持，帮助其实现绿色转型。

4. 关系冲突

关系冲突是指由强烈的情绪、误解、较差的沟通质量或错误的沟通方式等导致的冲突。这种冲突往往涉及双方的情感和信任问题，因此可能对长期的合作关系产生影响。在商务谈判中，双方可能因为过去的合作经历、个人恩怨、沟通不畅或信任缺失等问题而产生情绪上的对立和矛盾。

【小故事大道理 5-4】

两家长期合作的供应商和客户因一次产品质量问题产生了严重分歧。客户对供应商的产品质量表示不满，并威胁要中断合作关系；供应商则认为客户的要求过于苛刻，并对其进行了情绪化的回应。双方陷入了激烈的争执，沟通质量严重下降。经过第三方的调解和双方的冷静思考，双方意识到长期合作的重要性，并决定通过加强沟通和改进质量管理来修复关系。最终，双方达成了新的合作协议，并加强了彼此之间的信任和合作。供应商承诺提高产品质量并进行严格的检测；客户也同意给予供应商一定的时间和支持来帮助其改进产品。

5. 跨文化冲突

跨文化冲突是指在国际商务谈判中，由于谈判双方来自不同的文化背景，在价值观、思维方式、行为规范和沟通方式等方面存在的差异所导致的冲突。这种冲突不仅涉及语言交流上的障碍，还涉及更深层次的文化差异和误解。在国际商务谈判中，跨文化冲突是常见的挑战之一，需要双方具备跨文化意识和沟通技巧来有效应对。

【小故事大道理 5-5】

一家中国公司与一家美国公司在就一项国际贸易合作进行谈判时遇到了困难。中方注重长期合作和关系维护，在谈判中表现出较高的灵活性和妥协意愿；美方则更注重合同细节和法律条款的明确性，在谈判中表现出较强的原则性和坚持性。双方在合同细节、付款方式和交货期等问题上产生了分歧。中方希望以更灵活的方式处理合同细节和付款方式；美方则坚持要求明确的合同条款和严格的付款方式。经过深入的文化交流和沟通理解，双方逐渐适应了对方的谈判风格并达成了合作协议。中方在合同细节上做出了让步，以确保合作的顺利进行；美方也在付款方式等方面表现出了一定的灵活性，以维护双方的长期合作关系。双方还同意在后续合作中加强文化交流和培训，以提高彼此的跨文化意识和沟通能力。

5.1.3 冲突的过程

管理学家斯蒂芬·P.罗宾斯提出的五阶段冲突理论，为理解和分析冲突的发展过程提供一个基础的框架。这一理论将冲突细分为五个阶段：潜在的对立或不一致、认知和个性化、行为意向、行为和结果。冲突的过程如图 5-2 所示。

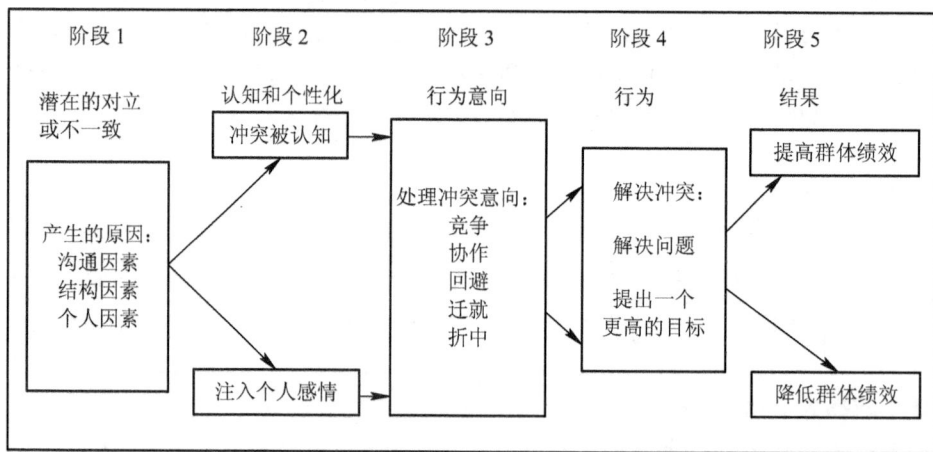

图 5-2　冲突的过程

1. 阶段 1——潜在的对立或不一致

潜在的对立或不一致是冲突过程的起始阶段，此时存在可能引发冲突的各种条件或因素，但冲突尚未实际发生。这些条件大致可以分为三类：沟通因素、结构因素和个人因素。

1) 沟通因素

沟通失效是冲突产生的常见原因。误解、语义上的困难，以及沟通渠道中的噪声都可能导致信息传达的不准确，从而引发冲突。此外，沟通过多或过少也可能增加冲突的可能性。例如，过多的沟通可能导致信息冗余和混淆，过少的沟通则可能导致信息不足和误解。

2) 结构因素

组织的结构特点也可能成为激发冲突的动力。这些因素包括群体规模、任务的专门化程度、管辖范围的清晰度、员工与目标之间的匹配性、领导风格、奖酬体系以及群体间相互依赖程度等。例如，一个过于庞大的群体可能难以形成共识，导致冲突；任务专门化程度过高则可能导致不同部门之间的利益冲突。

3) 个人因素

个人的价值系统和个性特征也是冲突产生的潜在原因。具有特定个性特质的人(如权威、武断和缺乏自尊)以及价值系统的差异都可能导致冲突。例如，一个强调个人成就的人可能与一个注重团队合作的人产生冲突。

在这个阶段，虽然冲突尚未实际发生，但已经存在可能引发冲突的各种条件和因素。如果这些因素得不到有效的管理和控制，就可能导致冲突的实际发生。

2. 阶段 2——认知和个性化

在认知和个性化阶段，阶段 1 中各因素造成的对立或不一致被双方认识到，并对个人的情绪和情感产生影响。此时，双方都有了情感上的投入，都体验到焦虑、紧张、挫折等情绪反应，这意味着双方真正产生了冲突。

如果阶段 1 中提到的条件表明对其中一方关心的事情造成某种程度的消极影响，那么，在阶段 2 中潜在的对立和失调就会显现出来。冲突的定义中强调，必须要有知觉存在。也就是说，一方或多方必须意识到前面提到的条件存在。然而，认识到冲突的存在并不意味着它人格化了。换句话说，"A 可能认识到 B 与 A 之间意见十分不一致，但这并不一定会让 A 感到紧张或焦虑，也不一定会影响 A 对 B 的感情"。

当个体有了情感上的卷入时，则为情感水平上的冲突，此时各方都会感到焦虑、紧张、挫折或敌对。这里有以下两点需强调。

第一，阶段 2 之所以重要，是因为此时冲突问题容易被明确地表现出来。在这一过程中，双方确定了冲突的性质。反过来，这种"意义明确的过程"非常重要，因为冲突的界定方式对于可能存在的解决办法有着深远影响。比如，我把薪水上的差异界定为一种零和情境(也就是说，增加了你的薪水，则我的薪水就会减少)，那么，我当然不乐意妥协。但如果我把冲突界定为一种潜在的双赢情境(即薪水总量是可能提高的，因此你我都可以得到自己希望的加薪)，则会增加折中方案的可能性。可见，冲突的界定非常重要，因为它通常能勾勒出解决冲突的各种办法。

第二，情绪对于知觉的影响十分重要。比如，研究发现，消极情绪会导致问题的过于简单化处理，导致信任感降低，针对对方表现出来的行为也会做出负面解释；相反，积极情绪增加了针对困难问题考察其各项因素中潜在联系的可能性，用更为开阔的眼光和视野看待情境，采用的解决办法也更具创新性。

在这个阶段，冲突的界定变得非常重要。双方会开始界定冲突的性质、原因和可能的解决方案。然而，由于情绪的影响，双方可能过于简单地处理问题，降低信任感，并对对方的行为做出消极解释。这种情绪化的反应可能让冲突进一步加剧。

3. 阶段3——行为意向

行为意向是介于一个人的认知、情感和外显行为之间的阶段。在这一阶段，双方已经有了从事某种特定行为的决策，即产生了处理冲突的行为意向。然而，行为意向并不等于实际行为，它只是表明了一种倾向或意愿。

行为意向介于一个人的认知和外显行为之间，指采取某种特定行为的决策。行为意向之所以作为独立阶段划分出来，是因为行为意向导致行为。很多冲突之所以不断升级，主要原因在于一方对另一方进行了错误归因。为什么要把行为意向作为独立阶段划分出来呢？为了明确了解自己如何针对他人的行为做出回应，你必须首先推断他人的行为意向。很多冲突之所以不断升级，主要原因在于一方错误地推断了另一方的行为意向。另外，行为意向与行为之间还有一段明显的距离，因此，一个人的行为并不总能准确地反映他的行为意向。

如图5-2所示，冲突处理的主要行为意向使用两个维度：一是合作性(一方愿意满足另一方愿望的程度)；二是自我肯定性(一方愿意满足自己愿望的程度)，根据合作程度和肯定程度两个维度，可以确定出五种处理冲突的行为意向：竞争(自我肯定但不合作)、协作(自我肯定且合作)、回避(自我肯定且不合作)、迁就(自我否定但合作)和折中(合作性与自我肯定性均处于中等程度)。竞争意向表现为试图击败对方，获得单方面利益；协作意向则表现为双方共同寻求满足各自利益的解决方案；回避意向表现为双方都不愿直接面对冲突，选择逃避或拖延；迁就意向表现为一方愿意放弃自己的利益，以满足对方的需求；折中意向表现为双方各自做出一定的让步，以达成妥协。

1) 竞争(Competing)

当一个人在冲突中寻求自我利益的满足，而不考虑冲突对另一方的影响时，他就是采取竞争的做法，试图以牺牲他人的目标为代价来实现自己的目标，试图说服对方自己的结论是正确的而对方的是错误的，以及当问题出现时试图怪罪别人。

2) 协作(Collaborating)

当冲突双方均希望满足各方利益时，就可以进行相互之间的合作，并寻求相互受益的结果。在协作中，双方的意图是找到解决问题的办法，而不是迁就不同的观点，其做法是坦率地澄清差异与分歧，试图找到双赢的解决办法，使双方目标均实现；寻求可以综合双方意见的最终结论。

3) 回避(Avoiding)

个体可能意识到了冲突的存在，但希望逃避它或抑制它。具体而言就是冲突的一方试图忽略冲突，回避与自己不同的其他意见。

4) 迁就(Accommodating)

一方为了安抚对方，可能愿意把对方的利益放在自己的利益之上。换句话说，迁就指的是为了维持相互关系，一方愿意做出自我牺牲。这方面的例子有：愿意牺牲自己的目标使对方达到目标；尽管自己有所保留，但还是支持他人的意见；原谅某人的违规行为并允许他继续这样做。

5) 折中(Compromising)

当冲突各方都寻求放弃某些东西，从而共同分享利益时，则会带来折中的结果。在折中做法里，没有明显的赢家或输家，双方愿意共同承担冲突问题，并接受一种双方都达不到彻底满足的解决办法。因此，折中的明显特点是，双方都倾向于放弃一些东西。

在冲突情境中，行为意向为各方提供了总体的指导原则。它界定了各方的目标。但人们的行为意向并不是固定不变的。在冲突过程中，由于人们的重新认识或另一方对行为的情绪反应，行为意向也会发生改变。不过，研究表明，人们在采取何种方式处理冲突上总有一种基本的倾向。具体而言，上述五种处理冲突的行为意向中，各人有各人的偏好，这种偏好是稳定而一致的，并且，如果把个体的智力特点和人格特点结合起来，则可以很有效地预测人们的行为意向。因此，五种处理冲突的行为意向是相对稳定的，而不是一个人为了符合某种恰当的环境做出的选择。也就是说，当人们面对冲突情境时，有些人希望不惜一切代价获胜，有些人希望寻求一种最佳的解决方式，有些人希望逃避，有些人希望施惠于人，还有一些人希望"同甘共苦"。

在这个阶段，双方的行为意向可能受到多种因素的影响，包括冲突的性质、双方的利益、组织的文化等。因此，理解和管理这个阶段的行为意向对于有效处理冲突具有重要意义。

4. 阶段 4——行为

在行为阶段，双方对于冲突会表现出某些具体的行为。这些行为可以是言语上的，也可以是行动上的。它们可以分为多个档次，从轻度的意见分歧或误解，到公开的质问或怀疑，再到武断的言语攻击、威胁和最后的通牒，甚至可能发展到挑衅性的身体攻击和摧毁对方的公开冲突。

这是一个动态的相互作用过程。公开的冲突行为随着双方的反应和互动而不断发展变化。一方可能采取竞争性的行为，试图击败对方；另一方则可能采取协作性的行为，寻求共同解决问题。双方的行为可能相互激发或抑制，导致冲突行为的升级或降级。

当一个人采取行动去阻止别人达到目标或损害他人的利益时，就处在冲突过程的第 4 阶段。这种行为必须是有企图的和为他们所知的。在这一阶段，冲突会公开化。这一阶段是一个动态的相互作用过程。公开的冲突包括行为的整个过程，从微妙、间接、节制的活动，发展到直接、粗暴、不可控的斗争。

大多数人在考虑冲突情境时，倾向于看重和强调阶段 4。为什么呢？因为在这一阶段，冲突是显而易见的。行为阶段包括冲突双方进行的声明、活动和态度。冲突行为通常是冲突各方实施行为意向的公开尝试。但与行为意向不同，这些行为带有刺激性。由于判断失误或在实施过程中缺乏经验，有时外在行为会偏离原本的行为意向。

如果把阶段 4 看成一个相互作用的动态过程，会对思考有所帮助。比如：你提出要求，我对此提出争辩；你威胁我，我反过来予以还击……所有冲突都处于这个连续体的某一位置上。在连续体的低端，冲突以微弱、间接、高度控制紧张状况为特点。

如果冲突的特点是功能失调的，双方如何降低冲突水平呢？反过来，当冲突水平过低需要提高时，双方又应采取哪些办法来提高冲突水平呢？冲突管理技术列出了主要的解决冲突技术和激发冲突技术，它帮助管理者控制冲突的水平。

解决冲突的常用技术有以下几种。

1) 解决问题

冲突双方面对面会晤，通过坦率真诚的讨论来确定问题并解决问题。

2) 提出一个更高的目标

双方提出一个共同的目标，该目标不经冲突双方的协作努力是不可能达到的。

在这个阶段，有效的冲突管理策略对于防止冲突行为的升级和破坏具有重要意义。管理者需要密切关注双方的行为表现，及时采取适当的干预措施，以引导冲突向积极的方向发展。

5. 阶段5——结果

在结果阶段，冲突双方的行为会导致最后的结果。这些结果可能是功能正常的，即冲突提高了群体的工作绩效；也可能是功能失调的，即冲突降低了群体的工作绩效。

功能正常的结果包括提高决策质量、激发创新、调动群体成员的兴趣与好奇等。例如，通过冲突和辩论，群体成员可能更深入地探讨问题，提出更多的解决方案，并最终做出更明智的决策。此外，冲突还可能激发成员的创新精神，推动他们寻求新的方法和思路。

然而，功能失调的结果也是可能的。冲突可能导致团队凝聚力下降、成员之间明争暗斗、信息错误和事实真相的扭曲等。在极端情况下，冲突甚至可能威胁到组织的生存。例如，持续的冲突可能导致员工士气低落、工作效率下降，甚至引发员工离职或罢工等严重后果。

因此，在结果阶段，管理者需要对冲突的结果进行评估和管理。他们需要识别功能正常的结果和功能失调的结果，并采取相应的措施来促进功能正常的结果的发展，同时防止或减轻功能失调的结果的影响。通过有效的冲突管理，管理者可以确保冲突对组织产生积极的影响，推动组织的持续发展和进步。

5.1.4 冲突的影响

冲突作为人类互动中不可避免的一部分，其影响是多方面的，既包含积极影响，也包含消极影响。对组织而言，冲突既有积极的作用，也有消极的作用。

1. 冲突的积极影响

解决冲突的过程有可能激发组织中的积极变革。人们为了消除冲突，就要寻求改变现有方式和方法的途径。寻求解决冲突的途径，不仅可以导致革新和变革，而且可能使变革更容易为下属所接受，甚至为员工所期望。在决策的过程中有意地激发冲突，可提高决策的有效性。在群体决策过程中，由于从众压力或由于某权威控制局面，或凝聚力强的群体为了取得内部一致，而不愿考虑更多的备选方案，就可能因方案未能列举充分而造成决策难以贯彻，如果以提出反对意见或提出多种不同看法的方式来激发冲突，就可能提出更多的创意，提高决策的正确性和有效性。冲突可能形成一种竞争气氛，促使员工振奋精神，更加努力。引发一个或多个目标冲突的竞争，也有一定好处，如果员工觉得在工作绩效方面存在着一种竞争气氛，就可能振奋精神，以求得在竞争中名列前茅。冲突对组织的积极影响主要体现在以下几个方面。

1) 对成员心理的积极影响

对于坚强者来说，冲突可能是一种催化剂，使他们从幻觉中清醒，发愤图强。通过面对和解决冲突，个体可以锻炼自己的意志力和抗压能力，变得更加成熟和坚忍。

2) 对人际关系的积极影响

"不打不成交"，冲突有时也能增强人与人之间的吸引力。在冲突中，双方可能更加关注对方的力量、智慧和优势，从而发现彼此的共同点和互补之处，进而加强合作和团结。

3) 对工作动机的积极影响

冲突能够激发成员的竞争意识和优胜心理，促使他们努力提升自己的能力和表现，以取得与对方之间的平衡。这种竞争机制有助于激发团队的活力和创造力，推动组织目标的实现。

4) 对工作协调的积极影响

冲突使人注意到以前没有注意到的不协调之处，促使双方发现对方存在的价值和需要。通过沟通和协商，双方可以采取有利于各方的政策加以协调，使组织的各项工作得以顺利开展。

5) 对组织绩效的积极影响

冲突反映出认识的不正确和方案的不完整，迫使组织全面地考虑问题，使决策更为周密。这种反思和改进过程有助于提升组织的决策质量和执行效率，从而提高组织绩效。

6) 对组织生存、发展的积极影响

冲突本身是利益分配不平衡的表现，它迫使人们通过互相妥协让步和互相制约监督来调解利益关系。这种调解过程有助于维持组织内部的相对平衡，使组织在新的基础上得到发展。同时，冲突还能促进组织的创新和变革，使组织更加适应外部环境的变化和挑战。

2. 冲突的消极影响

冲突可能分散资源。冲突可能分散人们为实现目标而做出的努力，组织所拥有的资源不是主要用来实现既定目标，而是消耗在解决冲突上，时间和金钱这两种重要资源常被分散到消除冲突上面。冲突有损员工的心理健康。有一些研究表明，置身于对立的意见中，会造成"敌意"、紧张和焦虑。随着时间的推移，冲突的存在可能使相互支持、相互信任的关系难以建立和维持。冲突对组织的消极影响如下。

1) 对成员心理的消极影响

冲突往往带来损害，引发紧张、焦虑等负面情绪，使人消沉、痛苦，增加人际敌意。这些情绪反应不仅影响个体的心理健康，还可能影响其在团队中的表现和贡献。

2) 对人际关系的消极影响

冲突容易导致人与人之间的排斥、对立、威胁和攻击，削弱团队的凝聚力，使组织涣散。这种紧张的人际关系不仅影响工作效率，还可能破坏组织的和谐氛围。

3) 对工作动机的消极影响

冲突使成员情绪消沉，不愿服从与之有冲突的领导的指挥，也不愿与相冲突的同事配合，从而破坏团结、愉快的心理氛围，削弱工作动机。这种消极的工作态度进一步降低了工作效率和团队绩效。

4) 对工作协调的消极影响

冲突导致人与人之间、团体与团体之间的互补配合受阻，可能出现互相封锁、互相拆台的情况。这种不协调的工作状态严重阻碍了组织目标的实现。

5) 对组织绩效的消极影响

冲突中的互相扯皮、互相攻击和互争人财物等行为，不仅造成了资源的浪费，还可能导致组织决策失误和执行不力，从而降低组织绩效。

6) 对组织生存、发展的消极影响

当冲突达到一定程度时，双方可能互不关心对方的整体利益，导致组织内部出现严重的分裂和对抗。这种内耗可能使组织在竞争激烈的市场环境中逐渐失去竞争力，甚至濒临解体。

综上所述，冲突的影响是双面的。为了充分发挥冲突的积极作用并减少其消极影响，组织和个人需要采取积极的冲突管理策略和方法来应对冲突。这包括提高沟通技巧、增强团队凝聚力、建立有效的冲突解决机制等。通过这些措施的实施，组织可以更好地利用冲突带来的机遇和挑战，推动自身的持续发展和进步。

5.1.5　冲突的解决

在商务谈判中，冲突的解决是至关重要的，它直接关系到谈判的成败和双方利益的最大化。由于商务谈判涉及不同利益主体之间的复杂交互，冲突往往难以避免。然而，有效的冲突解决策略可以帮助双方克服障碍，达成互利共赢的协议。以下是一些商务谈判中常用的冲突解决方法。

1. 直接沟通与协商

1) 明确冲突点

在商务谈判中，首先需要识别冲突的具体内容和关键点。这包括了解双方立场、利益分歧，以及导致冲突的根本原因。例如，在一次采购谈判中，供应商提高了价格，而采购方希望保持原价，那么冲突点就是价格差异及其背后的原因，如原材料成本上涨等。双方需要就这一点进行深入探讨，确保对问题的理解一致。

2) 开放交流

双方应在平等和尊重的基础上，开放地交流各自的立场、需求和利益点。这有助于消除误解和猜测，建立相互信任的基础。例如，通过面对面的会议或视频会议，双方可以详细阐述自己的立场和考虑，同时倾听对方的观点和需求。采购方可以解释其对价格敏感的原因，如预算限制或市场竞争压力，而供应商可以说明其成本结构和涨价的合理性。

3) 寻求共识

通过积极的讨论和协商，努力寻找双方都能接受的解决方案。这可能涉及妥协、折中或共同创造新的价值。例如，在价格谈判中，双方可以探讨价格调整的可能性，同时考虑采购量的增加或长期合作等其他因素，以达成双方都能接受的协议。采购方可能同意在一定期限内接受价格上涨，但要求供应商提供额外的服务或质量保证作为回报。

2. 调解与仲裁

1) 第三方调解

当双方协商陷入僵局时，谈判双方可以考虑引入第三方调解人进行调解。调解人应具备公正性和权威性，能够帮助双方梳理问题、分析利弊，并促成和解。例如，可以邀请行业专家或专业调解机构作为第三方，他们可以提供中立的意见和建议，帮助双方找到解决问题的途径。在调解过程中，调解人可能会提出一些双方都能接受的妥协方案，或者帮助双方更好地理解对方的立场和需求。

2) 仲裁

如果调解无效，双方可以在合同中约定或事后协商选择仲裁作为解决冲突的方式。仲裁机构将根据双方提供的证据和陈述作出具有法律约束力的裁决。例如，在国际贸易中，双方可以在合同中约定使用国际仲裁机构进行仲裁。一旦发生冲突，仲裁机构将按照约定的规则和程序进行裁决，确保双方的权益得到保护。仲裁裁决具有法律效力，双方必须遵守。

【小故事大道理 5-6】

欧洲某公司向我国某公司购买商品 3000 吨，合同规定分三批装运。我方对最后的 1000 吨未能在合同期限内装运，而是在期限过后 3 天才发传真通知买方并要求延长信用证有效期限，以便继续交货。由于国际市场行情发生了变化，买方不同意延期并向中国相关负责机构申请仲裁。

【名师箴言】

国际贸易仲裁是处理国际贸易纠纷的重要方式。一般仲裁方式都是在国际贸易合同中事先申明的，一旦事先申明就有优先权(即法院不受理诉讼而让先仲裁)。仲裁机构是民间组织，无法定管辖权，如双方当事人无仲裁协议，一方不能迫使立方进行仲裁。处理仲裁案件的仲裁员由双方当事人指定，仲裁员应熟悉国际贸易业务，处理问题时能够更多地考虑国际商业惯例，比较切合实际和迅速，收费较低。仲裁一般不公开进行，裁决也不像法院那样公布出来，因此对双方当事人之间的贸易关系损害较小。

---

3. 策略性技巧

1) 换位思考

站在对方的角度思考问题，理解对方的立场和需求。这有助于增进相互理解和信任，从而更容易找到解决问题的途径。例如，在谈判中，采购方可以考虑供应商面临的成本压力和市场竞争情况，供应商也可以理解采购方对成本和质量的关注。通过换位思考，双方更容易找到共同点和妥协方案，如共同承担一部分上涨的成本，或寻找替代材料以降低成本。

2) 灵活变通

在坚持自身原则的同时，也要具备一定的灵活性。根据谈判的实际情况适时调整策略，寻求双方都能接受的妥协方案。例如，在交货期的谈判中，如果供应商面临生产困难，采购方可以考虑给予一定的宽限期，以换取供应商在价格或其他方面的让步。这种灵活变通的方式可以帮助双方找到平衡点，实现互利共赢。

3) 利益最大化

商务谈判的目标是实现双方利益的最大化。在解决冲突时，应注重寻求共同利益点，通过合作而非对抗的方式实现共赢。例如，双方可以探讨共同开发新产品或市场的可能性，通过合作创造更大的价值，从而分享更多的利益。在合作过程中，双方可以共同投入资源、分享风险和收益，实现共同发展和增长。

4. 具体策略

1) 竞争型策略

在特定情况下，如果必须维护自身核心利益且对方无妥协可能时，可采取竞争型策略。这包括强调自身立场、使用强硬手段或寻求法律支持等。例如，在专利侵权纠纷中，一方可能坚决维护其专利权，通过法律手段追究对方的侵权责任。在这种情况下，采取竞争型策略是为了保护自身的核心利益和维护自己的合法权益。

2) 合作型策略

通过开放交流、共同协商和寻求共识等方式，实现双方利益的最大化。这包括共享信息、探讨共同利益和制定双赢方案等。例如，在供应链合作中，供应商和采购方可以共同探讨降低成本、提高质量和优化物流等方案，以实现双方利益的最大化。通过合作型策略，双方可以共同应对市场挑战、提高竞争力并实现可持续发展。

3) 妥协型策略

在双方利益难以完全满足的情况下，通过相互让步和妥协找到双方都能接受的解决方案。这包括折中、交换条件或共同承担风险等。例如，在价格谈判中，双方可以就价格进行折中，同时就交货期、付款方式或其他条款进行交换条件，以达成最终协议。妥协型策略要求双方具备一定的灵活性和包容心，以实现互利共赢的结果。

4) 回避型策略

在某些情况下，如果冲突对谈判整体进程影响不大或冲突暂时无法解决，可采取回避型策略。这包括暂时搁置问题、寻求其他议题或推迟解决等。例如，在谈判初期，双方可能发现对某个具体条款存在分歧。为了不影响整体进程，双方可以暂时搁置该问题，先就其他条款进行协商，待时机成熟再回头解决该分歧。回避型策略可以帮助双方保持冷静和理智，避免情绪化地处理问题，并为后续解决冲突创造有利条件。

5. 情绪管理

在商务谈判中，情绪管理同样重要。双方应保持冷静和理智，避免情绪化地处理问题。以下是一些情绪管理的具体策略。

1) 自我控制

在面对冲突时，要学会控制自己的情绪，避免激动或愤怒的反应。可以通过深呼吸、暂时离开现场或寻求他人意见等方式来平复情绪。例如，当对方提出不合理的要求时，可以先保持冷静，不要立即做出回应。可以请求暂时休息，与其他团队成员讨论后再做决定。这样可以避免情绪化的反应对谈判造成负面影响。

2) 倾听与理解

当对方情绪激动时，要耐心倾听对方的观点和需求，试图站在对方的立场，理解对方的感受。通过倾听和理解来增进相互之间的了解和信任。例如，在对方表达不满或抱怨时，可以积极倾听并表达对其感受的理解，这有助于缓解对方的情绪，为解决问题创造有利条件。同时，也可以借此机会了解对方的真实需求和利益点，为后续的协商和妥协打下基础。

3) 积极沟通

通过积极的沟通来化解紧张情绪，寻求共同解决问题的途径。可以使用温和的语气和措辞来表达自己的观点和需求。例如，在回应对方的质疑或批评时，可以使用"我理解您的担忧，但我们可以考虑……"等表达方式，以积极寻求解决方案。同时，可以提出具体的建议或方案来回应对方的担忧或满足对方的需求，以展现自己的诚意和合作意愿。

4) 情绪调节技巧

在商务谈判中，双方可能会遇到情绪激动或紧张的情况。此时，可以采取一些情绪调节技巧来缓解紧张氛围。例如，可以使用幽默或轻松的语气来缓解紧张情绪，或者通过分享一些共同的兴趣或经历来增强彼此之间的亲近感和信任。这些技巧可以帮助双方更好地控制情绪，冷静和理智地进行谈判。

综上所述，商务谈判中冲突的解决方法多种多样，需要根据具体情况选择合适的方式。在实际操作中，双方应秉持平等、尊重、开放和合作的原则，共同努力寻求解决问题的最佳途径。有效的沟通和策略性技巧的应用，有利于实现双方利益的最大化并建立长期合作关系。同时，情绪管理也是商务谈判中不可忽视的一环，双方应保持冷静和理智，以最佳的状态应对谈判中的挑战和冲突。

5.2　谈判的实质

谈判的实质，从根本上讲，是通过合作实现自己的利益。这意味着在谈判过程中，各方会寻求共同点和利益交汇处，通过协商和妥协来达成双方都能接受的协议。这种协议不仅体现了各方的利益诉求，也促进了双方之间的合作与共赢。谈判的实质也可以理解为有效地利用说服技巧使双方尽快接受有关意见，取得双赢的谈判结果。只有谈判者抓住机会，晓之以理、动之以情，真诚地为双方的共同利益着想，才会取得理想的谈判效果，达到预期的目的。

5.2.1　说服的概念

结合商务谈判的情境，说服可以定义为一种通过充分展示论点、论据，并运用一定的策略和技巧，以影响对方态度、改变对方行为，从而达成有利于己方或双方共识的沟通过程。说服的起点是承认双方之间存在观念、利益或立场上的差异或冲突。在商务谈判中，这种差异可能表现为对价格、质量、交付条件、合同条款等方面的不同看法。说服的目的在于减少并克服这些差异或冲突，通过沟通协商找到双方都能接受的解决方案，从而实现谈判的成功。

1. 说服的起点是承认冲突或差异

商务谈判双方在观念上的冲突或差异，即说服对象的行为同说服者希望说服对象采取的行为之间的冲突或差异，就是谈判中说服的起点。而说服的目的就是要减少并克服这种冲突或差异。

2. 说服的关键是发挥影响力

说服让对方认同你的观点，既需要展示个人魅力的影响艺术，又需要展示让对方听信于你的个人能力和影响力。具有说服能力的人大多善于运用自己的独特魅力，总是表现得信心十足、精力充沛，他们不但能把握自己的情绪，也能把握他人的情绪，从而使自己始终处于主动地位。

3. 说服的目的是让别人接受自己的理念

在你试图说服别人时，不要一味地强调自己的观点，认为自己是完全对的，要站在别人的角度，让别人心悦诚服地接受你的理念。这是一种沟通的过程，是靠自己的"说"，去让别人"服"，从而达到说服的目的，得到别人的接受与认同。

【小故事大道理 5-7】

某家电器公司的推销员挨家挨户推销洗衣机。当他来到一户人家里，看见这户人家的太太正在用洗衣机洗衣服时，就忙说："哎呀！这台洗衣机太旧了，用旧洗衣机是很费时间的，太太，该换新的啦……"结果，不等推销员说完，这位太太马上产生反感，驳斥道："你在说什么啊！这台洗衣机很耐用的，到现在都没有故障，新的也不见得好到哪儿去，我才不换新的呢！"

过了几天，又有一名推销员来拜访。他也看见那台旧洗衣机，说："这是令人怀念的旧洗衣机，因为很耐用，所以对太太有很大的帮助。"这位推销员先站在太太的立场上说出她心里想说的话，让这位太太非常高兴，于是她说："是啊！这倒是真的！我家这台洗衣机确实已经用了很久，是太旧了点，我倒想换台新的洗衣机！"于是推销员马上拿出洗衣机的宣传小册子，给她提供参考。

【名师箴言】

人的思想不易改变，作为一个说服者，不能强迫别人同意你的意见，但你完全有可能引导他们，只要你温和友善。本案例中，第二位推销员的说服技巧是很高明的，对他的成功有很大的帮助，因为这位太太已经动摇而产生购买新洗衣机的想法。至于最终推销员是否说服成功，无疑是肯定的，只不过是时间的长短问题而已。

5.2.2 说服的核心要素

说服是一个复杂而多维的过程，它涉及心理学、传播学、社会学等多个学术领域，旨在通过精心构建的沟通策略来影响他人的态度、观念或行为。其核心要素可以系统地归纳为以下几个方面。

1. 说服者(传达者)的可信度

1) 专业性

说服者在其特定领域内的专业知识、技能和经验水平是构建其可信度的基石。一个具备深厚专业背景和丰富经验的说服者，往往更容易赢得听众的信任，因为其观点被认为更具权威性和准确性。

2) 信赖性

说服者的言行一致、诚实正直的品质，以及其对听众利益的深切关注，都是增强听众信任感的关键因素。此外，说服者的语速、语调、肢体语言等非语言因素也在无形中塑造着其值得信赖的形象。

3) 吸引力

说服者的外表、个性魅力，以及与听众之间的相似性，都能在一定程度上增加其说服力。一个具有吸引力的说服者往往更容易引起听众的共鸣，从而使其观点更容易被接受。

2. 说服内容(信息)的合理性

1) 逻辑证明

清晰、连贯的论证结构是说服的核心。说服内容应包含明确的主题、有力的证据和合理的结论，以形成有力的逻辑链条。使用事实、数据和客观信息来支持观点，避免情绪化或主观臆断，能够进一步增强说服的理性基础。

2) 情感共鸣

情感在说服过程中起着不可忽视的作用。深入理解听众的感受和需求，使用富有情感的语言和故事叙事来创造共鸣，可以使听众在情感层面更容易接受说服者的观点。情感共鸣能够激发听众的积极情绪，从而与说服者形成情感上的连接。

3) 信息呈现方式

信息的排列组合方式、发布时间点的选择、立场的表达等，都会影响其说服力。一个合适的信息呈现方式能够更有效地传达信息，引起听众的注意和兴趣，进而增强说服效果。

3. 说服渠道(信息传递路径)的有效性

1) 沟通渠道

说服过程可以通过面对面交流、书面标示、媒体广告等多种形式进行。不同的渠道适用于不同的听众和情境，因此选择合适的渠道对于有效传达信息至关重要。例如，在面对年轻受众时，社交媒体等新媒体渠道可能更具吸引力。

2) 重复与强调

重复宣扬关键信息，可以加深听众的印象，从而增强说服力。此外，句子押韵、节奏感强等语言技巧也能增加说服的可信度，使听众更容易接受和记住说服者的观点。

3) 媒体影响

在现代社会中，媒体在信息传递中扮演着举足轻重的角色。通过利用媒体的力量，特别是意见领袖等中间环节，可以扩大信息的影响力，提高说服效果。媒体能够为说服者提供更广泛的传播平台，使其观点更容易被大众所接受。

4. 说服对象(信息接收方)的接受度

1) 听众特征

听众的年龄、性别、教育背景、心理状态等多个方面都会影响其对说服信息的接受度。因此，了解听众的特征和需求是制定有效说服策略的关键。有针对性地选择说服方式和内容，更容易说服听众接受自己的观点。

2) 首因效应与近因效应

首因效应指的是第一印象对听众决策的影响，近因效应则强调最近接收到的信息对听众决策的重要性。在说服过程中，要注意建立良好的第一印象，并在关键时刻强调关键信息，以充分利用这两种效应来增强说服效果。

3) 情绪与动机

听众的情绪状态和内在动机对其接收信息具有重要影响。唤起恐惧、快乐等情绪反应，或者激发听众的内在动机(如求知欲、归属感等)，可以增强说服效果。了解并利用听众的情绪和动机是制定有效说服策略的重要一环。

综上所述，说服的核心要素包括说服者的可信度、说服内容的合理性、说服渠道的有效性和说服对象的接受度。这些要素相互作用、相互影响，共同构成了一个复杂而有效的说服过程。在实际应用中，需要根据具体情况灵活运用这些要素，并考虑听众的个体差异和情境因素，以达到最佳的说服效果。

【知识链接】

说服与博弈一样吗?

说服和博弈在概念定义、过程机制、目标结果以及应用场景等方面均存在明显的区别。说服更侧重于通过沟通和影响来改变对方的态度或行为，以实现说服者的预期目标；博弈更强调在竞争或合作的环境中通过策略互动来追求自身利益的最大化。两者虽然都涉及沟通和策略选择，但侧重点和应用场景有所不同，说服与博弈的对比如表 5-1 所示。

表 5-1　说服与博弈的对比

类型	概念定义	过程与机制	目标与结果	应用场景
说服	说服是一个沟通的过程，旨在通过充分展示论点、论据，并运用一定的策略和技巧，以影响对方的态度、观念或行为，使其接受自己的观点或建议。它强调的是通过理性或情感的方式，使对方自愿改变立场或行为	说服过程通常包括信息展示、情感共鸣、逻辑推理、沟通技巧等环节。说服者需要充分了解对方的需求、立场和利益，通过提供有力的论据，通过适当的情感共鸣，来说服对方接受自己的观点。这一过程更侧重于沟通和影响	说服的目标是改变对方的态度或行为，使其接受自己的观点或建议。成功的说服意味着对方自愿改变立场或行为，这通常有助于建立共识、促进合作或解决问题	说服广泛应用于日常沟通、商务谈判、政治演讲、广告营销等领域。在这些场景中，说服者需要通过有效的沟通和影响技巧，来说服对方接受自己的观点或建议
博弈	博弈论是研究决策主体在既定信息结构下如何决策以最大化自己的效用，以及不同决策主体之间决策的均衡问题的理论。它涉及多个参与者之间的策略互动和利益冲突，强调在竞争或合作的环境中，参与者如何根据对方的可能行动来制定自己的最优策略	博弈过程涉及策略选择、信息分析、收益评估等环节。参与者需要根据对手的可能行动来预测结果，并据此制定自己的最优策略。博弈论强调理性思维和策略分析，参与者需要在既定的信息结构下，通过策略互动来追求自身利益的最大化	博弈的目标是在竞争或合作的环境中追求自身利益的最大化。博弈的结果取决于参与者的策略选择和互动过程，包括纳什均衡、占优策略均衡等。博弈论更侧重于分析不同策略下的收益和均衡状态	博弈论更多地应用于经济学、政治学、军事战略、生物学等领域。在这些领域中，决策主体之间的策略互动和利益冲突是核心问题，博弈论为分析和解决这些问题提供了有力的理论工具

5.2.3　说服的技巧

在商务谈判中，说服技巧的运用是至关重要的，它不仅关乎谈判的成败，还对双方后续的合作与发展有深远的影响。以下是对商务谈判中说服技巧的详细阐述，并结合具体案例进行深入说明。

1. 建立信任与共鸣

深入了解对方背景，包括公司文化、历史、市场地位等，以便更好地理解其立场和需求。展现合作诚意，通过初步的交流和非正式场合的沟通，传达出愿意长期合作、共同发展的意愿。尊重对方立场，无论言谈举止还是提案内容，都体现出对对方的尊重和重视。关注并理解对方的需求和顾虑，尝试站在对方的角度思考问题。

> **【小故事大道理 5-8】**
> 在一次跨国技术合作谈判中，中方代表提前深入了解了外方公司的文化背景和谈判风格。他们发现外方公司非常注重技术创新和知识产权保护，因此在谈判中特别强调了对对方技术的认可和尊重，并承诺将严格遵守知识产权保护协议。中方代表还分享了自己在保护知识产权方面的经验和成果，进一步增强了外方代表的信任感。通过这些努力，中方代表成功地建立了与外方代表的信任关系，为后续的技术合作谈判打下了基础。最终，双方达成了长期的技术合作协议，共同推动了技术创新和市场拓展。

2. 明确目标与底线

在谈判前，明确自己的核心目标和期望达成的协议内容，包括价格、交货期、质量标准等；设定底线要求，即自己可以接受的最低条件，确保在谈判中不会做出过大的让步；制订灵活的谈判计划，考虑多种可能的谈判结果及其应对策略。在谈判过程中，坚守底线，同时展现灵活性和愿意妥协的一面。

> **【小故事大道理 5-9】**
> 在一次产品销售谈判中，卖方代表明确了自己的目标：以不低于某个价格销售产品，并争取获得长期的合作关系。在谈判过程中，卖方代表始终围绕这个目标进行沟通和协商。当买方提出降价要求时，卖方代表坚守底线，同时提出了如果达成长期合作关系，可以考虑在某些方面给予优惠的方案。卖方代表还展示了产品的独特价值和市场潜力，进一步增强了买方对产品的兴趣和购买意愿。最终，买方接受了卖方的条件，双方成功地达成了符合卖方期望的协议，并建立了长期的合作关系。

3. 重视尊重与理解

尊重对方的立场和观点，即使自己持有不同的意见，也要以开放和包容的态度进行对话。通过提问和倾听，深入了解对方的需求、顾虑和背后的利益诉求。尝试站在对方的角度思考问题，理解其决策的逻辑和背后的压力。

> **【小故事大道理 5-10】**
> 某精密机械总厂生产某项新产品，将其部分部件委托小厂制造，当该小厂将零件的半成品呈示总厂时，不料全不合该总厂的要求。由于交货迫在眉睫，总厂负责人只得令其尽快重新制造，但小厂负责人认为他完全是按总厂的规格制造的，不想再重新制造，

双方僵持了许久。总厂厂长看到这种局面，在问明原委后，便对小厂负责人说："我想这件事完全是由于公司方面设计不周，而且还令你吃了亏，实在抱歉。今天幸好是有你们帮忙，才让我们发现新产品竟然有这样的缺点。只是事到如今，事情总是要完成的，你们不妨将它制造得更完美一点，这样对你我双方都是有好处的。"那位小厂负责人听完，欣然应允。

4. 数据与事实支持

通过市场调查、数据分析等手段，收集有力的证据来支持自己的观点和建议。客观陈述事实，避免夸大或隐瞒真相，以赢得对方的信任。运用图表、报告等可视化工具来展示数据和事实，增强说服力。清晰地解释数据的来源和分析方法，以便对方能够理解和接受。

【小故事大道理 5-11】

　　在一次市场推广合作谈判中，一方代表通过市场调查和数据分析，提供了关于目标市场的详细信息和潜在客户的消费行为数据。他们展示了一份详细的市场调研报告，其中包括目标客户群体的购买力、消费习惯、品牌偏好等关键数据。这些数据有力地支持了他们的市场推广方案，证明了合作将带来可观的市场回报。对方代表在审阅这些数据后，更加信服并愿意与之合作。最终，双方达成了市场推广合作协议，并共同推动了市场推广活动的成功实施。

5. 情感与逻辑并重

通过讲述成功案例、分享相似经历等方式与对方建立情感联系，增强彼此的共鸣。运用逻辑推理和假设分析等方法，引导对方从不同的角度、用不同的方式思考问题，使其更加理性地看待合作。结合情感和逻辑，构建一个既感性又理性的说服框架。在表达情感的同时，不忘用逻辑和数据来支持自己的观点。

【小故事大道理 5-12】

　　在一次品牌合作谈判中，一方代表通过分享自己品牌与其他知名品牌成功合作的案例，激发了对方代表的情感共鸣。他们详细描述了合作过程中互利共赢、共同成长的经历，以及合作带来的品牌知名度和市场份额的提升。同时，他们还运用逻辑推理分析了当前合作带来的双赢结果和潜在风险，证明了合作的可行性和长期价值。通过情感和逻辑的双重说服，对方代表更加理性地看待合作并愿意达成协议。最终，双方成功签署了品牌合作协议，并共同推动了品牌的发展和市场拓展。

6. 灵活让步与妥协

在关键问题上做出适度让步以换取长期利益或对方的合作意愿；在非核心问题上适当妥协，以缓解紧张气氛并促进双方达成共识。灵活调整自己的策略和方案，以适应谈判过程中的变化和对方的反应。在让步和妥协的同时，确保自己的核心利益不受损害。

【小故事大道理 5-13】

　　在一次长期供货合同谈判中，卖方代表在价格问题上做出了一定的让步，以换取买方代表在供货量和供货期限上的承诺。他们认识到，虽然价格是重要的考虑因素，但长期的合作关系和稳定的供货量对于双方来说都更加重要。因此，他们提出了一个折中的方案：在价格上给予一定的优惠，同时要求买方承诺一定的供货量和长期的合作关系。买方代表在考虑后接受了这一方案，双方成功地达成了长期供货协议，签订了长期供货合同。这种灵活的让步策略使双方都能够获得满意的结果并建立了长期的合作关系。

7. 应对障碍与疑虑

对对方的误解、成见或背后利益集团的影响进行解释、澄清和应对。提供额外的信息、证据或承诺来消除说服过程中的障碍。保持冷静和耐心，妥善处理对方的反对意见和疑虑。通过积极的沟通和协商，寻找共同点和解决方案。

> **【小故事大道理 5-14】**
>
> 在一次跨国并购谈判中，买方代表发现卖方代表对公司的某些业务存在误解。卖方代表认为这些业务不符合其长期发展战略，因此对此持保留态度。为了消除这一误解，买方代表耐心地解释了这些业务的实际情况和潜在价值，并提供了相关的市场分析报告和财务数据。买方代表还承诺，在并购后将继续投入资源发展这些业务，并与卖方共享相关的技术和市场资源。通过这些努力，买方代表成功地消除了卖方的误解，并达成了并购协议。最终，双方实现了业务的顺利整合和市场的进一步拓展。

8. 持续沟通与调整

保持耐心和冷静，不因一时的挫折或对方的强硬态度而放弃沟通。通过持续的沟通和协商，不断了解对方的最新动态和需求变化。及时调整自己的策略和方案，以适应谈判过程中的新情况和新挑战。在沟通中保持开放和包容的态度，寻求共同点和解决方案。

> **【小故事大道理 5-15】**
>
> 在一次长期合作谈判中，双方代表在初期存在较大的分歧和争议。特别是在合作的具体条款和利益分配上，双方难以达成一致。然而，他们都没有放弃沟通和协商的机会。通过持续的沟通和了解对方的最新动态和需求，双方代表逐渐找到了共同点和解决方案。他们调整了合作的具体条款，明确了双方的权利和责任，并最终达成了长期的合作协议。在这一过程中，持续的沟通和灵活的策略调整起到了关键的作用，使双方能够克服初期的分歧并建立起长期的合作关系。这种持续沟通和调整的能力也是商务谈判中不可或缺的说服技巧之一。

5.2.4　说服的作用

在商务谈判中，说服的作用是多方面的、具体的，并且对于谈判的成功与否具有至关重要的影响。因此，谈判者应该高度重视说服技巧的学习和运用，不断提升自己的说服能力。说服的作用可以具体概括为以下几个方面。

1. 推动共识形成与协议达成

说服过程实质上是通过信息的传递、解释和反馈，逐步缩小谈判双方认知差异的过程。有效的说服能够引导对方理解并接受己方的观点，从而在关键议题上形成共识。这种共识是谈判双方能够继续深入讨论并最终达成协议的基础。在共识形成的基础上，说服技巧的运用有助于谈判双方进一步细化协议条款，明确各自的权利和义务。通过说服，双方可以就协议的具体内容、执行方式、责任划分等方面进行深入探讨，确保协议的全面性和可操作性。

2. 维护谈判关系与增进信任

在商务谈判中，说服不仅是观点的交锋，更是情感的交流。通过积极倾听、尊重对方意见、表达合作意愿等方式，说服有助于建立和维护良好的谈判关系。这种关系为双方提供了更多的沟通渠道和协商空间，降低了谈判破裂的风险。信任是商务谈判成功的关键因素之一。有效的说服能够展现谈判者的诚信、专业能力和合作精神，从而增强对方对其的信任。当双方建立起相互信任的关系时，更容易就关键问题达成一致，推动谈判顺利进行。

3. 优化利益分配与实现双赢

在说服过程中，谈判者需要对双方的利益诉求进行深入分析，明确各自的核心利益和非核心利益。通过有效的说服，谈判者可以引导对方关注到双方共同利益所在，从而在利益分配上找到平衡点，实现双赢或多赢的结果。在利益分配过程中，说服技巧的运用有助于谈判者根据对方的反应和谈判进展及时调整策略。例如，通过强调合作的长远利益、提出灵活的补偿方案等方式，说服对方接受对自己稍有不利的条款，以换取整体合作的成功。

4. 提高谈判效率与减少成本

有效的说服能够使谈判双方迅速聚焦于关键问题，减少在无关紧要议题上的纠缠。这种信息聚焦有助于提高谈判效率，缩短谈判周期。谈判成本的节约不仅体现在时间成本上，还包括人力、物力等资源的节约。通过有效的说服，谈判双方能够更快地就关键问题达成一致，减少因反复讨论和协商而产生的额外成本。

5. 塑造谈判者形象与提升竞争力

在商务谈判中，谈判者的形象往往代表着其所在组织的形象。通过展现专业、诚信、合作的说服风格，谈判者能够塑造良好的个人形象和组织形象。这种形象有助于提升谈判者在行业内的声誉和竞争力。在竞争激烈的商业环境中，谈判者的说服能力往往成为决定合作成败的关键因素之一。通过不断提高说服技巧和运用水平，谈判者能够在众多竞争者中脱颖而出，赢得更多的合作机会和市场份额。

综上所述，说服在商务谈判中发挥着举足轻重的作用。它不仅是达成共识、维护关系、优化利益分配的关键手段，还是提高谈判效率、减少成本的有效途径。因此，在商务谈判中，谈判者应该充分重视说服的作用，以实现谈判的成功和利益的最大化。

5.3　商务谈判的评判标准

商务谈判作为商业活动中的重要环节，不是一场非输即赢的对抗活动，没有绝对的胜负之分。其评判标准不仅关乎谈判的即时结果，更对企业间的长期合作与发展有着深远的影响。一般来讲，我们可以根据以下标准来评价一场商务谈判是否成功。

5.3.1　谈判目标实现标准

谈判目标实现标准是衡量商务谈判成功与否的首要指标，它在整个谈判过程中起着至关重要的作用。这一标准强调，谈判的最终结果必须达到或超过双方在谈判开始前所设定的预期目标，以确保谈判的成效和双方的满意度。

这些预期目标通常包括两个层次：最高目标和最低目标。最高目标代表了谈判方在谈判中期望达到的最理想结果，它体现了谈判方的最大利益和期望。在谈判过程中，各方会努力争取实现这一最高目标，以获得最大的收益。而最低目标是谈判方在谈判中必须坚守的底线，它代表了谈判方的最基本利益和要求。在谈判中，如果无法达成更高层次的目标，谈判方也要确保最终结果至少能够满足最低目标，以避免谈判失败或遭受过大的损失。

因此，在商务谈判中，明确并坚持谈判目标实现标准至关重要。它要求谈判方在谈判前充分准备，明确自己的最高目标和最低目标(如图 5-3 所示)，并在谈判过程中灵活运用各种策略和技巧，以期实现最佳谈判结果。同时，谈判方要保持对谈判进程的敏锐洞察，随时调整策略以应对可能出现的各种情况，确保最终谈判结果能够满足或超过预期目标，从而实现商务谈判的成功。

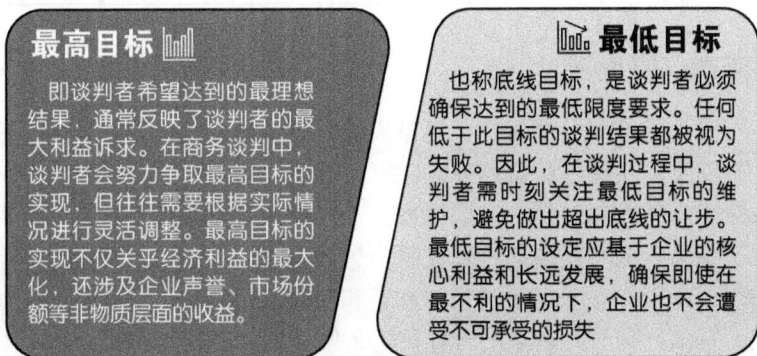

最高目标 📊
　　即谈判者希望达到的最理想结果，通常反映了谈判者的最大利益诉求。在商务谈判中，谈判者会努力争取最高目标的实现，但往往需要根据实际情况进行灵活调整。最高目标的实现不仅关乎经济利益的最大化，还涉及企业声誉、市场份额等非物质层面的收益。

📊 **最低目标**
　　也称底线目标，是谈判者必须确保达到的最低限度要求。任何低于此目标的谈判结果都被视为失败。因此，在谈判过程中，谈判者需时刻关注最低目标的维护，避免做出超出底线的让步。最低目标的设定应基于企业的核心利益和长远发展，确保即使在最不利的情况下，企业也不会遭受不可承受的损失

图 5-3　预期目标细分内容

【知识链接】
目标实现标准的具体评判
(1) 谈判结果是否满足双方的核心需求，是否实现了预期的经济利益和非物质收益。
(2) 预期目标在多大程度上得以实现，是否存在因策略不当或判断失误而目标未达成的情况。
(3) 是否因追求过高目标而错失达成合理协议的机会，是否因过于贪心而破坏了原本可以达成的有益交易。

5.3.2　谈判成本优化标准

商务谈判的成本优化标准强调在收益既定的条件下，尽可能地降低谈判成本。谈判成本主要包括三类，谈判成本分类表如表 5-2 所示。

谈判成本优化标准的具体评判包括三方面内容：一方面指谈判过程中各项成本的合理控制情况，如是否存在因策略不当或管理不善而成本超支的情况；另一方面指谈判效率与成本效益的综合考量，如是否以最小的成本获得了最大的收益；第三方面指是否存在因成本过高而谈判结果不尽如人意的情况，是否因过于追求低成本而牺牲了谈判的质量和长期效益。

表 5-2　谈判成本分类表

分类名称	具 体 内 容
谈判桌上的成本	即为了达成协议所作出的让步，表现为预期谈判收益与实际谈判收益的差距。这部分成本是谈判过程中最直观也是最容易被关注到的。谈判桌上的成本优化要求谈判者在保持灵活性的同时，坚守核心利益，避免不必要的让步
谈判过程的成本	包括为谈判所耗费的人力、物力、财力和时间等直接成本。这些成本往往被忽视，但实际上对谈判的总成本有着重要影响。谈判过程的成本优化要求企业在准备阶段进行充分的市场调研和情报收集，以制定更为精准的谈判策略和方案，减少不必要的资源浪费
机会成本	指因参与谈判而失去的其他获利机会的成本。这是最难量化但也最具潜在影响力的成本之一。机会成本的考量要求谈判者在决定参与谈判前，对可能的机会成本进行充分评估，并制定相应的风险应对策略

5.3.3　人际关系改善标准

商务谈判不仅是经济利益的博弈，更是人际关系的维护与发展。关系改善标准强调在谈判过程中，不仅要关注经济利益的分配，更要注重与对方建立和维护良好的人际关系。

人际关系改善具体评判包括三方面内容：一方面指谈判后双方关系是否得以维持或加强，是否建立了更为紧密和互信的合作关系；另一方面指谈判过程中是否展现了尊重、理解和合作的态度，是否充分考虑了对方的利益和需求；第三方面指是否通过谈判建立了长期合作的信任和基础，是否为未来的合作奠定了坚实的基础。

良好的人际关系不仅有助于当前谈判的成功，更为未来的合作提供了更多的可能性和机遇。因此，在商务谈判中，谈判者应注重情感交流和关系维护，避免因短期利益而损害长期合作关系。

5.3.4　效益与效率标准

效益与效率标准是衡量商务谈判综合价值的重要指标。它要求谈判在达成预期目标的同时，还需具备较高的效率和效益。

1. 效益标准

效益标准主要考察谈判结果的经济价值和社会价值。经济价值体现在双方利益分配的合理性和公平性上；社会价值则体现在谈判结果对社会、环境等方面的正面影响上。效益标准的评判要求企业在追求经济利益的同时，也要考虑其社会责任和可持续发展。

2. 效率标准

效率标准关注谈判过程的时间成本和资源利用效率。高效的谈判能够让谈判双方在较短的时间内达成满意的协议，减少不必要的资源浪费。效率标准的评判要求企业在谈判准备和谈判过程中进行充分的时间管理和资源调配，以确保谈判的顺利进行。

效率效益标准的具体评判包括三方面内容：一方面指谈判结果的经济效益和社会效益是否显著，是否实现了企业和社会的双赢；另一方面指谈判过程是否高效有序，是否存在由拖延或决策不力导致的时间浪费和资源消耗；第三方面指是否存在因效率低下而导致谈判成本增加的情况，是否因缺乏有效的时间管理和资源调配而影响了谈判的质量和效益。

5.3.5　综合评价标准

商务谈判的评判标准是一个多维度、综合性的体系，它不仅关注谈判结果的直接经济效益，更注重谈判过程中的成本优化、关系改善、效益与效率提升，以及专业知识和谈判技能的运用。在实际操作中，谈判者应根据具体情况灵活运用这些评判标准，全面、客观地评价商务谈判的成败得失。

为了更全面地评估商务谈判的成效，我们还需要从更广泛的角度进行深入分析。表 5-3 是对商务谈判评判标准的进一步细化和扩展。

表 5-3　综合评价标准说明表

具体标准	举 例 说 明
长期影响评估	1. 谈判结果是否对企业的长期发展有积极影响？ 2. 谈判是否考虑了未来的合作潜力和市场变化？ 3. 谈判是否为企业打开了新的市场或业务领域？ 4. 谈判结果是否有助于提升企业的品牌形象和市场份额？
风险评估与管理	1. 谈判过程中是否充分识别并评估了潜在风险？ 2. 谈判者是否制定了有效的风险管理策略来应对可能出现的问题？ 3. 是否对谈判中可能出现的法律、财务或运营风险进行了充分的预案和准备？
文化与价值观契合度	1. 谈判双方的文化背景和价值观是否相互契合？ 2. 是否在谈判中尊重了对方的文化差异和价值观？ 3. 是否考虑了文化差异对谈判过程和结果的影响？ 4. 是否通过跨文化沟通和理解来增强谈判效果？
沟通与信息透明度	1. 谈判过程中是否保持了开放、透明的沟通？ 2. 谈判双方是否充分交换了必要的信息，以避免误解和冲突？ 3. 谈判双方是否通过有效的沟通建立了信任和共识？ 4. 谈判双方是否通过信息共享来增强谈判的效率和效果？
创新与灵活性	1. 谈判者是否在谈判中展现了创新思维和解决问题的能力？ 2. 谈判者是否能够提出创新的解决方案来满足双方的需求？ 3. 谈判者是否能够灵活调整策略以应对谈判过程中的变化和挑战？ 4. 谈判者是否通过灵活性来抓住谈判中的机遇？
法律与合规性	1. 谈判结果是否符合相关法律法规的要求？ 2. 谈判是否考虑了合规性问题，以避免未来的法律纠纷？ 3. 谈判者是否对谈判中的法律条款和合规要求进行了充分的审查和评估？
团队协作与领导力	1. 谈判团队是否展现了良好的协作精神和领导力？ 2. 谈判者是否能够有效地分配任务、协调资源并达成共识？ 3. 是否通过团队协作和领导力来增强谈判的整体效果和执行力？
后续执行与跟进	1. 谈判后是否有明确的执行计划和跟进机制？ 2. 谈判者是否确保了谈判结果的顺利实施和后续合作的顺利进行？ 3. 谈判者是否对谈判结果的执行进行了有效的监控和评估？ 4. 谈判者是否通过跟进机制来解决执行过程中的问题和挑战？

通过对表 5-3 这些具体标准的综合考量，我们可以更全面地评估商务谈判的成败得失。这不仅有助于我们在当前谈判中取得更好的结果，还可以为我们未来的商务谈判提供宝贵的经验和教训。同时，我们也应该认识到，商务谈判是一个动态的过程，需要不断地学习和适应变化的市场环境和商业需求。只有不断提升自身的专业知识和谈判技能，才能在激烈的商业竞争中脱颖而出，实现企业的长期发展和成功。

课件资源

第6章 商务谈判的组织与准备

学习目标

掌握商务谈判的信息准备：了解并掌握如何摸清对方底细、认清自身实力、确定谈判目标，以及编制谈判方案的方法和步骤。

掌握商务谈判的物质准备：熟悉谈判时间与地点的选择原则，掌握谈判会场的布置技巧，了解谈判期间的食宿安排的重要性。

掌握商务谈判的人员准备：理解谈判小组的组织结构，明确谈判小组的主谈人和负责人的角色与职责。

重点知识

• 商务谈判的信息准备，包括摸清对方底细、认清自身实力、确定谈判目标和编制谈判方案。

• 商务谈判的物质准备，特别是谈判时间与地点的选择，以及谈判会场的布置。

• 商务谈判的人员准备，尤其是谈判小组的组织结构和主谈人、负责人的确定。

学习难点

• 如何有效地摸清对方底细，同时保护好自己的商业机密。

• 如何根据谈判双方的实力和谈判目标，编制出切实可行、有利于己方的谈判方案。

• 如何合理地组织和安排谈判小组，确保谈判的顺利进行和谈判目标的成功达成。

——情景呈现——

一场"精心策划"的较量

在一个晴朗的下午，E公司的销售总监阿强和F公司的采购经理小芳在一家豪华酒店的会议室相遇，他们准备就一笔重要的采购订单展开一场别开生面的谈判。阿强特意提前到达，他想要确保一切准备就绪，给对方留下深刻的印象。他穿着一身笔挺的西装，头发也经过精心打理，整个人看起来精神焕发。

小芳也准时出现，她穿着休闲装，手里提着一个电脑包，看起来轻松又自在。她一眼就看到了阿强，笑道："哎呀，阿强，你这是要去参加颁奖典礼吗？打扮得这么帅气！"

阿强有些尴尬地笑了笑："哎呀，这不是为了给你留个好印象嘛。你看，我还特意准备了这些资料，都是我们产品的详细信息，还有市场分析报告呢。"小芳耸了耸肩："阿强，你真是太用心了。不过我也做了准备，你看，这是我刚买的最新款笔记本电脑，里面装了我们公司的采购需求和预算分析。"

两人相视一笑，谈判正式开始。阿强详细介绍了E公司的产品优势和价格策略，小芳则提出了F公司的采购需求和预算限制。经过一番激烈的讨价还价，两人发现彼此的准备都非常充分，很难找到对方的破绽。

就在这时，酒店的服务员走进来，手里拿着一瓶红酒和两个酒杯。她微笑着说："先生、女士，这是我们酒店特别为商务客人准备的欢迎礼，希望你们能喜欢。"阿强和小芳相视一笑，决定先放下谈判，品尝一下这瓶红酒。他们一边喝酒，一边聊着天，发现彼此的兴趣爱好竟然非常相似。

喝完红酒，谈判的气氛也变得轻松起来。阿强和小芳很快就达成了共识，签约的那一刻，他们相视而笑。阿强打趣道："小芳，下次谈判你可得小心了，我可是会越来越'完美'的哦！"小芳也笑道："哈哈，阿强，你放心，我也不会落后的。下次谈判，咱们再比比，看谁准备得更充分！"

就这样，一场充满幽默与风趣的商务谈判在两人的笑声中圆满结束。这次谈判不仅展示了商务谈判的组织与准备的重要性，更体现了沟通与协商的艺术。

——名师点拨——

在这个小故事中，我们看到了商务谈判的组织与准备的三大方面：信息准备、物质准备和人员准备。阿强和小芳都为了这次谈判做了充分的准备，从产品信息、市场分析报告到笔记本电脑、西装革履，甚至是兴趣爱好，他们都尽可能地了解和准备。这种充分的准备不仅让他们在谈判中更有底气，也让他们更容易找到满足各自利益的解决方案。同时，这场幽默风趣的谈判也告诉我们，商务谈判并不一定是严肃和紧张的，通过轻松的交流和沟通，也可以达成共赢的局面。

6.1 商务谈判的信息准备

"不打无准备之仗"，这句广泛应用于军事与商业领域的名言，同样适用于商务谈判这一广阔而复杂的舞台。每一次商务谈判，无论其规模大小、复杂程度如何，都不可避免地要经历一个至关重要的准备阶段。而对于那些规模庞大、涉及多方利益、谈判议题错综复杂的商务谈判而言，充分的准备更是谈判成功的基石，是确保谈判顺利进行并达成预期目标的关键。

商务谈判，从本质上讲，是一场心理的较量。在这场没有硝烟的战争中，每一个细微的表情、每一句措辞的选择、每一次让步或坚持，都是对谈判者心理素质、策略智慧、知识储备、文化修养，以及应变能力的综合考验。谈判者需要在瞬间捕捉到对方的微妙变化，准确判断其真实意图，同时又要保持冷静与理智，不被对方的言辞或行为所左右。这种心理的较量，往往比实际的利益争夺更加激烈和关键。

要想在这场纷繁复杂的局势中把握主动，掌握谈判的节奏与方向，其前提便是信息的准备。信息的准备，如同战士磨刀霍霍向战场，是商务谈判取胜的第一步。这包括深入而细致地摸清对方底细、认清自身实力、确定谈判目标以及编制谈判方案。这需要谈判者进行大量的市场调研、情报收集和分析工作，以确保在谈判中能够知"己知彼，百战不殆"。

6.1.1　摸清对方底细

"知己知彼，百战不殆"这句古老的军事格言，如今已经被人们广泛接受，并被当作商务活动的真谛。在商务谈判的舞台上，这一原则同样具有不可替代的重要性。要使谈判取得成功，谈判前的准备工作显得尤为重要。首要的任务便是设法摸清对方的底细，全面而深入地掌握有关对方谈判的情报资料。只有在对这些信息进行全面而深入的分析后，我们才能对谈判形势有一个清晰的认识，才能制定出既符合自身利益又能够吸引对方的谈判策略。这样的谈判，才能称得上是有准备的谈判，才能在谈判桌上游刃有余，最终达成双赢或多赢的结果。

1. 信息搜集的范围

商务谈判的信息搜集包括以下几方面的内容。

1) 谈判对象所处环境

谈判对象所处环境包括国家政策、经济条件及社会环境等。就国际商务谈判而言，谈判对象所处环境包括国家时局政策、法律法规对本次谈判的影响和限制，该国的经济实力和发展趋势，以及文化背景、风俗习惯和禁忌等。

2) 谈判对象本身的信息

谈判对象本身的信息包括谈判对象的技术实力、市场影响力、生产规模、经营状况、财务状况、信誉情况、支付能力、合同执行能力等，以及产品的有关性能参数、价格水平、市场占有份额等各方面的信息。

3) 谈判人员的相关信息

谈判人员是谈判的直接操作者、实施者，因此需要了解谈判人员在对方企业中的职位高低、决策权、谈判风格、个人素质、兴趣爱好等，同时还要了解对方的谈判意图、方案和策略等。

2. 信息搜集的途径

必须注意的是，搜集的商务谈判信息一定要准确和详细。实践证明，在商务谈判中，谁掌握的信息更加准确、更加全面，谁就将在谈判中把握更加有利的机会。全面、准确的信息需要通过多种途径来获取。

1) 通过信息载体搜集公开资料信息

企业为了扩大经营，提高市场竞争力，总是通过各种途径进行宣传，如企业的文献资料、统计数据和报表、企业内部报纸和杂志、各类公开文件、广告宣传资料、产品说明和样品等，这些都能为我们提供大量的信息。通过搜集和研究公开资料，我们可以获得所需要的信息。

2) 询问谈判对手的关键客商

关键客商通常就是我们所说的大客户，如经销商、代理商、批发商、供应商等。由于大客户的重要性和影响力，一般厂家对这些客户的政策较为宽松，包括价格、销售政策、信用政策等多方面都会给予优惠。同时，由于厂家与客户的业务交叉融合，大客户对厂家的情况十分清楚甚至了如指掌。因此询问大客户，建立客商信息交流反馈机制是十分重要的途径。例如，通过询问二级经销商，就可以了解产品的价格、市场支持力度、返点比例、市场销售量、销售网络、广告策略等重要信息。

3) 通过参观或学习获得信息

通过到对方企业实地参观学习来获取信息是一个最直接有效的选择，也是最为常见的搜集资料的方式。实际上，本企业直接派人去对方企业进行实地考察、搜集资料，所获取的信息最为真实可靠。参观主要以投资考察或寻求合作的方式进入竞争品牌的防范区，通过对其生产状况、设备的技术水平、企业管理状况、工人的劳动技能等各方面的综合观察、分析，可以获得有关谈判对手在生产、经营、管理等方面的第一手资料。在实地考察之前，应有一定的准备，带着明确的目的和问题，才能取得较好的结果。

4) 追踪竞争品牌的领导言行

一个竞争品牌领导的只言片语，有时预示着重大的研发、投资、并购、重组、转行等行动的开始。因此，追踪竞争品牌领导的言行，分析他们在公开场合或接受采访时透露出的信息，就能未雨绸缪。例如，某面业集团老板提出和代理商结成战略合作伙伴，随后就有了 2000 年购买 2000 辆车送给代理商、送代理商读大学的行动。可见，领导的言语并不是空穴来风，通过信息分析和敏感的判断，就能获取准确的信息。

【小故事大道理 6-1】

日本某电器公司创始人松下先生刚"出道"时，曾被对手以寒暄的形式探出了自己的底细，使自己产品的销售大受损失。当他第一次到东京找批发商谈判时，刚一见面，批发商就友善地对他寒暄说："我们第一次打交道吧？以前我好像没见过你。"批发商想用寒暄的方式来了解对手究竟是生意场上的老手还是新手。松下先生缺乏经验，恭敬地回答："我是第一次来东京，什么都不懂，请多关照。"正是这番极为平常的寒暄答复使批发商获得了重要的信息：对方原来只是个新手。批发商问："你打算以什么价格卖出你的产品？"松下幸之助又如实地告知对方："我的产品每件成本是 20 元，我准备卖 25 元。"批发商了解到松下先生在东京人地两生，又暴露出急于要为产品打开销路的愿望，因此趁机杀价，"你首次来东京做生意，刚开张应该卖得更便宜些。每件 20 元，如何？"结果没有经验的松下先生在这次交易中吃了亏。

【名师箴言】

一个有经验的谈判者，能通过相互寒暄时的那些应酬话去掌握谈判对象的背景信息：他的性格爱好、处事方式、谈判经验及作风等，进而使自己在谈判中占据有利地位。

6.1.2 认清自身实力

认清自身实力就是做到"知己"。在商务谈判中，认清自身实力与摸清对方底细同样重要。对于企业本身而言，高估或低估自身实力，容易造成误导；对于谈判人员来说，高估或低估自己的谈判实力，也是有害的。应该对己方的实力进行客观的评价，厘清自己的谈判思路。因为过高地估计自己的实力，容易产生轻敌情绪；而过低估计自己的实力，容易怯场，不敢去争取自己可能得到的利益。客观地评价己方的谈判实力，分析己方在谈判中的优势和薄弱环节，使己方谈判人员在谈判中能够目标明确、思路清晰。

单纯地依靠经验行事，在"只知其一，不知其二"的情况下仓促上阵，是无法赢得谈判的。谈判成功的关键在于，在了解对方的同时，更要深刻地了解自己。只有正确地了解自己，才能在谈判中确立自己的地位，采取相应的对策。己方的情况包括本企业产品的规格、产品性能、主要用途、质量、品种、数量、销售情况、市场竞争力、供应能力及企业的经营手段、经营策略等，以及本方谈判人员的能力、素质等。了解己方的相关信息与了解对方的资料相比简单了许多，可以随时通过企业内部搜集整理而获得。

6.1.3　确定谈判目标

经过第一阶段信息的搜集、整理工作，摸清对方底细和认清自身实力后，就要充分利用有关的各种信息来确定谈判目标。没有明确的谈判目标，谈判是盲目的，谈判成果注定不佳。商务谈判所要达到的谈判目标即谈判双方就本次谈判所涉及的谈判内容在各种交易条件或协议条款上要达到的有关标准，可以从目标的合理性、目标的层次性和目标的具体性等方面进行考量。

1. 目标的合理性

目标的合理性是指谈判目标的制定要依据搜集到的各种信息，结合双方的实际情况，合理地、客观地确定目标，不能脱离实际，主观臆测。

2. 目标的层次性

目标的层次性是指谈判目标有基本目标、可以接受的目标与期望目标之分，如图 6-1 所示。

图 6-1　目标层次性示意图

1) 基本目标

基本目标也称为临界目标，它是己方在商务谈判中的最低目标，是必须达到的目标，在某种意义上可以理解为谈判的"底线"。基本目标是没有讨价还价的余地的，即使谈判破裂，也不妥协。

2) 可以接受的目标

可以接受的目标可理解为可能达到的目标，它是谈判中可以努力争取或可以做出让步的范围。双方的讨价还价多在这一层次展开,在万不得已时可考虑放弃。

3) 期望目标

期望目标也称为最高目标,是己方尽力去追求的理想的目标。例如,我方作为采购方所能接受的卖方最高价即是我方的基本目标,我方希望卖方所能提供的最低价是我们要尽力争取的期望目标。谈判人员应当刻意追求期望目标,在必要时也可以放弃。

3. 目标的具体性

目标的具体性主要指谈判目标的制定不能太空泛、太繁乱,要争取做到详细清楚,尽量做到目标的量化。这样可以使己方谈判人员心中更有数,更能把握好谈判的"度",从而增加谈判成功的可能性。

6.1.4 编制谈判方案

谈判方案对实际谈判具有指导意义,而谈判方案是在分析了谈判对手的信息,对谈判目标进行可行性分析后,对比双方实力的基础上编制出来的。在编制谈判方案时,应征询各方意见,同时又要有创新精神,讲究时效性和预见性。编制的内容主要包括以下几个方面。

首先要确定谈判的主题。整个谈判都要围绕主题来进行,都要为主题服务。

其次要拟定谈判要点。谈判要点主要包括谈判程序、谈判进度控制,以及谈判人员的职责分配。这是因为市场价格、供求关系随时处在变化之中,谈判时间越长,其人力、物力和财力的消耗也就越大,所以必须对谈判时限进行控制。而明确规定谈判人员的分工、职责,能帮助谈判计划顺利实施。当谈判过程中出现意外状况,其处理权限超出谈判小组负责人的权限时,就需要向上级请示。

最后制定谈判策略。制定谈判策略,就是选择实现己方谈判目标的途径和方法,以及发生突发状况的应对技巧等。在制定谈判策略时,需要考虑下列影响因素:谈判本身的重要性和目的;谈判双方的实力对比和优势所在;谈判时间的限制;对方的主谈判人和相关谈判人员的素质、特点等。

6.2 商务谈判的物质准备

商务谈判的物质准备主要是指谈判时间与地点的选择、谈判会场布置和谈判期间的食宿安排等内容。

6.2.1 谈判时间与地点的选择

商务谈判在物质准备阶段的首要任务是安排合适的谈判时间,选择合适的谈判地点,它们之间联系紧密、相互影响。

1. 谈判时间的安排

通常商务谈判的时间是规定好的,即谈判总在一定的时间内进行。这里所讲的谈判时间是指一场谈判从正式开始到签订合同时所花费的时间。在一场谈判中,时间有三个关键变数,分别是开局时间、间隔时间、截止时间。

1) 开局时间

开局时间是指选择什么时候来进行这场谈判。它的恰当与否，有时会对谈判结果产生很大影响。例如，一个谈判小组经过长途跋涉到达对方的谈判场地，没有稍作休息，立刻投入紧张的谈判中去，就很容易因为舟车劳顿而精神难以集中，记忆和思维能力下降，处于被动局面，让对手牵着鼻子走，谈判策略难以施展。因此，对于开局时间应当给予足够的重视。一般来说，在选择开局时间时，要考虑以下几个方面的因素。

(1) **准备的充分程度**。谈判的准备工作始终占据重要地位，俗话说"商场如战场"，没有充分的准备，是无法打赢这场战争的。因此，在安排谈判开局时间时要注意给谈判人员留下充分的准备时间，以免到时仓促上阵，落入"丢盔弃甲"的境地。

(2) **谈判人员的身体和情绪状况**。谈判是一项精神高度集中、体力和脑力消耗都比较大的商务活动，要尽量避免在身体不适、情绪不佳时进行谈判。

(3) **谈判的紧迫程度**。谈判的紧迫程度是指尽量不要在急于买进或卖出某种商品时进行谈判，在这种状态下，己方急于求成，乱了步伐，而对方可以以逸待劳。即使无法避免这种状况，也应采取适当的方法掩饰己方对于谈判的紧迫性，不在谈判的开局阶段让对方抓住机会；否则，谈判伊始，己方就处于被动状态，落入下风。

(4) **考虑对手的情况**。只重视己方的实际情况而忽视谈判对手的当前状况也是不可行的。谈判开局时间同样需要考虑对手的状态，不要把谈判安排在对对方明显不利的时间进行，因为这样容易遭到对方的反感和反击，给人以乘人之危的感觉。

2) 间隔时间

在实际的商务活动中，多数的谈判要经过数次，甚至数十次的磋商洽谈才能达成协议。而在经过多次商谈没有结果，但双方又都不想中止谈判时，一般会安排一段暂停时间，让双方谈判人员暂作休息，这就是谈判的间隔时间。

谈判间隔时间的安排，往往会对舒缓紧张气氛、打破僵局产生很明显的作用。例如，在谈判双方互不相让、紧张对峙的时候，双方可以暂停谈判两天，由东道主安排旅游、娱乐节目，在友好、轻松的气氛中，双方的态度、主张都会有所改变，这样，在重新开始谈判以后，双方就会互相让步，达成协议。当然，也会存在相反的情况，即谈判方利用对方要达成协议的迫切愿望，有意拖时间，迫使对方做出让步。因此，间隔时间的安排需要遵循公平原则，根据谈判的进程、当前的实际状况而定。

3) 截止时间

截止时间就是谈判的最后期限。所有的谈判最终都会有一个结果，要么成功，实现交易；要么失败，谈判破裂。因此，谈判总会有一个具体的结束时间。而谈判的结果又往往是在结束谈判之前的时间里实现的。所以，如何把握截止时间去获取谈判的成果，是一种绝妙的谈判艺术。

截止时间是谈判的一个重要因素，它往往决定着谈判的战略。首先，谈判时间的长短，往往迫使谈判者决定选择克制性的策略还是速战速决的策略。同时，由于必须在一个规定的期限内做出决定，这将给谈判者本身带来一定的压力。而谈判中处于劣势的一方，往往在期限到来之前，对达成协议承担着更大的压力，因为他必须在让步、达成协议和中止谈判、结束交易之间做出选择。一般而言，大多数的谈判者总是希望达成协议的，为此，他们只能做出让步。

【小故事大道理 6-2】

某酒店，一个醉汉借着酒劲干扰顾客用餐，居然朝饭桌摔酒瓶子，严重扰乱了酒店的秩序。正当大家一筹莫展之际，瘦弱的酒店老板突然一步步地逼近那个醉汉，命令道："我给你两分钟时间，限你在两分钟之内离开此地。"出乎意料的是，醉汉真的乖乖收起衣服，握着酒瓶，迈着醉步扬长而去了。大家惊魂未定，有人问老板："那醉汉如果不肯走，你该怎么办？"老板回答："很简单，再延长期限，多给他一些时间不就好了。"

【名师箴言】

谈判若没有期限，那么谈判者是不会感觉到什么压力存在的。很多谈判，尤其是复杂的谈判，都是在谈判期限即将截止前达成协议的。当距离谈判的期限愈接近，双方的不安与焦虑便会愈严重，而这种不安与焦虑，在谈判终止的那一刻，将会达到顶点，而这正是运用谈判技巧的最佳时机。在谈判中，"截止期限"有时能产生令人惊奇的效果。

---

2. 谈判地点的选择

谈判的地点不是随意选择的，恰当的地点有利于获得谈判的主动权，谈判者应充分加以利用。关于谈判地点的选择，通常不外乎三种情况：己方场地(主场)、对方场地(客场)和中立场地(中立地)。选择这三种地方各有利弊，具体内容如表 6-1 所示。

表 6-1　谈判地点选择优劣势分析表

谈判地点的选择	优　势	劣　势
选择己方场地	▶ 谈判时可以自由方便地使用各种场所 ▶ 以逸待劳，无须分心去熟悉或适应新的空间环境和人际关系环境。可以集中精力应对谈判事务，心理优势明显 ▶ 可以充分利用手头的资料，如果需要深入研究某个问题，还可随时搜集和查询有关资料 ▶ 谈判遇到意外时，可以直接向上级请示。与上级、同事之间的沟通非常便捷 ▶ 可以节省差旅费和旅途时间，降低谈判成本。同时可以避免因为旅途疲劳而对谈判产生不利影响	▶ 由于是在企业所在地，谈判可能受到诸如解决企业其他事务的干扰，影响谈判人员的注意力 ▶ 主场谈判东道主需要负责安排谈判会场及谈判中的各项事宜，要承担繁琐的接待工作 ▶ 由于与企业高层沟通方便，谈判人员容易产生依赖心理，对谈判会放松警惕。遇到一些不能解决的问题时，不善于思考和判断，首先想到的是请示领导，这可能导致错失良机，也容易让己方处于被动地位
选择对方场地	▶ 己方可以全心全意投入谈判中，不受或少受来自工作和家庭事务方面的干扰 ▶ 能越级同对方的上司直接谈判，避免对方节外生枝 ▶ 现场观察对方的经营情况，易于取得第一手资料。必要时可以推说资料不全而拒绝提供相关资料 ▶ 在授予的权限内，谈判人员更能发挥主观能动性，更加具有创造力和想象力，减少依赖性	▶ 因为舟车劳顿导致精力不集中，需要克服时差等不利因素，还要适应新空间和人际关系环境 ▶ 与企业距离较远，在谈判中遇到意外时和上级沟通比较困难，对信息的及时传递会有不利影响，某些重大事宜不能及时解决 ▶ 临时需要相关资料不如主场方便，同时不容易做好保密工作

续表

谈判地点的选择	优　势	劣　势
选择中立场地	▶ 可以缓和双方的关系,消除双方紧张心理,促成双方寻求共同点 ▶ 主、客场谈判往往对一方存在干扰,有失公平,中立地点谈判则充分体现了公平原则,能够最大限度地避免干扰 ▶ 中立地点谈判易使双方人员在平静心理的主导下冷静思考,于谈判有积极的促进作用	▶ 双方均不能充分利用自己的有利因素与便捷条件 ▶ 双方的信任感与信任度需经较长时间的努力才能建成和提高 ▶ 某些时候,中立地点会对谈判双方产生某种神秘的心理氛围,造成不利影响 ▶ 双方在资料搜集、物资准备、信息沟通等方面都十分不便利

商务谈判地点的选择是一个关键决策,它不仅关乎谈判的便利性和效率,还可能对谈判结果产生深远影响。商务谈判地点的选择是一个综合考虑多个因素的过程。谈判者应根据谈判的多方面因素来灵活选择最合适的谈判地点,以确保谈判的顺利进行并争取最佳谈判结果。

6.2.2　谈判会场的布置

商务谈判是一场精神与身体的角逐,对于谈判的双方来说,舒适的环境布置可以有效地减轻心理压力。而环境不舒适的主要因素包括嘈杂的环境,极不舒适的座位,谈判房间的温度过高或过低,不时地有外人搅扰,环境陌生而引起的心力交瘁感,以及没有与同事私下交谈的机会等。

1. 谈判场所的选择

商务谈判会议场地布置要求首先要解决上述问题,然后从如下几个方面考虑。

1) 光线

可利用自然光源,也可使用人造光源。利用自然光源即阳光时,应备有窗纱,以防强光刺目;而用人造光源时,要合理配置灯具,使光线尽量柔和。

2) 声响

室内应保持安静,使谈判能顺利进行。房间不应临街,应不在施工场地附近,门窗应能隔音,周围没有电话铃声、脚步声、人声等噪声干扰。

3) 温度

室内最好能使用空调机和加湿器,使空气的温度与湿度保持在适宜的水平。温度在20℃,相对湿度在40%～60%是最合适的。一般情况下,至少要保证空气的清新和流通。

4) 色彩

室内的家具、门窗、墙壁的色彩要力求和谐一致,陈设安装应实用美观,留有较大的空间,以利于人的活动。

5) 装饰

用于谈判活动的场所应力显洁净、典雅、庄重、大方。采用宽大整洁的桌子、简单舒适的座椅或沙发,墙上可挂几幅风格协调的书画,室内也可适当装饰工艺品、花卉、标志物,但不宜过多过杂,以求简洁实用。

【小故事大道理 6-3】

某跨国公司与一家国内企业在上海进行一项重要的商业合作谈判。为了确保谈判的顺利进行并营造良好的氛围，双方共同选择了一家位于市中心的高端商务酒店作为谈判场所。该场所设计精心，从光线、声响、温度、色彩及装饰等多个方面进行了周全的考虑。谈判室采用大面积落地窗设计，自然光线充足，同时配备可调节亮度的灯光系统，以适应不同时间段和谈判氛围的需求。室内装修采用隔音效果良好的材料，确保外界噪声不会干扰到谈判过程。同时，配备有高品质的音响系统，用于播放轻柔的背景音乐或进行语音增强处理。谈判室内配备有智能温控系统，根据季节和室内人数自动调节室内温度，让室内温度保持在人体最舒适的范围内。墙面以淡雅的米白色为主色调，搭配以深蓝色或深灰色的家具和装饰品。同时，室内摆放有适量的绿植和花卉，增添生机与活力。谈判桌上摆放有精致的茶具和咖啡具，供双方代表在休息时享用。墙面挂有双方公司合作项目的宣传画或抽象艺术作品，既展示了合作成果，又增添了艺术气息。室内还设有舒适的休息区供双方代表短暂休息和交流。

【名师箴言】

该商务谈判场所的选择和设计充分体现了主办方对细节的关注和对谈判氛围的营造。充足而柔和的光线以及良好的隔音效果是商务谈判场所的基本要求。它们共同为谈判创造了一个专注、私密且舒适的环境，有助于提升参与者的注意力和专注度。适宜的温度和精心搭配的色彩进一步增强了谈判场所的舒适度。智能温控系统确保了室内温度始终保持在最佳状态，而淡雅的色彩搭配和绿植的点缀营造出了轻松愉悦的氛围。精致的茶具、咖啡具以及墙面装饰不仅体现了主办方的细致周到，还展示了双方公司的文化和价值观。休息区的设置则为双方代表提供了一个放松身心的空间，有助于缓解谈判过程中的紧张情绪。

综上所述，该商务谈判场所的选择和设计充分考虑了光线、声响、温度、色彩以及装饰等多个方面，为谈判创造了一个理想的环境。这样的环境不仅有助于提升谈判的效率和成功率，还能为双方代表留下深刻的印象和美好的回忆。

2. 谈判场所的布置

商务谈判中谈判场所的布置是一个细致且关键的过程，它直接关系到谈判的氛围、双方的心理状态以及谈判的最终结果。小规模谈判可在会客室进行，大型谈判可安排多个房间，一间作为主要谈判室，另一间作为双方进行内部协商的密谈室，再配一间休息室。

1) 休息室的布置

休息室的布置应本着舒适、轻松、明快的原则，可配备一定的茶水、酒类、水果等食品饮料，若条件允许也可以适当配置一些娱乐设施，使双方松弛一下紧张的神经。

2) 密谈室的布置

密谈室是双方都可以使用的单控房间，它既可以作为某一方谈判小组内部协商的场所，又可供双方进行小范围讨论之用。密谈室最好能靠近主谈室，内部也要配备接待用品。密谈室内不允许安装微型录音、录像设备，隔音效果一定要好。

3) 主谈室的布置

主谈室作为双方进行谈判的主要场地，应当宽敞、舒适、光线充足，并备齐应有的设备和接待用品。除非征得双方同意，否则主谈室不要安装录音、录像设备，因为这会增加双方的心理压力，言行举止都会谨小慎微，很难畅所欲言。并且主谈室不宜安装电话，以免干扰谈判进程。如果谈判中需要的话，要保证麦克风、音响、投影仪、灯光、电源、计算机、空调等设备的正常使用。

> **【知识链接】**
>
> 在商务谈判中，不管对方是否自己准备，正式的谈判主方都应该为每个谈判代表准备好至少两支削好的铅笔、足够的纸张、计算器等文具。如果谈判中还要涉及画图，也要准备画图工具。这些工作也可以在租赁会议室时交由酒店负责。

3. 谈判会场座位的安排

主谈室通常选用长方形谈判桌，也可使用圆形谈判桌和正方形谈判桌。座次安排常见的是谈判双方各居谈判桌一方，对向而坐，也可以随意就座。

1) 对向而坐

若以正门为准，主方应坐背门一侧，客方则面向正门而坐。主谈人或负责人居中而坐，再把翻译人员安排在主谈人或负责人的右侧即第二个席位上，其他人按礼宾顺序就座。图 6-2 为以正门为准、主方背门而坐的长方形谈判桌布局，图 6-3 为以正门为准、主方背门而坐的圆形谈判桌布局。如谈判桌一端向前为正门，则以入门方向为准，右为客方，左为主方。译员同样安排在主谈人或负责人的右侧即第二个席位上，其他人按礼宾顺序就座。即座位号的安排以主谈人的右手边为偶数，左手边为奇数。图 6-4 为以入门方向为准、右为客方的长方形谈判桌布局。图 6-5 为以入门方向为准、右为客方的正方形谈判桌布局。

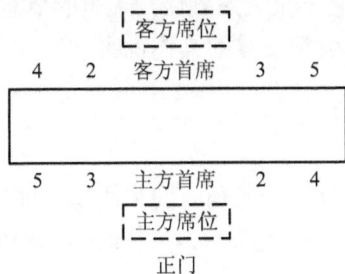

图 6-2　长方形谈判桌横放及座次安排(主方背门而坐)

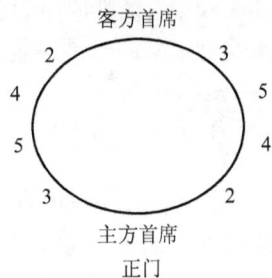

图 6-3　圆形谈判桌座次安排(主方背门而坐)

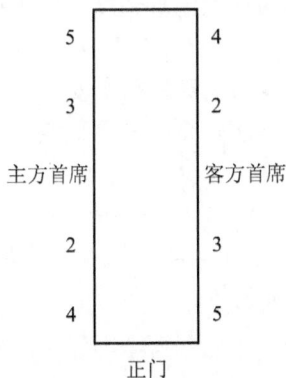

图 6-4　长方形谈判桌竖放及座次安排

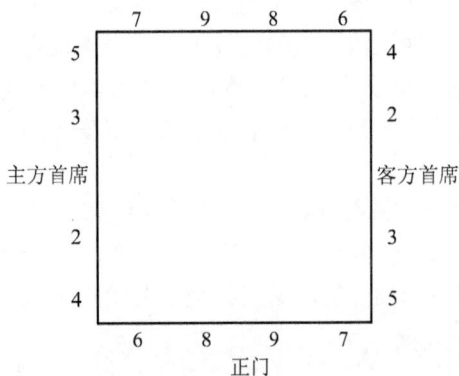

图 6-5　正方形谈判桌及座次安排

对向而坐的排位法使谈判小组容易产生安全感和实力感,便于查阅一些不想让对方知道的资料,可以就近和本方人员交换意见。但也容易造成双方的冲突感和对立感。

2) 随意就座

随意就座能减轻对立感,体现双方谋求一致的指导思想,利于形成轻松、合作、友好的气氛。但谈判人员内部的信息传递比较困难,不利于主谈人对本方人员言行的控制。如果事先没有这方面的心理准备,还会产生谈判人员被分割、包围、孤立的感觉。

【知识链接】

在实际的谈判中也可以不设谈判桌,这种方式可以为双方营造友善、轻松的氛围,但是不利于谈判小组内部的信息交流和意见传递,且不适宜初次建立合作关系和谈判内容多且复杂的谈判。

总之,谈判现场的布置及座位的安排,都应该为谈判的总目标服务,并且根据双方之间的关系、己方谈判人员的素质和谈判实力等因素而定。

6.2.3 谈判期间的食宿安排

谈判是一种艰苦的、耗费体力和精力的交际活动,因此安排餐饮、住宿也是会谈的内容。因为在某种程度上,住宿地和餐饮桌上常常是正式谈判暂停后的缓冲和过渡阶段,它不仅能调节客方的旅行生活,还是增进双方友谊、融洽彼此关系的重要场所,甚至谈判桌上的一些针锋相对的难题也能在餐桌上以谈笑的方式轻松解决。

商务谈判中,谈判期间的食宿安排是至关重要的,它不仅关系到谈判人员的休息质量,还直接影响到谈判的氛围、进程和最终效果。以下是对食宿安排的具体说明。

1. 住宿安排

1) 选择标准

(1) **交通便利**。住宿地点应尽可能靠近谈判地点,以减少通勤时间和成本,便于谈判人员快速往返。同时,也要考虑周边交通设施的便利性,如地铁站、公交站等,确保谈判人员能够方便快捷地到达目的地。

(2) **设施完善**。住宿地应具备良好的基本设施,包括空调、宽带网络、卫生间、洗浴设备等,以满足谈判人员的基本生活需求。此外,还应考虑房间的舒适度,如床铺质量、房间大小、通风情况、隔音效果及是否提供免费的洗漱用品等。

(3) **安全**。选择安全性高的酒店或宾馆,确保谈判人员的人身和财产安全。可以提前了解酒店的安全措施,如监控系统、保安人员等,并确认酒店是否有紧急疏散通道和消防设备。

(4) **环境舒适**。除了基本的设施完善,还应考虑酒店的整体环境是否舒适,包括装修风格、氛围、服务等。一个舒适的环境有助于谈判人员放松身心,更好地准备谈判。同时,也要考虑酒店周边的环境,如是否有噪声干扰、空气质量如何等。

2) 征求意见

在安排住宿前,应主动征求被安排人员的意见,了解其住宿偏好与习惯,包括房间的朝向、楼层、床型、周边环境等。通过细致的沟通,安排者可以将住宿安排得更加贴心、周到。同时，也要询问谈判人员是否有特殊的住宿需求，如残障人士可能需要无障碍设施等。

3) 预订与确认

根据谈判人员的名单和预计抵达时间，提前预订足够的房间，并确保预订信息无误。在预订过程中，可以与酒店沟通，确保房间类型、价格、服务等都符合预期。同时，也要了解酒店的退订政策和额外费用情况，以避免产生麻烦。将预订的酒店名称、房号、电话号码及起止日期等信息及时通知谈判人员，以便他们到达后直接联系或投诉。此外，还应提供酒店的地理位置、交通路线、周边设施等信息，方便谈判人员顺利到达并了解周边环境。

4) 特殊情况处理

如果来访者自己支付食宿费用，应事先与其确认下榻酒店的标准或等级，以确保满意度和舒适度。东道主可以提供一些建议或推荐一些酒店，但最终选择权在来访者手中。如果东道主负担酒店费用，应综合考虑投资回报、谈判规格等因素，合理选择酒店标准。在预算范围内，应尽可能提供最佳的住宿条件，以体现对谈判人员的尊重和关怀。同时，也要确保酒店的服务质量和声誉，以免给谈判带来负面影响。

2. 餐饮安排

1) 餐厅选择

选择环境幽雅、菜品丰富、服务质量好的餐厅，为谈判人员提供舒适的用餐环境。餐厅的装修风格、氛围等也应与谈判人员的身份和地位相匹配。考虑到谈判人员的口味和饮食习惯，可以选择具有当地特色的餐厅或提供多样化菜品的自助餐厅。同时，了解谈判人员是否有特殊的饮食要求或禁忌，如宗教信仰、食物过敏等，并提前与餐厅沟通，确保能够提供符合其需求的菜品。

2) 菜单定制

根据谈判人员的饮食特点和禁忌定制菜单，确保提供符合其偏好的食物。在国际商务谈判中，应特别注意对方的饮食文化和宗教禁忌，避免引起误会或不满。可以提前了解对方的饮食习惯和喜好，并与餐厅协商制定个性化的菜单。菜单的设计也应考虑营养均衡、口感搭配等因素，以确保谈判人员在用餐过程中得到充分的营养和能量。可以安排一些健康的菜品，如蔬菜、水果、全谷类食物等，也要提供一些高蛋白、高热量的食物，以满足谈判人员可能的高能量需求。

3) 用餐礼仪

用餐过程中应保持良好的礼仪习惯，如按时到达餐厅、不大声喧哗、不浪费食物等。这有助于展现谈判人员的专业素养和形象。可以提醒谈判人员注意用餐礼仪，并在用餐过程中进行适当的引导和示范。用餐时也是交流的好时机，可以适时了解谈判进展或讨论相关话题。但应避免涉及敏感或带有争议性的内容，以免影响用餐氛围和谈判进程。可以选择一些轻松的话题进行交流，以增进彼此的了解和信任。

4) 结账方式

用餐结束后应及时支付账单，并根据事先约定的方式进行结账。如果是东道主支付，应确保账单清晰明了，避免出现不必要的纠纷。同时，确认是否有额外的服务费或税费需要支付，也可以考虑提供一些小费或礼品给餐厅服务人员，以表达对他们的感谢和尊重。这可以体现东道主的诚意和友好态度，也有助于建立良好的人际关系。

3. 注意事项与细节关怀

(1) **安全与卫生**。在选择住宿和餐饮地点时，应优先考虑其安全性和卫生条件。确保住宿地点有完善的安全措施和良好的卫生环境，以保障谈判人员的人身安全和饮食健康。可以提前对酒店和餐厅进行实地考察或查看相关评价，以确保其符合安全和卫生标准。在住宿期间，也要提醒谈判人员注意个人财物安全，如不要将贵重物品随意放置、注意门锁是否完好等。同时，要关注食品安全问题，确保餐厅提供的食材新鲜、烹饪过程卫生。

(2) **灵活性**。食宿安排应具有一定的灵活性，以应对可能出现的突发情况或特殊需求。例如，根据谈判人员的实际到达时间调整房间入住时间、根据天气变化调整餐饮安排等。同时，要与酒店和餐厅保持紧密的沟通联系，以便在需要时能够及时调整安排。在谈判过程中，也可能会出现一些意外的变化或需求，如需要延长住宿时间、增加餐饮次数等。因此，在制定食宿安排时也要考虑相应的应对措施，并确保有足够的预算和资源来应对可能出现的各种变化。

(3) **尊重与关怀**。在整个食宿安排过程中应始终体现对谈判人员的尊重和关怀。通过细致周到的安排和服务为他们创造一个舒适、便捷的休息环境，有助于提升谈判的成功率。可以考虑在房间内放置一些欢迎礼品或留言卡片，以表达对他们的欢迎和尊重；在用餐时可以询问他们的口味和喜好，以便更好地满足他们的需求等。同时，要关注谈判人员的身体状况和情绪变化，及时提供必要的帮助和支持。

(4) **文化与习俗的考虑**。在国际商务谈判中，应特别注意对方的文化和习俗差异。在食宿安排上要考虑这些因素，以免引起误会或冲突。例如，在某些文化中可能认为某些食物是不吉利的或不适合在特定场合食用的，在某些文化中可能对于住宿的某些方面(如房间朝向、楼层等)有特殊的偏好或禁忌等。因此，在安排食宿时要充分了解并尊重对方的文化和习俗差异，并提前与对方沟通，确认其需求和偏好。

(5) **紧急情况的应对措施**。尽管主方希望能够为谈判人员提供一个完美的食宿环境，但仍然有可能出现一些紧急情况或意外情况(如自然灾害、设备故障等)。因此，在制定食宿安排时也要考虑这些情况的应对措施。可以与酒店和餐厅协商制定紧急情况下的应对方案，并确保谈判人员了解这些方案以便在需要时能够及时应对。同时，要有备用方案，以便在主要方案无法实施时能够迅速调整。例如，可以预先安排一些附近的备用酒店或餐厅，以便在主要地点出现问题时能够及时转移。

综上所述，商务谈判中的食宿安排是一个综合性的工作，需要充分考虑多个方面的因素。通过精心的安排和周到的服务，主方可以为谈判人员创造一个舒适、便捷的休息环境，有助于提升谈判的成功率并促进双方的合作与发展。同时，也要注重细节和灵活性，以应对可能出现的各种情况和需求。

【小故事大道理6-4】

被翻译人员"出卖"的谈判

某年，上海某从事文物进出口贸易的单位，与一位日本文物商谈判一批中国文物的出口贸易。这位日本商人带来一位中文翻译，是上海去日本打工的男青年，而上海的这家外贸单位使用的日文翻译是一位上海籍的女青年。谈判进行得很艰苦，因为日本人开价很低，几个回合下来，双方的分歧仍然很大。谈判过程中，这位日本商人在谈判中观察到中方女翻译的言谈举止，发现她对到日本打工而当日商翻译的男青年非常羡慕。于是日商心生一计，要自己的男翻译在谈判休息时，主动接近这位女翻译，表示他愿意将来为这位女翻译到日本学习提供担保，以及承担路费、学费、生活费在内的所有费用，条件是这位女翻译必须把中方文物的底价全部透露给他。这位女翻译经不起出国的诱惑，出卖了全部机密。在接下来的谈判中，这位日商完全掌握了谈判的主动权，用中方内部开的底价买下了这一批文物，狠狠地赚了一大笔，而上海的这家单位则亏得很惨。当然，这位做着出国梦的女翻译好梦不长，在她刚拿到护照时，就因事情败露而锒铛入狱，断送了自己的大好前程。

【思考】

是什么问题导致该公司谈判失败？有什么好的解决方法？

6.3 商务谈判的人员准备

6.3.1 谈判小组的组织结构

谈判人员的选择和组织结构对于一次商务谈判的重要性是不言而喻的。因此在构建谈判小组时，需要把握谈判小组的配置原则，明确谈判小组的人员构成及规模大小。

1. 谈判小组的配置原则

在搭建谈判小组时，要依据知识互补、性格协调、分工明确的基本原则来选拔谈判人员。

1) 知识互补

知识具有互补性，一方面是指谈判人员应当各自具备自己专长的知识，是处理不同问题的专业人员，并且各人员在知识方面相互补充，形成整体的优势；另一方面是指谈判人员自身的书本知识与工作经验的知识互补。

2) 性格协调

谈判班子中的谈判人员性格要互补协调，将不同性格的谈判人员的优势充分发挥出来，互相弥补其不足。例如，脾气较暴躁的人扮演"红脸"角色，性格温和的人扮演"白脸"角色。

3) 分工明确

谈判班子的每一个人都要有明确的分工，担任不同的角色。同时要注意，所有人都要为共同的目标而通力合作，协同作战。

2. 谈判小组的人员构成

由于商务谈判涉及的知识面较广，内容丰富，在确定谈判小组的人员构成时，一般大型的、正规的商务谈判应包括商务人员、技术人员、财务人员、法律人员、翻译人员、记录人员。

(1) **商务人员**。商务人员由熟悉商业贸易、市场行情、价格形势的贸易专业人员担任，负责商务贸易的对外联络工作。

(2) **技术人员**。技术人员由熟悉生产技术、产品标准和科技发展动态的工程师担任，在谈判中负责有关生产技术、产品性能、质量标准、产品验收、技术服务等问题的谈判，也可作为商务谈判中制定价格决策时的技术顾问。

(3) **财务人员**。财务人员由熟悉财务会计业务和金融知识，具有较强的财务核算能力的财会人员担任。其主要职责是对谈判中的价格核算、支付条件、支付方式、结算货币等与财务相关的问题进行把关。

(4) **法律人员**。法律人员由精通经济贸易各种法律条款，以及法律执行事宜的专职律师、法律顾问或本企业熟悉法律的人员担任。其职责是做好合同条款合法性、完整性、严谨性的把关工作，也负责涉及法律方面的谈判。

(5) **翻译人员**。在进行国际商务谈判时，还需要配置翻译人员。翻译人员由精通外语、熟悉业务的专职或兼职翻译担任，主要负责口头与文字翻译工作，沟通双方意图，配合谈判运用语言策略。

(6) **记录人员**。一份完整的谈判记录既是一份重要的资料，也是进一步谈判的依据。为了出色地完成谈判的记录工作，记录人员要有熟练的文字记录能力，并具有一定的专业基础知识。其具体职责是准确、完整、及时地记录谈判内容。

除了以上几类人员之外，还可配备其他辅助人员，但是人员数量要适当，要与谈判规模、谈判内容相适应，尽量避免不必要的人员配置。

3. 谈判小组的规模

对于必须组成谈判小组的商务谈判来说，其谈判小组的组成规模要适当，依据实际情况而定，其应该遵循的基本原则是精干高效。一场商务谈判应配备多少人员才合适，应视谈判内容的复杂程度、技术性的强弱、时间的长短、己方人员谈判能力的高低，以及对方谈判人员的多少来具体确定。

一个谈判组必须配备一名主谈人，再根据实际情况配备其他谈判人员和翻译。一般而言，对于较小型的商务谈判，谈判人员多由2～3人组成，有时甚至只由一个人全权负责，这种小型的谈判对人的个人能力、业务素质及临场经验要求都比较高。对于内容比较复杂、较大型的商务谈判，由于涉及的内容广泛、专业性强、资料较多、组织协调工作量大，所以配备的谈判人员要比小型谈判多一些，有时甚至可达几十人。还可根据实际工作需要，把商务谈判组分成几个小组，如商务小组、技术小组、法律小组等，负责不同方面的谈判。也可以组织台前和台后两套班子。"台前班子"主要负责谈判以及外商临时提供的技术价格资料；"台后班子"负责搜集、整理有关方面的资料，为"台前班子"提供技术和价格对比的依据。

6.3.2 明确谈判小组主谈人

在谈判的某一阶段或针对某一个或几个方面的议题，有一个主要发言人，阐述己方的立场和观点，此人即为主谈人。主谈人是确保谈判工作达到预期目标的关键人物，其主要职责是使已确定的谈判目标和谈判策略在谈判中得以实现。

一般来讲，谈判班子中应有一名技术主谈、一名商务主谈。除主谈人外，其他均为辅谈人。主谈人需要深刻理解各项方针政策和法律规范，具备本企业的专业技术知识和较广泛的相关知识，有较丰富的商务谈判经验，思维敏捷、善于分析和决断，有较强的表达能力和驾驭谈判进程的能力，有权威气度和大将胸怀，并能与谈判组织的其他成员团结协作、默契配合，统领谈判队伍共同为实现谈判目标而努力。

6.3.3　确定谈判小组负责人

谈判小组负责人指对谈判负领导责任的高层次谈判人员，他负责整个谈判工作，领导谈判队伍，拥有领导权和决策权。有时谈判小组负责人也是主谈人。谈判小组负责人的作用和地位非常重要，是谈判全局的主要把握者。

1. 谈判小组负责人应具备的条件

谈判小组负责人不仅需要丰富的阅历和知识，还要具备一定的领导能力。总的来说，要胜任谈判小组负责人一职，需要具备如下条件。

(1) 具有较全面的知识，富有经验，阅历丰富。

(2) 具备审时度势、随机应变及当机立断的能力。

(3) 具备较强的学习能力和准确的概括能力。

(4) 具备较强的管理能力，善于激励下属，能充分调动每位谈判人员的积极性。

(5) 具有一定的权威地位。一般来讲，负责人的职位和地位是最高的或次高的。

2. 谈判小组负责人的职责

谈判小组负责人可谓任重道远。权力越大，所肩负的责任也越重，只有尽心尽力地完成相关的职责，谈判策略和方案的实施才能有条不紊地进行。谈判小组负责人主要有以下职责。

(1) 负责挑选谈判人员，组建谈判小组，并就谈判过程中人员的变动与上层领导进行协调。

(2) 负责管理谈判小组，协调谈判队伍各成员的心理状态和精神状态，处理好成员间的人际关系，增强队伍凝聚力，团结一致，共同努力，实现谈判目标。

(3) 负责组织制订谈判执行计划，确定谈判各阶段的目标和策略，并根据谈判过程中的实际情况灵活调整。

(4) 负责己方谈判策略的实施，对具体的让步时间、幅度，谈判节奏的掌握，决策的时机和方案做出安排。

(5) 负责落实交易磋商的记录工作。

(6) 负责向上级或有关的利益各方汇报谈判进程，获得上级指示，贯彻执行上级的决策方案，圆满完成谈判任务。

课件资源

第7章 商务谈判的开局阶段

学习目标

掌握开局氛围的营造：了解开局氛围的类型及营造方法，学会根据谈判情况选择合适的开局氛围。

学会开场陈述：掌握开场陈述的内容和方式，能够在谈判开局阶段进行有效的开场陈述。

掌握开局阶段的策略：熟悉并掌握坦诚式、一致式、保留式、进攻式和慎重式等开局策略，能够根据谈判对手和情境灵活运用。

重点知识

- 开局氛围的类型及其营造方法。
- 开场陈述的内容和方式。
- 各种开局策略的特点和应用场景。

学习难点

- 如何根据谈判对手和情境选择合适的开局氛围和策略。
- 如何有效地进行开场陈述，以吸引对方注意并奠定谈判基调。
- 在实际谈判中灵活运用各种开局策略，以取得谈判的主动权。

——情景呈现——

"意外之约"的开局

L 公司的市场部经理丽莎正忙着整理即将进行的商务谈判资料。突然，她的手机响了，是 M 公司的销售总监马克打来的。

"丽莎，真是抱歉，我刚好在你公司附近，能不能临时安排个时间，我们谈谈合作的事情？"马克的声音听起来有些急促。丽莎愣了愣，这可不是她计划的开局方式。但她迅速反应过来："哈哈，马克，你这是给我来了个突然袭击啊！不过也好，那就在我公司楼下的咖啡馆，半小时后见！"

半小时后，两人坐在了咖啡馆里。丽莎笑着打趣："马克，你这次可是欠我一个正式的开场哦，下次得补偿我。"马克也笑了："丽莎，你放心，下次我一定给你一个盛大的开场。不过今天，我们就来一场'即兴表演'吧！"

两人相视一笑，开始进入正题。丽莎详细介绍了 L 公司的市场策略和产品优势，马克则分享了 M 公司的采购需求和合作意向。经过一番深入的交流，两人发现彼此的合作潜力巨大。他们开始讨论具体的合作细节，氛围轻松愉快。

就在这时，咖啡馆的服务员走过来："两位，这是我们店的特色甜点，请品尝。"丽莎和马克相视一笑，决定先享受这份"意外之礼"。他们边吃边聊，发现彼此不仅在工作上有共鸣，在生活喜好上也颇为相似。

甜点吃完，谈判也接近尾声。两人很快就达成了合作意向，并决定进一步细化合作方案。丽莎笑道："马克，看来我们的合作真是天意啊！这次即兴的开局，竟然带来了这么好的结果。"马克也感慨："是啊，丽莎。有时候，计划之外的开局，也能带来意想不到的收获。下次，我一定给你一个更精彩的开场！"

就这样，一场突如其来的商务谈判在两人的笑声中圆满结束。这次谈判不仅展示了商务谈判开局阶段的灵活性，更体现了即使在非计划的开局下，通过轻松愉快的氛围、深入的交流和即兴的策略调整，也能达成共赢的局面。

——名师点拨——

这个小故事告诉我们，商务谈判的开局阶段并不总是按照计划进行的。有时，突如其来的开局也可能带来意想不到的机会，关键在于我们如何灵活应对，如何通过营造轻松愉快的氛围、进行深入有效的交流，并根据实际情况调整策略，来抓住这个机会。即使是非计划的开局，也能通过双方的共同努力和智慧，取得有利的合作成果。

商务谈判的开局阶段，作为整个谈判过程的起点，具有举足轻重的地位。它不仅为后续的实质性谈判奠定基础，还在很大程度上影响和制约着谈判的走向和结果。商务谈判的开局阶段是指谈判开始后到实质性谈判开始之前的阶段，是谈判的前奏和铺垫。虽然这一阶段的时间相对较短，但它在整个谈判过程中起着非常关键的作用，为谈判奠定了内在的氛围和格局基础，影响和制约着后续谈判的进行。

【小故事大道理 7-1】

甲公司想要成为乙公司在北京的代理商，双方经过几次磋商均未达成协议。在最后一次谈判中，甲公司谈判代表发现乙公司谈判代表喝茶及取放茶杯的姿势十分特别，于是说道："从您喝茶的姿势来看，您十分精通茶道，能否为我们介绍一下？"这句话正好说到了乙公司谈判代表的兴趣点上，于是他滔滔不绝地讲起来。结果，后面的谈判进行得异常顺利，甲公司终于拿到了期望的代理权。

【名师箴言】

主动提及对方感兴趣的话题，就很容易引起热烈的讨论，营造活跃的氛围。

7.1　营造开局氛围

开局阶段虽然在时间上只占整个谈判过程的很小一部分，涉及的内容似乎也与整个谈判的主题关系不大，但往往关系到双方谈判的诚意和积极性，决定了谈判的基调和发展趋势。开局阶段中十分重要的一点就是营造谈判开局氛围。这里的氛围是指谈判双方通过各自表现的态度、作风建立起来的谈判环境。谈判经验证明，在非实质性谈判阶段营造的氛围会对整个谈判过程起决定性作用，并影响谈判人员的心理、情绪和感觉。

【小故事大道理 7-2】

某年，某国内企业准备从国外引进一条生产线，于是与某国一家公司进行了接触。双方分别派出了一个谈判小组就此问题进行谈判。谈判当天，双方谈判代表刚刚就座，中方的首席代表就站了起来，对大家说："在谈判开始前，我有一个好消息要与大家分享，我的孩子在昨天夜里出生了！"此话一出，中方人员纷纷站起来向他道贺，对方代表也纷纷站起来向他道贺。整个谈判会场的氛围顿时热烈起来，谈判进行得非常顺利。最终中方企业以合理的价格顺利地引进了一条生产线。

【名师箴言】

本案例中，中方谈判代表在谈判开始前说起自己家中的喜事，引来众人的祝贺，其用意是活跃氛围，拉近谈判双方的距离，为后续的谈判打下良好的基础。

7.1.1 开局氛围的类型及营造方法

开局氛围可以是热烈的、积极的、友好的，也可以是平静的、严肃的、严谨的，还可以是冷淡的、对立的、紧张的。不同的开局氛围可以用不同的方法进行营造。

1. 营造高调氛围

营造高调谈判氛围是商务谈判中的一个重要策略，它有助于提升谈判双方的情绪积极性，增强合作意愿，从而为谈判的成功奠定良好的基础。高调氛围是指谈判情势比较热烈，谈判双方情绪积极、态度主动，愉快因素成为谈判情势的主导因素。在商务谈判中，营造高调谈判氛围对于提升谈判双方的积极性和合作意愿至关重要。营造高调氛围通常有以下几种方法。

1) 感情共鸣法

感情共鸣法是指通过某一特殊事件或经历来引发对方心中的情感共鸣，从而营造热烈、融洽的谈判气氛。感情共鸣法通过某一特殊事件引发普遍存在于人们心中的正面感情因素，使这种感情迸发出来，从而达到营造氛围的目的。这种方法要求谈判人员具备较高的情感洞察力和表达能力，能够准确捕捉对方的情感需求，并通过恰当的方式激发其共鸣。当双方的情感产生共鸣时，谈判氛围会更加积极友好，有利于后续谈判的顺利进行。

【小故事大道理 7-3】

在江苏某工业公司与日本一家公司的索赔谈判中，中方代表利用游览扬州大明寺的机会，向日方代表团介绍了鉴真和尚的事迹，强调中日两国人民的深厚友谊。他通过这一特殊事件引发了日方代表心中的情感共鸣，为后续的索赔谈判奠定了良好的基础。这一案例表明，讲述具有普遍意义的历史事件或人物故事，可以有效激发对方的情感共鸣，从而营造积极的谈判氛围。

【小故事大道理 7-4】

在另一场商务谈判中,中方代表了解到对方代表对某种文化或艺术形式有浓厚兴趣。于是,在谈判开始前,中方代表特意准备了与该文化或艺术形式相关的资料或物品,并在谈判中适时提及。这一举动迅速引起了对方代表的兴趣和共鸣,使谈判氛围变得轻松融洽。

2) 称赞法

称赞法是指通过称赞对方来削弱其心理防线,激发谈判热情,从而营造高调的谈判氛围。这种方法要求谈判人员善于发现对方的优点和长处,并真诚地给予肯定和赞扬。当对方感受到被认可和尊重时,其心理防线自然会降低,谈判态度也会变得更加积极友好。称赞法是削弱对方防备心理的一种有效方法,总是能产生奇效。发自肺腑地赞美某人,可以让其认识到自我价值,从而激发对方的谈判热情,调动对方的情绪,营造高调的谈判开局氛围。例如,来到对方的办公楼后称赞:"你们的办公楼设计得真有特色,不愧是行业领先企业啊!"

【金钥匙 7-1】

通常来说,每个人都希望自己的工作或取得的成果得到别人称赞。发自真心的称赞会使别人得到鼓励,变得心情爽朗、积极上进,使双方的隔阂缩小,有助于培养积极的人际关系。

【小故事大道理 7-5】

在某场国际商务谈判中,中方代表发现对方代表在谈判过程中展现出了极高的专业素养和严谨的工作态度。于是,在谈判间隙或结束时,中方代表真诚地称赞对方的专业能力和工作精神。这一称赞让对方代表感到尊重和鼓励,进一步增强了双方的信任和合作基础。

3) 幽默法

幽默法是指通过幽默的语言或行为来消除对方的戒备心理,缓和紧张气氛,从而营造轻松愉快的谈判氛围。幽默能够拉近双方的距离,减少对立感,使谈判过程更加顺畅。它可以有效消除对方的戒备心理,使其积极地参与到谈判中,从而营造热烈、轻松的谈判开局氛围。使用幽默法时,需要注意选择恰当的时机和方式,确保幽默内容积极正面,避免冒犯对方或触及敏感话题。

【小故事大道理 7-6】

在一次跨国商务谈判中,双方因某个技术细节陷入僵局。此时,中方代表突然开玩笑说:"看来我们的谈判已经深入到了分子级别,连一个原子的位置都不放过。"这句话立刻打破了沉闷的气氛,让双方代表都笑了起来。随后,谈判氛围变得轻松许多,双方也更容易就技术细节达成共识。

【小故事大道理 7-7】

在某次关于产品价格的谈判中,卖方代表坚持价格不降,买方代表则显得有些沮丧。为了缓和气氛,卖方代表幽默地说:"看来我们的产品真是物超所值,让您这么舍不得还价。"这句话让买方代表也笑了出来,双方随后在更加友好的氛围中继续讨论价格问题。

4) 诱导法

诱导法是指投其所好，通过提出对方感兴趣或引以为豪的话题，来引导对方进入积极的谈判状态，从而营造高调的谈判氛围。这种方法要求谈判人员事先了解对方的兴趣点或关注点，并在谈判过程中巧妙地加以利用。诱导对方谈论自己感兴趣的话题，可以增强对方的参与感和积极性，使谈判更加顺利。

2. 营造低调氛围

在商务谈判中，营造低调氛围的"低调"主要指谈判气氛的一种特定状态，即谈判气氛十分严肃、低落，谈判一方情绪消极、态度冷淡，不快因素构成谈判情势的主导因素。这种氛围会给谈判双方造成较大的心理压力，心理承受力弱的一方往往会妥协让步。营造低调氛围通常有以下几种方法。

1) 沉默法

沉默法是较为常用的一种营造低调氛围的方法。它是以沉默的方式使谈判氛围"降温"，从而达到向对方施加心理压力的目的。这里的沉默不等于一言不发，而是指尽量避免对谈判的实质性问题发表意见。使用沉默法时，沉默的理由要合情合理，如假装不理解某项技术问题或对方就某个问题的陈述，或假装对对方的某个失误十分不满。此外，要注意沉默有度，适时进行反击，迫使对方让步。

【小故事大道理 7-8】

一家互联网公司与一家软件公司进行了一场商务谈判，谈判一开始，互联网公司代表就滔滔不绝地向软件公司介绍情况，而软件公司代表一言不发，只是认真倾听并仔细记录。当互联网公司代表介绍完并征求软件公司代表的意见时，软件公司代表表示要回去研究一下，互联网公司不得不同意休会。

第二轮谈判开始时，软件公司更换了谈判人员，并以不了解情况为由要求互联网公司代表再介绍一遍情况。可是在互联网公司代表介绍完之后，软件公司代表仍然表示需要研究，要求再次休会。第三轮谈判，软件公司故技重施。

这样一拖就是半年，互联网公司已经等得烦躁不安，指责对方没有诚意。谈判已到了破裂的边缘。这时，软件公司突然派出一个由董事长亲自率领的代表团，在互联网公司毫无准备的情况下要求恢复谈判，并抛出自己的最后方案，催促互联网公司代表讨论全部细节。而措手不及的互联网公司在对方的施压下稀里糊涂地签下了一份明显有利于软件公司的协议。

【名师箴言】

沉默法是降低对方热情的非常简单、直接、有效的方法。谈判人员可在对方产生烦躁、沮丧情绪时，适时反击，迫使对方做出让步。

2) 疲劳法

疲劳法，又称为车轮战术，是指通过让对方就某一个问题或某几个问题反复进行陈述和讨论，从生理和心理上使对方感到疲劳和厌倦，从而降低其谈判热情和斗志，最终达到控制对方并迫使其让步的目的。这种方法尤其适用于那些性情急躁、锋芒毕露的谈判对手。

采用疲劳法时可以多准备一些问题，但问题要合理。迫使对方反复陈述时要注意避免激起对方强烈的对立情绪，以免使谈判破裂。

【小故事大道理 7-9】

在某次商务谈判中，甲方希望以较低的价格购买乙方的一批产品。乙方为了保持价格优势，采用了疲劳法。在谈判过程中，乙方不断就产品的成本、质量、市场需求等问题向甲方提问，并要求甲方详细阐述其立场和理由。甲方为了回应这些问题，不得不反复陈述自己的观点和论据。经过几个小时的拉锯战，甲方逐渐感到疲劳和厌倦，谈判热情大幅下降。此时，乙方趁机提出降低价格(比甲方希望价格高)的要求，甲方在疲劳状态下接受了这一条件，最终双方达成了协议。

【名师箴言】

在这个案例中，乙方成功地运用了疲劳法来降低甲方的谈判热情和斗志。通过不断提问和要求详细阐述，乙方使甲方在生理和心理上都感到疲劳，从而更容易接受乙方的价格要求。乙方选择疲劳法作为谈判策略是明智的。在面对希望以较低价格购买的甲方时，乙方需要一种能够有效抵抗甲方压价策略的方法。疲劳法通过使甲方疲劳和厌倦，降低了其谈判能力和意愿，使乙方能够保持其价格优势。

---

3) 指责法

指责法是指在商务谈判中，通过指出对方的错误或失误来营造低调氛围，使对方感到内疚或不安，从而达到迫使其让步的目的。这种方法需要谨慎使用，以免破坏谈判关系或引发不必要的冲突。

【小故事大道理 7-10】

A、B 两企业就产品质量问题进行谈判。在谈判开始时，双方进行了以下对话。

A 企业："根据我方使用你们产品的情况，我提议今天的谈判首先从上次产品质量事故谈起……"

B 企业："上次产品质量事故已经有了明确的结论，有必要继续谈吗？我认为没必要浪费这个时间。我们的合作要往前看，今天的谈判应该站在新的起点上考虑产品质量问题。"

A 企业："我们不这么看。上次的事故虽然已经得到妥善的解决，但对于今后的工作还是有很大借鉴意义的。"

B 企业："我说过，不再提上次。我发现你怎么有点怀旧呀……"

A 企业："我是老派人，喜欢温故知新嘛。"

【名师箴言】

谈判一开始，A 企业从以前 B 企业产品出现的质量事故谈起，其实就是想让 B 企业感到愧疚，达到营造低调氛围，使自己占据主导地位的目的。当 B 企业反复提出不再讨论上次的产品质量事故时，如果 A 企业继续争论，可能会使双方不欢而散，因此 A 企业又以"老派人"的自嘲缓和谈判氛围。

---

3. 营造自然氛围

自然氛围是指在商务谈判中，双方情绪平稳，谈判气氛既不过于热烈，也不消沉或冷漠的一种状态。在这种氛围下，谈判双方能够保持平和、理性的态度，进行真实、准确的信息交流，并就谈判议题进行深入、细致的讨论，更容易达成共识，从而为达成互利共赢的协议奠定基础。以下是营造自然氛围的具体做法。

1) 注意行为和礼仪

谈判双方应保持得体的行为和礼貌的言辞，展现出对对方的尊重和专业态度。例如，注意着装得体、准时到达谈判地点、使用恰当的称呼等。避免过分热情或冷淡的行为，如过度恭维或无视对方，以免破坏自然氛围的平衡。

2) 避免过早争论

在谈判初期，双方应避免就某一问题过早地发生争论。可以通过询问、了解对方立场和观点的方式，逐步建立共识和理解。如果出现分歧或争议，可以尝试以提问的方式引导对方进一步阐述观点，而不是直接进行反驳或争论。

3) 运用中性话题开场

使用中性、无争议的话题作为开场白，如谈论行业趋势、共同认识的人或事等，有助于缓和谈判气氛，为后续的实质性讨论打下良好的基础。中性话题的交流，可以逐渐引导双方进入谈判的正题，使过渡更加自然、顺畅。

4) 正面回答提问

对于对方的提问，应尽可能正面回答，提供准确、清晰的信息。如果不能直接回答或需要回避某些问题，可以采用恰当的方式进行解释说明或转移话题。避免在回答中使用模糊、含糊不清的言辞或刻意隐瞒事实，以免引起对方的疑虑或不满。

5) 保持平和心态

谈判双方应保持平和的心态，避免情绪化或冲动的行为。在遇到困难或分歧时，应冷静分析、理性应对，而不是急于求成或轻易放弃。可以通过深呼吸、暂时离开谈判桌等方式来缓解紧张情绪，保持冷静和理智。

6) 注重信息的真实性

在自然氛围下，谈判双方应更加注重信息的真实性和准确性。提供真实、准确的数据和事实支持自己的观点和立场。避免夸大其词或隐瞒事实，以免引起对方的反感或不信任。通过真实信息的交流，谈判双方可以建立更加稳固的互信关系。

7) 利用环境烘托

谈判环境的布置也是营造自然氛围的重要环节。选择一个舒适、整洁、安静的谈判地点，有助于提升双方的情绪和注意力集中度。可以通过适当的装饰、灯光、音乐等来营造更加轻松、愉悦的氛围，使双方更加放松、自在。

8) 保持适当距离

在谈判过程中，双方应保持适当的物理和心理距离。避免过于亲密或疏远的关系对谈判气氛产生不利影响。可以通过适当的肢体语言、眼神交流等方式来表达自己的态度和立场，同时保持一定的距离感，使双方更加尊重对方的观点和立场。

9) 灵活调整策略

在谈判过程中，要时刻关注对方的反应和情绪变化，灵活调整自己的谈判策略。如果发现对方对某个话题或提议产生不适或反感，可以及时转移话题或调整提议内容。通过灵活调整策略，谈判双方可以更好地适应谈判形势的变化，保持自然氛围的稳定和持续。

10) 强调共同利益

在谈判中，双方往往存在共同利益或目标。强调这些共同利益，有助于拉近双方的距离，增强合作的意愿和动力。可以通过分析合作、共同面对的挑战等方式来强调共同利益，使双方更加倾向于达成合作协议。

通过上述具体做法的实施，商务谈判双方可以在自然氛围中展开深入、有效的讨论和交流。这种氛围不仅有助于降低谈判中的紧张感和压力，还能促使双方建立互信关系、发现共同利益和解决方案，为达成互利共赢的协议奠定基础。

7.1.2　开局氛围的选择

商务谈判是企业之间为了达成某种协议或合作而进行的一种正式沟通活动。在商务谈判中，开局氛围的选择至关重要，它不仅影响着谈判双方的心理状态，还直接关系到谈判的进展和结果。一个恰当的开局氛围能够为谈判双方创造良好的沟通环境，有助于双方建立信任、理解彼此的需求，并最终达成共识。不同类型的谈判需要营造不同的谈判氛围。在选择营造某种类型的开局氛围时，需要考虑以下几个因素。

1. 谈判双方的关系

谈判双方的关系会对开局氛围产生显著影响。针对不同的过往关系背景，企业需要采取不同的策略来营造适合的开局氛围，以促进谈判的顺利进行。

1) 双方有过的良好合作关系

在这种情况下，可以把过去的良好合作关系作为双方谈判的基础。开局时，己方谈判人员应努力营造一种热烈、愉快的高调氛围，以此彰显对过往合作的珍视和对未来合作的期待。

己方可以保持放松、亲切的状态，使用热情洋溢的话语称赞对方企业的发展或对方谈判人员的精神面貌。例如，可以说："在过去的合作中，我们见证了贵公司的稳步发展和卓越成就，对此我们深感敬佩。相信在未来的合作中，我们能够共同创造更大的价值。"

同时，可以回忆双方过去的友好合作关系或双方人员之间的愉快交往，以此拉近彼此的距离。可以提及一些具体的合作案例或共同度过的难忘时刻，如："记得上次合作时，我们一起度过了那个紧张而充实的项目周期，最终取得了令人瞩目的成果。我相信这次谈判也能像那次一样顺利。"

营造这样的开局氛围，可以为后续的谈判奠定积极的基础，促进双方更加深入地探讨合作事宜。

2) 双方过去有过业务往来但关系一般

如果双方过去有过业务往来但关系并不紧密，开局时应争取营造一个较友好、随和的自然氛围，以此缓和气氛，逐渐拉近双方的关系。

己方谈判人员可以保持随和的姿态，使用略热情的话语谈起双方过去的人员交往情况。例如，可以说："虽然我们在过去的合作中并没有太多的交集，但我一直都很欣赏贵公司的专业能力和团队精神。我相信通过这次谈判，我们可以进一步加深了解，共同寻找更多的合作机会。"

同时，也可以提及一些行业内的共同话题或对方公司的近期动态，以此作为切入点展开交流。例如："最近我看到贵公司在某个领域取得了新的突破，真是令人振奋。我相信我们在这个领域也有着共同的兴趣和合作潜力。"

营造这样的开局氛围，可以逐渐打破双方的陌生感，为后续的深入谈判创造一个相对平稳的开局。

3）双方有过业务往来但印象不佳

如果双方过去有过业务往来但彼此之间的印象不好，开局时可以采用严肃、凝重的低调氛围，以此表明己方对过去问题的重视和改变的决心。

己方谈判人员可以在讲礼貌的前提下适当与对方保持距离，使用严谨的用词、冷峻的语气对过去双方业务关系表示不满、遗憾。例如，可以说："在过去的合作中，我们确实遇到了一些问题和挑战，这给我们双方都带来了不小的困扰。我认为这并不代表我们不能再次合作，但我们需要认真面对并解决这些问题。"

同时，也表示希望通过本次交易做出改变，展现出己方对改善关系的积极态度。可以说："我希望通过这次谈判，我们能够共同找到解决过去问题的方法，并开启新的合作篇章。我相信只要我们真诚地沟通和努力，一定能够重建彼此之间的信任和合作。"为了缓和气氛，也可以谈论一些中性话题，如途中见闻、天气、饮食等。例如："最近的天气真是变化无常啊，不知道你们有没有感受到？不过无论天气如何变化，我相信我们的合作能够像这四季更迭一样不断前行。"

营造这样的开局氛围，可以在表明己方立场的同时，为后续的谈判创造一个相对平稳的开局。

4）双方从未有过业务往来

如果双方过去从未有过业务往来，此次谈判是第一次交往，就需要刻意营造真诚、友好、合作的高调氛围，尽量消除双方的陌生感和戒备心理。

己方谈判人员可以使用礼貌友好且不失身份的语言谈论近期新闻、天气、个人爱好等轻松话题，以此拉近彼此的距离。例如，可以说："非常高兴能与您进行首次合作谈判。最近我看了一篇关于贵公司的报道，对您的创新能力和市场影响力深感钦佩。我相信通过我们的共同努力和真诚合作，一定能够取得圆满的结果。"

同时，在谈论轻松话题的过程中，也可以逐渐引入与谈判相关的内容，为后续的深入谈判做好铺垫。例如："说到创新，我正好想了解一下贵公司在某个领域的最新进展。我相信这个领域也是我们双方都非常感兴趣的合作点。"

在整个开局过程中，己方谈判人员要做到不卑不亢、自信沉稳，展现出己方的专业素养和合作诚意。营造这样的开局氛围，可以为后续的深入谈判创造一个轻松愉快且充满合作意愿的环境。

> **【金钥匙 7-2】**
>
> 　　除了谈判企业之间的关系，谈判人员个人之间的关系也会影响开局氛围的选择。通常情况下，如果双方谈判人员有过接触，并且建立了一定的友谊，那么在开局阶段即可畅谈过去交往的情景，或讲述离别后的经历，此时的开局氛围很可能是轻松愉快的。

2. 谈判双方的实力对比

　　谈判双方的实力对比会对开局氛围的选择产生重要影响。根据不同的实力对比情况，谈判人员应选择恰当的开局氛围，以促进谈判的顺利进行，并为最终达成有利的协议奠定基础。

　　1) 双方实力相当

　　在这种情况下，己方谈判人员应尽量营造一种友好、随和的自然氛围。这样的氛围有助于缓解双方的紧张情绪，消除彼此的戒备心理，为后续的深入交流和合作创造一个轻松的环境。如果双方进入谈判的实质性阶段后依然保持互争高低的态势，将对谈判造成负面影响，可能导致谈判陷入僵局，甚至破裂。因此，营造友好氛围对于促进双方合作、实现共同目标至关重要。在营造友好氛围的同时，己方谈判人员还应注重与对方的沟通和理解，积极寻求双方的共同点和利益交汇点，为后续的谈判打下坚实的基础。

　　例如，在两家规模相近的公司进行业务合作谈判时，双方谈判代表可以选择在一个舒适的会议室进行会谈，通过轻松的开场白和友好的交流来拉近彼此的距离，为后续的合作奠定良好的基础。

　　2) 己方实力强于对方

　　当己方实力明显强于对方时，谈判人员应尽量营造一种严肃、凝重的低调氛围。在礼貌友好的前提下，通过语言和姿态上的表现，凸显己方的自信和气势。适当的威慑作用可以让对方意识到双方实力的差距，从而更加认真地对待谈判，更加珍视与己方的合作机会。同时，这也有助于己方在谈判中占据有利地位，更好地维护自身的利益和权益。然而，在营造严肃氛围的同时，己方谈判人员应注重与对方的沟通和交流，尽量以理性和客观的态度来对待谈判中的问题，避免给对方造成过大的压力或不适感。

　　例如，在一家大型公司与一家小型初创企业进行投资谈判时，大型公司的谈判代表可以选择在一个正式、庄重的会议室进行会谈，通过专业的语言和稳健的姿态来展现公司的实力和信誉，从而给初创企业留下深刻的印象。

　　3) 己方实力弱于对方

　　在己方实力弱于对方的情况下，谈判人员应努力营造一种热烈、愉快的高调氛围。通过语言、姿态上的充分表现，凸显己方的自信和友好态度，展现出己方的积极性和合作精神。这样的氛围有助于不让对方轻视己方，为双方创造一个平等、尊重的谈判环境。同时，通过积极的表现和交流，己方谈判人员还可以提升己方在谈判中的影响力和话语权，为争取更有利的协议条件创造机会。在营造热烈氛围的同时，己方谈判人员还应注重对自身实力和优势的充分展示和阐述，让对方更加全面地了解己方的价值和潜力，从而增加对方与己方合作的意愿和动力。

　　例如，在一家初创公司与一家行业巨头进行业务合作谈判时，初创公司的谈判代表可以选择在一个充满活力、创意的会议室进行会谈，通过热情洋溢的语言和积极的姿态来展现公司的活力和潜力，从而吸引行业巨头的注意和兴趣。

综上所述，谈判双方的实力对比是影响开局氛围选择的重要因素。根据不同的实力对比情况，谈判人员应灵活选择恰当的开局氛围，以促进谈判的顺利进行并达成有利的协议。同时，在营造不同氛围的过程中，己方谈判人员还应注重与对方的沟通和交流，积极寻求双方的共同点和利益交汇点，为最终的谈判成功创造更加有利的条件。

【金钥匙 7-3】

企业的实力可以通过其发展历史、社会影响、资本积累与投资状况、技术装备水平，以及产品的品种、质量、数量等进行评估。在评估双方实力时，一方面，要客观看待己方情况；另一方面，不要被对方的名头所震慑，要警惕对方的虚张声势。

7.2　开 场 陈 述

商务谈判中开局阶段的开场陈述，又称"开场白"，是指在谈判双方首次正式会面并准备进入实质性讨论之前，双方代表就本次谈判的目的、议题、各自立场和期望达成的结果进行简要而全面的阐述。这一过程不仅是谈判的正式开场，也是为整个谈判奠定基调、建立信任、明确方向和议题的重要步骤。开局阶段的开场陈述是商务谈判中的一个重要环节，它发生在谈判正式开始之初，是双方代表首次正式面对面对话的机会。开场陈述的主要目的是为整个谈判过程设定基调，明确双方的意图和期望，为后续的交流与讨论奠定基础。

7.2.1　开场陈述的内容

开场陈述在商务谈判中确实扮演着至关重要的角色，它不仅是双方首次正式交流的机会，更是为整个谈判过程奠定基调的关键环节。一个精心准备的开场陈述，能够有效地传达己方的立场、对问题的深入理解，以及对对方各项建议的细致回应，为后续的深入讨论和协商奠定坚实的基础。

首先，己方的立场是开场陈述的核心内容之一。在阐述立场时，需要清晰、明确地表达己方对谈判议题的主要观点和态度。这不仅仅是对合作关系的简单期望，还应包括对谈判目标的具体理解，以及希望达成的具体协议或结果。明确立场，可以为对方提供一个清晰的框架，使双方更好地聚焦讨论的重点，确保谈判围绕核心议题展开，避免在后续过程中出现误解或偏离主题的情况。同时，清晰的立场也有助于展现己方的专业性和对谈判的重视，为双方建立信任打下基础。

其次，对问题的理解也是开场陈述中不可或缺的一部分。在谈判中，双方可能对同一问题存在不同的看法和理解。因此，在开场陈述中，需要深入阐述己方对谈判议题、背景、挑战以及潜在解决方案的理解。这不仅可以展示己方的专业性和对谈判的充分准备，还能够为对方提供一个了解己方思考角度和逻辑的机会。阐述对问题的理解，有助于促进双方的共识和合作，为后续的讨论和协商提供一个有益的思路和方向，有助于双方更快地找到共同点和解决方案。

最后，对对方各项建议的回应也是开场陈述的重要内容之一。在谈判前，双方可能已经进行了一些初步的沟通或交换了意见。在开场陈述中，需要对对方的建议、意见或要求进行有针对性的回应。这包括表达己方对对方建议的认可、部分认可或持保留意见，并提出己方的看法和建议。积极回应对方的建议，可以展示己方的合作意愿和灵活性，表明己方愿意在谈判中寻求双方都能接受的解决方案。同时，这也为双方提供了进一步讨论和协商的起点，有助于推动谈判的顺利进行。

综上所述，开场陈述的内容主要包括己方的立场、对问题的理解以及对对方各项建议的回应。这三个方面构成了开场陈述的核心要素，它们共同为整个商务谈判过程奠定了基础。在准备开场陈述时，需要充分考虑这三个方面的内容，确保其逻辑清晰、表达准确。同时，要注意开场陈述的语气和态度，保持友好、专业和开放的态度，以营造积极的谈判氛围。精心准备的开场陈述，可以为整个商务谈判打下良好的基础，推动谈判向双方期望的方向顺利进行。

【小故事大道理 7-11】

一场设备买卖谈判刚开始，买方进行了开场陈述："我方对贵公司研发的新设备很感兴趣，已经将此次设备引进计划向总公司报备，总公司也表示将大力支持。目前的主要问题是时间，我方希望能在较短的时间内达成设备引进协议。虽然这是我们双方第一次打交道，但根据我方对贵公司的了解，你们向来是比较乐于合作的。这就是我方的立场，不知我说清楚了没有？"

接着，卖方也进行了陈述："我方非常愿意与贵公司达成此次协议，不过我方认为应该解决设备的运输和安装调试费用由谁承担的问题。当然，这些都可以灵活处理，我们更关心的是价格是否合适，我们也不急于卖设备。这就是我方的态度。"

【名师箴言】

谈判双方分别进行了开场陈述，买方表示了较强的购买意愿，希望能快速达成协议；而卖方也表明了自己的立场，即价格必须合适，针对买方希望能快速达成协议的想法，也回应不急于卖设备。

7.2.2　开场陈述的方式

在实践中，商务谈判的开场陈述方式对于谈判的整体走向、氛围营造以及最终结果具有至关重要的影响。以下是三种主要的开场陈述方式。

1. 提交书面材料，不做口头陈述

这种方式的使用通常受限于特定的谈判规则、法律法规要求或商业惯例。在招标与投标活动中，为了确保公平性和透明度，双方往往通过书面文件进行信息传递，而不进行面对面的口头陈述。

另一种情况是，在谈判的最后阶段，己方可能会提交一份详尽的书面材料作为最后陈述，此时对方只能选择接受或拒绝，因为双方已经过多轮的磋商和讨论，对各项条款和条件已经有了深入的了解。

书面材料的表述在这种方式下必须极其严谨，避免任何可能导致歧义或误解的表述。法律专家或专业顾问的审核是必要的，以确保书面材料的准确性和合法性。同时，对方也会对其中的各项条款进行仔细的审核，甚至可能聘请专业的法律顾问进行把关。

这种方式的优点在于其正式性、权威性和可追溯性。书面材料可以作为双方后续行动和履约的法律依据。然而，其缺点在于缺乏灵活性和即时的反馈机制。一旦书面材料提交，就很难进行修改或补充，这可能对己方构成一定的约束。

2. 提交书面材料，并做口头陈述

这种方式结合了书面和口头两种形式的陈述，既提供了详细、完整的书面信息，又允许通过口头解释和说明来进一步阐述和澄清。这是一种比较理想且被广泛采用的开场陈述方式。

它的优点在于能够完整、详尽地表述内容，特别适用于涉及复杂信息、大量数据或专业术语的谈判场景。书面材料可以作为谈判的基础和参考，帮助双方更好地理解和把握谈判的核心问题和关键条款。口头陈述则可以用来解释和强调某些关键条款或细节，增加双方之间的沟通和理解。

在口头陈述过程中，谈判人员可以根据对方的反应和提问进行即时的调整和解释，这有助于减少误解和争议，并促进双方之间的共识和合作。此外，通过口头陈述，谈判人员还可以展示自己的专业素养、沟通能力和谈判技巧，增加对方对自己的信任和认可。

然而，其缺点在于书面材料一旦提交便难以修改，可能对己方构成一定的约束。此外，这种方式可能缺乏足够的感情色彩和互动性，使谈判氛围显得较为生硬和正式。因此，在运用这种方式时，谈判人员需要注重与对方的情感交流和互动，以增加亲和力和谈判的成功率。

3. 只做口头陈述

这种方式强调灵活性和即时的互动性，允许谈判人员根据对方的立场、态度以及谈判中的具体情况进行灵活的调整和应对。它适用于双方关系较为熟悉、信任度较高或谈判时间较为紧迫的场景。

口头陈述更富有感情色彩和表现力，谈判人员可以利用语气、声调、肢体语言等手段来改变谈判氛围，增强自己的说服力和影响力。通过巧妙的口头陈述，谈判人员可以引导对方的思路和情绪，使对方更容易接受自己的观点和条件。

同时，这种方式也容易出现陈述偏离主题或遗漏重要信息的情况。由于缺乏书面材料的支撑和参考，谈判人员可能难以清晰、准确地阐述复杂的信息或数据。因此，在运用这种方式时，需要特别注意紧扣重点、避免漫谈；要统筹全局，抓住关键问题；同时提出的条件要合理且具有吸引力。

为了弥补口头陈述可能带来的不足，谈判人员可以在谈判前进行充分的准备和演练，确保自己对谈判内容有清晰的认识和把握。同时，在谈判过程中，也可以适时地总结和回顾已经讨论过的内容，以确保双方对谈判的进展和达成的共识有共同的理解和认识。

综上所述，商务谈判的开场陈述方式各有其独特的适用场景、操作要点以及优缺点。在实际应用中，谈判人员需要根据具体的谈判情境、双方的关系以及自身的策略和偏好来灵活选择和运用这些方式。巧妙的开场陈述，可以为整个谈判过程奠定良好的基础，并最

终达成有利的协议。

【金钥匙 7-4】

开场陈述时应遵循以下原则：双方分别进行陈述，只需要阐述自己的立场、观点，而不必阐述双方的共同利益；内容应简明扼要、通俗易懂；在对方进行陈述时不要随意打断。

7.3　开局阶段的策略

商务谈判开局策略是指谈判人员为谋求谈判开局的有利地位，实现对谈判形势的控制所采取的手段。在开局阶段有效地使用开局策略，有助于己方掌握谈判主动权，控制谈判走向，最终使谈判结果更利于己方。

7.3.1　坦诚式开局策略

坦诚式开局策略是指在商务谈判开始时，谈判者以开诚布公的方式，直接向对方陈述自己的观点、想法或意图，以期迅速打开谈判局面，为后续深入交流奠定基础。当双方有过业务交往、关系明朗、互相了解很深时，可以采用坦诚式开局策略，减少不必要的客套，节省时间。当己方实力不如对方，且彼此都清楚各自的实力时，也可以采用坦诚式开局策略，坦言己方的局限以展示己方的真诚，进而赢得对方的好感。

坦诚陈述，可减少谈判中的猜疑和误解，增进双方的了解和信任；迅速打开谈判局面，为后续深入交流和讨价还价奠定基础；展现己方的真诚和诚意，赢得对方的好感和尊重。坦诚式开局策略适用于双方有过业务交往，且关系较为明朗，互相了解较深的情境。在这种情况下，采用坦诚式开局策略可以减少不必要的客套和试探，直接切入主题，提高谈判效率。同时适用于己方实力不如对方，且双方都清楚各自的实力对比的情境。在这种情况下，坦诚地陈述己方的局限和弱点，可以展现己方的真诚和诚意，赢得对方的好感和信任，为后续谈判创造有利条件。

使用坦诚式开局策略需要注意以下几个问题：在坦诚陈述时，应避免过于暴露己方的底牌或弱点，以免在后续谈判中处于不利地位；坦诚并不等于毫无保留地透露所有信息。谈判者应根据谈判进展和需要，适时、适度地透露信息；坦诚式开局策略需要与其他谈判策略相结合，灵活运用，以达到最佳谈判效果。

【小故事大道理 7-12】

一个实力较弱的小厂与作为行业巨头的大厂进行谈判。谈判开始时，小厂的谈判代表主动向对方表示："我们厂规模小，资金实力不强，但老板实在、重信誉，产品质量过硬，报价也相对较低。我们真诚地希望与贵公司合作。不管谈判能否成功，能通过这次机会向贵公司这个业内'兄长'学习经营及谈判的经验，我们深感荣幸。"

7.3.2　一致式开局策略

　　一致式开局策略是指在谈判开始时，谈判者以"协商""肯定"的方式，与对方建立或创造对谈判的"一致"感觉，使双方在友好愉快的氛围中展开谈判。当双方实力相当或合作愿望强烈，抑或是第一次接触、双方都希望有一个好的开端时，可采用一致式开局策略。

　　一致式开局策略适用于双方实力相当，且合作愿望强烈的情境。在这种情况下，采用一致式开局策略可以迅速拉近双方距离，为后续合作奠定基础。同时适用于双方首次接触，且都希望有一个良好开端的情境。在这种情况下，采用一致式开局策略可以营造友好氛围，为后续深入交流和合作创造有利条件。

　　在实际谈判中，采用一致式开局策略的具体方式有以下三种。

1. 商量式开局

　　商量式开局是指在谈判开始时，谈判者就某个无关紧要的问题以协商的口吻征求对方的意见，并在对方给出意见后表示赞同或认可。这种方式的关键在于选择恰当的问题，这些问题应当是不会影响己方利益的、无关紧要的问题。通过这种方式，谈判者可以迅速拉近与对方的距离，营造出一种双方都在共同思考、共同协商的氛围，为后续的深入谈判奠定基础。

　　当谈判双方关系较为紧张或陌生时，使用商量式开局可以缓解紧张气氛，增进双方的了解和信任。在谈判初期，当双方对谈判议题或议程存在分歧时，也可以通过商量式开局就某个小问题达成一致，为后续讨论更重要的问题打下基础。

2. 询问式开局

　　询问式开局是指谈判者在谈判初期，将答案设计成问题的形式来询问对方，以此引导对方按照己方的思路进行思考，并逐步走向己方既定的谈判路线。这种方式旨在通过巧妙的提问，掌握谈判的主动权，同时避免直接冲突，使谈判在友好、互动的氛围中进行。询问式开局指将答案设计成问题来询问对方，引导对方步入己方预设的谈判路线。这种方式可以巧妙地引导谈判走向，使对方在不知不觉中接受己方的观点或条件。例如："你看我们把价格及付款方式问题放到后面讨论怎么样。"询问式开局是一种巧妙的策略，这种方式的关键在于设计恰当的问题，使对方在回答时自然而然地接受己方的观点或条件。

　　当谈判双方对某个议题存在分歧时，可以使用询问式开局来引导对方思考并接受己方的观点。在谈判初期，当双方对谈判议程或时间安排存在争议时，也可以通过询问式开局来达成共识。

3. 补充式开局

　　补充式开局是指在谈判开始时，谈判者先倾听对方的意见，然后在此基础上进行补充和完善，使自己的意见与对方的意见相融合，形成一种双方都能接受的共识。这种方式旨在通过补充和完善对方的意见，展现己方的合作态度和诚意，促进双方共识的达成。补充式开局是一种通过补充对方意见来使自己的意见变成对方意见的策略。这种方式的关键在于准确理解对方的观点，并在此基础上提出补充意见，使双方的观点更加完善、更加接近。

当谈判双方对某个议题存在部分共识时，可以使用补充式开局来进一步完善双方的观点，并达成共识。在谈判过程中，当对方提出某个有价值的观点时，也可以通过补充式开局来强化这个观点，并将其纳入己方的谈判框架中。

一致式开局策略在实际谈判中具有广泛的应用场景和显著的优势。在运用一致式开局策略时，应避免过于迁就对方或放弃己方立场。谈判者应在保持友好的同时，坚守己方底线和利益。一致式开局策略需要与其他谈判策略相结合，灵活运用。谈判者应根据谈判进展和需要，适时调整策略组合。通过灵活运用商量式开局、询问式开局和补充式开局这三种具体方式，谈判者可以营造友好、合作的谈判氛围，促进双方共识的达成，并为后续的深入交流和合作奠定坚实的基础。

> **【小故事大道理 7-13】**
>
> 王晨作为一家手机厂商的谈判代表与客户谈判，在谈判开始时便问对方："关于什么是好手机，人们往往有不同看法，我想请您谈谈对'好手机'的理解。"对方回答说："性能好、操作人性化的手机就是好手机。"王晨说："是的，我完全认同你的看法，这也是我们研发、生产手机时的目标。"对方听了王晨的话，笑着表示双方志同道合，接下来的谈判过程也进行得非常顺利。
>
> **【名师箴言】**
>
> 结合实际情况，一致式开局策略可以在高调氛围和自然氛围中运用，但应避免在低调氛围中使用，因为这容易让己方显得言听计从，进而陷入被动。本案例中，王晨就使用了一致式开局策略。他先就"好手机"的定义问题征求对方意见，然后对对方的看法表示认同，从而获得对方的好感，为接下来的谈判打下良好的基础。

7.3.3　保留式开局策略

保留式开局策略是一种在谈判初期巧妙运用的策略，其精髓在于对对方所提出的关键性问题不进行彻底、确切的回答，而是采取一种有所保留的态度，以此营造一种神秘感。这种策略的目的在于使对方在谈判过程中保持一定的好奇心和探究欲，从而在一定程度上掌握谈判的主动权，引导谈判的进程。

在运用保留式开局策略时，谈判者需要确保所传递的信息是模糊的，但这种模糊性并不等同于虚假。模糊性是指不直接透露底牌或具体细节，而虚假是编造不存在的信息或误导对方。保留式开局策略必须严格遵循信用原则，否则一旦被发现传递虚假信息，将严重损害双方的合作基础，甚至导致谈判破裂。

当双方之间的合作关系尚不明确，或者谈判者需要在谈判中保持一定的策略性和灵活性时，采用保留式开局策略是一个明智的选择。通过这种方式，谈判者可以在不透露过多底牌的情况下，巧妙地探索对方的意图和底线。这种策略的运用不仅有助于保护己方的利益，还能为后续的谈判策略制定提供有力的支持，使谈判者在谈判过程中更加游刃有余。

总之，保留式开局策略是一种既神秘又实用的谈判策略，它要求谈判者具备高超的沟通技巧和策略思维，以便在谈判初期就占据有利地位，为后续的谈判奠定良好的基础。

【小故事大道理 7-14】

某贸易公司想要与福建某茶叶公司进行合作，双方互派代表就此问题进行了谈判。谈判一开始，贸易公司代表就问道："贵公司的实力到底如何，能否请您向我们介绍一下，以增强我方合作的信心？"茶叶公司代表回答道："不知贵方所指的实力包括哪几个方面。但有一点我可以明确地告诉您，造飞机、轮船我公司肯定不行，但是制茶我们是内行。我们的制茶技术是世界一流的。福建有着丰富的茶叶资源，我公司可以说是'近水楼台先得月'。贵公司如果与我公司合作，肯定会比与其他公司合作更满意。"

【名师箴言】

本案例中，茶叶公司代表在面对贸易公司代表的提问时，使用了保留式开局策略。在双方关系不明朗、贸易公司态度不坚决的情况下，茶叶公司代表不做明确回答，但回答得有礼有节——"贵公司如果与我公司合作，肯定会比与其他公司合作更满意"。

7.3.4 进攻式开局策略

进攻式开局策略是指通过对事不对人的语言或行为表达己方强硬的态度，从而获得对方必要的尊重，并借以制造心理优势，使谈判顺利进行下去。进攻式开局策略，是一种在特定情境下采用的谈判策略。当对方处于优势地位，并对己方施加压力或进行强势压迫时，己方可以选择采用此策略。其核心在于，通过针对事情本身而非针对个人的语言或行为，明确表达己方的强硬态度和立场，从而获得对方的必要尊重，并借此制造心理优势，为谈判的顺利进行奠定基础。

进攻式开局策略通常在对手刻意制造低调氛围，试图以此对己方产生心理压力时使用。在这种情况下，采用进攻式开局策略可以有效地扭转不利于己方的氛围，将其转变为自然氛围或高调氛围，从而掌握谈判的主动权。然而，在其他情况下，谈判者应谨慎使用此策略，以免让谈判陷入僵局或产生不必要的冲突。

进攻式开局策略运用时的注意事项主要包括以下四点。

第一，在运用进攻式开局策略时，己方需要精心组织语言和选择行为方式，确保它们是针对事情本身而非针对个人。这样可以避免引起对方的反感或抵触情绪，从而更有效地传达己方的立场和态度。

第二，在表达强硬态度的同时，己方需要保持对对方的尊重。尊重是谈判的基础，只有在对方感受到尊重的情况下，才更有可能接受己方的立场和条件。

第三，通过进攻式开局策略，己方可以制造心理优势，使对方在谈判中处于相对被动的地位。这种心理优势可以帮助己方在后续的谈判中更好地掌握主动权，推动谈判向有利于己方的方向发展。

第四，虽然进攻式开局策略在某些情况下非常有效，但过度使用或不当使用可能导致谈判陷入僵局。因此，在使用此策略时，己方需要谨慎评估风险，并确保在必要时有备选方案来应对可能出现的僵局。

【小故事大道理 7-15】

日本一家著名的汽车公司刚刚进入美国市场，急需找一家美国代理商来为其销售产品，以弥补其不了解美国市场的缺陷。在准备与美国一家公司就此问题进行谈判时，日本公司的谈判代表因路上塞车迟到了。

美国公司的代表抓住日本公司代表迟到这一点，试图以此作为谈判筹码，获得更多的优惠条件。面对这种情况，日本公司的代表采取了进攻式开局策略。他们首先表达了对迟到的歉意，但随即强调这并不是他们的本意，而是由于对美国交通状况不了解。紧接着，他们话锋一转，直接指出如果因为迟到这一小事而怀疑双方合作的诚意，那么他们宁愿结束这次谈判，并自信地表示他们凭借提出的优惠代理条件在美国并不难找到合作伙伴。

【名师箴言】

本案例中，在美国公司代表抓住迟到这一点想获得更多优惠时，日本公司代表采用了进攻式开局策略，变被动为主动。

7.3.5　慎重式开局策略

慎重式开局策略是指以严谨、慎重的语言进行陈述，表达出对谈判的高度重视和鲜明态度，目的是使对方放弃某些不适当的意图。慎重式开局策略通常适用于双方以前有过业务往来，但对方有过不太令人满意表现的情况，己方要通过严谨、慎重的态度，引起对方对某些问题的重视。该策略也适用于己方对对方的某些情况抱有疑虑，需要通过简短的接触进行摸底的情况。采用慎重式开局策略可以展现己方对谈判的认真态度和严谨作风，促使对方认真对待谈判并放弃不合理要求或意图，也可以迅速了解对方立场和态度，为后续深入交流和合作创造有利条件。

在运用慎重式开局策略时，应避免过于严厉或指责对方。谈判者应在保持慎重态度的同时，注重礼貌和尊重对方。慎重式开局策略需要与其他谈判策略相结合，灵活运用。谈判者应根据谈判进展和需要，适时调整策略组合，以达到最佳谈判效果。同时，要注意观察对方的反应和态度，以便及时调整自己的策略。

【小故事大道理 7-16】

中国某冶金公司计划从美国购买一套先进的组合炉设备，以提升其生产效率。为了达成最有利的采购协议，冶金公司派遣了一位经验丰富的高级工程师作为谈判代表前往美国进行谈判。在过去与美方公司的合作中，冶金公司注意到美方公司在谈判中常常表现出强硬和自信的态度，且有时报价偏高。在谈判前，高级工程师做了大量的准备工作，包括查找组合炉设备的国际市场行情、了解美国公司的历史和现状、分析其经营情况等。他收集了详尽的数据和信息，为谈判提供了有力的支持。谈判开始时，高级工程师以严谨、凝重的语言进行陈述，表达了对本次谈判的高度重视和对设备质量的严格要求。他明确指出，冶金公司对设备的技术性能、交货期、售后服务等方面都有明确的要求，并希望美方公司能够给予合理的报价和优惠条件。在陈述过程中，高级工程师并没有急于提出具体的报价或要求，而是用礼貌性的提问来考察美方公司的态度和想法。他询问了美方公司对设备性能的理解、交货期的安排以及售后服务的承诺等，以便更全面地了解美方公司的立场和意图。在整个谈判过程中，高级工程师始终保持谨慎的态度，不急于表露己方的底线和意图。他认真听美方公司的陈述和回答，同时观察美方公司的反应和态度变化。当美方公司提出较高的报价时，他没有立即反驳或接受，而是表示需要进一步考虑和比较市场价格。经过多轮谈判和协商，双方最终达成了一项有利的采购协议。美方公司同意给予冶金公司合理的报价和优惠条件，并承诺在交货期和售后服务等方面满足冶金公司的要求。这一结果不仅满足了冶金公司的生产需求，还为其节省了大量的采购成本。

【名师箴言】

慎重式开局策略在商务谈判中具有重要的应用价值，其有效性在本案例中得到了充分体现。本案例中，冶金公司派遣的高级工程师通过严谨、凝重的陈述和礼貌性的提问，赢得了美方公司的尊重。由于准备充分和态度谨慎，高级工程师在谈判中逐渐掌握了主动权。美方公司认为他是一位专业、认真且负责任的谈判代表，值得与之进行深入的合作交流。同时，他能够根据美方公司的反应和态度变化灵活调整策略，提出更加合理和有利的要求和条件。采用慎重式开局策略，通过充分准备、严谨陈述、礼貌提问与考察以及保持谨慎态度等关键步骤的实施，谈判代表可以有效地缓解紧张气氛、消除疑虑、赢得尊重并掌握主动权。这不仅有助于达成更加有利的协议条件，还为双方未来的长期合作奠定了坚实的基础。

课件资源

第8章　商务谈判的报价阶段

学习目标

理解报价的内涵与原则：掌握报价的基本概念，了解报价时应遵循的原则，学会根据谈判情况选择合适的报价顺序。

掌握报价的方式和策略：熟悉报价的不同方式，掌握并学会运用各种报价策略，以提高谈判效果。

重点知识

- 报价的内涵及其原则。
- 报价的方式和策略。

学习难点

- 如何根据谈判对手和情境选择合适的报价顺序和策略。
- 如何灵活运用报价策略，以在谈判中争取更多利益。
- 报价时如何平衡双方利益，确保报价的合理性和可接受性。

——情景呈现——

数字与智慧的较量

某国际电子产品制造商(甲方)计划在中国市场推出一款新型智能手机，并决定与一家本土的电子元器件供应商(乙方)进行合作，以采购关键的电子零部件。这款智能手机被甲方视为进军中国市场的重要一步，因此零部件的质量、价格和交货期都至关重要。双方在此之前已有初步的沟通与合作意向，此次谈判旨在就新产品的零部件采购价格、数量、交货期等关键条款达成一致。

甲方代表首先对乙方的接待表示感谢，并简要回顾了双方过去的合作成果，如"在过去的两年里，我们合作得非常愉快，你们的产品质量一直都很稳定"。甲方代表还强调了此次合作的重要性及对未来合作的期待，表示"这次的新产品对我们意义重大，希望我们能再次携手，共创佳绩"。

接下来，甲方详细介绍了新智能手机的设计特点，如"这款手机采用了最新的曲面屏技术，对零部件的精度要求非常高"。甲方还强调了产品上市时间的紧迫性，表示"我们希望在接下来的三个月内完成所有准备工作，并正式上市。因此，我们需要乙方能提供快速且稳定的供货"。

乙方根据甲方的需求，提交了一份详细的报价单，并逐项解释了报价的构成，如"原材料成本近期有所上涨，特别是某些关键材料的价格波动较大"。乙方还强调了其生产工艺的优势和服务承诺，表示"尽管价格有所上涨，但我们的生产工艺保证了零部件的高质量和稳定性。同时，我们将提供全方位的售后服务，确保甲方在使用过程中无后顾之忧"。

甲方对乙方的初步报价表示关注，并提出了几个关键点的质疑，如："我们注意到你们的报价比上次合作时高了10%，能否解释一下原因？"双方进行了多轮讨价还价，乙方逐渐展示了价格调整的灵活性，同时强调了质量和服务不变的承诺。乙方表示，"我们理解你们对价格的关注，但我们也希望你们能理解我们的成本压力。我们可以在某些方面做出让步，但我们必须保证产品质量和服务水平"。

最终，双方就价格达成了一致，并对交货时间、质量标准、违约责任等条款进行了细化和确认。甲方同意支付略高于上次合作的价格，乙方承诺提供更短的交货时间和更高的质量标准。

——名师点拨——

此次商务谈判报价阶段，通过有效的沟通与协商，甲乙双方成功克服了价格、交货时间等关键分歧，达成了互利共赢的合作协议。关键在于双方都能够展现出诚意与灵活性，既维护了自身的利益，也考虑了对方的合理需求。同时，合同细节的严谨处理也为后续的合作奠定了坚实的基础。此案例展示了商务谈判中报价阶段的重要性，以及如何通过有效沟通和策略性协商达成双方满意的结果。在商务谈判中，报价阶段是关键的一环，需要双方充分准备、灵活应对，并注重合同细节的处理，以确保合作的顺利进行。

8.1　报价的内涵与原则

在商务谈判的广阔舞台上，报价阶段如同一场精心编排的开场舞，既设定了谈判的基调，又预示着后续交锋的走向。此阶段，不仅是价格数字的简单抛出，更是策略与智慧的微妙较量，是双方对市场理解、成本把控、价值定位及谈判目标深度理解的集中体现。报价不仅是一个数字，它是谈判者对市场动态的敏锐洞察，对竞争对手策略的预判，以及对自身产品或服务独特价值的自信表达。因此，掌握报价的艺术，意味着在商务谈判的棋盘上，先行一步，为后续的磋商奠定有利的基础。

报价阶段是商务谈判的一个重要阶段，是确立双方交易条件的前提。谈判人员会在报价阶段表明对交易条件的具体要求，也会通过对方的报价进一步分析和了解彼此的谈判意愿和谈判目标。在商务谈判的复杂进程中，报价阶段无疑是一个至关重要的环节，它不仅标志着双方实质性讨论的开始，也是彼此利益诉求与策略交锋的初步展现。

在经历最初的接触和摸底，并对了解到的信息进行相应的处理之后，谈判开始从横向转向纵向，也就是从广泛性的洽谈转向对一个个具体议题的磋商。在磋商之初，一般由一方报价，这就是初始的报价阶段。

8.1.1　报价的内涵

报价又称发盘，是指谈判的一方首次向另一方提出具体的交易条件或要求。谈判双方经过互探底细，明确交易的具体内容和范围，讨论基本议题之后，提出各自的交易条件，说出自己的利益需求和立场。报价中的"价"并不单指价格，而是包括价格在内的各种交易条件，如商品数量、质量、包装、价格、装运、保险、支付、商检、索赔、仲裁等，当然价格仍占据最重要的地位。

谈判双方互相合作，并不是把不可能的事情变为可能，而是把可能的事情确定下来。因此，谈判人员要尽可能地判断对方可以接受的条件范围，自己提出的条件也不能超过对方所能承受的极限。

8.1.2　报价的原则

报价关系到双方的经济利益，报价的高低直接影响利益的多少，报价时稍有不慎就会使自己陷入不利境地，因此谈判人员应当经过慎重的考虑再提出报价。商务谈判中的报价要遵循一定的原则，才能使己方循序渐进地向着成功的目标迈进。

1. 开盘价要为还价留有余地

不管是买方还是卖方，提出的开盘价都要为之后的还价留有余地。对卖方来说，其开盘价应该是最高限度的；而对买方来说，其开盘价应该是最低限度的。这也是报价的首要原则。

对于卖方来说，开盘价表明了其最高目标，买方要基于此要求卖方让步，最后双方的成交价一般会低于这一价格。所以开盘价高一些，最终成交价也就相应地高一些，这也为之后的磋商和让步留下了充分的回旋余地，使谈判更具有弹性，更有利于掌握成交时机。

开盘价的高低会影响买方对卖方提供商品或服务的评价，进而影响对卖方的期望水平。人们一般秉持"一分价钱一分货"的观念，开价高可以让买方觉得商品质量好、服务水平高，而开价低可能让买方觉得商品质量一般、服务水平不高。卖方的开盘价还反映了其市场竞争地位和销售前景，买方会由此对卖方形成一个整体印象，并据此调整或确定自己的期望值。卖方的开盘价越高，买方获得较低价格的期望值就越低。

2. 开盘价要合情合理

开盘价高绝不是毫无控制地漫天要价，开盘价要合乎情理。例如，当商品的市场价为每件 10 元时，即使制作再精良、工艺水平再高，价格也不能高出数十倍。如果价格过高，不具备合理性，买方会认为卖方缺乏合作诚意，会要求停止谈判，或者提出同样苛刻的条件进行反击，这都不利于谈判的正常进行。开盘价要视具体的情况而定，开盘价的最高限度为难以找出理由再为提高价格进行合理辩护的程度。

3. 报价明确，不做具体说明

报价明确是指报价的具体内容要罗列清楚、完整，但在报价时不要对价格做太多的解释说明。因为不管价格高低，对方都会还价，如果对方还未提出问题就主动详细说明，会让对方意识到己方最关心的问题，而这种问题可能是对方尚未考虑到的问题，这样会让对方找到突破口，为对方还击提供机会。

4. 报价时的态度要坚定

谈判人员要对己方报价的合理性保持充分的自信，这样才有望得到对方的认可。在提出己方的报价时，谈判人员的态度要坚决、果断，不能在言谈举止上表现出任何的犹豫和迟疑，否则会引起对方的怀疑，增强其进攻的信心。

如果己方是卖方，即使对方宣称已从其他供货商处得到低于己方的报价，也不要动摇，而是坚持开出的价格，只有这样才能让对方相信己方对谈判抱有认真和坚定的态度，否则对方会觉得己方对报价缺乏信心，进而对己方施加压力，使己方受制于人。

5. 设定承受底线

承受底线是最低可接受水平，即最差的但勉强可以接受的最终谈判结果。例如，卖方把要出售的某件商品的承受底线设定为 5 万元，如果最终成交价高于 5 万元，他肯定愿意成交；但如果低于 5 万元，他就不会同意成交，宁可自己保留这件商品。

提前设定承受底线，谈判人员可以避免拒绝有利条件或接受不利条件，从而避免一时的鲁莽行为。如果是多个谈判人员参加的谈判场合，这样做也可以避免谈判人员各行其是。

6. 利益最大化原则

在谈判过程中，谈判人员不仅要从自身的角度考虑问题，还要兼顾双方的利益，努力达成双赢的结果。报价不是由任何一方随心所欲地决定的，它受到供求、竞争和谈判对手状况等各方面因素的影响。因此谈判人员在考虑报价时不仅要考虑按照这个报价自己所能获得的利益，还要考虑是否能够战胜竞争者、报价是否可以被接受；最后经过反复比较和权衡，设法找到一个报价者所得利益与报价被接受的成功率之间的最佳结合点。

8.1.3 选择报价顺序

在商务谈判中，报价顺序是一个很微妙的问题，因为它会在某种程度上产生实质性的影响。选择报价顺序是一个策略性的决策，它受到多种因素的影响。不管是先报价还是后报价，都有其利弊。

1. 先报价与后报价的优劣势

1) 先报价的优势

首先，先报价能够为谈判划定一个框架或基准线，后续的讨价还价将在这个范围内进行。这有助于谈判者掌握谈判的主动权，引导谈判的方向。其次，先报价能够影响对方的期望水平，使对方在后续的谈判中受到一定程度的制约。如果报价出乎对方的预料，可能会打乱对方的部署和策略。最后，先报价往往能够展示谈判者的信心和实力，给对方留下积极的印象，有利于后续谈判的进行。

2) 先报价的劣势

首先，先报价可能会暴露己方的价格底线或谈判策略，使对方有机会调整自己的报价或策略，从而削弱己方的谈判优势。其次，如果己方对市场行情及对方的意图不了解，贸然先报价可能会限制自身的期望水平，使己方在后续的谈判中处于不利地位。最后，对方在了解己方的报价后，可能会通过挑剔、质疑等方式迫使己方降价，而己方在缺乏足够信息支持的情况下可能会面临不必要的降价压力。

3) 后报价的优势

首先，后报价使己方能够在对方报价后掌握更多的信息，包括对方的价格底线、谈判策略等，从而有利于己方制定更有针对性的谈判策略。其次，后报价使己方能够根据对方的报价灵活地调整自己的报价策略，以争取最大的利益。同时，己方还可以将对方的报价作为参考，避免报价过高或过低。最后，由于己方是在对方报价后进行回应，因此可以减少对方对己方降价的压力。己方可以根据实际情况和市场行情来制定合适的报价策略。

4) 后报价的劣势

首先，后报价使己方在谈判中处于被动地位，需要根据对方的报价来制定自己的策略。这可能会限制己方的主动性和灵活性。其次，在对方报价后，己方需要在有限的时间内做出回应。这可能会给己方带来一定的时间压力，影响谈判的顺利进行。最后，如果双方报价差距较大且难以达成一致意见，后报价可能会使谈判陷入僵局。此时，己方需要付出更多的努力来打破僵局并推动谈判的进展。

综上所述，选择报价顺序需要根据具体情况进行权衡和决策。在谈判中，谈判者应根据自身的实力、对市场的了解程度，以及谈判目标等因素来灵活选择报价顺序以争取最大的利益。

【小故事大道理 8-1】

某工厂的领导准备向外出售 3 台更换下来的机床，有一家公司闻讯赶来洽谈。工厂领导很高兴，准备开价 300 万元，每台 100 万元。

当谈判进入实质阶段时，工厂领导正想要报价，却突然停住了，心想："我应该先听听对方的想法再做打算。"

对方在对这几台机床的磨损和故障情况做了一系列分析和评价后，说："我们公司最多只能以每台 120 万元的价格买下这 3 台机床，多一分钱也不行。"

工厂领导大为惊喜，但他竭力掩饰住内心的喜悦，佯装不满意对方的价格，继续讨价还价一番，最后顺利成交。

【名师箴言】

工厂领导没有先报价，也正因为如此，他知道了对方的价格底线。等到发现对方的价格对自己十分有利时，他佯装对方给的价格很低，并通过讨价还价的方式继续为自己争取更多利益。如果他先报价，对方会在他给出的价格框架内还价，他就会损失很多利润。

---

2. 如何确定报价顺序

采用先报价还是后报价，对买卖双方来说都不是绝对的，要根据双方的实力来灵活把握。确定报价顺序是商务谈判中的一项关键策略，它涉及对多种因素的深入分析和权衡。

1) 双方实力对比的深入考量

在商务谈判中，双方的实力对比是决定报价顺序的首要因素。实力不仅仅指经济实力，还包括技术实力、市场地位、品牌影响力等多个方面。当己方在多个方面都明显强于对方，且在谈判过程中占据主动地位时，选择先报价往往能够设定谈判的基调，引导谈判的方向，使对方在后续的谈判中受到一定程度的制约。尤其是当对方对本行业不是特别熟悉，对市场价格、产品质量、交易条件等信息掌握不全时，己方先报价能够占据更大的优势，通过合理的报价来展示己方的实力和优势。

相反，如果己方实力相对较弱，或者双方实力相当但对方更熟悉行业情况，对市场信息、竞争对手情况等有更深入的了解时，后报价可能更为明智。这样可以密切观察对方的报价和谈判策略，以便对实际的期望目标进行适当的调整。通过后报价，己方可以更好地应对对方的报价策略，避免被对方设定的基准线所限制。

2）谈判双方合作关系的细致考虑

除了实力对比外，谈判双方的合作关系也是决定报价顺序的重要因素。如果双方实力相当且冲突程度较高，合作关系较为紧张，那么先报价可能占据先机。通过先报价，己方可以设定谈判的框架和基准线，使后续的讨价还价在这个范围内进行，从而在一定程度上控制谈判的进程和结果。

然而，如果双方实力相当且合作关系良好，注重长期合作和互利共赢，那么报价顺序的灵活性就更大。在这种情况下，谁先报价都可以，因为双方更注重的是达成公平合理的协议，而不是通过报价顺序来争夺谈判的主动权。此时，双方可以更加开放地讨论报价问题，共同商讨合理的价格区间和交易条件。

3）谈判对手经验与技巧的全面评估

在商务谈判中，谈判对手的经验和技巧也是需要考虑的重要因素。如果对方是谈判高手，具有丰富的谈判经验和精湛的谈判技巧，而己方相对较为生疏，那么让对方先报价可能更为稳妥。这样可以避免己方先报价后被对方步步紧逼，迫使己方做出不利的让步。让对方先报价，己方就可以更好地了解对方的报价策略和底线，观察对方的谈判风格和技巧，从而制定更有针对性的谈判策略。

4）商务谈判惯例的严格遵守

在某些情况下，报价顺序可能受到商务谈判惯例的影响。这些惯例可能因行业、地区或文化背景而异，但都是经由长期实践而形成的、被广泛接受和认可的行为规范。例如，在发起谈判者与应邀者之间，一般由发起谈判者先报价；在投标者和招标者之间，一般由投标者先报价；在买方与卖方之间，一般由卖方先报价。遵循这些惯例有助于维护商务谈判的规范和秩序，减少不必要的误解和冲突，提高谈判的效率和成功率。因此，在确定报价顺序时，必须充分考虑并严格遵守相关的商务谈判惯例。

5）其他相关因素的综合考虑

除了以上因素外，还需要综合考虑其他可能影响报价顺序的因素。例如，谈判的紧迫性可能要求一方更快地做出报价，以抓住市场机遇或满足紧迫的业务需求；市场环境的变化可能影响产品的定价策略，如原材料价格的波动、市场竞争的加剧等；产品的稀缺性或独特性可能使一方在报价上拥有更大的话语权，因为稀缺或独特的产品往往具有更高的市场价值和议价能力；谈判双方的文化背景也可能影响报价顺序的选择，不同文化背景下的商务谈判可能有不同的报价习惯和期望。

综上所述，确定报价顺序是商务谈判中的一项重要策略。它涉及对双方实力、合作关系、对手经验、商务谈判惯例以及其他相关因素的深入分析和权衡。在实际谈判中，应灵活把握报价顺序，以实现谈判目标并维护自身利益。同时，也需要注意报价方式的选择和运用，如同时报价、报价区间等方式都可以作为有效的谈判策略来运用，以更好地应对复杂的商务谈判环境。

【实操演练】

请同学们自由分组，两人一组，分别扮演两家公司的谈判代表并演练报价行为，可以按照先报价和后报价两种方式来演练。同学们代入角色自由发挥，最后由教师点评，指出先报价和后报价的不同影响。

8.2 报价的方式和策略

在商务谈判的广阔舞台上，报价不仅仅是数字的交换，更是策略与智慧的碰撞。报价的方式与策略，如同棋手的每一步棋，都需精心布局，以期在谈判的棋局中占据有利位置。报价不仅关乎价格的高低，更涉及报价的时机、方式，以及背后的商业逻辑和谈判心理。报价方式与策略的选择，是谈判者对市场、对手及自身实力的深刻理解与把握的体现。一个巧妙的报价方式和策略的选择，能够在谈判中为己方争取到最大的利益，同时维护双方的合作关系，促进长期的商业往来。反之，一个草率的报价方式和策略的选择，则可能让己方陷入被动，甚至导致谈判的破裂。

8.2.1 报价的方式

报价方式是指在商务谈判中，卖方提出交易条件的具体方法及其形式，它涵盖了交易条件的构成要素、提出条件的程序步骤，以及核心内容的处理方式等多个方面。在商务谈判中，根据不同的市场环境和交易条件，有两种典型的报价方式被广泛运用，分别是西欧式报价和日本式报价。

1. 西欧式报价

西欧式报价，又称"高价法"。其核心理念在于，卖方首先提出一个相对较高的价格，这个价格通常包含一定的虚头。随后，根据买卖双方的实力对比、市场的竞争状况以及买方的反应，卖方逐步给予各种优惠，如数量折扣、价格折扣、佣金，以及支付条件上的优惠(延长支付期限、提供优惠信贷)等，以此来软化和接近买方的市场和条件，最终达成交易。西欧式报价的关键在于稳住买方，让买方就各种条件与卖方磋商，最后的结果往往对卖方有利。采用西欧式报价的国家主要有欧洲各国，以及美国、澳大利亚、新西兰等国。

西欧式报价的优势主要体现在，通过先提出高价，卖方在谈判中更容易掌握主动权，引导谈判的走向；高价策略为卖方提供了更大的议价空间，有助于争取更多的利益；同时，多数人的心理价格是由高到低逐步下降的，因此西欧式报价更容易被买方接受。它的劣势在于如果卖方开价过高，可能会让一些潜在买家望而却步，而且在竞争激烈的市场环境中，过高的初始报价可能会降低产品的市场竞争力。

2. 日本式报价

日本式报价，又称"低价法"，即卖方先报价，提出一个最低价格，同时列出对卖方有利的结算条件，且该结算条件是低价的前提条件。在这种低价格交易条件下，卖方提出的各种条件很难满足买方的需求，当买方主动要求改变已有条件时，卖方就要相应地提高价格，最后确定的价格往往高于最开始的报价。其特点在于，卖方首先要将最低价格列在价格表上，以此吸引买方的注意力和兴趣。然而，这个最低价格往往不能满足买方的全部需求。如果买方希望改变交易条件，如增加数量、改变规格等，卖方会相应地提高价格。

日本式报价的优势主要体现在，低价策略能够迅速吸引买方的注意力和兴趣，为后续的谈判打下良好的基础；在市场竞争激烈的情况下，低价策略有助于增强产品的市场竞争力；同时，通过灵活调整价格，卖方可以在谈判中占据一定的主动权，引导谈判的走向。它的劣势在于如果买方对产品的需求不高或预算有限，低价可能无法促成交易，而且卖方在谈判过程中可能需要频繁调整价格，这增加了谈判的复杂性和不确定性。

日本式报价适用于面临众多竞争对手的情况，能用最低价吸引买方的兴趣，将竞争对手排斥在外。当竞争对手败下阵以后，买方原有的市场优势就不存在了，买方要想满足自己的需求，只好让卖方提高价格。

西欧式报价和日本式报价各有其独特的特点和适用场景。西欧式报价更适合卖方实力较强、产品具有独特优势或市场需求旺盛的情况；日本式报价更适合市场竞争激烈、买方对价格敏感或卖方希望快速打开市场的情况。在实际商务谈判中，卖方应综合考虑自身实力、产品特点、市场需求以及竞争对手的情况等因素，选择合适的报价方式。同时，卖方应注意灵活运用各种谈判策略和技巧，以争取最有利的交易条件。一般来说，日本式报价比西欧式报价更具有艺术性，竞争力也更强，但它不符合买方的心理，因为一般人习惯于价格由高到低，而不是由低到高。其实，西欧式报价与日本式报价只是形式上有所不同，并没有实质性区别。日本式报价更有利于竞争，而西欧式报价比较符合人们的一般心理。

> **【实操演练】**
> 请同学们自由分组，三人一组，其中两人分别扮演两家公司的谈判代表，随机演练两种报价方式。第三位同学观察并回答两人演练的是哪一种报价方式，然后进行点评。

8.2.2　报价的策略

在商务谈判的报价阶段，报价策略的巧妙运用对于谈判的成败起着至关重要的作用。报价不仅是对商品或服务价值的体现，更是谈判双方智慧与策略的交锋。采用恰当的报价策略，能够帮助报价方在谈判中占据先机，引导谈判的走向，并最终达成有利的交易条件。报价策略的选择和运用，需要充分考虑客户的需求、市场的竞争状况，以及自身的成本和利润目标。不同的报价策略各具特色，适用于不同的商务场景和谈判对象。通过深入理解和灵活运用这些策略，商务谈判者可以更好地掌握谈判的主动权，实现利益的最大化。讲究策略的报价往往可以让报价的一方取得谈判先机。谈判人员可以运用以下报价策略。

1. 报价差别策略

报价差别策略是一种根据不同的客户、购买数量、交货时间或支付方式等因素，提供不同报价的策略。这种策略旨在满足不同客户的需求，并最大化卖方的利益。即使是同一件商品，购买数量、付款方式、交货期限、交货地点、客户性质等不同，其价格也会不同，这体现了商品交易中的市场需求导向。

报价差别策略的核心在于灵活性和定制化。通过深入了解客户的需求和购买行为，卖方可以制定更具吸引力的报价，从而增加销售机会和利润。例如，对于长期合作的大客户，卖方可以提供更优惠的价格和更优质的服务；对于急需交货的客户，卖方可以适当提高价格以反映紧急服务的成本。

谈判人员要根据具体的情况提供不同的报价。例如，为了开拓新市场，对新客户要给予适当让价；在销售旺季，价格可适当调高，对需求弹性较小的商品也可实行高价策略；为了建立或巩固良好的客户关系，对老客户或大批量购买的客户，可以适当给予折扣优惠。再如，一家软件公司向一家大型企业提供定制化软件开发服务，根据企业的购买数量、是否长期合作及支付条件，软件公司提供了不同的报价方案，对于长期合作且购买数量较大的企业，软件公司提供了更优惠的价格和更长的技术支持期限。

2. 报价对比策略

报价对比策略是通过与竞争对手的价格对比，或展示产品在不同条件下的价格差异，来强调自己报价的合理性或优势的策略。报价对比策略的关键在于提供有力的证据来支持自己的报价。通过与竞争对手的价格进行对比，卖方可以突出自己产品的性价比和优势；通过展示产品在不同条件下的价格差异，卖方可以让客户更清楚地了解报价的构成和合理性。这种策略有助于消除客户的疑虑和担忧，增加他们对报价的信任和接受度。

谈判人员在使用这一策略时，要精选其他商家的报价单，确保己方具有比较优势。为己方的报价单准备证实其真实性的材料，同时仔细分析交易内容、交易条件，以及报价与同类商品的报价之间的可对比性，事先想好回应对方挑漏洞的方案。在对比的过程中，谈判人员要突出己方提供的商品的优势，淡化劣势。

例如：一家电子产品零售商在销售电视时，会同时展示竞争对手的电视价格和自己的电视价格。通过对比，零售商可以突出自己产品的性价比和优势，吸引更多客户购买。

3. 报价细分策略

报价细分策略，也叫价格分割策略，此策略是将报价细分为多个部分或组件，让客户更清楚地看到每个部分的成本和价值。这一策略将商品的价格计量单位细化，让买方产生价格低的感觉，如果商品或项目的价格构成复杂，采用这一策略也有利于提高己方报价的清晰度，获得对方的信任和认同。报价细分策略的核心在于透明度和清晰度。通过将报价细分为多个部分或组件，卖方可以让客户更清楚地了解每个部分的成本和价值，从而减少他们对总价的敏感度。这种策略有助于增加客户对报价的信任和接受度，并可能促进交易的达成。

报价细分策略包括两种形式。一是用较小的单位报价，例如，茶叶为 600 元/千克，报价为 50 元/50 克；大米为 6000 元/吨，报价为 6 元/千克。用小单位报价比用大单位报价更容易让人产生商品价格便宜的感觉、更容易被人接受。二是用较小单位商品的价格进行比较，例如，"使用电冰箱平均每天 0.5 元电费，而 0.5 元只能吃一根最便宜的冰糕"，就是用大家熟悉的小商品的价格类比大商品，可以给人以亲近感，拉近双方的心理距离。

例如，一家装修公司在提供装修报价时，会将报价细分为材料费、人工费、设计费等多个部分。通过细分报价，装修公司可以让客户更清楚地了解每项费用的来源和合理性，从而增加客户对报价的信任和接受度。

4. 心理价格策略

心理价格策略是指企业在定价时利用顾客心理有意识地将商品价格定得高些或低些，以扩大销售。心理价格策略是利用心理学原理来设定价格，以吸引客户的注意力并促进购买的策略。对于普通商品，谈判人员可以采用尾数报价的方式，给对方留下价格计算精确、相对低廉的感觉，有利于对方接受。心理价格策略的关键在于利用客户的心理预期和购买行为来制定价格。

例如，使用"9"结尾的价格(如 99 元而不是 100 元)可以让客户感觉价格更优惠；提供"买一送一"等促销方式可以让客户感觉获得了更多的优惠。这种策略旨在激发客户的购买欲望和行动力，促进交易的达成。再如，一家超市在促销时，会将商品价格设定为 9.99 元而不是 10 元，通过使用"9"结尾的价格，超市可以让客户感觉价格更优惠，从而吸引更多顾客购买。

5. 成本构成计算策略

成本构成计算策略是指卖方向买方提供自己制作的商品成本构成计算表，以说明要价的合理性。它详细地展示了报价的成本构成，包括直接成本、间接成本和利润等，以增加报价的透明度的策略。使用该策略时，表内的项目要尽量多，记事要复杂。这一策略可以为己方谋取较大利益，或者击退对方的强大攻势。不过成本构成计算表若被对方找出很明显的错误，己方就会陷入被动局面，使谈判复杂化。这一策略适用于商品交易内容多、成本构成复杂、计算方法没有统一标准的情况。在实施该策略时，谈判人员要选择有利于己方的成本计算方法，成本分类要细化、数据尽量多一些、计算公式尽量复杂一些。

成本构成计算策略的核心在于提供详细的成本构成信息来支持报价。通过详细列出报价的成本构成，卖方可以让客户更清楚地了解报价的合理性和价值。这种策略有助于增加客户对报价的信任和接受度，并促进交易的达成。同时，卖方还可以通过调整成本构成来优化报价，以实现利润的最大化。

例如，一家制造企业在向客户提供产品报价时，会详细列出原材料成本、生产成本、运输成本及利润等。通过展示详细的成本构成信息，制造企业可以让客户更清楚地了解报价的合理性和价值，从而增加客户对报价的信任和接受度。

6. 报价时机策略

报价时机策略是选择合适的时机进行报价，以增加报价被接受的可能性的策略。掌握报价时机策略的关键在于把握客户的购买心理和购买行为。通过选择合适的时机进行报价，卖方可以更好地满足客户的需求和期望，从而增加报价被接受的可能性。报价时机的选择也是一个策略性很强的问题，有时卖方提供的报价很合理，但没有激发买方的交易欲望，买方仍然会对报价不为所动。买方首先考虑的是商品能不能为他带来价值及带来的价值有多大，最后才是价值和价格的对比。因此，卖方在价格谈判中应首先让买方充分了解商品的使用价值和能带来的利益，待买方产生兴趣以后再谈价格。

报价的最佳时机往往是在买方询问价格时，因为询问价格说明买方对商品产生了购买欲望，此时报价往往能水到渠成，谈判可以很自然地进行下去。如果在谈判一开始的时候买方就询问价格，卖方最好不要直接报价，因为这时买方可能并未对商品真正产生兴趣，此时报价会增加谈判的阻力，而应先向买方介绍商品的功能、作用及其能够为买方带来的利益，等到买方对商品产生兴趣和交易欲望时再报价。如果买方在谈判开始时坚持要求卖方报价，卖方也不要故意拖延，以免让对方觉得自己不受尊重。这时卖方可采取建设性的态度，把价格和买方可以获得的利益联系起来介绍，往往可以取得较好的效果。

例如，在客户表现出浓厚兴趣或急于购买时提出报价，可以让客户更容易接受报价并促成交易。再如，一家汽车销售商在客户对某款车型表现出浓厚兴趣并试驾后，会立即提出购车报价。通过选择合适的时机进行报价，汽车销售商可以更好地满足客户的需求和期望，从而增加报价被接受的可能性并促成交易。

7. 巧掩缺陷策略

巧掩缺陷策略是在报价时巧妙地掩盖产品或服务的某些缺陷或不足，通过强调其优点和价值来转移客户注意力的策略。这一策略适用于对方是谈判新手的情况，由于他们缺乏谈判经验，有的没有鉴别商品质量的能力，因此将商品的缺陷巧妙地加以掩盖，对方也难以发现。当然，这一策略不是让卖方欺诈对方，在介绍商品的各项性能、特点时卖方要如实相告。

巧掩缺陷策略的核心在于通过强调产品或服务的优点和价值来掩盖其缺陷或不足。这种策略并不是要欺骗客户或隐瞒真相，而是要通过巧妙的表述和展示来让客户更加关注产品或服务的优点和价值，从而减少他们对缺陷或不足的关注和担忧。

在和对方谈判前，卖方首先要清楚地了解自己的商品和其他同类商品相比有哪些优缺点，并详细构思对方挑剔时的应对方案。谈判人员所在的谈判小组可以集思广益，组内成员尽量挑剔商品的缺陷，并在此基础上找出商品缺陷的根源，看是否容易应对。如果容易应对，可以利用一些有说服力的资料或事实来证明；如果不容易应对，可以采用避重就轻策略。如果商品存在的缺陷很明显，并被买方发现且提出，卖方不能辩驳，而应顺应买方的意见，强调买方是内行，该商品对买方很实用，价格很实惠，买方最后也可能会同意成交。

例如，一家手机制造商在推出新款手机时，会强调其高性能、拍照效果等优点，并相对较少提及电池续航等可能存在的缺陷。通过巧掩缺陷策略，手机制造商可以让客户更加关注手机的优点和价值，从而减少客户对电池续航等缺陷的关注和担忧。

8. 抛砖引玉策略

抛砖引玉策略是一种在谈判中巧妙运用信息不对称和心理预期的策略。具体而言，当对方询价时，己方并不直接公开报价，而是选择列举近期达成交易的若干案例，并明确告知这些案例的成交价，以此进行价格暗示。通过这种方式，己方实际上是在引导对方根据这些案例来形成一个价格预期，并请对方在此基础上出价。这一策略特别适用于己方不愿意或不便主动出价，而对方又期望或要求己方先出价的情况。

抛砖引玉策略的核心在于巧妙地转移了先出价的压力，把"球"踢给了对方，使己方在谈判中处于更有利的位置。通过让对方先出价，己方可以更好地了解对方的价格预期和底线，从而更有针对性地制定自己的谈判策略。同时，如果列举的案例得当、真实可信，并且与本次交易有紧密的联系和可比性，那么这些案例就很容易为己方带来额外的利益，提升己方在谈判中的地位和影响力。

然而，这一策略也存在一定的风险。如果列举的案例经不起推敲或存在虚假成分，那么己方就有欺诈的嫌疑，从而陷入谈判的不利地位。因此，在实施抛砖引玉策略时，谈判人员必须非常谨慎，确保所列举的案例都是真实可信的，并且与本次交易有紧密的联系和可比性。同时，为了增强说服力，谈判人员还应该准备充分的材料来证实这些案例的真实性和可信度。

【知识链接】

既然存在报价过程，那必然存在对报价的反应过程，即应价。在所有的商务谈判中，报价与应价是不可缺少的两个方面，二者互相依存，互为条件。

在一方报价之后，另一方一般不会无条件接受报价方的全部要求，而是相应地做出这样或那样的反应，或提出质疑、做出评价，或不置可否，并通过某种途径提出自己的条件，表达自己的立场和态度。

应价是伴随报价发生的，但其实质是一样的，所以应价方不要让自己陷入被动应付的境地，而应采取积极有效的措施对报价方施加影响，使谈判朝着有利于自己的方向发展，使自己的交易条件得到对方的认可，获得谈判的主动权。

应价有两种基础的策略可供选择，一种是要求对方降低其报价，另一种是提出自己的报价。两者相比，第一种策略更有利，它既没有暴露自己的报价内容，也没有做出让步，此时对方若没有足够的了解，将不得不做出让步。

例如，在商务谈判中，A公司面对B公司关于技术合作项目的询价，准备了两个近期类似项目的合作案例，这些案例在项目规模和技术难度上与当前项目相当，并记录了合作条件，特别是价格条款。在谈判中，A公司代表提及这两个案例，以此向B公司进行价格暗示。接着，A公司代表引导B公司根据对该项目的评估提出合作条件。这一策略旨在让B公司先出价，以便A公司争取到更有利的谈判条件。

【实操演练】

请同学们自由分组，三人一组，其中两人在台上进行角色扮演，一人扮演甲方代表，另一人扮演乙方代表。第三人手持8张卡片，每一张卡片上都标着一种报价策略，当他向甲方代表出示卡片时，甲方代表根据卡片上的报价策略进行相应的表演，乙方代表做出反应，然后由台下的其他同学说出报价策略的名称。表演结束后，教师进行点评。

课件资源

第9章　商务谈判的讨价还价阶段

学习目标

理解讨价还价的含义：掌握讨价还价的基本概念，了解讨价和还价在商务谈判中的作用。

掌握讨价和还价的技巧：熟悉讨价和还价的方式、次数和策略，学会在商务谈判中灵活运用。

学会让步的技巧：了解让步的原则，掌握让步的步骤、方式和注意事项，能够在商务谈判中做出合理的让步。

重点知识

- 讨价还价的含义及其在商务谈判中的重要性。
- 讨价和还价的方式、次数和策略。
- 让步的原则、步骤、方式和注意事项。

学习难点

- 如何在实际商务谈判中灵活运用讨价和还价的技巧。
- 如何根据谈判情况和对手反应，做出合理的让步。
- 如何在讨价还价和让步过程中，保持谈判的和谐氛围，避免陷入僵局和产生冲突。

——情景呈现——

讨价还价的艺术

午后，阳光温柔地透过玻璃窗，洒在宽敞明亮的会议桌上，为这个即将展开的商务谈判增添了几分温馨的氛围。甲方——一家在电子产品制造领域享有盛誉的公司，与乙方——一家原材料供应市场的知名企业，两方仪表正襟危坐于会议桌的两端，准备就新产品的原材料采购价格展开深入的讨价还价。

甲方代表赵雷首先发言："王总，我们一直非常欣赏贵公司在原材料领域的专业能力和品质保证。但这次新产品的原材料采购量较大，我们希望能在价格上得到一些优惠。"

乙方代表王总微笑着回应："赵雷，我完全理解你的立场。但你也知道，近期原材料市场价格波动较大，我们的成本也在上升。不过，既然我们是长期合作伙伴，我们当然会尽力给出一个合理的价格。"

赵雷点了点头，表示理解，但随即又抛出了一个数据："王总，我们做了市场调研，发现其他供应商的报价普遍比你们低 10%。当然，我们深知贵公司的产品质量上乘，但价格上的差异还是让我们有些难以抉择。"

王总听后，并没有立刻反驳，而是耐心地解释道："赵雷，你说的没错，市场上确实有其他供应商提供更低的价格。但我们的原材料在纯度、稳定性和耐用性上都是顶尖的。长期来看，选择我们不仅能保证产品的品质，还能减少由原材料问题导致的生产停工和维修成本。而且，我们的原材料还经过了严格的环保认证，这对你们企业的可持续发展也是非常有利的。此外，我们还能提供定制化的原材料解决方案，根据你们的具体需求进行生产，这也是其他供应商无法比拟的优势。"

赵雷听后，沉思了一会儿，然后提议："王总，你说得很有道理。但如果我们能签订一个长期合作协议，并保证每年的采购量，你们是否能在价格上给予更大的优惠？这样，我们既能确保产品的品质，又能在成本上有所控制。同时，我们可以考虑在市场推广方面给予你们一定的支持，共同提升双方的品牌影响力。比如，我们可以在我们的产品包装上打上你们的品牌标识，或者在我们的宣传材料中提及你们的原材料供应。"

王总听后，露出了微笑："赵雷，你果然是个精明的商人。如果我们能确保长期的合作和稳定的采购量，我愿意在价格上做出一定的让步。但我也希望你能理解，我们的品质保证、环保认证和定制化服务都是有成本的。不过，你的市场推广支持提议很有吸引力，我们可以进一步探讨具体的合作方式。比如，除了品牌标识和宣传材料，我们还可以考虑联合举办一些市场推广活动，共同拓展市场份额。"

接下来，双方就具体的合作细节进行了深入的讨论。他们讨论了长期合作协议的具体条款、每年的采购量、价格优惠的幅度、市场推广支持的具体形式，以及联合市场推广活动的具体安排等。经过一番激烈的交锋和深入的讨论，双方终于找到了一个既能满足甲方价格要求，又能保证乙方利润的解决方案。

最终，双方签订了合作协议，并握手庆祝这次成功的商务谈判。这次讨价还价的过程虽然艰难，但双方都展现出了高超的谈判技巧和诚意，最终达成了一个双赢的结果。

——名师点拨——

这场商务谈判的讨价还价阶段充分展示了双方代表的智慧和谈判技巧。他们通过深入了解市场情况、分析成本结构、提出合理的合作方案，并经过多轮的交锋和深入的讨论，最终找到了一个双方都能接受的解决方案。这个故事告诉我们，在商务谈判中，讨价还价是必不可少的一环，关键在于如何通过有效的沟通和策略性的协商，找到双方都能满意的平衡点。通过灵活应对、深入讨论和共同努力，即使是最棘手的讨价还价阶段也能成为双方共赢的契机。同时，双方也展现出了在商务谈判中寻求长期合作和共同发展的重要性。

9.1　讨价还价的含义

随着我国经济的持续发展和经济全球化的深入，商务谈判在企业的日常运营和战略发展中扮演着越来越重要的角色。商务谈判不仅是企业间经济利益协调的过程，更是企业展示实力、树立形象、开拓市场的重要途径。在商务谈判的众多环节中，讨价还价阶段无疑是最活跃、最复杂且最关键的一环。商务谈判的讨价还价阶段，是谈判双方在原来报价的基础上讨价还价的过程。讨价还价阶段是整个商务谈判过程中的核心部分，占据了大量的谈判时间。在这一阶段，双方为了各自的利益最大化，围绕价格及其他交易条件展开激烈的磋商。合理的讨价还价策略不仅能够降低谈判成本，提高谈判效率，更能在保障双方利益的基础上，促进协议的达成，实现双赢的局面。

商务谈判中的讨价还价阶段，也被称为磋商阶段，是指谈判双方在报价之后，针对交易条件(如价格、付款方式、交货期、售后服务等)进行反复讨论、协商和让步，以期达成最终协议的过程。在这个阶段，双方都会运用各种策略和技巧，试图为己方争取更大的利益，同时满足对方的合理需求，最终实现双赢或多赢的局面。这是谈判过程中的一个关键环节。这一阶段紧随报价阶段之后，是谈判双方围绕交易条件进行激烈磋商和博弈的时期。

讨价还价是一种双方轮流出价，针对价格进行商讨，找到一个双方都能接受的均衡价格的行为。因为双方在提出各自的交易条件之后，这些交易条件之间必然会存在分歧和矛盾，所以双方为了化解这些分歧和矛盾，就要进行讨价还价。要么己方放弃某些利益，要么要求对方放弃某些利益，或者双方进行利益交换，同时放弃某些利益。经过反复的磋商，彼此的立场和观点会接近或趋于一致。

9.1.1　讨价还价

在商务谈判的广阔舞台上，讨价还价阶段无疑是最为关键和活跃的一环。这一阶段不仅承载着双方利益协调的重任，更是谈判者智慧与技巧的集中展现。讨价还价，顾名思义，就是双方围绕交易的核心条件——价格，进行反复磋商和谈判的过程。它通常发生在一方提出初始报价之后，当另一方或几方对该报价进行细致评估，并根据自身的利益和目标提出异议、要求调整或给出新的报价时，谈判便正式进入讨价还价阶段。讨价还价分为讨价和还价两种行为。

讨价还价阶段的成功与否，直接关系到双方能否最终达成协议，以及己方能否实现谈判目标。因此，在这一阶段，谈判者需要具备高超的谈判技巧、敏锐的洞察力和灵活的应变能力。他们需要准确地判断对方的底线和意愿，制定出合理的报价和还价策略；他们还需要能够巧妙地运用各种谈判技巧和心理战术，以在复杂的谈判环境中争取到最大的利益。可以说，讨价还价阶段是商务谈判中最激烈和最富有挑战性的一环，也是谈判者展示其才华和智慧的绝佳舞台。

9.1.2　讨价

讨价行为，作为讨价还价阶段的起始信号，其背后蕴含着深厚的策略意义。一方对另一方的报价表示不满或认为报价过高，这不仅仅是一种简单的反应，更是一种策略性的试探。通过讨价，一方可以巧妙地引导对方调整其期望价格，探寻对方的底线和真实意愿，从而为己方的还价创造更为有利的条件。同时，讨价是一种心理战术，它可以通过提出异议和质疑，给对方造成一定的心理压力，使其在未来的谈判中更加谨慎和妥协。

9.1.3 还价

还价行为，是讨价之后的必然延伸和升华。在充分评估对方的报价和讨价之后，一方会根据自己的谈判目标和利益诉求，主动提出一个新的价格条件。这个新的价格条件，既是对对方报价的一种回应，也是己方谈判策略的一种体现。还价不仅仅是一个简单的数字游戏，更是一种智慧和勇气的较量。在还价的过程中，谈判者需要充分考虑对方的反应和可能的反击，制定出既符合己方利益又能被对方接受的报价策略。

9.2 讨价和还价的技巧

讨价和还价首先要尊重对方，把对方看成合作者。没有对方的配合，己方的利益也无从获取。在某些交易市场上，买卖双方相互谩骂甚至攻击的行为时有发生。这种谩骂、攻击谈判对手的做法只能导致谈判彻底破裂。讨价还价只能采取说理的方式，诱导对方接受己方的条件。你为自己的价格准备的理由越多，越有说服力，对方就越有可能接受你的价格。

9.2.1 讨价的方式、次数和策略

1. 讨价的方式

在商务谈判的复杂过程中，选择恰当的讨价方式对于推动谈判进程、争取利益最大化起着至关重要的作用。讨价的方式主要分为总体讨价和具体讨价两种，每种方式都有其特定的应用场景和策略，谈判者需要根据谈判的阶段和对方的反应来灵活选择。

1) 总体讨价

总体讨价是一种从宏观角度出发的讨价策略，它不仅仅是一种简单的降价要求，更是一种全面的、战略性的谈判策略。这种方式一般用于讨价的初始阶段，或者是在处理较为复杂交易的第一次讨价时。当一方提出报价并做出相应解释后，如果买方对价格的具体情况感到模糊或了解不够深入，他们可能会选择采用总体讨价的方式。此时，买方会强调真诚的交易态度和市场经济等宏观因素来压价，比如，市场的供需状况、竞争对手的价格、行业的平均利润率等，试图通过展示自身对市场的了解和把握，以及真诚合作的意愿，来促使卖方做出价格上的让步。同时，买方还可能提出一些宏观的经济政策、市场趋势等外部因素，进一步强调价格调整的必要性和合理性。而卖方为了展示自身的良好态度和诚意，也可能会根据买方的要求调整价格，从而为后续的谈判打下良好的基础。

总体讨价的优势在于其宏观性和概括性，它能够快速传达买方的立场和意图，同时为卖方提供了调整报价的空间。通过总体讨价，买方可以全面地评估卖方的报价，并在宏观层面上对价格进行合理的调整，从而为后续的详细谈判奠定基础。

2) 具体讨价

具体讨价则是一种更为细致和针对性的讨价策略，它要求就分项价格和具体的报价内

容进行重新报价，通常用于对方第一次调整价格之后，或者在不方便采用总体讨价方式时。具体讨价需要谈判者具备高度的准确性和针对性，谈判者需要对报价内容进行深入的分析和分类，而不是简单地将所有材料(如调查比价的结果)全部呈现出来。

在进行具体讨价时，谈判者可以将报价按照不同的内容分为若干部分，如运输费、保险费、技术费、设备条件、资料、技术服务、培训和支付条件等。这样的分类有助于谈判者更清晰地了解报价的构成，从而更有针对性地进行讨价。同时，谈判者可以按照评论结果进行分类，将内容按照"水分"大小进行归类，如"水分"大的为一类，"水分"小的为一类，"水分"中等的为一类。通过这样的分类和分块，谈判者可以更有针对性地进行不同程度、不同理由的讨价，从而掌握谈判的主动权。

在具体讨价的过程中，谈判者通常应从水分最大的一类开始讨价，并按照"水分"多少程度的降序安排讨价顺序。这样的策略可以确保谈判者在关键问题上首先发力，争取最大的利益空间。同时，有序、有理、有据的讨价过程，也可以展示谈判者的专业能力和严谨态度。

在具体讨价时，谈判者还需要注意运用各种谈判技巧和心理战术，以在复杂的谈判环境中争取到最大的利益。例如，他们可以通过提出假设性问题或条件来试探对方的反应和真实意图，也可以运用吹毛求疵的策略来挑剔对方的报价细节，还可以通过积少成多的方式来逐步降低对方的报价预期。这些技巧的运用都需要谈判者具备高超的谈判技巧和敏锐的洞察力。

综上所述，无论是总体讨价还是具体讨价，都需要谈判者根据谈判的实际情况和对方的反应来灵活选择和运用。通过恰当地选择讨价方式，并结合各种谈判技巧和心理战术的运用，谈判者可以在商务谈判中争取到最大的利益空间，为最终达成协议奠定坚实的基础。

2. 讨价的次数

在商务谈判的复杂过程中，讨价的次数是一个至关重要的策略性考虑因素。它不仅直接影响到买方的利益最大化，还深刻地关系着谈判的进程，以及买卖双方之间的关系维护与发展。因此，买方在确定讨价次数时，必须依据深入的价格分析、卖方的报价解释，以及价格改善的实际状况来做出综合而明智的判断。

1) 总体讨价的次数

对于总体讨价而言，由于它涉及整体利益和相对较大的金额，买方可以适度地增加讨价的次数，通常认为三次以上是一个合理的范围。这一策略的背后逻辑在于，商务谈判的磋商阶段，双方的首次报价往往包含了一定的"水分"，即预留了一定的谈判空间。同时，卖方会展现出愿意在一定程度上调整价格的姿态，以推动谈判的进展。然而，买方在积极讨价的过程中，也必须保持高度的警惕，密切关注卖方的每一个细微动向。不要被卖方的表面语言或态度所迷惑，而要通过深入观察和精准判断来识别卖方的真实意图和底线。只要卖方没有做出实质性的价格调整，买方就应该根据报价的详细情况、对方的权限范围、卖方成交的决心以及双方之间的关系密切程度，来全力争取更低的价格。

2) 具体讨价的次数

具体讨价是将总体讨价进一步细化和分项的过程。因此，从逻辑上讲，它会在整体上增加讨价的次数。然而，在实践中，分项目的具体讨价次数最好控制在两次以内。这是因为过多的讨价次数可能会引发卖方的反感或疲惫，从而对谈判的进程和结果产生不利影响。除非买方能够明确地感觉到卖方调整的价格仍然存在不合理之处，否则应尽量避免坚持再次讨价。这是因为坚持再次讨价可能会破坏双方之间的信任和合作关系，导致谈判陷入僵局甚至破裂。

综上所述，无论是总体讨价还是具体讨价，买方在确定讨价次数时都应保持高度的灵活性和谨慎性。要根据谈判的实际情况和卖方的具体反应来灵活调整讨价的次数和策略。同时，买方要善于运用各种谈判技巧和心理战术来辅助讨价过程，确保在维护双方良好关系的同时，实现买方利益的最大化。这是一个需要深思熟虑和精准执行的过程，需要买方具备高超的谈判技巧和敏锐的洞察力。

3. 讨价的策略

在商务谈判的复杂环境中，讨价策略是谈判人员为了争取更有利的交易条件、最大化的自身利益而精心策划并实施的一系列措施和手段。以下是几种常见的讨价策略。

1) 引用事实依据

谈判人员可以基于客观、权威的事实来要求对方改善报价。这些事实依据应当具有无可争议的说服力，难以被对方轻易反驳。它们可以是当时的市场行情，反映商品或服务的真实价值；也可以是竞争对手给出的价格，作为比较和参考的基准；还可以是谈判对手的成本结构，揭示其价格构成的合理性；以往的交易惯例也能作为历史参考，体现行业内的普遍做法；此外，商品的质量与性能等也是重要的考量因素，它们直接影响商品的价值和价格。通过精准地引用这些事实依据，谈判人员可以更有力地要求对方调整报价，使其更符合实际情况和市场需求。

2) 吹毛求疵

谈判人员可以采取严格、细致的标准来审视对方的报价，不放过任何可能的缺漏、差错或失误。这种策略要求谈判人员具备敏锐的观察力和严谨的逻辑思维能力，能够迅速发现对方报价中的问题或缺陷。一旦发现这些问题，谈判人员可以列举旁证来降低对方的期望值，指出其报价的不合理之处，并要求对方重新报价或改善报价。这种策略不仅有助于争取更有利的交易条件，还能在谈判中占据主动地位。

3) 假设更优惠条件

谈判人员可以巧妙地假设更好的购买条件来要求对方提供优惠。这些假设条件可以是购买更多商品、延长合作期限、增加合作领域等，旨在观察对方的反应并摸清其能够承受的大概底价。这些假设条件并不构成实际承诺，因此不会对自己产生制约作用，也有助于更好地了解对方的底线和议价空间。通过这种策略，谈判人员可以更灵活地调整自己的谈判策略，争取更大的利益。

4) 态度友好

在讨价过程中，谈判人员应保持尊重、友好的态度，以理服人、循循善诱地引导对方调整价格。如果采取强硬、逼迫的态度，可能会导致谈判过早陷入僵局，破坏双方的合作关系，对谈判结果产生不利影响。因此，谈判人员应努力营造愉快、和谐的谈判氛围，并配合和鼓励对方以任何方式调整价格。即使对方的调价理由缺乏逻辑或不够充分，也应表示欢迎并给对方台阶下，以维护良好的谈判关系和合作前景。通过这种友好的讨价策略，谈判人员可以更有效地争取有利的交易条件，同时维护双方的长期合作关系。

【小故事大道理 9-1】

老王想买一套全毛的西装。他先逛了杭州大厦和杭州百货大楼，没有看见自己中意的西装。接着又转到了银泰百货的绅士馆，发现某品牌专柜的一套西服，颜色、款式他都喜欢，试穿之后也非常合身。老王心想：就买这套了。老王看了一下价格，标价 2800 元。

老王对营业员说："这套西服还可以，穿起来也很合身，就是价格太高了，现在打几折？"

营业员回答："现在搞活动，打九五折。"

绝大多数人认为银泰百货是不能讨价还价的。但老王是学谈判的，他想试试看，说不定能把价钱还下来。于是就说："九五折才便宜了 140 元钱，还是太贵了。我好不容易找到一套满意的西服，你得给我便宜些。"

营业员说："请你稍等一下，我先帮这位先生买好衣服。"老王一听，有戏了，可以把价钱砍下来，只是旁边还有一位先生在买衣服，现在不方便讨价还价。等了几分钟后，他看到那位先生以九五折买了一套西服。

等那位顾客走了之后，老王告诉营业员："我今天看了很多衣服，就这套比较合身，但是价格实在太高了，便宜点我就买一套。"

营业员说："现在是销售旺季，不可能便宜很多，你也看到了，前面那位顾客就是九五折买的，我看你也是有诚意买的，给你九折的优惠。"

老王内心暗自高兴：才说了一句话，就比前面那位便宜了 140 元，不错啊。他不露声色地继续讨价："还是太贵了，一件衣服要 2500 多元，一个月工资才多少啊，这个价钱不行。"

营业员说："这是品牌西服，物有所值。但听你这么说，就八五折吧，最低了。"

老王摇摇头说："还是太贵，我从来没买过这么贵的衣服。"

营业员笑着说："先生，我们这个品牌也没有过这么低的折扣，这已经是很优惠的价格了。"

老王说："你今晚已经卖了一套，把钱赚到了，要是能再卖一套，营业额就 5000 多了，所以我这套你应该少赚一点。"

营业员说："你真会说话，八折吧，不要再还价了。"

老王想：岂有不还之理！在接下来的谈判中，老王主要做的事就是摇头，同时告诉营业员一些她应该继续降价的理由："我要是买了这套西服，下个月连吃饭的钱都没了。""要是我以这个价格买下，回家非被老婆教训不可。""我买了这套衣服，起码两年内不能买新衣服了。"……结果该营业员从八折让到七五折，从七五折让到七三折，又从七三折让到七二折。到了七二折之后再也不肯让了，说是从来没碰见过老王这么会讨价还价的顾客，再让下去非被老板开了不可。老王听她说到老板，觉得有些奇怪，就问她："你不是经理吗？怎么还有老板呢？"

她说："这个专柜的衣服都是老板自己的，我只是帮老板卖衣服的，我真的没有办法了。"

老王说:"这样吧,我也不想再为难你,你把老板的电话给我,我和他谈,难得有一位对他的品牌这么欣赏的顾客,他应该高兴。"

营业员犹豫了一下,说道:"还是我来打吧。"她拨通了老板的电话,向老板汇报了一下情况:有位顾客已经讨价还价20多分钟了,给他七二折还要再便宜。老王没听见老板和她说了些什么。她挂好电话告诉老王,老板同意再降一点,七一折,另送我两双袜子。

老王说:"当老板的怎么这么没气魄啊,才让零一折?"

营业员说:"老板也没卖过这么低的价格,你已经是个例外了。"

老王说:"不行,你和他说了这么多话,他才让这么一点,我不要了。"说完,就做出要走的样子。

营业员一看老王要走,连忙说:"哎,你等等,真没办法,做一回不赚钱的买卖吧,算了,七折。"

老王边走边说:"六折怎么样?"

营业员听见老王还六折,有些失望,不再管他了。老王走出了10多米,营业员也没来叫住老王。老王想:看来价格真的到底了,可以回去买下了。他在商场里随便转了一下,3分钟之后以七折1960元的价格买下了西服,比前一位顾客便宜了700元。老王几乎有点不敢相信,在银泰百货能省下这么多钱!

【名师箴言】

银泰百货的这位营业员非常有礼貌,态度也很认真,但没有掌握讨价还价的基本技巧。在老王讨价的过程中,卖方一共让步了8次,结果老王还没还价,卖方自己就把水分挤干了。卖方应该在让步一次之后,就要求老王出价。另外,如果卖方善于思考和判断,就不会让老王的"哭穷策略"得逞(若真没饭吃,就不会看上标价2800元的衣服),如果卖方咬住价格,哪怕一点都不让步,老王也许照样会买下。

当然,要想全面掌握讨价还价的技巧和艺术,仅仅知道以上这些是远远不够的,还必须配合谈判的各种策略。一个谈判者仅仅知道讨价还价的步骤就像是一名律师刚刚懂得了诉讼的基本程序。律师的真正水平体现在对复杂案情的分析、合乎逻辑的推理,以及精彩绝伦的辩论上。谈判高手的真正水平则体现在对各种谈判策略的娴熟运用、高超的说服技巧,以及出神入化的心理战术上。

9.2.2 还价的方式、次数和策略

1. 还价的方式

还价是商务谈判中的重要环节,它直接关系到谈判的成败,以及最终达成的协议是否对己方有利。根据不同的标准,还价的方式可以有不同的分类。

1) 根据分析的对象不同

根据分析的对象不同,还价可以分为按分析比价还价和按分析成本还价两种方式,具

体内容如表 9-1 所示。

表 9-1　根据分析的对象不同还价方式分类表

分 类	定 义	特 点	应 用
按分析比价还价	按分析比价还价是指己方在还价时，主要依据市场价格、竞争对手的价格或历史价格等外部参考信息来制定还价策略。这种方式的核心在于通过对比和分析市场价格信息，来确定己方的还价水平和谈判底线	这种方式具有客观性和市场竞争性。它注重与市场价格或竞争对手的价格进行比较，以确保己方的还价具有竞争力和合理性。同时，按分析比价还价考虑到了市场价格波动和竞争对手策略变化对谈判的影响	在市场价格波动较大、存在多个竞争对手或谈判双方对市场价格信息较为敏感的情况下，按分析比价还价是一种有效的还价方式。通过对比市场价格和竞争对手的价格，己方可以更加准确地判断对方的报价水平和谈判底线，从而制定出更加合理的还价策略
按分析成本还价	按分析成本还价是指己方在还价时，主要依据自身的成本结构、利润空间和生产能力等内部因素来制定还价策略。这种方式的核心在于通过分析和计算己方的成本效益，来确定己方的还价水平和利润空间	这种方式具有主观性和内部导向性。它注重己方的成本效益和利润空间，以确保己方的经济利益。同时，按分析成本还价考虑到了己方的生产能力和资源限制对谈判的影响	在成本结构清晰、利润空间稳定或生产能力有限的情况下，按分析成本还价是一种合理的还价方式。通过分析和计算己方的成本效益和利润空间，己方可以更加准确地判断自身的谈判底线和还价水平，从而制定更加合理的还价策略。同时，这种方式也有助于己方在谈判中更好地掌握主动权，避免过度让步或陷入价格战的困境

2) 根据每次还价项目的多少

根据每次还价项目的多少，还价可以分为单项还价、分项还价和总体还价三种方式，具体内容如表 9-2 所示。

表 9-2　根据每次还价项目的多少还价方式分类表

分类	定 义	特 点	应 用
单项还价	单项还价是指针对报价中的某一个具体项目进行还价，如价格、数量、交货时间等。这种方式的核心在于对报价中的某个具体项目进行深入分析和评估，以确定己方的还价水平和谈判策略	单项还价具有针对性强、灵活性高的特点。它允许己方对报价中的某个具体项目进行深入剖析，并根据实际情况进行灵活调整。同时，单项还价也有助于己方在谈判中更好地掌握主动权，通过针对某个具体项目的还价来引导谈判的进程	在谈判过程中，如果己方对报价中的某个具体项目不满意或认为存在不合理之处，可以采用单项还价的方式进行协商和调整。通过深入分析和评估该项目，己方可以更加准确地判断对方的报价水平和谈判底线，从而制定更加合理的还价策略。同时，单项还价也有助于己方在谈判中更好地掌握主动权，通过针对某个具体项目的还价来引导谈判的进程

分类	定　义	特　点	应　用
分项还价	分项还价是指针对报价中的多个具体项目进行分别还价，如同时对价格和数量进行还价。这种方式的核心在于对报价中的多个具体项目进行综合考虑和评估，以确定己方的还价水平和谈判策略	分项还价既考虑了报价的整体性，又兼顾了具体项目的灵活性。它允许己方对报价中的多个项目进行分别分析和评估，并根据实际情况进行灵活调整。同时，分项还价有助于己方在谈判中更好地展示自身的立场和需求，通过分别还价来与对方进行更深入的沟通和协商	在谈判过程中，如果己方对报价中的多个项目都有异议或认为需要调整，可以采用分项还价的方式进行协商和调整。通过分别分析和评估这些项目，己方可以更加全面地表达自己的立场和需求，并制定更加合理的还价策略。同时，分项还价也有助于己方在谈判中更好地与对方进行沟通和协商，以达成更全面的协议
总体还价	总体还价是指针对报价的整体进行还价，即对报价中的所有项目进行综合考虑后给出一个总的还价方案。这种方式的核心在于对报价的整体水平进行深入分析和评估，以确定己方的还价水平和谈判策略	总体还价注重报价的整体性和综合性。它要求己方对报价中的所有项目进行综合考虑和评估，并给出一个整体的还价方案。同时，总体还价有助于己方在谈判中更好地展示自身的立场和需求，通过整体还价来与对方进行更高层次的沟通和协商	在谈判过程中，如果己方认为对方的报价整体水平过高或不合理，可以采用总体还价的方式进行协商和调整。通过深入分析和评估报价的整体水平，己方可以更加准确地判断对方的报价水平和谈判底线，并制定更加合理的还价策略。同时，总体还价有助于己方在谈判中更好地与对方进行沟通和协商，以达成更全面的协议。通过整体还价，己方可以全面表达自己的立场和需求，并展示出对谈判的整体把握能力，从而增加在谈判中的筹码和影响力

　　综上所述，还价的方式根据不同的标准可以有不同的分类。在实际商务谈判中，己方应根据具体情况和谈判策略选择合适的还价方式，以达到最佳的谈判效果。通过灵活运用不同的还价方式，己方可以更好地掌握谈判的主动权，实现自身利益的最大化。

2. 还价的次数

　　还价次数并没有统一的标准，它取决于双方价格差距的大小、谈判的进展情况，以及双方的谈判策略和心态，并受到多种因素的影响。

　　1) 价格差距

　　当双方的价格差距较大时，还价的次数可能会相应增加。为了减少还价次数并使其价格接近成交预算，买方需要增大还价幅度，以更快地接近卖方的底线。

　　2) 谈判进展

　　还价次数也受到谈判进展的影响。如果谈判进展顺利，双方对价格和其他条款的共识较多，那么还价次数可能会减少。相反，如果谈判陷入僵局，双方对价格和其他条款存在较大分歧，那么还价次数可能会增加。

3) 谈判策略与心态

还价次数还受到双方谈判策略和心态的影响。如果买方采用"软磨硬泡"的策略，通过多次还价来逐渐降低卖方的期望，那么还价次数可能会较多。相反，如果买方采用"速战速决"的策略，希望在较短时间内达成协议，那么还价次数可能会较少。同时，双方的心态也会影响还价次数。如果双方心态平和、愿意妥协，那么还价次数可能会减少。如果双方心态急躁、互不相让，那么还价次数可能会增加。

4) 信息与情报

买方在谈判前对市场和卖方的信息掌握程度也会影响还价次数。如果买方掌握了充分的市场信息和卖方的价格底线，那么可以更有针对性地进行还价，减少还价次数。相反，如果买方信息不足，需要多次试探和询问，那么还价次数可能会增加。

5) 谈判节奏与压力

谈判的节奏和双方承受的压力也会影响还价次数。如果谈判节奏较快，双方需要在有限的时间内达成协议，那么还价次数可能会减少。相反，如果谈判节奏较慢，双方有足够的时间进行深入的讨价还价，那么还价次数可能会增加。同时，如果一方承受较大的压力(如时间紧迫、资金紧张等)，可能会更倾向于尽快达成协议，从而减少还价次数。

综上所述，还价次数是一个复杂的问题，需要根据具体情况进行灵活调整。在谈判过程中，双方都要密切关注谈判的进展和对方的反应，以制定合理的还价策略和控制还价次数。

3. 还价的策略

在商务谈判中，还价的策略是买方为了争取更优惠的价格和条件而采取的一系列行动和方法，是谈判人员针对先前对方的报价而采取的一系列谈判技巧和策略。

1) 投石问路策略

投石问路策略是指不急于还价，而是先提出与价格有关的假设条件，请对方回答，以搜集对还价有利的信息和寻找还价机会。这种方式能够帮助买方更好地了解卖方的底线和价格构成。例如："假如我们订货的数量加倍或减半呢？""假如我们与你签订长期订货合同呢？"通过这些问题，买方可以了解卖方在不同条件下的价格反应和底线。

2) 小处入手策略

小处入手策略是指对于大型项目、成套设备和较复杂的交易，买方可以从"小处"适当做出一些让步，以打破僵局并逐步推进谈判进程。这种方式能够在不暴露自己底线的情况下，逐步引导卖方降低价格。通过在小项目上做出让步，买方可以在大项目、大金额的部分进行更有力的攻击，以争取更优惠的价格和条件。

3) 竞争策略

竞争策略是在价格构成比较复杂的商品或大型劳务工程项目谈判中，买方可以利用或制造对手竞争的局面，使多个卖方主动做出价格解释和让步。这种方式能够增加买方的谈判筹码，并迫使卖方降低价格，即采用"货比三家"的技巧或"招标"的方法，让多个承包商为了战胜竞争对手而尽量压低报价。这样，买方就可以从中选择最优惠的价格和条件。

4) 挑剔还价策略

挑剔还价策略即提出大量的问题和要求，其中有些问题的确存在，有些则是故意制造出来的。这种方式能够迫使卖方在价格或其他方面做出让步。通过挑剔和质疑卖方的报价和条件，买方可以争取到更优惠的价格和更好的交易条件。同时，这种方式能够帮助买方更好地了解卖方的底线和价格构成。

5) 情感投资策略

情感投资策略是指在谈判过程中，买方可以通过与卖方建立良好的人际关系，进行情感投资，以便在还价时得到更多的理解和支持。同时，买方可以利用互惠原则，在谈判初期给予卖方一些小恩小惠，以换取卖方在价格上的让步。例如，在谈判前或谈判过程中，买方可以邀请卖方参加一些社交活动，增进彼此的了解和信任。在还价时，买方可以提到这些共同的经历和感受，以拉近与卖方的距离，使还价更容易被接受。

6) 最后通牒策略

最后通牒策略也可称为最后期限策略，是指当谈判进入僵局或卖方不愿意做出更多让步时，买方可以发出最后通牒，给出一个最后的价格和期限，要求卖方在此期限内接受。这种方式能够给卖方造成一定的压力，迫使其做出让步。例如，买方可以说，"这是我们最后的报价了，如果你不能接受，我们只能考虑其他的供应商了。请你在两天内给我们一个明确的答复"。通过这样的方式，买方可以给卖方一个明确的信号，表明自己的决心和底线。

7) 组合备选策略

组合备选策略是指在还价过程中，买方可以将多种还价策略组合使用，以达到最佳的效果。同时，买方应该准备一些备选方案，以应对卖方可能出现的不同反应和策略。例如，买方可以先使用投石问路策略了解卖方的底线，然后利用竞争策略邀请其他供应商参与报价。如果卖方仍然不愿意让步，买方可以发出最后通牒并给出期限。同时，买方应该准备一些备选方案，如调整订货数量、改变付款方式等，以应对可能出现的不同情况。

综上所述，在商务谈判的讨价还价阶段，还价的方式、次数和策略需要根据具体情况灵活运用。通过合理的还价方式和策略，买方可以有效地推进谈判进程并争取到更有利的交易条件。卖方也需要密切关注买方的还价方式和策略，以做出适当的回应和调整。

9.3 让步的技巧

商务谈判中的让步技巧是谈判成功的关键因素之一。在谈判过程中，双方往往需要在多个议题上进行磋商，而让步是达成共识、推动谈判进展的重要手段。掌握适当的让步策略，不仅有助于维护自身利益，展现谈判者的智慧和应变能力，还能促进双方打下信任、理解与合作的基础，从而更容易达成共识，实现共赢的局面。

有效的让步技巧需要谈判者具备敏锐的洞察力和判断力，能够准确判断形势、把握时机，做到既不让步过多损害自身利益，也不让步过少阻碍谈判进展。谈判者还需要具备良好的沟通能力和表达能力，能够清晰、准确地传达自己的意图和条件，以便在让步过程中与对方进行有效沟通，寻求双方都能接受的解决方案。

9.3.1　让步的原则

商务谈判中的让步原则是谈判者在谈判过程中应当严格遵循的基本准则，这些原则确保了谈判的顺利进行，并有助于维护双方的利益。

1. 价值最大原则

在商务谈判中，由于存在多重目标且可能相互冲突，谈判者需要基于目标的重要性和紧迫性，对目标进行优先排序，以确保首要目标和紧急目标得到优先解决，同时争取实现其他目标，从而达到整体利益的最大化。谈判者应全面评估目标冲突的严重程度，深入分析自身所处的环境和位置，以确保在不牺牲核心目标的前提下，通过策略性的让步和妥协，实现整体利益的最大化。同时，谈判者应时刻关注谈判的进展和对方的反应，灵活调整自己的策略和让步幅度，以确保在关键时刻能够做出具有决定性的让步，从而达成最有利的协议。

2. 界限明确原则

让步策略的实施应具有明确的界限和层次性。谈判中的让步资源是有限的，且连续的让步可能使对手产生抗性，导致一种让步方式在多次使用后效果逐渐减弱。因此，谈判者需要在让步前明确自己的底线，以确保让步的幅度和节奏得到合理控制。谈判者应避免无限制地让步，以免损害自身的利益，陷入被动。在做出让步时，谈判者应时刻对比让步资源的投入与期望的谈判效果，确保让步所带来的价值大于其成本。同时，谈判者还应根据对方的反应和谈判的进展，灵活调整自己的让步策略，以在关键时刻做出具有决定性的让步。

3. 时机精准原则

让步的时机选择对其效果具有决定性影响。谈判者应在适当的时机和场合做出让步，以确保其产生最大的影响力。过早的让步可能被视为无关紧要，而过晚的让步可能失去其应有的吸引力和影响力。谈判者需要精确判断让步的最佳时机，以确保让步能够在关键时刻发挥最大的作用。在谈判过程中，谈判者应时刻关注对方的反应和谈判的进展，灵活调整自己的让步时机和幅度。同时，谈判者还应学会利用对方的弱点和需求，选择合适的时机做出让步，以在谈判中获得更大的优势。

4. 表述清晰原则

让步的标准、对象、理由、内容及实施细节应明确且无误。模糊的让步表述可能导致新的问题和矛盾产生，甚至可能使对方对让步的真实意图产生误解。在做出让步时，谈判者应确保对方能够清楚地理解让步的意图和幅度，从而避免产生误解和矛盾。谈判者可以使用明确的语言和具体的例子来解释让步的内容和实施细节，以确保对方能够充分理解并接受让步。同时，谈判者还应确保让步的表述与自身的利益和谈判目标相一致，以免在谈判中出现自相矛盾的情况。

5. 损失弥补原则

在某些情况下，谈判者可能需要在某一方面做出让步以换取整体谈判的进展。此时，可以通过在其他方面给予对方优惠来弥补这一让步带来的损失，以确保整体利益的平衡。

当谈判进入关键阶段，若再不做出让步可能导致谈判破裂时，谈判者可以考虑在其他方面给予对方一定的优惠，以确保谈判的顺利进行。例如，可以在价格、交货期、付款方式等方面给予对方一定的优惠，以换取对方在关键问题上的妥协。同时，谈判者应确保所做出的让步和弥补措施不会损害自身的核心利益和长期利益。

6. 适度有效原则

让步的幅度和节奏应适中，既要确保足够大以打动对方，又要避免过大而损害自身利益。适度的让步可以有效推动谈判的进展，而过度的让步可能使对方产生过高的期望或要求更多的让步。谈判者应根据谈判的进展和对方的反应，逐渐调整让步的幅度和节奏。在初步阶段，可以做出一些较小的让步以试探对方的反应和底线；在关键阶段，可以做出具有决定性的让步以推动谈判的进展；在最后阶段，可以确保让步的幅度和节奏是与自身的利益和谈判目标一致的。同时，谈判者还应时刻关注对方的反应和谈判的进展，以避免在关键时刻做出过度的让步而损害自身利益。

7. 谨慎有序原则

让步应谨慎且有序地进行，避免无原则或无目的的让步导致谈判局势失控。谈判者需要在让步前进行深入的思考和分析，确保让步符合自身的利益和谈判目标，并按照预定的计划和节奏进行。在做出让步之前，谈判者应全面评估让步的利弊和风险，确保让步不会损害自身的核心利益和长期利益。同时，谈判者应制定详细的让步计划和策略，包括让步的幅度、节奏、时机和方式等，以确保让步的有序进行。在谈判过程中，谈判者还应时刻关注对方的反应和谈判的进展，灵活调整自己的让步计划和策略，以免在关键时刻出现混乱或失控。

综上所述，商务谈判中的让步原则是多维度的、相互关联的。谈判者应根据具体情况灵活运用这些原则，以确保谈判的顺利进行和双方利益的最大化。同时，谈判者还应不断学习和实践这些原则，以提高自身的谈判能力和水平。

9.3.2　让步的步骤

让步的步骤是谈判过程中至关重要的环节，明智的让步能够成为推动谈判进展的有力工具。谈判人员必须将"以局部利益换取整体利益"作为让步的出发点，所以，把握让步的步骤是必不可少的。

1. 明确谈判的整体利益

在谈判的准备阶段，谈判人员需要深入研究和明确此次谈判的整体利益。这包括两个方面：一是全面评估谈判对各方的重要程度。谈判人员对某一方的重视程度越高，意味着该方在谈判中的利益诉求越强，相对实力可能就越弱。因此，更需要明确自身的核心利益和谈判目标，以确保在谈判中不偏离主线。二是科学确定己方可接受的最低条件，即己方能够做出的最大让步。这一步骤要求谈判人员对自身的底线有清晰的认知，并在谈判过程中坚守这一底线，以避免过度让步导致利益受损。

2. 精心确定让步策略

让步策略对于传递信息和产生效果具有重要影响。在商务谈判中，由于交易性质、谈判对手和谈判环境的不同,让步策略并没有固定的模式。谈判人员需要根据实际情况,灵活运用多种让步策略,并在谈判过程中根据对方的反应和谈判的进展不断调整。巧妙的让步策略,可以传递出己方的诚意和合作意愿,同时探测对方的底线和真实意图,为后续的谈判策略提供依据。

3. 审时度势选择让步的时机

让步的时机对于谈判的顺利进行至关重要。谈判人员需要密切关注谈判的进展和对方的反应,灵活选择让步的时机。有时,先于对方做出让步可以显示己方的诚意和合作态度,易于打破谈判僵局,推动谈判的进展;有时,后于对方让步可以观察对方的反应和底线,为后续的谈判策略选择提供依据,争取更有利的谈判地位;甚至有时,双方可以同时做出让步,以达成互利共赢的协议,实现共同利益的最大化。选择恰当的让步时机,可以使己方的小让步给对方带来较大的满足感,提升对方的合作意愿,从而推动谈判的顺利进行。

4. 全面衡量让步的结果

在做出让步后,谈判人员需要全面、客观地衡量让步的结果。这包括评估己方在让步后的具体利益得失,确定是否达到了预期的谈判目标;评估让步后所取得的谈判地位和讨价还价力量的变化,确定是否增强了己方在后续谈判中的议价能力。通过衡量让步的结果,谈判人员可以判断让步是否达到了预期的效果,是否有助于推动谈判的进展,并为后续的谈判策略提供调整的依据。如果让步的结果不尽如人意,谈判人员需要及时调整策略,以确保整体利益的实现。

综上所述,让步的步骤是谈判过程中必不可少的环节。通过明确谈判的整体利益、精心确定让步的方式、审时度势选择让步的时机,以及全面衡量让步的结果,谈判人员可以更加明智地进行让步,推动谈判的顺利进行并实现整体利益的最大化。同时,谈判人员还需要在实践中不断积累经验,提高谈判技巧和策略水平,以应对各种复杂的谈判情况。

9.3.3 让步策略

在谈判过程中,特别是在谈判快陷入僵局时,赢者总是比输者能控制自己的让步程度。谈判的输者,往往无法控制让步的程度;赢者则会不停地改变自己的让步方式,令人难以揣测。那么,让步策略有几种呢?通常可分为以下八种。

1. 坚定式让步

坚定式让步是一种在谈判初期展现强硬、坚定的立场的策略。己方几乎不做出任何让步,给对方一种不易妥协的印象。这种策略的目的是在谈判的最后阶段,当对方已经感到压力并表现出一定的妥协意愿时,己方突然做出较大的让步,以达成协议。这种策略的关键在于掌握让步的时机和幅度,既要让对方感到压力,又要让对方看到达成协议的可能性。

坚定式让步策略要求谈判者有较高的谈判技巧和心理素质,因为初期的强硬立场可能引发对方的反感或抵触。然而,如果运用得当,这种策略可以有效地测试对方的底线,并在关键时刻展现己方的灵活性,从而达成更有利的协议。

> **【小故事大道理 9-2】**
> 在一次商品采购谈判中,买方在初期对价格、交货期等条款都表现出非常强硬的态

度，几乎不做出任何让步。卖方在多次尝试谈判无果后，开始感到压力，并考虑调整自己的报价。此时，买方突然表示，如果卖方能够在价格上做出一定的让步，并且保证交货期，那么买方愿意考虑签订合同。这个突然的让步让卖方感到意外，但也看到了达成协议的可能性，最终双方达成了协议。买方的坚定式让步策略成功地让卖方在压力下做出了妥协。

2. 逐步式让步

逐步式让步是一种在谈判过程中逐渐、一点一点地做出让步的策略。每次让步的幅度都不大，但累积起来可以让对方感觉到谈判有所进展，从而增加对方继续谈判的信心和动力。这种策略的关键在于控制好让步的节奏和幅度，既要让对方感到进展，又要避免过早地暴露自己的底线。

逐步式让步策略适用于那些需要长时间磋商、涉及多个议题的复杂谈判。通过逐步让步，己方可以逐渐引导对方接受自己的立场，也可以在关键时刻保留一定的谈判筹码。然而，需要注意的是，逐步式让步也可能让对方产生"还可以继续谈判"的错觉，因此必须掌握好让步的节奏和幅度。

【小故事大道理 9-3】

在一次服务合同谈判中，双方就服务范围、价格等条款进行了长时间的磋商。己方在谈判过程中，逐渐地扩大了服务范围，降低了价格，每次让步的幅度都不大，但累积起来让对方感到了明显的进展。通过逐步式让步策略，己方成功地让对方感受到了谈判的进展，增加了对方继续谈判的信心和动力。最终，在经过多轮磋商后，双方达成了协议。

---

3. 虚假式让步

虚假式让步是故意做出一些看似重要的让步，但实际上这些让步对己方的影响并不大。这种策略的主要目的是迷惑对方，让对方觉得已经取得了很大的进展，从而增加对方继续谈判的信心和动力。这种策略的关键在于选择好让步的条款和时机，既要让对方感到有进展，又要确保这些让步不会对己方造成实质性的损失。

虚假式让步策略需要谈判者有较高的判断力和洞察力，以便准确地选择那些对己方影响不大的条款进行让步。同时，也需要注意不要让对方识破，否则可能会引发对方的反感或抵触。如果运用得当，这种策略可以有效地打乱对方的谈判节奏，使对方在不知不觉中接受己方的立场。

【小故事大道理 9-4】

在一次技术转让谈判中，己方在谈判初期对技术转让的价格、范围等条款都表现出非常强硬的态度。然而，在谈判的中期，己方突然表示愿意在技术转让的范围上做出一定的让步，但这个范围实际上是己方已经掌握并且价值不高的技术。这个虚假的让步让对方感到非常高兴，认为已经取得了很大的进展，从而更加积极地参与后续的谈判。通过虚假式让步策略，己方成功地迷惑了对方，让对方在谈判中陷入了误区，最终达成了对己方有利的协议。

---

4. 一次性让步

一次性让步是指在谈判的某个关键时刻，己方一次性做出较大的让步的策略。这种策略的目的是打破谈判的僵局，推动谈判的进展。这种策略的关键在于选择好让步的时机和幅度，既要让对方感到意外和惊喜，又要确保这个让步不会暴露己方的底线。

一次性让步策略需要谈判者有较高的胆识和决断力，因为一旦做出让步就无法收回。然而，如果运用得当，这种策略可以有效地打破谈判的僵局，使对方在感到意外和惊喜的同时接受己方的立场。需要注意的是，一次性让步的幅度和时机必须经过精心策划，以确保不会暴露己方的底线或引发对方的进一步要求。

> **【小故事大道理 9-5】**
>
> 在一次房地产交易中，双方就房屋的价格、付款方式等条款进行了长时间的磋商，但一直无法达成协议。此时，己方突然表示，如果能够在今天签订合同，那么愿意在价格上做出较大的让步。这个一次性让步让对方感到非常意外和惊喜，认为己方表现出了极大的诚意和灵活性。最终，双方达成了协议。通过一次性让步策略，己方成功地打破了谈判的僵局，推动了交易的进展。

5. 交换式让步

交换式让步是指在谈判中，己方在做出让步的同时，要求对方也做出相应的让步的策略。这种策略通常用于双方都有一定谈判筹码的情况。通过这种策略，己方可以确保在做出让步的同时，也能够从对方那里获得相应的回报。这种策略的关键在于确保交换的公平性和合理性，既要让对方感到压力，又要让对方看到交换的价值。

交换式让步策略需要谈判者有较高的谈判技巧和判断力，以便准确地评估双方的谈判筹码和交换的公平性。同时，让对方看到交换的合理性和价值，不要让对方觉得己方在"敲诈"或"勒索"。如果运用得当，这种策略可以有效地促进双方的合作和共赢。

> **【小故事大道理 9-6】**
>
> 在一次合资谈判中，己方在出资比例上做出了让步，同时要求对方在技术转让、市场开拓等方面做出相应的让步。通过交换式让步，双方最终达成了协议。己方通过出资比例的让步获得了对方在技术转让和市场开拓方面的支持，实现了双方的共赢。这种交换式让步策略成功地促进了合作的达成。

6. 条件式让步

条件式让步是指己方在做出让步之前，先向对方提出一定的条件或要求的策略。只有在对方满足这些条件或要求的情况下，己方才会做出让步。这种策略的关键在于选择好条件和要求的合理性和可行性，既要让对方感到有一定的压力，又要让对方看到满足条件后获得让步的可能性。通过这种策略，己方可以确保在做出让步的同时，也能够获得对方的相应承诺或回报。

条件式让步策略需要谈判者有较高的谈判技巧和判断力，以便准确地评估对方的实力和承诺的可行性。同时，要让对方看到条件的合理性和满足条件后获得的好处，不要让对方觉得己方在"刁难"或"设置障碍"。如果运用得当，这种策略可以有效地促进双方的合作和长期关系的建立。

【小故事大道理 9-7】

在一次销售谈判中，己方在价格上做出了让步，但前提是对方必须承诺在一定的时间内完成一定的销售量。这个条件式让步让对方感到了一定的压力，但也让对方看到了满足条件后获得价格优惠的可能性。为了获得价格上的优惠，对方最终接受了己方的条件，并做出了相应的承诺。通过条件式让步策略，己方成功地获得了对方的承诺和回报。

7. 试探式让步

试探式让步是指己方在谈判中先做出一个小让步的策略，其目的是试探对方的反应。然后，根据对方的反应再决定是否继续让步或调整让步的幅度。这种策略的关键在于掌握好试探的时机和幅度，既要让对方感到己方的诚意和灵活性，又要避免过早地暴露自己的底线。通过这种策略，己方可以更好地了解对方的立场和意愿，从而做出更有针对性的让步。

试探式让步策略需要谈判者有较高的谈判技巧和心理素质，以便准确地判断对方的反应和调整自己的策略。同时，要让对方看到己方的诚意和灵活性，不要让对方觉得己方在"试探"或"玩弄"他们。如果运用得当，这种策略可以有效地促进双方的沟通和理解，从而达成更有利的协议。

【小故事大道理 9-8】

在一次采购谈判中，己方在价格上先做出了一个小让步，试探对方的反应。如果对方表现出满意的态度并愿意继续谈判，那么己方可能会继续做出让步；如果对方表现出不满意的态度并坚持自己的立场，那么己方可能会调整让步的幅度或策略。通过试探式让步策略，己方成功地了解了对方的立场和意愿，并做出了更有针对性的让步。最终，双方达成了协议。

8. 隐蔽式让步

隐蔽式让步是指在谈判中，己方在某些不太重要的方面或细节上做出让步的策略。这些让步在整体上对己方的影响并不大，但可以让对方觉得已经取得了进展，从而增加对方继续谈判的信心和动力。这种策略的关键在于选择好让步的方面和时机，既要让对方感到有进展，又要确保这些让步不会对己方造成实质性的损失。通过这种策略，己方可以在不暴露自己底线的情况下，让对方感受到谈判的进展和己方的诚意。

隐蔽式让步策略需要谈判者有较高的谈判技巧和判断力，以便准确地选择那些对己方影响不大的方面进行让步。同时，也需要注意不要让对方识破这种策略。

【小故事大道理 9-9】

在一次合作谈判中，己方在合作的具体细节上做出了一些让步，比如，合作的时间表、具体的工作流程等。这些让步在整体上对己方的影响并不大，但让对方感到了明显的进展和诚意。对方认为己方在细节上做出了让步，表现出了合作的诚意和灵活性。因此，对方更加积极地参与了后续的谈判，并最终达成了合作协议。通过隐蔽式让步策略，己方成功地让对方感受到了谈判的进展和自己的诚意，促进了合作的达成。

9.3.4　让步的注意事项

在商务谈判的激烈战场中，每一分利益和好处都如同珍贵的战利品，它们往往流向那些在重要问题上立场最坚定、战斗力最强的谈判者。这不仅是一场智慧的较量，更是一场意志与策略的博弈。坚守住自己的领地，不要轻易让步，是每一个谈判者都应铭记于心的原则。尤其对于那些总爱轻易对人做出承诺的人来说，这一原则显得尤为重要。因为每一个轻易的承诺，都可能成为后续谈判中的绊脚石，让自己陷入不必要的困境。

在谈判桌上，我们应该尽量争取对方的许诺，而不是轻易向对方做出承诺。每一个承诺都应该被视为一种让步，而对方应该为此付出一定的代价。这样的谈判策略，不仅能够帮助我们更好地维护自己的利益，还能够让对方更加珍视我们所做出的每一个让步。为了争取互利互惠的让步，我们需要注意以下六个方面。

1. 掌握让步的技巧

让步的方式和技巧多样，但这些技巧和方式并不是一成不变的，而是需要根据具体情况进行灵活的分析和应用。生搬硬套只会让人陷入被动，而真正的谈判高手，总是能够根据对方的情况、己方的情况以及谈判场上的进展，巧妙地选择不同的让步策略，并计算出最合适的让步幅度。他们的目标始终如一，那就是争取最大的利益。

在实际谈判中，我们可能会遇到各种各样的情况。有时候，对方可能对我们的产品或服务表现出极大的兴趣，同时又对我们的价格提出质疑。在这种情况下，我们可以考虑采用"先小后大"的让步策略。首先，在价格上做出一些微小的让步，让对方感受到我们的诚意和合作的意愿。然后，在后续的谈判中，我们可以逐渐加大让步的幅度，同时确保这些让步不会损害我们的核心利益。

【知识链接】

让步技巧十八条

（1）不要做无谓的让步，应体现对己方有利的宗旨。每次让步，或是以眼前利益换取长远利益，或是以己方让步换取对方更大的让步和优惠。

（2）在未完全了解对方的所有要求以前，不要轻易做任何让步。盲目让步会影响双方的实力对比，让对方占有某种优势，甚至会使对方得寸进尺。

（3）让步要让在刀刃上，让得恰到好处，能使己方以较小的让步获得对方较大的满意。

（4）在己方认为重要的问题上，力求使对方先让步；而在己方认为较次要的问题上，根据情况需要，己方可以考虑先让步。

（5）己方的让步不要表现得太清楚。每个让步都应该指向可能达成的协定，可是不能让对方看出己方的目标所在。

（6）不要做交换式的让步，除非情况特殊。让步并不需要双方互相配合，以大换小、以旧换新、以小问题换大问题的做法是不可取的。

（7）不要承诺做同等程度的让步，"一报还一报"的互相让步是不可取的。如果对方提出这种要求，可以以己方无法负担作为回绝的理由。假如对方开价 60 元而你开价 40 元，对方说："我们取个平均值，50 吧。"你可以说："不能接受，45 吧。"

(8) 做出让步时要三思而行，谨慎从事，不要过于随便，给对方以无所谓的印象。

(9) 不要让对方轻易得到好处，人们往往不会珍惜轻易得到的东西。

(10) 必须让对方懂得，己方每次做出的都是重大的让步。即使做出的让步对己方损失不大，也要使对方觉得让步来之不易，从而珍惜得到的让步。

(11) 如果做出的让步欠周密，要及早收回，不要犹豫。不要不好意思收回已做出的让步，最后的握手成交才是谈判的结果。

(12) 在准备让步时，尽量让对方开口提出条件，表明其要求，先隐藏自己的观点和想法。

(13) 一次让步的幅度不宜过大，节奏也不宜太快，但必须足够，应做到步步为营。

(14) 没有得到某个交换条件，永远不要轻易让步。不要免费让步，或是未经慎重讨论就让步。如果你得不到一顿晚餐，就应得到一个三明治；如果你得不到一个三明治，就应得到一个许诺，许诺是打了折扣的让步。

(15) 不要不敢说"不"。只要你重复说"不"，对方就会认为你说的是真的，要坚持立场。

(16) 让步的目标必须反复明确。让步不是目的，而是实现目的的手段，任何偏离目标的让步都是一种浪费。让步要定量，每次让步后，都要明确让步已到何种程度、是否获得了预期的效果。

(17) 不要执着于某个问题的让步，整个合同比单个问题更重要。要向对方阐明：各个问题上所有的让步要视整个合同是否令人满意而定。

(18) 在接受对方让步时要心安理得。不要一接受对方让步就不好意思，就产生、负债感，马上考虑能否做出什么让步给予回报。

2. 把握让步的重要心理因素

人们往往对轻易得到的让步不以为意，甚至可能会拒绝做出相应的让步作为回报。这是因为，在人们看来，轻易得到的让步并没有太大的价值，也不值得为此付出更多的代价。然而，如果对方费尽九牛二虎之力才从你手里争取到微小的让步，那么他们往往会更加珍视这个让步，并愿意为此付出更大的代价作为回报。

因此，作为谈判者，我们首先要明确的是：不要轻易让对方从我们手里获得让步。每一个让步都应该经过深思熟虑，并确保它能够为我们带来相应的回报。同时，我们要学会制造一种"来之不易"的感觉，让对方更加珍视我们所做出的每一个让步。

在实际谈判中，我们可以通过一些策略来增强让步的"来之不易"感。比如，我们可以在对方提出某个要求时，故意表现得犹豫和为难，让对方感受到我们的让步并不是轻而易举的。我们也可以在做出让步之前，先提出自己的要求和条件，让对方感受到我们的让步是有代价的。

3. 避免试图通过让步赢得对方好感

在谈判场上，精明和能干的人总是受到更多的尊重和赞赏，而那些试图通过让步来赢得对方好感的人，往往会被视为无能之人。这是因为，轻易的让步不仅会让对方对我们的实力和能力产生怀疑，还会让我们在后续的谈判中陷入更加被动的局面。

因此，作为谈判者，我们应该时刻保持清醒的头脑和坚定的立场。我们不应该试图通过让步来迎合对方的期望或赢得对方的好感，而应该通过展示自己的专业能力和谈判技巧来赢得对方的尊重和信任。只有这样，我们才能在谈判桌上立于不败之地。

在实际谈判中，我们可以通过一些方式来展示自己的专业能力和谈判技巧。比如，我们可以对对方提出的要求进行深入的分析和评估，并给出合理的回应和建议。我们也可以在谈判中运用一些巧妙的策略和技巧，让对方感受到我们的实力和智慧。

4. 在最后关头才做出让步

明智的谈判者知道如何在关键时刻做出让步。他们明白，从谈判一开始就向对方做出让步，往往会让自己陷入被动的局面，并让对方对他们的实力和决心产生怀疑。因此，他们总是会在谈判的最后关头，确实需要达成协议时，才考虑做出让步。

这样的策略不仅能够让我们在谈判中占有更多的主动性和控制权，还能够让对方更加珍视我们所做出的让步。因为对方明白，我们的让步并不是轻而易举的，而是深思熟虑和权衡利弊之后的结果。

在实际谈判中，我们可以通过一些方式来运用这一策略。比如，我们可以在谈判的初期保持较为坚定的立场和态度，让对方感受到我们的决心和实力，然后，在谈判的后期，当双方已经就大部分问题达成一致时，考虑在一些次要问题上做出一些让步，以促成最终的协议。

5. 明确让步的代价

当我们明确要做出让步时，一定要向对方声明，其实我们做出这个让步是与公司的原则，或者公司主管的指示相背离的，所以只能做出这样一个让步。这样的声明不仅能够让对方更加珍视我们所做出的让步，还能够为我们后续的谈判留下更多回旋的余地。

同时，我们也要让对方明白，即使我们做出了让步，也并不意味着我们对此毫不在意。相反，我们的让步是有代价的，而对方也应该为此付出相应的回报。这样的态度不仅能够让对方更加尊重我们的决定和立场，还能够为双方后续的合作奠定更加坚实的基础。

在实际谈判中，我们可以通过一些方式来明确让步的代价。比如，我们可以在做出让步之前，向对方阐述我们的立场和原则，并让对方明白我们的让步并不是轻而易举的。我们也可以在做出让步之后，及时向对方提出我们的要求和条件，让对方明白我们的让步是有条件的。

6. 让对方先开口讲话

在谈判中，让对方先开口讲话不仅可以让我们更好地了解对方的底线和期望，还能够让我们为后续的谈判制定更加有针对性的策略。

当对方先开口讲话时，我们可以仔细倾听他们的要求和条件，并观察他们的表情和语气。这样可以帮助我们更加准确地判断对方的底线和期望，并为我们后续的让步和反击提供有力的依据。

同时，我们也可以在对方开口讲话时，隐藏自己的要求和条件。这样做不仅可以让我们在后续的谈判中掌握更多的主动性和控制权，还能够让对方在不知不觉中陷入我们的谈判陷阱。

在实际谈判中，我们可以通过一些方式来让对方先开口。比如，我们可以在谈判的初期保持沉默和观察的态度，让对方先开口提出他们的要求和条件，然后在后续的谈判中，根据对方的要求和条件，制定出更加有针对性的策略和方案，以争取最大的利益。

综上所述，让步在商务谈判中是一门非常重要的学问。它不仅需要我们掌握各种技巧和策略，还需要我们深入了解对方的心理和期望。只有这样，我们才能够在谈判桌上游刃有余地运用让步这一策略，为我们的企业和团队争取最大的利益。

【小故事大道理 9-10】

两位美国人到欧洲向街头的同一个画家买画。

第一个美国人问："这幅画要多少钱？"

画家说："15 欧元。"说完后，画家发现这个美国人没什么反应，心里想：这个价钱他应该能够承受。于是画家接着说："15 欧元是黑白的。如果你要彩色的，是 20 欧元。"这个美国人还是没有什么反应，画家又说："如果你连框都买回去是 30 欧元。"结果这个美国人把彩色画连带相框买了回去，以 30 欧元成交。

第二个美国人问价时，画家也说 15 欧元。

这个美国人立刻大声喊道："隔壁才卖 12 欧元，你怎么卖 15 欧元？画得又不比人家好！"

画家一看，立刻改口说："这样好了，15 欧元本来是黑白的，您这样说，15 欧元卖给你彩色的好了。"

美国人继续抱怨："我刚刚问的就是彩色的，谁问你黑白的？"结果他 15 欧元既买了彩色画，又带走了相框。

【名师箴言】

第一个美国人之所以比第二个美国人花的钱多，是由于其让步过快；第二个美国人之所以比第一个美国人花的钱少，是由于画家让步过快。让步的具体形式有很多，在实际运用中，要根据对方的反应灵活掌握，切忌一成不变地固守一种模式。让步是一个十分慎重的问题。每一次让步都能给对方带来某种好处，相应地，每一次让步都可能损害己方的某种利益。因此，让步之前一定要慎重考虑后果。

课件资源

第 10 章　商务谈判的成交阶段

学习目标

掌握判断谈判成交的时机：了解谈判涉及的交易条件，学会判断谈判结束的时间，并能够辨识成交的信号。

学会表达成交的方法：掌握明朗表达法和含蓄表达法，能够在谈判中灵活运用以表达成交意愿。

掌握促成成交的方法：熟悉并掌握直接请求成交法、假定成交法、从众成交法、选择成交法、保证成交法和渐进成交法，能够根据谈判情况选择合适的方法促成成交。

了解促成成交的策略：了解并学会运用期限策略、优惠劝导策略、最终出价策略、主动暗示策略、提供选择策略和分析机会策略，提高成交的成功率。

重点知识

- 判断谈判成交的时机，包括交易条件、结束时间和成交信号的辨识。
- 表达成交的方法，包括明朗表达法和含蓄表达法。
- 促成成交的方法，包括各种具体的成交法和策略。

学习难点

- 如何在实际商务谈判中准确判断成交的时机。
- 如何灵活运用各种表达成交的方法和促成成交的策略，顺利达成交易。
- 如何应对谈判中的突发情况，调整策略促成成交。

----情景呈现----

一场智慧与妥协的较量

在中国某电子公司的总部，一场决定公司未来发展的商务谈判正进入关键时刻。这家电子公司的代表们正襟危坐，他们的目光聚焦于会议室的大屏幕上，那上面显示着与德国某科技公司长达数月谈判的点点滴滴。这场谈判的焦点是一项先进的半导体生产技术。中国公司亟需这项技术来提升自己的产品竞争力，而德国公司则希望通过技术转让获得可观的收益。双方在这场谈判中都投入了巨大的精力和资源，而现在，他们终于进入了成交阶段。

在谈判的最后阶段，气氛异常紧张。德国公司的首席代表亚历山大先生坚定地表示："我们坚持要求一次性支付全额的技术转让费，这是我们公司的规定。"他的语气中透露出不容置疑的决绝，仿佛这是一条不可逾越的底线。

中国公司的首席谈判代表李总闻言，眉头微皱，但他很快恢复了平静。他以一种平和而坚定的语气回应道："亚历山大先生，我完全理解你们的规定，但我们也必须考虑公司的实际情况。一次性支付如此巨额的费用，对我们来说是一个巨大的财务压力。如果我们能够分阶段支付，并在达到特定的技术里程碑时支付相应比例的费用，这将对我们双方都有利。毕竟，你们也希望这项技术能够在我们的产品中发挥出最大的价值，这样也能保证你们的投资回报，不是吗？"说着，李总露出了一个友好的微笑，试图缓解紧张的气氛。

亚历山大先生闻言，面露难色，他看了看身边的团队成员，似乎有些动摇。经过一番短暂的商议，他终于表示："李总，我理解你们的立场，但我们需要再考虑一下。这是我们一贯的做法，改变它需要一些时间和内部的讨论。"李总微笑着回应："当然，亚历山大先生，我们完全理解。请尽管考虑，我们也希望找到一个对双方都有利的解决方案。毕竟，我们不仅仅是在进行一笔交易，更是在为未来的合作奠定基础。我相信，通过我们的共同努力，一定能够找到一个让双方都满意的解决方案。"

接下来的时间里，双方就具体的支付比例和时间节点进行了深入的讨论。他们时而争执不下，时而达成共识，整个谈判过程充满了智慧的火花。李总不时地提出一些富有创意的建议，而亚历山大先生也展现出灵活的谈判技巧。

在经历了一番激烈的讨价还价后，李总再次提出了一个折中的方案："亚历山大先生，我们提议在协议中增加一些灵活性。我们可以同意一次性支付一部分费用，但剩余的部分我们希望能够在技术成功转让并达到预期效果后再支付。这样，我们既能保证你们的利益，也能减轻我们的财务压力。同时，我们也愿意在技术转让过程中提供必要的支持和协助，以确保技术的顺利应用和生产。我相信，这样的安排对双方都是公平的。"亚历山大先生闻言，沉思片刻后，终于点了点头："李总，你的提议很有建设性。我认为我们可以接受这样的安排。让我们把这个提议加入协议中，并继续讨论其他的细节。"

最终，在经过长达数小时的激烈交锋后，双方终于达成了共识。李总看着亚历山大先生微笑着说道："那么，我们是不是可以正式签署协议了？我相信，这份协议将是我们双方合作的新起点。"亚历山大先生也微笑着回应："当然，李总。我们很高兴能够达成这项协议。我也相信，这将是我们双方合作的一个良好开端。让我们一起为未来的成功而努力吧！"当两份协议文本并排放在桌上时，谈判现场显得异常庄重。李总拿起笔，仔细审阅了协议内容，确认无误后，在协议上郑重地签下了自己的名字。接着，他将笔递给亚历山大先生，示意他也签署协议。亚历山大先生接过笔，同样仔细地审阅了协议内容，然后也在协议上签下了自己的名字。签完字后，他满意地点了点头，将笔放回桌上。

此时，会议室里响起了一片掌声。双方代表都露出了满意的笑容，他们知道，这场商务谈判终于圆满结束了。李总和亚历山大先生再次握手致意，彼此眼中都充满了对未来的期待和信心。他们知道，这场谈判不仅仅是一次商业交易，更是一次双方智慧和勇气的较量。而在这场较量中，他们都展现出了非凡的谈判技巧和妥协精神，最终达成了一个双赢的结果。

——名师点拨——

这场商务谈判的成交阶段充分展示了双方代表的智慧和谈判技巧，以及在关键时刻做出妥协和让步的勇气。通过深入了解对方的立场和需求，双方代表能够提出合理的解决方案，并就具体细节进行深入地讨论和协商。最终，他们达成了一项双赢的协议，不仅满足了中国公司的技术需求，也为德国公司带来了可观的收益。这个案例告诉我们，在商务谈判中，除了坚持自己的立场和利益外，还需要展现出灵活性和妥协精神。通过相互理解和合作，双方都可以找到满足各自需求的解决方案，并实现长期的合作与发展。同时，在谈判过程中，适当的幽默和友好的态度也能有效缓解紧张气氛，促进双方的沟通和合作。

商务谈判是一场智慧与谋略的较量，更是一场心理与沟通技巧的博弈。在经历了漫长的磋商、讨价还价之后，谈判终于迎来了最为关键的阶段——成交阶段。这一阶段，既是对前面所有努力的总结和升华，也是对未来合作关系的确认和展望。在此阶段，双方都需要展现出高度的灵活性和智慧，以确保能够顺利达成协议，并为后续的合作奠定坚实的基础。

商务谈判成交阶段也叫结束阶段，是双方经过一系列磋商、讨论和讨价还价后，达成一致意见并决定进行交易或合作的最终阶段。在这一阶段，谈判人员的主要任务是捕捉成交信号，把握结束谈判的时机，掌握促成交易的策略。双方会就合同的具体条款、交易条件、支付方式、交货时间等关键细节进行深入讨论，并最终确认合作的具体内容和方式。成交阶段的成功与否直接关系商务谈判的最终结果，因此双方都会在这一阶段表现出高度的灵活性和妥协精神，以确保能够顺利达成协议并实现双方的利益目标。

10.1 　判断谈判成交的时机

在商务谈判中，成交时机的判断关乎谈判的成败与双方利益的最大化。一个恰到好处的成交时机，不仅能够确保谈判的顺利进行，还能为双方带来长远的合作与共赢。然而，成交时机的判断并非易事，它需要对谈判进程、客户反应以及市场环境等多个方面进行深入的洞察与分析。谈判人员要正确判断谈判成交的时机，这样才能运用好谈判成交阶段的策略。如果时机判断错误，可能会使己方的努力付诸东流，也可能会拖延成交时间，丧失成交机遇。谈判成交的时机可依据以下几个方面来判断。

10.1.1　谈判涉及的交易条件

谈判人员可以从谈判涉及的交易条件的解决状况来深入分析并判断整个谈判是否即将进入终结阶段。交易条件是谈判的核心内容，其解决状况直接反映了双方谈判的进展和成果。在经过多轮紧张而细致的磋商之后，如果交易条件达到以下两条明确的标准，就说明谈判终结的时机已经到来。

第一，交易条件中的分歧数量显著减少是一个重要的判断依据。在谈判过程中，双方会对各个交易条件进行深入的讨论和协商，力求达成一致意见。如果经过多轮的磋商，双方已经在一大部分交易条件上达成了一致意见，而分歧仅仅占据很小的一部分，那么就可以判断谈判已经进入了尾声阶段。特别是当那些最关键、最重要的交易条件，如价格、交付方式、质量标准等，已经得到了双方的一致认可，只剩下一些非实质性的、细枝末节的问题有待进一步确认时，就应该判定谈判已经进入了实质性的终结阶段。因为谈判的成功与否，并不在于双方在每一个细节上都能达成一致，而是在于双方在那些关乎根本利益的关键问题上是否能够达成真正的共识。如果仅仅在一些次要问题上达成了共识，而在那些核心问题上仍然存在巨大的分歧和争议，那么就不能判定谈判已经接近尾声。

第二，对方认同的交易条件逐渐接近甚至达到己方的成交线，也是判断谈判终结时机的重要依据。成交线，即己方可以接受的最低交易条件，是达成协议、实现合作的下限。在谈判过程中，双方都会明确自己的成交线，并据此进行深入的磋商和协商。如果对方在磋商过程中提出的交易条件已经越来越接近这个下限，甚至已经达到了己方的成交线，那么就意味着谈判已经进入了可以达成协议的实质性阶段。此时，双方都应该敏锐地捕捉到这一有利时机，通过进一步的沟通和协商，努力维护当前的谈判成果，甚至尝试改善当前的谈判状态，以实现谈判的成功和双方的共赢。如果一方在此时还试图争取更好的交易条件，但已经看不到实际可行的成果和希望，那么就不应该过于强求最佳成果，以免因为过高的期望和不切实际的要求，再次形成对立的局面，甚至导致谈判的破裂和失败，从而错失成交的有利时机。

除了上述两条标准外，还有一些其他因素也可以作为判断谈判终结时机的参考。例如，双方谈判的态度和语气是否变得更加积极和友好，是否开始更多地讨论合作后的具体执行细节，以及是否对未来的合作前景表示乐观等。这些因素都可以反映出双方对于谈判结果的预期和态度，从而帮助谈判人员更准确地判断谈判是否即将进入终结阶段。

此外，谈判人员还可以通过观察对方的行为和反应来判断谈判的终结时机。例如，如果对方开始主动提出解决方案、做出妥协，或者表示愿意签署协议等，那么这些行为都可能意味着对方已经认可了当前的交易条件，并希望尽快达成协议。此时，谈判人员应该抓住这一有利时机，积极回应对方的行为，推动谈判向终结阶段迈进。

综上所述，谈判人员应该紧密关注分歧数量的变化、交易条件的解决状况及其他相关因素的变化情况，并据此深入分析和判断整个谈判是否即将进入成交阶段。当分歧数量显著减少、对方认同的交易条件逐渐接近甚至达到己方的成交线、双方态度和语气变得更加积极友好以及对方开始表现出愿意达成协议的行为时，就意味着谈判已经进入了可以达成协议的实质性阶段。此时，双方都应该抓住这一时机，通过进一步的沟通和协商，共同努力实现谈判的圆满成功和双方的长期合作与共赢。

【知识链接】

当谈判双方在交易条件上全部或基本达成一致时，谈判进入成交阶段。但要想使成交阶段进行得更平稳、有更大的可能性达成交易，个别问题的技术处理应当得到双方的认可。假如个别问题的技术处理不恰当、不严密、有缺陷、有分歧，谈判人员在协议达成后也会提出异议，甚至推翻之前达成的协议，使之前的劳动成果付诸东流。

10.1.2　谈判结束的时间

在谈判的漫长过程中，结束时间的到来无疑是一个重要的转折点。它标志着谈判即将进入最后的收尾阶段，所有的努力、策略和妥协都将在此刻汇聚成最终的结果。受到谈判结束时间的影响，谈判人员必须调整各自的谈判方针，以更加敏锐和果断的态度抓住最后的时间窗口，力求获得最有效的成果。谈判结束的时间并非随意确定，而是基于一系列的判断标准和考量因素。以下是对这些判断标准的深入解析，以及在此阶段谈判人员应采取的应对策略。

1. 双方约定的谈判时间

双方约定的谈判时间是判断谈判是否即将结束的最直接标准。在谈判之初，双方会根据谈判的规模、内容、环境以及各自的谈判需求和利益，共同约定一个总体时间框架。这个约定不仅为谈判进程提供了一个明确的时间表，也为双方创造了一种时间上的紧迫感。在这种紧迫感的驱使下，谈判人员会更加专注于核心问题的讨论和解决，从而有助于提高谈判的效率，避免在一些琐碎的小问题上浪费时间和精力。

当然，双方能否在约定的时间内顺利签约，还取决于多种因素的综合作用。如果双方实力相当、合作意愿强烈且利益差异不大，那么按照约定的时间终结谈判并达成协议就相对容易。反之，如果双方实力悬殊、合作意愿不强或利益冲突激烈，那么即使到达了约定的时间，谈判也可能因为无法达成共识而陷入僵局。

在这种情况下，谈判人员需要展现出高度的灵活性和应变能力。可以尝试通过调整谈判策略、提出新的妥协方案，或者寻求第三方的协助来打破僵局。如果努力后仍然无法达成协议，那么双方也应该遵守约定的时间让谈判告一段落，并另约时间继续谈判。如果实在无法谈妥，也可以宣布谈判破裂，并各自寻找其他的合作伙伴。

2. 单方限定的谈判时间

在谈判中，如果某一方占有明显的优势地位，或者出于对自身利益的特殊考虑，又或者还有其他可选择的合作对象作为备选方案，那么这一方的谈判人员就有可能会告知对方自己希望在某个特定时间内结束谈判。这种做法实际上是在向对方施加一种时间上的压力，迫使对方在有限的时间内做出妥协和让步。

面对这种单方限定的谈判时间，对方谈判人员需要保持冷静和理智。他们应该仔细评估交易条件是否符合自己的谈判目标，并权衡妥协与坚持的利弊得失。如果对方觉得条件合适，并且不希望失去这次交易机会，那么他们可能会选择妥协并达成协议。然而，如果对方觉得条件不公或无法接受，那么他们也可以选择坚持自己的立场并拒绝妥协。

在单方限定谈判时间时需要谨慎行事，应该充分考虑到对方的反应和可能的反制措施，并避免因为过于强硬或霸道而破坏原本有望达成的合作关系。应该通过展示诚意、提出合理的妥协方案，以及积极寻求共同利益来努力促成协议的达成。

3. 形势突变的谈判时间

有时候，尽管双方已经明确约定了谈判时间，但在谈判过程中却可能会遇到一些突发的状况，导致形势发生变化。这些变化可能包括市场行情的剧烈波动、外汇行情的意外变动、公司内部发生的重大变更或事件等。这些突发情况往往会对谈判产生重大影响，甚至可能导致原本的计划无法继续实施。

在这种情况下，谈判人员需要迅速调整策略并做出应对。谈判人员应该首先评估形势变化对谈判的具体影响，以及可能带来的后果和风险，然后需要及时与对方沟通并协商调整谈判计划或提前结束谈判的可能性。如果形势变化确实无法避免且对谈判造成了严重影响，那么双方也可以考虑暂停谈判并另寻时机继续协商。

总之，在谈判结束时间即将到来时，谈判人员需要保持高度的警觉和灵活性，根据双方约定的谈判时间、单方限定的谈判时间，以及形势突变的谈判时间等判断标准来准确判断谈判是否即将进入终结阶段，并据此调整各自的谈判方针和策略。通过抓住最后的时间窗口并采取有效的应对措施，谈判人员可以努力获得最有效的成果并为双方的合作奠定坚实的基础。

10.1.3　辨识成交的信号

成交信号是指谈判双方在谈判过程中所表现出来的各种成交意图，常常会通过谈判人员的行为、语言和表情等多种形式表现出来。谈判人员要善于捕捉对方释放的成交信号，从而尽快促成成交，结束谈判。在谈判过程中，成交信号是双方表现出来的各种成交意图的明显标志。这些信号可以大致分为四类：表情信号、语言信号、行为信号和事态信号。

1. 表情信号

表情信号是通过谈判人员的面部表情展现出来的成交意图。这些表情可能是瞬间的、微妙的，但往往能够透露出对方内心的真实想法和感受。表情信号是直观的，谈判人员可以通过观察对方的眼神、嘴角、眉头等部位的微小变化来捕捉这些信号。常见的表情信号包括目光长时间集中在某一点上、嘴角上扬露出满意的笑容、眉头由紧锁变为舒展等。表情信号通常反映了对方对谈判内容的兴趣、认同或疑虑等情绪状态。

> 【知识链接】
>
> 　　眼睛是心灵的窗户，能传递丰富的信息。对方瞪大眼睛看着己方，表明对方对己方谈论的内容很感兴趣；对方下巴内收，视线上扬注视己方，表明对方有求于己方，对成交的期望程度比己方高；对方的眼神飘忽不定，表明对方可能在走神。

谈判人员的面部表情是成交意图的直观反映。例如，当对方目光集中在己方的展示材料或产品上时，这往往表明他们对所提内容产生了浓厚的兴趣，正在仔细研究并考虑其潜在价值；眼珠转动由慢变快，嘴角微翘，眉头舒展，这些细微的表情变化可能意味着对方正在从内心深处接受或认同己方的提议，他们的疑虑正在逐渐消散；若对方神情由冷静沉思转变为轻松、活泼、友好，这通常表示对方的心理防线正在逐渐放松，对交易的抵触情绪在减弱，他们可能已经开始考虑与己方建立合作关系；若对方微笑、神情轻松以及下意识地点头，都是对方对己方意见表示认同的明显信号，这表明他们的态度正在变得积极，对交易的信心也在增强；若对方突然对产品的优点表现出非常赞许的神情，这往往意味着对方已经看到了产品对其自身的价值，他们可能对产品的某些特性或优势产生了浓厚的兴趣；若对方神态自然地研究产品及其说明书、报价单等材料，表明对方正在认真考虑交易的具体细节，他们可能在权衡利弊，做出最终的决策。成交阶段不同时期的表情信号如表

10-1 所示。

表 10-1　成交阶段不同时期的表情信号

不同时期	具 体 表 现
在产品展示时	当对方目光长时间集中在产品上，眉头由紧锁变为舒展，这表示他们对产品产生了浓厚的兴趣；若对方嘴角微微上扬，露出满意的笑容，可能意味着他们对产品的某些特性表示认同
在价格讨论时	如果对方在听到价格后，表情由紧张转为轻松，这可能表示价格在他们的接受范围内；若对方眉头微皱但随后迅速舒展，可能表示他们在权衡价格与价值后，认为交易是可行的
在合同签署前	若对方神情专注，目光坚定，可能表示他们已准备好做出决策并签署合同；微笑并点头，表示他们对合同条款表示满意，并准备接受

2. 语言信号

语言信号是通过谈判人员的口头语言表达出来的成交意图。这些语言可能是直接的询问、要求或建议，也可能是间接的暗示或表述。语言信号是明确的，谈判人员可以通过倾听对方的言辞来捕捉这些信号。常见的语言信号包括询问具体的产品功能、使用方法，提出对价格的折扣或优惠要求，询问合同的细节等。语言信号通常反映了对方对谈判内容的关注程度、需求点以及可能的决策方向。

语言是表达成交意图最直接、最明显的方式。例如，当对方询问具体的交货时间或是否可以提前交货时，这通常意味着他们已经在考虑交易的实际执行阶段，对交易的紧迫性有所要求；当对方对产品质量和加工方法提出具体、细致的要求时，表明对方已经对产品的实际使用产生了浓厚的兴趣，他们可能在考虑如何将产品融入其业务或生产流程中；当对方详细询问产品的使用方法和注意事项时，进一步体现了对方对产品的关注和期待，他们可能希望自己能够正确地使用产品，并避免任何潜在的问题；当对方要求试用产品时，表明对方希望亲身体验产品性能，以便做出更明智的购买决策，说明他们对产品的实际效果和适用性非常关心；当对方多次询问交易方式、付款条件时，说明对方正在为实际的交易过程做准备，他们可能在考虑如何安排资金流动和交易流程；当对方询问产品的售后服务事项，包括安装、维修、退换以及零配件供应等时，表明对方正在考虑长期合作关系，他们可能希望在交易后能够得到持续的支持和服务；当对方提出产品使用培训要求时，意味着对方已经预见到交易后的实际需求，他们可能希望自己能够充分利用产品的功能并发挥其最大效益；当对方反复询问交易的部分条款时，意味着对方在试图明确交易的细节，以确保其利益得到保障，他们可能在寻找任何可能的漏洞或风险，并希望事先解决这些问题；当对方对正在合作的其他企业表示不满时，往往暗示他们对当前的关系感到不满，并希望找到更好的替代方案；当对方询问有无促销活动或促销活动的适用期限，以及团购是否有优惠时，表明对方在试图探明价格底线，他们可能在寻找任何可能的折扣或优惠，以降低交易成本；当对方询问同行者的意见时，可能是对方在寻求支持或确认自己的决策，他们可能希望自己的选择是正确的，并得到他人的认可和支持；当对方直接说"你介绍得真好""真说不过你了"等语言时，说明对方对己方提议的明确赞赏，这表明他们已经对交易产生了浓厚的兴趣，并可能即将做出购买决策。成交阶段不同时期的语言信号如表 10-2

所示。

表 10-2 成交阶段不同时期的语言信号

不同时期	具 体 表 现
在需求探讨时	若对方详细询问产品的具体功能、使用方法，可能表示他们正在考虑如何将产品融入其业务或生活中；若对方询问是否有定制选项或能否满足特定需求，表明他们正在考虑与己方建立更紧密的合作关系
在价格谈判时	若对方询问是否有折扣、优惠或团购价格，可能表示他们在寻找降低成本的途径；若对方提及竞争对手的价格，可能是在试探己方的价格底线，或寻求更好的交易条件
在合同细节讨论时	若对方询问合同的细节，如交付时间、付款方式等，表明他们正在为实际的交易过程做准备；若对方提出对合同条款的修改建议，可能表示他们正在寻求更有利的交易条件，或确保自己的利益得到保障

3. 行为信号

行为信号是通过谈判人员的身体动作或行为展现出来的成交意图。这些行为可能是有意识的或无意识的，但都能够透露出对方对谈判的态度和倾向。行为信号是直观的，谈判人员可以通过观察对方的身体语言来捕捉这些信号。常见的行为信号包括身体前倾表示关注，认真记录谈判要点，频繁翻阅产品说明材料，有签字动作倾向等。行为信号通常反映了对方对谈判内容的重视程度、决策的准备情况以及可能的下一步行动。

> **【小故事大道理 10-1】**
>
> 　　化肥公司的谈判代表小晨与客户谈判，小晨看得出，由于购买化肥事关一年作物的收成，客户比较慎重，也比较紧张，一直双手抱胸，呈现出一种很难决策的焦虑和不安状态，有时甚至显得有点茫然。小晨耐心地为客户介绍，一一打消客户的顾虑。客户逐渐认可了化肥公司的产品，并且身体姿态放松，情绪高涨，偶尔还会与小晨讲一些与农事有关的轻松话题。接着，客户开始在化肥公司展厅内走来走去，仔细观察起化肥的样品，并认真阅读说明书。
>
> 　　小晨一直在仔细观察客户的行为，认为客户已经产生成交意图，就抓紧机会推进交易的达成，最终双方顺利成交。
>
> **【名师箴言】**
>
> 　　案例中，表明客户有成交意图的行为信号有：状态由原来的拘谨变得放松，情绪高涨，仔细观察样品、阅读说明书。小晨成功识别了客户的行为信号，最终促成了成交。

谈判过程中的某些行为也能透露出成交的意图。例如，若对方身体由原来的拘谨状态转变成轻松状态，这可能意味着他们的心理防线正在逐渐放松，对交易的抵触情绪正在减弱；若对方认真观看产品的视听材料并频繁点头，表明对方对产品产生了浓厚的兴趣，他们的内心可能已经对产品的优点和价值做出了肯定；若对方反复阅读产品说明材料，进一步体现了对方对产品的细致关注，他们可能希望自己对产品的所有方面都有充分的了解，以便做出明智的决策；若对方仔细触摸、观察、试用样品，说明对方想亲身体验产品以做出更明智的决策，这表明他们对产品的实际效果和适用性非常关心，并希望自己的选择是正确的；若对方有签字动作倾向，如摸口袋找笔或拿出订货单看，这往往是对方即将做出购买决策的明显信号，他们可能在考虑如何填写订单或准备签署合同；若对方突然变得很热情，可能是对方对交易的前景产生了积极的预期，他们可能看到了与己方合作的潜在好处，并对此感到兴奋和期待；若对方主动出示收集的产品相关信息，表明对方已经在为交易做充分的准备，他们可能希望展示自己对产品的了解和兴趣，以增加交易的吸引力。成交阶段不同时期的行为信号如表 10-3 所示。

表 10-3　成交阶段不同时期的行为信号

不 同 时 期	具 体 表 现
在初步接触时	若对方主动递上名片，或要求交换联系方式，可能表示他们对与己方建立合作关系有兴趣；若对方认真翻阅己方提供的资料，频繁点头表示赞同，可能意味着他们对己方的提议产生了浓厚的兴趣
在深入谈判时	若对方身体前倾，双手交叉放在桌上，这通常表示他们正在集中注意力倾听，并对谈判内容表示关注；若对方认真记录谈判要点，或频繁翻阅产品说明材料，表明他们正在为做出决策收集信息
在准备签署合同时	若对方有签字动作倾向，如摸口袋找笔或拿出订货单看，这往往是他们即将做出购买决策的明显信号；若对方突然变得很热情，主动提出庆祝合作，可能表示他们对交易的前景充满了期待和信心

4. 事态信号

事态信号是通过谈判过程中的事态发展展现出来的成交意图。这些事态可能是由对方主动提出的，也可能是由外部环境或谈判进展所引发的。事态信号是动态的，谈判人员需要通过观察和分析谈判过程中的各种变化来捕捉这些信号。常见的事态信号包括对方提出增加会谈次数，主动引荐企业有决策权的负责人，介绍其他关键部门的负责人参与谈判，开始讨论合同的具体条款和细节等。事态信号通常反映了对方对谈判进展的态度以及可能的决策方向的变化。谈判人员需要密切关注这些信号，以便及时调整自己的谈判策略。

> **【知识链接】**
>
> 根据谈判环境、谈判对象、产品、谈判人员介绍能力等的不同，对手表现出来的成交信号也千差万别，没有固定的标准，大家需要通过实践积累经验。谈判人员在与他人交往的过程中要多观察他人的言行，体会他人为什么要这么说、这么做。这样不仅有助于辨识成交信号，也能提升自己的情商和共情能力。

谈判过程中的事态信号也能反映出成交的意图。例如，若对方提出增加会谈次数，这可能是他们希望进一步深入了解交易细节，以便做出更明智的决策；若对方主动提出改变谈判的地点或环境，如由会议室、大办公室转移到小会议室或包间，这可能意味着他们希望在更私密的环境中讨论更敏感的交易问题，以确保交易的保密性和安全性；若对方主动引荐企业有决策权的负责人，表明对方可能已经对交易产生了浓厚的兴趣，并希望将交易推向更高的决策层面，他们可能认为这是一个重要的机会，并希望得到高层领导的支持和批准；若对方主动介绍其他关键部门的负责人，这往往是对方在为交易后的实际合作做准备，他们可能希望建立更广泛的合作关系，并确保各个部门之间的顺畅沟通和协作。成交阶段不同时期的事态信号如表 10-4 所示。

表 10-4　成交阶段不同时期的事态信号

不同时期	具 体 表 现
在谈判初期	若对方提出增加会谈次数，或要求更深入的讨论，可能表示他们对交易表示出了浓厚的兴趣，并希望进一步了解细节；若对方主动引荐企业有决策权的负责人，表明他们可能已经将交易视为一个重要机会，并希望得到高层领导的支持和批准
在谈判中期	若对方主动提出改变谈判的地点或环境，可能意味着他们希望在更私密的环境中讨论更敏感的交易问题；若对方介绍其他关键部门的负责人参与谈判，可能是他们在为交易后的实际合作做准备，并希望建立更广泛的合作关系
在谈判后期	若对方开始讨论合同的具体条款和细节，并提出修改建议，这可能意味着他们正在为签署合同做最后的准备；若对方提出具体的交货时间、付款方式等要求，表明他们已经在考虑交易的实际执行阶段，并希望一切顺利进行

10.2　表达成交的方法

表达成交的方法不仅是一种简单的技巧或手段，更是一种策略性的思考方式，旨在通过有效沟通和协商，促成交易或协议的达成。表达成交的方法主要有明朗表达法和含蓄表达法，它们各有其独特的适用场景和注意事项，是商务谈判中不可或缺的重要工具。

10.2.1　明朗表达法

明朗表达法是指用明确完整的语言直截了当地向对方提出成交的建议或要求，如"既然没问题了，那我们签字吧"。这种方法的特点在于其直接性和明确性，能够迅速地将己方的意图传达给对方，从而有效地推动谈判进程。明朗表达法适用情况如表 10-5 所示。

表 10-5　明朗表达法适用情况

不同情况	具 体 做 法
与老客户谈判时	由于双方已经建立了一定的信任基础，使用明朗表达法可以更加直接地切入主题，提高谈判效率。老客户对彼此的业务和合作方式已经有所了解，因此不需要过多的解释和说明，直接提出成交建议往往更为有效
辨识出对方有成交意图，但还没有下定决心时	在这种情况下，明朗表达法可以起到一种催化作用，帮助对方明确自己的意愿，并推动其做出决定。通过直接的表达，可以让对方感受到己方的诚意和决心，从而增强其成交的信心
对方没有提出异议，也没明确反对时	这意味着对方对己方的提案或条件基本认可，此时使用明朗表达法可以趁热打铁，促成交易。在这种情况下，明朗表达法可以避免双方因为沉默或模糊的态度而错失成交的良机
经过一番努力，各种主要问题已基本解决时	在这种情况下，使用明朗表达法可以明确双方的共识，并推动谈判进入最后阶段。通过直接的表达，可以确保双方对成交的条件和细节有清晰的认识，从而避免后续的纠纷和误解

在使用明朗表达法时，谈判人员需要注意以下几点。

(1) **抓住适当的成交机会**。时机是明朗表达法的关键，过早或过晚都可能影响效果。需要仔细观察对方的反应和态度，选择最合适的时机提出成交建议。

(2) **表现自然诚恳**。态度决定一切，诚恳的态度可以增加对方对己方的信任感。在表达成交意图时，需要保持自然、真诚的态度，让对方感受到己方的诚意和决心。

(3) **不慌不忙、不卑不亢**。保持冷静和自信，避免给对方留下过于急切或卑微的印象。在谈判过程中，需要保持冷静的头脑和自信的态度，让对方感受到己方的实力和专业性。

(4) **用明确完整的语言表述成交意图**。避免模糊不清或含糊其辞，确保对方能够准确理解己方的意图。在表达成交意图时，需要使用明确、完整的语言，让对方清晰地了解己方的提案和条件。

【小故事大道理 10-2】

张岩是某公司的谈判人员，负责向客户推销公司的产品，谈判成功率很高。当同事问他成功的秘诀时，张岩说自己喜欢观察客户的表现，以便抓住时机向对方表达成交意图。

一天，张岩与客户谈判，前期较顺利，他从客户的表情中识别出客户对公司的产品较满意，而且对自己提出的条件也没有提出异议。张岩感到时机已到，于是问对方："张经理，既然没什么不满意的地方，我们就可以达成协议了，请您在这里签个字。"这句话果然有效，对方思考一番就签字了。又一天，张岩与客户进行了漫长的谈判，经过讨价还价，双方在各种基本成交条件上已经达成共识。此时客户突然说："这些条件自然是好的，不过半年才交货，时间太长了。"张岩立马说："我方可以把交货时间缩短为 3 个月，这样我们应该可以成交了吧？"这句话让客户打消了顾虑，双方很快就达成了协议。

【名师箴言】

案例中，张岩面对的是两种不同的情形：第一种情形是客户已经有成交意图，但还没有下定决心，而且也没有提出异议，此时张岩直接向客户表明成交的时机已到；第二种情形是其他条件都已成熟，只是客户就交货时间提出异议，此时张岩果断满足对方需求，同时表达了成交意图。张岩在这两种情形下都采用了明朗表达法，简单直接，效果很好。

10.2.2 含蓄表达法

含蓄表达法指不明确说明自己的成交意图，而是通过委婉语句或其他间接方式启发对方领悟，并提示对方采取成交行动。与明朗表达法相比，含蓄表达法是一种更加委婉和间接的表达方式，它不强求对方立即做出决定，而是通过启发和提示的方式，引导对方自己领悟并采取成交行动。

1. 适用情况

含蓄表达法主要适用于以下三种情况。

(1) **对对方的成交意图把握不准时**。在这种情况下，含蓄表达法可以作为一种试探性的手段，既表达了己方的意愿，又保留了回旋的余地。经过委婉的表述和暗示后，可以观察对方的反应和态度，从而判断其是否有成交的意愿。

(2) **交易内容复杂、贵重或新颖时。** 对于内容复杂的交易，客户往往需要更多的时间来考虑和权衡。含蓄表达法可以给客户留出更多的思考空间，同时又不失时机地推动谈判进程。通过委婉的提示和引导，可以帮助客户理清思路，明确自己的需求，并最终做出决定。

(3) **对方拿不定主意时。** 对方拿不定主意时，直接表达可能会让对方感到有压力或不适，采用含蓄的表达方式可以让对方更加自然地接受己方的建议和提案。

2. 使用注意事项

含蓄表达法一般有三种形式，主要包括语言的暗示、行为的暗示及媒介物和情景的暗示。在使用含蓄表达法时，谈判人员需要注意以下五点。

(1) **掌握好含蓄的分寸。** 过于直白可能会让对方感到有压力，而过于含蓄则可能让对方无法理解己方的意图。因此，需要找到一个恰当的平衡点，既要让对方感受到己方的意愿和决心，又要避免给对方造成过大的压力或困扰。

(2) **强调现在成交的好处。** 通过阐述现在成交的种种优势，可以增加对方的紧迫感，促使其尽快做出决定。在委婉的表达中，可以巧妙地融入现在成交的好处和优势，让对方感受到现在成交的划算和必要性。

(3) **采取一些行动来暗示谈判即将结束。** 如收拾资料、主谈人换座到靠近门的座位等，采取一些促使其更加认真地考虑己方的提案，并尽快做出决定。

(4) **注意观察对方的反应。** 含蓄表达法需要更多的观察和判断。在委婉的表达中，谈判人员需要密切关注对方的反应和态度，以便根据对方的反应和态度及时调整自己的策略和表达方式。

(5) **避免对反应迟钝或特别敏感的对手使用。** 在面对反应迟钝或特别敏感的对手时，含蓄表达法可能会产生误解或混淆，因此不建议使用。此时可以更加直接和明确地表达自己的意图和提案，以避免产生误解或混淆。

综上所述，明朗表达法和含蓄表达法都是有效的成交方法，但需要根据具体情况和对方的性格特点来灵活选择和使用。在实际应用中，谈判人员还需要结合其他策略和技巧，如倾听、提问、引导等推进谈判的进程，以形成一套完整的谈判体系。同时，谈判人员也需要不断提升自己的沟通技巧和察言观色的能力，以便在谈判过程中做出正确的判断和决策。通过这些方法的巧妙运用，谈判人员可以在商务或销售过程中取得更好的成果，实现双方的共赢和长期发展。

【知识链接】

在谈判过程中，当谈判人员表达成交意图时，对方可能因各种原因表现出犹豫或戒备心理。这种情况下，为了推动谈判向成功迈进，谈判人员需要采取一系列策略来消除对方的顾虑和戒备心理。

一方面，谈判人员可以通过重申双方已经达成的共识来增强对方的信心。回顾并强调这些共识，不仅有助于巩固已经取得的谈判成果，还能让对方感受到谈判的进展和双方的诚意。这种重申共识的做法，相当于给对方吃了一颗"定心丸"，使其更加安心地考虑接下来的成交步骤。

另一方面，谈判人员还需要阐明双方的共同利益，以及此次交易给双方带来的发展机遇。通过展示交易的积极前景和潜在收益，可以激发对方对成交的兴趣和期待。这种展望未来的做法，有助于打破对方的犹豫和戒备心理，使其更加积极地参与成交的讨论。

总之，谈判人员在表达成交意图时，通过重申共识和阐明共同利益及发展前景，可以创造更加和谐的成交氛围。这种做法不仅有助于消除对方的戒备心理，还能为谈判的成功奠定坚实的基础。

10.3　促成成交的方法

促成成交是谈判过程中的关键环节，它并不是一个简单的步骤，而是需要谈判人员灵活运用各种策略，精心策划和执行的一系列行动，最终将促使对方做出成交决定。在不同的谈判情境和面对不同的谈判对象时，谈判人员需要选择恰当的方法来促成交易，确保双方能够达成共识并顺利实现交易目标。以下是一些常用的促成成交的方法，这些方法在实际应用中可以根据具体情况灵活调整和组合使用。

10.3.1　直接请求成交法

直接请求成交法是一种简单且常用的方法，其核心在于用明确、直接的语言向对方提出成交请求。例如，谈判人员可能会说："考虑到这批产品的实用性和技术含量，以及它在市场上的竞争优势，我相信贵公司购买后一定会感到非常满意，并对我们的合作充满信心。因此，我希望我们能够尽快达成协议，实现这笔交易。"通过这种直接的方式，谈判人员能够促使对方迅速做出反应，明确表达自己的立场和意愿，从而节省谈判时间，加速交易进程。此方法特别适用于双方已建立良好合作关系、对方已释放明显成交信号、多轮磋商后对主要交易条件无异议、对方对成交犹豫不决需要推动或对方是注重效率和结果的理智型谈判者等。

直接请求成交法可能给对方带来一定的压力，使谈判氛围变得紧张或尴尬，尤其是当对方对成交条件或细节仍有疑虑时。同时，这种方法也可能给对方留下急于求成的印象，容易引起对方的反感或抵触情绪。因此，使用此方法时，谈判人员需要具有丰富的谈判经验和敏锐的观察力，能够准确判断对方的成交意图和心态。

同时，谈判人员还需要保持诚恳的态度和恰当的用词，以避免给对方造成不必要的压力或误解。使用这种方法的最佳时机是在双方对各主要问题已达成共识，且对方对成交条件基本满意时。若直接请求未获立即回应，谈判者可进一步阐述合作的益处，强调双方共赢的局面，或提供额外的支持或保证，以增强对方的成交意愿。

10.3.2　假定成交法

假定成交法又称假设成交法，是在假定对方已有成交意图的基础上，通过提出具体的成交问题来进一步确认和推动对方下决定的方法。这些问题通常涉及交货时间、数量、付款方式等细节，如"如果您决定购买，您希望何时交货？"或"您需要多少数量的产品以满足您的需求？"通过这种方式，谈判人员巧妙地绕过了是否同意成交的问题，直接将谈判带入成交后的细节磋商阶段，从而加速了交易的进程。此方法适用于依赖性强、性格随和、倾向于跟随主流或已有一定信任基础的客户，以及老客户。它特别适用于那些已经表现出一定兴趣或购买意愿，但可能需要一些额外的推动来做出最终决定的客户。

在使用假定成交法时，谈判人员需要保持自然、温和的语气和态度，营造轻松、友好的谈判氛围，以免给对方造成过大的压力或不适感。同时，谈判人员还需要密切观察对方的反应和态度，以便及时调整自己的策略和措辞。在假定成交的基础上，谈判者可以进一步展示成交后的积极结果，如预期的合作效益、市场反应的改善等，以增强对方对成交的期待和信心。

【小故事大道理 10-3】

甲公司与乙公司进行产品购销谈判，由于双方已经有过多次合作，谈判进行得较顺利。甲公司谈判代表发现，乙公司谈判代表总是将目光集中在样品上，并反复询问产品的售后事项，而且身体姿态也由拘谨变为放松，他认定这些都是乙公司谈判代表释放出的成交信号。虽然乙公司谈判代表没有明说想要成交，但甲公司谈判代表还是果断地以温和的口吻问道："您看什么时候把货给您送去？"看到乙公司谈判代表对这句话没有表示反感，他就进一步试探性地说："麻烦您给一个收货地址。"乙公司谈判代表愣了一下，想到也没什么多余的顾虑，就回答了这两个问题。商定完细节问题，双方很快达成协议。

【名师箴言】

故事中，甲公司谈判代表辨识出对方有成交意图，而且两家公司有过多次合作，因此果断采用假定成交法，直接询问成交后的细节问题，成功地促成了成交。

10.3.3 从众成交法

从众成交法是一种利用人们的从众心理来促成交易的方法，它通过指出其他人或类似机构已经做出购买决定或选择了相同的产品或服务，谈判人员可以激发对方的购买欲望，从而促使其做出成交决定。例如，谈判人员可能会说："这款保暖内衣是我们公司最畅销的产品之一，许多知名的商场和零售商都已进货并销售得很好，包括与贵商场定位相似的 XX 购物中心和 XX 广场。您不能错过这个机会呀！"

从众成交法可以增强说服力，通过引用他人的购买决定来给对方一种社会认同感和安全感。它还可以营造一种紧迫感，促使对方尽快做出决定，以免错过机会。此方法适用于那些注重社会认同、倾向于跟随主流或希望做出"正确"选择的客户。它也适用于那些对产品或服务不太了解，需要一些额外的参考或建议来做出决定的客户。使用从众成交法时，提供的案例或数据需真实可靠，以增强说服力。同时，要注意避免过度使用，以免引发对方的反感或质疑。

10.3.4 选择成交法

选择成交法是在谈判陷入僵局或存在较大分歧时，向对方提供几种不同的成交方案或选择，要求其从中做出选择的方法。通过提供多种选择，谈判人员可以引导对方将注意力从是否成交的问题上转移到具体交易条件的讨论上，从而更容易达成共识并实现交易。例如，"李先生，根据您之前的反馈和需求，我们为您准备了两种不同的包装方案：一种是大包装，另一种是小包装。大包装的交货期为 40 天，小包装的交货期为 30 天。您可以根据自己的需求和计划选择适合的方案。"选择成交法能够让对方感到自己拥有一定的选择权和决策权，从而更容易接受和认同最终的成交方案。同时，它还可以避开是否成交这一敏感问题，减轻对方的压力和抵触情绪。

在使用选择成交法时，谈判人员需要确保所提供的方案或选择是互惠互利、公正公平的，以免给对方留下不诚实的印象。同时，方案或选择的数量也要适中，通常提供 2～3 个为宜，过多的选择可能会增加对方的决策难度和犹豫程度。最后，提问方式也要设计得让对方容易做出肯定回答，如使用"您更倾向于哪种方案？"或"您认为哪种选择更适合您的需求？"等表述方式。在选择成交法的基础上，谈判者可以进一步解释每个方案的优势和适用场景，帮助对方更清晰地做出选择，并强调无论选择哪个方案都能实现双方的共赢。

10.3.5　机会成交法

机会成交法是一种通过提示对方抓住最后的有利机会来促使其下定决心成交的方法。谈判人员可以利用对方担心错失机会或希望抓住有利时机的心理来激发其立刻成交的想法和行动。通过强调当前产品或服务的优惠条件、限时促销、独特优势等，谈判人员可以营造一种紧迫感和稀缺性，从而促使对方尽快做出决定。

在使用机会成交法时，谈判人员可以告知对方当前产品价格最优惠、售后服务保障最好、执行最优惠的付款方式或交货方式最优等。例如，"我们的优惠活动将于下周一(5 月 1 日)截止，之后价格将上调。如果您现在购买，我们将为您提供额外的售后服务保障和更优惠的付款方式。"或"如果您能立刻同意签订协议，我们将承担产品的所有运费，并为您提供更快的交货期。"在使用机会成交法时，谈判人员切忌欺骗对方或提出虚假的优惠条件来诱骗其成交。这种做法不仅会严重损害双方的信任和合作关系，还可能引发法律纠纷和声誉损失。

【知识链接】

机会成交法的核心策略在于巧妙地制造一种紧迫感，这种紧迫感的核心目的是要让对方深刻地意识到，在当前这个特定的时刻作出成交的决定是最为明智、风险最小的，并且能够获得最大的利益。具体来说，就是要通过有效的沟通和策略性的信息呈现，让对方感受到时间的紧迫性，明白如果错过这个时机，可能会面临诸多不利因素，如价格上涨、优惠取消、产品缺货或是竞争对手抢先行动等。同时，也要强调立即成交所能带来的显著优势，比如，锁定当前的最优价格、确保产品的及时供应、获得额外的增值服务或是抢占市场先机等。通过这种方式，可以有效地激发对方的购买欲望，促使其更快地作出成交的决策，从而实现销售目标。

此外，由于机会成交法是通过给对方让利或提供额外价值来促成交易的，因此不宜频繁使用。过度使用可能会导致对方对产品的真实价值产生怀疑，并进一步索取更多的优惠条件。同时，在使用此方法时也要确保所提供的优惠或额外价值是真实可行的，并且不会对企业的长期利益造成损害。为了进一步增强紧迫性，谈判者可以提及市场上类似产品

的竞争态势，或展示其他客户因抓住类似机会而获得的显著效益，从而激发对方的行动意愿。

10.3.6　保证成交法

保证成交法是一种针对对方的主要需求或疑虑提供相应的成交保证以消除其心理障碍并促成交易的方法。通过提供明确的保证或承诺，谈判人员可以增强对方的信心和安全感，从而更容易达成交易。保证的内容通常涉及产品的质量、性能、价格、交货期、售后服务等方面。

在使用保证成交法时，谈判人员可以根据对方的需求和疑虑来制定相应的保证措施。例如，"我们承诺所提供的产品均符合国家质量标准，并在出厂前经过严格的检测和测试。如果在使用过程中出现任何质量问题，我们将提供免费的维修或更换服务。"或"我们保证在合同约定的交货期内按时交付产品，并承担因延迟交货而产生的任何损失。"

在使用保证成交法时，谈判人员必须确保所提供的保证是真实可信的，同时，也要在合同中明确保证的具体内容和条件，以避免后续的纠纷和误解。最重要的是要保持诚信和守信的原则，在交易过程中始终履行自己的承诺和义务。除基本的保证外，谈判者还可以考虑提供额外的增值服务或支持，以增强对方的信任感和满意度，进一步提高成交的可能性。

【小故事大道理 10-4】

机械厂宋厂长与客户就设备交易事宜展开谈判。客户对这种设备的性能、质量不太放心，因此在成交问题上迟迟做不了决定。此时，宋厂长对客户说："您不必担心设备的质量问题，该设备有一年的保修期，保修期内因设备质量问题导致的维修是不收取任何费用的。我们还会为客户提供终身的技术服务和使用咨询服务。"客户听了宋厂长的话，消除了顾虑，交易随之顺利达成。

【名师箴言】

故事中，宋厂长运用了保证成交法，承诺向客户提供设备保修和相关技术服务，以此打消客户的顾虑，有效促成了成交。

10.3.7　渐进成交法

渐进成交法也被称为分阶段成交法，是一种通过逐步引导和协商来达成最终交易的方法。其核心在于首先强调双方一致的观点和利益，在容易解决的议题上达成共识，然后再分阶段协商其他有分歧的议题，最终达成全面的协议。通过逐步推进和协商，谈判人员可以降低对方的抵触情绪和压力，增加其对交易的接受度和满意度。

在使用渐进成交法时，谈判人员可以先从双方共同关心和容易解决的问题入手，如产品的质量标准、交货地点等。在这些问题上达成共识后，再逐渐引入其他有分歧的议题进行协商和讨论。通过逐步推进和妥协，最终可以达成全面的协议并实现交易目标。

在使用渐进成交法时，谈判人员需要保持耐心和灵活性，愿意在关键时刻做出一定的妥协和让步以换取整体的利益。同时，也要密切观察对方的反应和态度变化，及时调整自己的策略和措辞以适应谈判进程的变化。此外，在分阶段协商过程中也要注意保持整体的一致性和连贯性，确保各个阶段的议题和决策能够相互支持和协调。

在渐进成交的过程中，谈判者可以适时地提出建设性的解决方案或替代方案，以应对可能出现的分歧或障碍，从而保证谈判的顺利进行并推动最终成交。

10.4　促成成交的策略

促成成交是商务谈判的最终目标，也是衡量谈判成功与否的重要标准。为了实现这一目标，谈判人员需要灵活运用各种策略，精准把握客户需求，有效沟通并建立信任关系。以下是常用的促成成交的策略。

10.4.1　期限策略

期限策略是一种非常有效的谈判策略，其核心在于向对方明确表明谈判的截止日期，利用时间的紧迫性给对方施加压力，使其在期限的驱使下做出让步并签约。这种策略之所以有效，是因为它触发了对方的"损失厌恶"心理——人们往往更害怕失去已有的东西，而不是获得新的东西。

在运用期限策略时，谈判人员需要注意以下几点：

(1) 确保期限的真实性和合理性。不要随意设定一个期限，而是要基于实际情况和谈判进度来设定一个合理的截止日期。

(2) 清晰、明确地传达期限信息。要让对方明确知道期限的具体时间和后果，以免产生误解或歧义。

(3) 在期限到来之前进行适当的提醒和催促。这可以增加对方的紧迫感，促使其尽快做出决定。

例如，在销售谈判中，销售人员可以向客户表示："我们的优惠价格将在本月底截止，之后将不再提供。如果您想享受这个优惠价格，就需要在月底之前完成签约。"这样的表述既明确了期限，又强调了优惠的稀缺性，有助于促使客户尽快做出决定。

10.4.2　优惠劝导策略

优惠劝导策略是通过向对方提供优惠条件，激发其求利心理，从而促使其主动完成签约的策略。这种策略适用于对方对价格或成本较为敏感的情况。通过提供优惠，可以降低对方的购买成本或增加其购买价值，从而增加其签约的动机。

在运用优惠劝导策略时，谈判人员需要注意以下几点。

(1) 确保优惠的吸引力。优惠条件要足够吸引人，才能激发对方的购买欲望。

(2) 也要确保优惠的真实性和可行性，不要做出无法兑现的承诺。

(3) 清晰、明确地传达优惠信息。要让对方明确知道优惠的具体内容和条件，以免产生误解或歧义。

(4) 强调优惠的稀缺性和时效性。这可以增加对方的紧迫感，促使其尽快做出决定。例如，可以表示："这个优惠是限时的，只有在本月内购买才能享受"或"这个优惠名额有限，先到先得"。

例如，在销售谈判中，销售人员可以向客户表示："如果您可以在本月内支付货款，我们将提供免费配送和技术支持。"这样的优惠条件既降低了客户的购买成本，又增加了其购买价值，有助于促使其尽快做出决定。

10.4.3 最终出价策略

最终出价策略是在谈判的终结阶段，双方进行最后一次报价的策略。对于卖方而言，最终出价表明不会再出更低的价格；对于买方而言，最终出价则是其愿意支付的最高价格。在运用这一策略时，谈判人员需要谨慎评估形势，确保在各个方面都符合达成协议的要求后再做出最终出价。

在运用最终出价策略时，谈判人员需要注意以下几点。

(1) 准确评估形势和对方的底线。在做出最终出价之前，要对谈判的形势进行准确的评估，了解对方的底线和期望。这有助于确保最终出价的合理性和可行性。

(2) 表现出坚定的态度和决心。在做出最终出价时，要表现出坚定的态度和决心，让对方相信这是最后的底线。这可以增加对方接受最终出价的可能性。

(3) 留有适当的余地和灵活性。尽管最终出价是最后的底线，但也要留有适当的余地和灵活性，以便在对方提出合理要求时进行适当的调整。

例如，在销售谈判中，销售人员可以在了解客户的购买意愿和预算后，做出最终出价："这是我们最后一次提出的、不可更改的价格。如果您能接受这个价格，我们就可以立即签约。"这样的表述既表明了卖方的底线，又给对方留下了考虑的空间。

【小故事大道理 10-5】

最后 10 分钟的让步

秦威是某工艺品公司的谈判代表，这次他要和某外商就工艺品买卖进行谈判。工艺品公司是供货方，秦威坚持每件要价 800 元，态度十分坚决，而外商只肯出价 500 元，态度也很坚决。谈判持续了两天，进展仍然缓慢。

外商提出暂停谈判，休息之后再继续谈，如果仍然不能解决分歧，谈判只能中止。

第三天继续谈判，双方商定，最后一次谈判只用 3 个小时，因为双方都认为，如果一直僵持在这里，就算时间再多也是白白浪费。两个小时后，双方仍然僵持不下。

就在还剩下最后 10 分钟的时候，双方都已经做好退场的准备，秦威突然大声说道："这样吧，先生们，咱们是初次合作，都不愿意看到合作失败、不欢而散的情况，为了表示我方诚意、我们主动降价 150 元，不过这是最后的让步，不要企图让我们做出更多让步了。"

外商听后大吃一惊，思考片刻后终于伸出手说道："成交!"

【名师箴言】

故事中的秦威很清楚当时的谈判形势，谈判时间所剩无几，再加上是初次谈判，双方合作的意愿很强，因此秦威在最后 10 分钟做出让步，说出最后出价，既保证了谈判的顺利结束，又能赢得对方的信任。当然，这种策略适用于忍耐力较强的谈判对手，如果忍耐力较差，谈判对手可能会在遭遇几次拒绝后就离开谈判桌了。

10.4.4　主动暗示策略

主动暗示策略是在条件基本成熟后，通过向对方发出间接或直接的暗示，引导其同意签约的策略。这种策略适用于对方已经表现出一定的购买意愿，但还在犹豫或考虑的情况。通过主动暗示，可以引导对方的思维方向，促使其做出决定。

在运用主动暗示策略时，谈判人员需要注意以下几点。

(1) 选择合适的时机和方式。暗示的时机和方式要恰当，不要在对方还没有充分考虑清楚或未表现出购买意愿时就进行暗示。同时，也要根据对方的性格和喜好选择合适的暗示方式。

(2) 使用积极、肯定的语言。在暗示时，要使用积极、肯定的语言，让对方感受到签约的积极意义和好处。例如，可以表示"如果您现在决定购买，我们将为您提供最好的服务和支持"。

(3) 观察对方的反应并及时调整策略。在暗示后，要密切观察对方的反应，并根据其反应及时调整策略。如果对方表现出积极的回应，就可以进一步推进谈判；如果对方还在犹豫或考虑，就需要给予更多的信息和支持。

例如，在销售谈判中，销售人员可以向客户表示："现在订货的话，我们可以在这个月内交货。您需要多少货物呢？"这样的暗示既表明了卖方的交货能力，又引导客户考虑具体的购买数量。

10.4.5　提供选择策略

提供选择策略是向对方提供两种或两种以上的选择方案，并引导其选择成交方案的策略。这种策略适用于对方对多个方案或产品感兴趣，但还在犹豫或比较的情况。通过提供选择，可以给予对方选择权，消除其疑虑，并促使其下定决心。

在运用提供选择策略时，谈判人员需要注意以下几点。

(1) 提供具有吸引力的选择方案。选择方案要具有吸引力和可行性，能够满足对方的需求和期望。同时，也要确保选择方案之间的差异性和互补性，以便让对方进行比较和选择。

(2) 清晰、明确地传达选择信息。要让对方明确知道每个选择方案的具体内容和条件，以便进行比较和选择。同时，也要强调选择方案的优点和好处，增加其吸引力。

(3) 引导对方进行选择并确认决定。在提供选择后，要引导对方进行比较和选择，并确认其决定。如果对方还在犹豫或比较，就需要给予更多的信息和支持，帮助其做出决定。

例如，在销售谈判中，销售人员可以向客户表示："我们有两种不同的产品方案供您选择：一种是标准型产品，价格较低但功能较简单；另一种是豪华型产品，价格稍高但功能更全面。您更倾向于哪种方案呢？"这样的表述既提供了两种选择方案，又引导客户进行比较和选择。

10.4.6　分析机会策略

分析机会策略是在定局阶段，一方为另一方分析签约与不签约的利害得失，并强调现在的时机十分有利的策略。这种策略适用于对方对签约的利弊还在权衡或犹豫的情况。通过分析机会，可以让对方更加清晰地认识到签约的积极意义和潜在收益，并促使其尽快做出决定。

在运用分析机会策略时，谈判人员需要注意以下几点。

(1) 准确分析签约的利弊和潜在收益。要对签约的利弊进行准确的分析和评估，包括成本、风险、收益等方面。同时，也要强调签约的潜在收益和长远价值，增加对方的签约动机。

(2) 强调现在的时机十分有利。要让对方认识到现在的时机十分有利，如果错过这个机会可能会面临更大的成本或风险。这可以增加对方的紧迫感和行动意愿。

(3) 使用积极、肯定的语言进行表述。在分析机会时，要使用积极、肯定的语言进行表述，让对方感受到签约的积极意义和好处。同时，也要避免使用过于消极或威胁性的语言，以免引起对方的反感或抵触情绪。

例如，在销售谈判中，销售人员可以向客户表示："现在是我们产品的促销期间，如果您在这个月内购买可以享受优惠价格。而且我们的产品市场需求旺盛，如果您错过这个机会可能会面临价格上涨或供货紧张的情况。所以建议您尽快做出决定。"这样的表述既分析了签约的利弊和潜在收益，又强调了现在的时机十分有利。

【实操演练】

同学们自由分组，两人一组，分别扮演两家公司的谈判代表。其中一方可以任意使用一种促成成交的策略，另一方根据情境来自由发挥。演练完一遍之后双方互换角色再演练一遍。最后由教师点评。

课件资源

第 11 章 商务谈判中不同情况的有效应对

学习目标

掌握应对敌意性商务谈判的策略：了解敌意性商务谈判的特点及产生原因，学会敲诈式、不合作式、诡计式谈判的应对策略。

学会不同境况下的谈判策略：掌握优势、劣势、势均力敌境况下的谈判策略，能够根据谈判双方的实力对比选择合适的策略。

重点知识

- 敌意性商务谈判的特点、产生原因及应对策略。
- 不同境况(优势、劣势、势均力敌)下的谈判策略。

学习难点

- 如何在实际商务谈判中识别和应对敌意性谈判。
- 如何根据谈判双方的实力对比和谈判情境，灵活选择和运用不同的谈判策略。
- 如何在复杂多变的谈判环境中，保持冷静和理智，有效应对各种突发情况。

——情景呈现——

来自理亏的让步

由于国外某厂商对一鸣公司生产的半导体材料需求量很大，一鸣公司计划扩大生产规模，所以需要大量的单晶硅片。经过市场调查，一鸣公司认为与之前合作过的某家新能源公司继续开展合作的性价比最高。

于是，张姗邀请对方来公司洽谈。谈判一开始，双方就直入主题，就单晶硅片的价格进行协商。因为在这之前一鸣公司就从这家新能源公司购买单晶硅片，所以张姗希望能扩大购买量并降低价格。

但张姗知道，在市场行情还没有发生变化的情况下，让对方降价非常困难。为了不让谈判陷于胶着状态，张姗想到一个好办法，她想起对方在上次送货时发生过一次意外，让交货延迟了一段时间，于是打算以此作为突破口。

"由于贵方上次没有及时交货，我们错过好几次销售良机，失去几个大客户，导致我方损失惨重。"

对方的谈判代表一开始并不相信，早有准备的张姗便拿出相关证明和数据。对方在看到证据之后很快就表示歉意，并对延期交货做出解释："上次交货延迟，其实是本公司合作的物流公司的系统出了问题，导致送货地点出现偏差，这一疏忽是我们万万没有想到的，十分抱歉。"

张姗趁势提出："所以希望贵方这一次能减价 10%作为对我方上一次损失的弥补，你看这样好不好？"

对方自知理亏，只好答应，而在对方答应后，张姗也顺势提出增加一倍的订购量。

——名师点拨——

该案例充分展示了利用对方的理亏心理来促使对方让步。张姗在谈判前进行了充分的准备，包括市场调查和收集证据，这使她能够在谈判中占据有利地位。她巧妙地利用了对方之前交货延迟的意外，作为谈判的突破口，并提出合理的减价要求来弥补损失。通过有效的沟通和说服技巧，她成功地让对方接受了这一要求，并顺势提出增加订购量，进一步扩大了公司的利益。最终，谈判达成了双赢的结果，一鸣公司获得了更低的价格和更大的订购量，而对方公司则维持了与一鸣公司的合作关系。

11.1　应对敌意性商务谈判

在商务谈判过程中，谈判人员可能会遇到各种不同的情况，这些情况可能涉及市场环境的突然变化、竞争对手的策略调整、合作方的需求变动，或者是突发的外部事件等。每一种情况都可能对谈判的进程和结果产生直接或间接的影响，甚至可能彻底改变谈判的走向。这就要求谈判人员具备高度的敏感性和应变能力，能够迅速适应这些变化，具体情况具体分析。他们需要时刻保持警惕，对任何可能影响谈判的因素都要有敏锐的洞察力，并能够根据这些因素的变化，及时、有针对性地调整自己的谈判策略和应对方案，以确保在谈判中始终占据有利地位。

应对敌意性商务谈判是一项既具有挑战性又至关重要的任务。在商业领域中，当己方带着满满的诚意和开放的态度，期望能够与谈判对手进行一场坦诚、深入且富有成效的交谈和沟通时，可能会遭遇对方出于自身利益或特定策略的考量而呈现一种不配合，甚至充满敌意的姿态。这种姿态可能表现为冷淡的态度、尖锐的言辞，以及充满对抗性的行为，使得原本应该平和、理性的谈判过程充满了不确定性和难度。对方可能因为各种原因而采取不友好的谈判态度，比如，对己方产品或服务的不了解、对市场价格的不认同、对合作条款的不满等。但无论原因如何，己方谈判人员都需要做好充分的准备，不仅要对谈判内容有深入的了解和准备，还要对可能遇到的敌意性谈判有所预见，并制定应对策略，谈判人员需要展现出高度的机智和灵活性，以巧妙的方式化解对方的对抗情绪，缓解紧张气氛，确保谈判能够顺利进行，并最终达成对双方都有利的协议。在这个过程中，谈判人员的沟通技巧、应变能力、心理素质，以及专业知识都将发挥至关重要的作用。

11.1.1　敌意性商务谈判的特点及产生原因

商务谈判，作为商业活动中的重要环节，其过程和结果往往直接影响企业的利益和声誉。在众多商务谈判中，敌意性商务谈判无疑是最为棘手和复杂的一种。它不仅考验着谈判者的智慧和技巧，更对其心理素质和应变能力提出了极高的要求。

1. 敌意性商务谈判的特点

敌意性商务谈判，顾名思义，是指在谈判过程中，双方或多方之间存在明显的敌意和对抗情绪，使得谈判过程充满了紧张和冲突。这种谈判形式具有以下几个显著的特点。

1) 绝不妥协

在敌意性商务谈判中，谈判者往往坚守自己的立场，对于关键问题让步的可能性几乎为零。他们认为，任何形式的妥协都是对自身利益的损害，因此，即使面对巨大的压力和困境，也绝不轻易改变自己的立场。这种僵硬的立场使得谈判步入僵局，形成难以调和的分歧。

2) 单边行动主义

谈判者倾向于单方面采取行动，完全忽视或不顾及对方的感受和利益。他们可能认为，只有通过强硬的手段和策略，才能迫使对方就范，从而达到自己的目的。这种单边行动主义导致了谈判过程中的不公平和不平衡，加剧了双方的敌意和对抗。

3) 威胁与最后通牒

为了迫使对方接受自己的条件，谈判者可能会频繁使用威胁性的语言和姿态。他们可能会发出最后通牒，明确表示如果不接受自己的条件，将采取某种不利的行动或措施。这种威胁和最后通牒的使用进一步加剧了谈判的紧张氛围，使得双方更加难以达成共识。

4) 拒绝客观标准

在敌意性商务谈判中，谈判者往往拒绝采纳任何自己不熟悉或不相信的客观标准。他们只相信自己的主观判断，认为只有自己的观点才是正确的，这导致谈判过程充满了主观性和偏见。这种拒绝客观标准的行为使得谈判变得更加复杂。

5) 追求绝对控制权

谈判者倾向于维护自己的权威，并追求对谈判过程的绝对控制权。他们希望按照自己的意志进行会谈，不愿意受到任何形式的干扰或制约。这种追求绝对控制权的行为导致了谈判过程中的不平等和缺乏合作，加剧了双方的敌意和对抗。

6) 否认对方损失

谈判者可能完全否认对方在谈判过程中所受的损失和付出的代价。他们认为，只有自己的利益才是重要的，对方的感受和利益可以忽略不计。这种否认对方损失的行为使得谈判更加不公平和难以调和，加剧了双方的敌意和对抗。

7) 漫天要价与吝啬让步

在提出要求时，谈判者可能会提出不切实际的高价或条件。而在让步方面，他们则表现得极为吝啬，即使面对巨大的压力和困境，也不愿意做出任何实质性的让步。这种漫天要价与吝啬让步的行为使得谈判极易失败。

8) 外部施压与恶人先告状

为了增加自己的谈判筹码，谈判者可能会寻找外部关系施压，试图通过外部力量来迫使对方接受自己的条件。同时,他们也可能采取恶人先告状的方式,试图博得同情和支持。这种外部施压与恶人先告状的行为进一步加剧了谈判的复杂性。

2. 敌意性商务谈判的产生原因

敌意性商务谈判的产生并非偶然,而是由多种因素共同作用的结果。

1) 极端自私的理念

谈判者从极端自私的角度出发,只想从交易中捞取好处而不愿为此付出代价。这种理念导致他们采取咄咄逼人的强硬策略或花言巧语的欺骗手段,完全不顾及对方的感受和利益。这种极端自私的理念是敌意性商务谈判产生的重要原因之一。

2) 沟通技巧的缺乏

谈判者可能缺乏有效的沟通技巧,总是以自我为中心,将自己的价值观强加于对方。他们拒绝用客观的眼光和标准审视问题,导致谈判过程充满了主观性和偏见。同时,使用讥讽的语言也容易导致对抗情绪的出现。沟通技巧的缺乏使得谈判更加难以进行,加剧了双方的敌意和对抗。

3) 误解与猜忌

谈判方之间可能因信息不对称或主观偏见而产生误解或猜忌。这种不信任感会加剧谈判中的对抗情绪,使得双方难以达成共识。误解和猜忌是敌意性商务谈判产生的常见原因之一。

4) 不愉快的经历

谈判者可能在以往的类似谈判中经历过不愉快的事情,导致他们对新的谈判持有敌意态度。这种戒备心理会使得他们更加敏感和易怒,从而加剧谈判中的对抗情绪。不愉快的经历可能使得谈判者不能相互信任和合作,导致敌意性商务谈判的产生。

5) 文化差异与价值观冲突

在跨国或跨文化的商务谈判中,文化差异和价值观冲突也可能导致敌意性商务谈判的出现。双方可能因对同一问题的不同看法和理解而产生分歧和对抗。文化差异和价值观冲突使得谈判更加复杂,容易导致敌意性商务谈判的产生。

6) 利益分配不均

如果谈判双方对利益的分配存在严重的不均现象,那么其中一方或双方都可能产生不满和敌意情绪。这种情绪会进一步加剧谈判中的对抗和冲突,导致敌意性商务谈判的产生。利益分配不均是导致敌意性商务谈判产生的常见原因之一。

7) 竞争压力与立场坚定

在某些情况下,谈判双方可能面临着激烈的竞争压力,导致他们更加坚定自己的立场和利益诉求。这种竞争压力可能使得谈判更加难以进行,加剧了双方的敌意和对抗。

为了有效应对敌意性商务谈判,谈判者需要提高沟通技巧、增强互信、寻求共同利益点并灵活调整谈判策略。同时,双方也需要保持冷静和理性,以建设性的方式解决分歧和冲突,从而达成互利共赢的协议。在商务谈判中,通过理解敌意性商务谈判的特点和产生原因,我们可以更好地应对和避免这类谈判的发生,促进更加和谐和有效的商业合作。

11.1.2　敲诈式谈判应对策略

敲诈式谈判策略是一种在商务谈判中利用对方的弱点或信息不对称，通过威胁、恐吓等手段迫使对方接受不利条件的谈判方式。这种策略的核心在于通过不正当手段获取自身利益的最大化，而严重损害对方的权益。虽然敲诈式谈判可能在短期内为谈判者带来一定的利益，但长期来看，它会严重损害双方的合作关系和商业信誉，甚至可能导致法律纠纷和商业声誉的崩溃。以下是对敲诈式谈判策略的详细解析。

1. 敲诈式谈判策略的表现

1) 占据强势地位

敲诈式谈判者往往通过先发制人的手段，在谈判开始就试图占据强势地位。他们可能利用市场优势、技术优势或信息优势，率先提出苛刻的条件，迫使对方在压力和不确定性的影响下接受不公平的条款。

2) 追求自身利益最大化

这种谈判策略的核心是损人利己，谈判者以侵犯性的动机追求自身的利益最大化。为了实现这一目标，他们可能采用误导、欺骗、恐吓、舞弊、曲解等卑劣手段，无视对方的权益和合理要求，迫使对方做出让步。

3) 伸缩余地大

敲诈式谈判者在报价时往往漫天要价，故意超出市场或合理范围，留出很大的伸缩余地。他们通过这种方式试探对方的底线，并试图在谈判过程中逐步榨取更多的利益，使对方在压力下做出更大的让步。

4) 利用威胁和恐吓手段

敲诈式谈判者常常利用威胁和恐吓手段来迫使对方就范。他们威胁的内容可能包括要终止合作关系、泄露敏感信息、提起诉讼或采取其他报复性措施等，以使对方感到恐惧和不安，从而接受不利的条件。

5) 制造不确定性

敲诈式谈判者还可能通过操纵信息来制造不确定性，使对方难以做出明智的决策。他们可能故意隐瞒关键信息、提供虚假数据或误导性的陈述，以使对方在信息不对称的情况下做出让步。

【小故事大道理 11-1】

某行业有一家具有市场垄断地位的公司 A，该公司控制了该行业的关键原材料和技术供应。另一家公司 B 作为下游企业，高度依赖 A 公司提供的原材料和技术来生产其产品。A 公司利用其市场垄断地位，在与 B 公司的谈判中采取强硬态度，提出远高于市场价格的条件，如大幅提高原材料价格、限制供应量或要求 B 公司接受不合理的合同条款。B 公司由于没有其他可靠的供应来源，面临停产或巨大经济损失的风险。在巨大的压力下，B 公司不得不接受 A 公司提出的苛刻条件，以维持其生产运营。这种谈判结果对 B 公司而言显然是不公平的，但在市场垄断的情况下只有无奈选择接受。

【名师箴言】

这个案例提醒我们，在商务谈判中应坚持公平、公正的原则，避免采取敲诈式等不正当的谈判策略。同时，企业应加强自身实力建设，提高市场竞争力和抗风险能力，以应对各种复杂的商业环境和挑战。

2. 敲诈式谈判策略的危害

敲诈式谈判策略的危害是多方面的，它不仅会对谈判双方关系产生负面影响，还会导致信任破裂、合作受阻，进而损害双方长期建立的合作关系。更为严重的是，敲诈式谈判还可能对整个商业环境造成不良影响，破坏市场的公平竞争原则，阻碍经济的健康发展。同时，它也会对社会秩序带来潜在威胁，助长不正之风，削弱社会的法治基础，影响社会的和谐稳定。因此，敲诈式谈判策略是一种极具破坏力的行为，应当坚决予以反对和制止。

1) 损害合作关系

敲诈式谈判策略严重损害了双方的合作关系。它破坏了信任、公平和诚信的原则，使得双方难以建立长期稳定的合作关系。

2) 损害商业信誉

使用敲诈式谈判策略的企业或个人将严重损害其商业信誉。这种不道德的行为将被市场和其他合作伙伴所谴责，导致声誉受损和业务机会的丧失。

3) 法律风险

敲诈式谈判策略可能涉及违法行为，如欺诈、威胁、恐吓等。一旦被发现，将面临法律诉讼和惩罚，进一步损害企业的声誉。

4) 破坏市场公平竞争

敲诈式谈判策略破坏了市场的公平竞争环境。它使得一些企业或个人通过不正当手段获取竞争优势，损害了其他竞争对手的合法权益。

3. 应对敲诈式谈判的策略

1) 摸清底牌，保持冷静

面对敲诈式谈判，首先要摸清对方的底牌。通过深入调查了解对方的真实意图和底线，制定有效的应对策略。同时，保持冷静和理性，不要被对方的威胁，坚守自己的原则和底线。

2) 寻求共同利益，建立信任

在谈判过程中，积极寻求双方的共同利益点，努力建立互信关系。通过展示诚意和合作精神，降低对方的敌意和对抗情绪，为达成双赢的协议创造条件。同时，强调长期合作的重要性，让对方意识到敲诈式谈判对双方都不利。

3) 利用法律和商业信誉约束

在必要时，可以利用法律和商业信誉的约束来应对敲诈式谈判。明确告知对方，任何不正当手段都将受到法律的制裁，并可能严重损害其商业信誉。通过法律途径追究对方的责任，或利用商业信誉的损失来制约对方的行为。

4) 设置谈判底线，灵活应对

在谈判前明确自己的底线和可接受范围，并在谈判过程中灵活应对。对于对方的无理要求，坚决予以拒绝，并明确表达自己的立场和底线。对于合理的让步，可以适当考虑，以达成双方都能接受的协议。

5) 借助第三方力量

在必要时，可以寻求第三方力量(如中介机构、行业协会、法律顾问等)的协助来应对敲诈式谈判。第三方可以提供专业的意见和建议，帮助双方找到解决问题的途径和方法，并作为中立的调解者来推动谈判。

6) 强化自身实力和地位

在面对敲诈式谈判时，强化自身实力和地位也是重要的应对策略。提升自身的市场竞争力、技术实力或品牌影响力，可以增加自身在谈判中的筹码和话语权，使对方更加倾向于公平和合理的谈判。

7) 记录和备份证据

在应对敲诈式谈判时，务必记录和备份相关证据。这包括书面文件、电子邮件、通信记录等，以便在必要时提供证明和辩护。通过保留证据，可以增加自身在谈判中的筹码，并对对方的不正当手段进行制约和反击。

8) 培养谈判团队的专业能力

企业应该重视培养谈判团队的专业能力，包括谈判技巧、市场分析、法律知识等。一个专业、有经验的谈判团队能够更好地应对敲诈式谈判，保护企业的权益和利益。

9) 建立合作伙伴关系网络

通过建立广泛的合作伙伴关系网络，企业可以增加自身的谈判筹码和影响力。与多个合作伙伴建立稳定的关系，可以在面对敲诈式谈判时寻求支持和援助，共同应对不正当的谈判行为。

综上所述，敲诈式谈判策略是一种不道德且不可取的谈判方式。它不仅损害了对方的权益和合理要求，也破坏了商业合作的公平和诚信原则。在面对这类谈判时，我们应该保持冷静和理性，积极寻求应对策略并努力维护自身的利益和声誉。同时，我们也应该倡导公平、诚信和合作的商业环境，共同推动商业谈判的健康发展。

【实操演练】

请同学们自由分组，两人一组，分别扮演两家公司的谈判代表甲和乙。其中甲要表现出强势，用各种不正当手段逼迫乙让步；乙要根据情境给出应对措施，使谈判顺畅进行。演练结束后由教师点评。

11.1.3　不合作式谈判应对策略

商务谈判中的不合作式谈判应对策略，是指在谈判过程中，当一方或多方表现出不合作、对抗或拒绝协商的态度时，谈判者为了维护自身利益、争取有利结果或打破僵局所采取的一系列应对措施。这种策略的应用场景通常较为特殊，往往出现在谈判双方存在严重分歧、利益冲突明显、信任基础薄弱或沟通渠道受阻的情况下。

不合作式谈判应对策略的核心在于，如何在对方不合作或对抗的背景下，通过巧妙的策略和技巧来应对，以达到自身的谈判目标，或至少保护自身利益不受进一步损害。这种策略要求谈判者不仅要具备深厚的专业知识和娴熟的谈判技巧，还要拥有高度的灵活性、策略性思维能力，以及耐心、冷静的谈判状态。

不合作式谈判应对策略是一种在特定情况下采取的应对措施，旨在应对对方的不合作态度并争取达成自身的谈判目标。在实际应用中，谈判者需要根据具体情况灵活调整策略，并保持冷静、理智和开放的态度，以寻求最佳的谈判结果。

当面对不合作式的谈判对手时，谈判人员需要采取一系列策略来确保谈判的顺利进行并争取达成有利的结果。谈判，作为一种复杂的交流形式，不仅要求双方对议题有深入的了解，还需要掌握一定的策略和技巧，以应对各种可能出现的复杂情况。特别是当面对不合作式的谈判对手时，更需要谈判人员展现出高超的谈判艺术和强大的应变能力。应对不合作式谈判主要有以下几种策略。

1. 感化策略

感化策略的核心在于通过友好、尊重和理解的态度，逐步建立起与对方的良好工作关系。这种策略要求谈判人员秉持相互尊重、体谅的原则，通过友好的接触和交往，打破僵局，为后续的谈判打下良好的基础。

1) 尊重与理解

谈判人员需要展现出对对方的尊重和理解，无论对方的立场和态度如何。即使对方表现出强硬或激进的态度，己方也要保持冷静和友好，避免情绪化的反应影响谈判进程。

2) 建立工作关系

通过友好的交往，逐步获得对方的信任，建立起合作关系。这有助于缓解紧张气氛，为后续的深入谈判创造有利条件。

3) 坦诚相待

用坦诚和诚恳的语言与对方交流，表达己方的立场和诉求，同时也倾听对方的意见和建议。坦诚相待可以促进双方之间的理解和合作。

感化策略能够打破谈判中的僵局和隔阂，通过友好和尊重的态度，逐步建立起双方之间的信任和合作关系。这种策略需要谈判人员具备较高的情商和人际交往能力，能够在复杂多变的谈判环境中保持冷静和理智。

【小故事大道理 11-2】

一家中国公司与一家外国公司就一项重要技术合作项目进行谈判。由于双方在合作细节、利益分配等方面存在较大分歧，谈判一度陷入僵局。外国公司代表态度强硬，坚持自己的立场，不愿让步。

面对这种情况，中国公司决定采用感化策略来打破僵局。他们首先调整了自己的谈判态度，从对抗转变为合作与理解。在后续的谈判中，中国公司代表不仅详细阐述了己方的立场和利益诉求，还主动询问对方的需求，表现出极大的诚意和尊重。

同时，中国公司代表还通过分享行业内的成功案例、强调合作的重要性和长远利益等方式，试图感化对方。他们强调，通过合作双方可以实现优势互补、互利共赢，而非零和博弈。此外，中国公司还邀请对方参观自己的工厂、研发中心等，让对方亲身体验公司的实力和诚意。

经过一段时间的努力，外国公司代表的态度逐渐转变。他们开始重新审视自己的立场和利益诉求，并主动提出了一些妥协方案。最终，在双方的共同努力下，谈判取得了突破性进展，双方在合作细节和利益分配等方面达成了一致意见，成功签订了合作协议。

【名师箴言】

在本案例中，中国公司正是通过主动询问对方需求来加强与对方的情感交流，并在此基础上提出了更具针对性的解决方案。这种做法有助于增强对方的认同感和接受度。最终，中国公司代表通过分享成功案例、强调合作的重要性和长远利益等方式来感化对方，成功打破了谈判僵局。

2. 改良策略

改良策略的核心在于通过倾听、理解和回应对方的观点和诉求，逐步寻求双方之间的共同点和合作机会。这种策略要求谈判人员保持开放和包容的心态，尊重对方的立场和需求，同时也积极表达己方的观点和建议。

1) 倾听与理解

谈判人员需要认真倾听对方的观点和诉求，了解对方的立场和需求。通过倾听和理解，可以建立起对对方的尊重和信任，为后续的深入谈判打下基础。

2) 保持沉默

在对方发言时，谈判人员需要保持沉默，不打断对方，以示尊重和重视。这有助于让对方充分表达自己的观点和诉求，同时也为己方提供更多的思考时间。

3) 温和回应

在回应对方的观点时，谈判人员需要保持语气温和，避免无谓的争论和冲突。通过理性和客观的态度回应对方的观点，可以展现出己方的专业素养和谈判诚意。

4) 寻求共同点

在了解对方立场和需求的基础上，谈判人员需要积极寻求双方之间的共同点和合作机会。通过提出己方的观点和建议，寻求对方的认同和支持，逐步推动谈判向有利于己方的方向发展。

5) 友好讨论分歧

在面对分歧和争议时，谈判人员需要保持友好和开放的态度，与对方进行深入的讨论和交流。通过友好讨论，寻求解决方案，同时要避免在无关紧要的问题上纠结和争执。

改良策略的成功在于能够通过倾听、理解和回应对方的观点和诉求，逐步建立起双方之间的信任和合作关系。这种策略需要谈判人员具备较高的沟通能力和应变能力，能够在复杂多变的谈判环境中灵活应对各种情况。

【小故事大道理 11-3】

一家中国电子产品制造商(简称中方)与一家国际知名品牌(简称外方)就某款新产品

的代工合作进行谈判。由于双方在产品质量标准、交货期、价格等方面存在较大分歧，谈判长时间未能取得实质性进展。中方首先深入分析了双方分歧的根源，发现主要问题在于外方对产品质量的高要求与中方的现有生产能力之间存在差距，同时外方对交货期的严格要求也给中方带来了不小的压力。

针对上述问题，中方提出了改良方案。在产品质量方面，中方承诺将投入资金升级生产线，引进更先进的生产设备和技术，以确保产品质量达到外方要求。同时，中方还提出了分阶段实施计划，初期先生产小批量样品供外方检验，待质量稳定后再逐步扩大生产规模。

在交货期方面，中方提出了灵活的交货安排，即根据外方的实际需求情况分批交货，并在合同中明确各批次的交货时间和数量，以确保按时交付。为了增强外方对改良方案的信心，中方还主动邀请外方代表参观升级后的生产线和研发中心，展示中方的技术实力和生产能力。同时，中方还提供了详细的成本分析和报价单，说明改良方案下的价格依然具有竞争力。

经过双方的深入沟通和协商，外方对中方提出的改良方案表示认可，认为该方案既满足了外方对产品质量和交货期的要求，又兼顾了中方的实际情况和利益诉求。最终，双方就合作细节达成一致意见，成功签订了代工合作协议。

【名师箴言】

在面对谈判分歧时，中方没有选择回避或对抗，而是主动深入分析分歧的根源，并针对性地提出改良方案。这种积极的态度有助于双方建立信任并推动谈判进程。中方在提出改良方案时充分考虑了双方的利益诉求和实际情况，通过升级生产线、引入先进技术、灵活安排交货期等方式来平衡双方的需求。这种灵活调整策略的做法有助于打破谈判僵局并促成合作。通过邀请外方代表参观生产线和研发中心、提供详细的成本分析和报价单等方式，中方成功地向外方展示了自身的实力和诚意。这种展示有助于增强外方对改良方案的信心并推动双方达成合作意向。

3. 制造僵局策略

制造僵局策略是一种较为激进的谈判策略，其核心在于通过人为制造僵局，给对方造成一定的压力，以达成有利于己方的协议。这种策略需要谨慎使用，避免造成不必要的冲突和损失。

1) 制造僵局

在特定情况下，谈判人员可以人为地制造僵局，作为一种威胁对方的策略。通过制造僵局，可以让对方感受到压力，从而更加珍惜和重视与己方的合作关系。

2) 制定消除僵局方案

在制造僵局之前，谈判人员需要制定好消除僵局的方法和策划方案。这包括分析僵局的原因和背景、制定针对性的解决方案，以及预测对方可能的反应和应对策略等。

3) 让对方承担责任

在制造僵局时，谈判人员需要让对方认为僵局的形成是他们的责任。这可以通过巧妙的言语和引导来实现，让对方在无形中承担起解决僵局的责任和压力。

4) 达成有利协议

制造僵局的目的不是为了结束谈判或让对方道歉，而是为了达成有利于己方或双方共赢的协议。因此，在制造僵局后，谈判人员需要积极与对方进行沟通和协商，寻求双方都能接受的解决方案。

制造僵局策略的成功在于其能够通过给对方造成一定的压力，促使对方更加珍惜和重视与己方的合作关系。然而，这种策略需要谨慎使用，避免过度使用或滥用而造成不必要的冲突和损失。同时，也需要谈判人员具备较高的应变能力和心理素质，能够在复杂多变的谈判环境中灵活应对各种情况。

【小故事大道理 11-4】

一家大型连锁超市(以下简称"超市")计划与其主要食品供应商(以下简称"供应商")就新一年的供货合同进行谈判。由于超市在市场中占据主导地位，拥有大量的销售渠道和消费者基础，而供应商则依赖超市的销售渠道来维持其市场份额，因此，在谈判中，超市希望获得更有利的供货价格、更灵活的付款条件，以及更优质的售后服务。

超市在谈判前进行了充分的市场调研，了解了同类产品的市场价格、质量以及潜在的其他供应商情况。同时，超市还准备了备选方案，即与其他供应商进行初步接触，评估其供货能力和合作意愿。

在正式谈判中，超市首先向供应商表达了长期合作的意愿，并强调了双方合作的重要性。随后，超市提出了包括供货价格、付款条件、售后服务在内的一系列合理要求。

当供应商对超市的要求表示出犹豫或不满时，超市并没有直接采取对抗性的态度，而是通过提及市场调研结果和备选方案的存在，间接地制造了一种竞争氛围。超市表示，虽然希望与当前供应商继续合作，但也会考虑其他更有竞争力的选项。在制造竞争氛围的同时，超市并没有完全切断与供应商的沟通。相反，超市继续与供应商保持密切联系，了解其对超市要求的反馈和意见，并寻求双方都能接受的解决方案。

经过一段时间的沟通和协商，供应商意识到超市在市场上的重要地位以及其潜在的替代选项。为了保持与超市的合作关系并维护其市场份额，供应商最终同意了超市提出的大部分要求，包括降低供货价格、提供更灵活的付款条件，以及改进售后服务等。双方成功签订了新一年的供货合同，实现了双赢的结果。

【名师箴言】

在本案例中，超市并没有直接采取"制造僵局"的策略来迫使供应商让步，而是通过市场调研、备选方案准备，以及间接施压等方式来影响谈判进程。超市利用其在市场中的主导地位和潜在的替代选项来制造竞争氛围，从而间接地促使供应商做出让步。这种策略的运用既维护了双方的合作关系，又确保了超市在谈判中获得更有利的条件。

4. 出其不意策略

出其不意策略是一种具有戏剧性和突发性的谈判策略，其核心在于通过突然改变谈判方法、观点或建议，打破对方的预期和节奏，从而在谈判中获得优势。

1) 随机调整

在谈判过程中，谈判人员可以突然改变谈判方法、观点或建议，打破对方的预期和节奏。这种随机调整可以让对方感到措手不及和困惑不解，从而为己方创造更多的谈判空间和优势。

2) 戏剧性行为

为了增强出其不意的效果，谈判人员可以采取戏剧性极强的行为方式。例如，突然大发雷霆、摔门而出等激烈行为来震慑对方，使其在心理上产生压力和恐惧。

3) 掌握时机

出其不意策略的成功关键在于掌握时机。谈判人员需要在对方最为脆弱或关键的时刻采取突然行动，才能达到最佳效果。同时也要注意不要过度使用或滥用该策略，以免引起对方的反感和抵触情绪。

出其不意策略的成功在于其能够通过突然改变谈判方法、观点或建议来打破对方的预期和节奏，从而在谈判中获得优势。然而，这种策略需要谨慎使用，避免过度使用或滥用造成不必要的冲突和损失。同时，也需要谈判人员具备较高的应变能力和心理素质，能够在复杂多变的谈判环境中灵活应对各种情况。

【小故事大道理 11-5】

一家制造企业(以下简称"买方")计划从一家原材料供应商(以下简称"卖方")处采购大量关键原材料。由于市场竞争激烈，买方希望以更低的价格采购到高质量的原材料，而卖方则希望维持或提高价格以保证利润。

买方在谈判前进行了充分的市场调研，了解了同类原材料的市场价格、质量以及潜在的其他供应商情况。买方还通过内部渠道了解到，卖方近期由于生产线的调整，部分原材料存在库存积压的情况。

在正式谈判中，当卖方坚持其原有报价时，买方突然提出了一项新的合作条件：如果卖方能够大幅降低价格，买方愿意承诺在未来一年内增加采购量，并签订长期合作协议。这一提议出乎卖方的预料，因为通常买方会要求降价而不增加采购量。卖方面临着是否接受新条件以减轻库存压力的抉择。

买方在提出新条件的同时，还向卖方展示了其强大的市场需求和稳定的支付能力，以证明其承诺的可靠性。同时，买方也暗示了如果谈判破裂，将转向其他供应商合作的可能性，从而向卖方施加了一定的压力。

经过双方的进一步沟通和协商，卖方最终同意了买方提出的新条件，大幅降低了原材料的价格，并签订了长期合作协议。买方成功以更低的价格采购到了高质量的原材料，而卖方也减轻了库存压力并获得了稳定的订单来源。

【名师箴言】

在本案例中，买方通过前期准备和信息收集，掌握了卖方库存积压的关键信息。这为买方在谈判中运用出其不意策略提供了有力支持。买方突然提出的新合作条件打破了卖方的预期谈判框架，使其不得不重新评估谈判形势和自身利益。这种出其不意的策略成功软化了卖方的立场，并向其施加了压力。买方在提出新条件的同时，还通过展示自身实力和暗示其他选项来向卖方展示诚意并施加压力。这种结合使用的方式增强了出其不意策略的效果，促使卖方最终做出让步。尽管买方在谈判中采取了出其不意的策略，但最终达成的协议仍然实现了双赢的结果。买方以更低的价格采购到了原材料，而卖方也减轻了库存压力并获得了稳定的订单来源。这充分说明了在商务谈判中灵活运用策略的重要性以及实现双方利益最大化的可能性。

5. 交织重塑策略

交织重塑策略是一种较为复杂和高级的谈判策略，其核心在于通过巧妙地将多个议题交织在一起，打破原有的谈判秩序，形成一个新的、更为复杂的讨论框架。这种策略要求谈判人员具备较高的思维能力和创新能力，能够在谈判中灵活应变和创造新的机会。

1) 议题交织

谈判人员可以巧妙地将多个议题交织在一起，形成一个新的讨论框架。这种交织可以让对方感到困惑和无法适应，从而为己方创造更多的谈判空间和优势。

2) 制造混乱

通过议题交织的方式，谈判人员可以制造一定的混乱和不确定性。这种混乱可以让对方感到无法掌控局面，从而更加珍惜和重视与己方的合作关系。

3) 重新提及让步条件

在交织重塑的过程中，谈判人员可以利用混乱的机会重新提及并强调之前对方已经同意的让步条件。这可以让对方在无形中接受这些条件，从而为己方争取更多的利益。

4) 试探对方反应

交织重塑策略还可以用于试探对方在压力情境下的真实反应和应对策略。通过观察对方的反应和应对策略，谈判人员可以更好地了解对方的底线和弱点，从而为后续的谈判制定更有针对性的策略。

交织重塑策略的成功在于其能够通过巧妙地将多个议题交织在一起，打破原有的谈判秩序，形成一个新的、更为复杂的讨论框架。这种策略需要谈判人员具备较强的思维能力和创新能力，能够在谈判中灵活应变和创造新的机会。同时，也需要谈判人员具备较强的沟通能力和心理素质，能够在复杂多变的谈判环境中保持冷静和理智。

【小故事大道理 11-6】

一家跨国公司(以下简称"公司")计划在某地投资建设一座大型工厂，需要与地方政府(以下简称"政府")就土地价格、税收政策、基础设施建设等多个议题进行谈判。政府希望吸引外资促进当地经济发展，而公司则希望以最优条件完成投资。

在谈判初期，公司并没有直接就土地价格这一核心议题展开深入讨论，而是先提出了基础设施建设、税收政策等其他相关议题。公司强调，良好的基础设施和优惠的税收政策对于其投资决策至关重要。通过交叉讨论多个议题，公司逐步引导政府认识到，一个成功的投资项目不仅仅取决于土地价格，还涉及更广泛的投资环境和长期效益。公司向政府展示了其在全球范围内的成功案例，强调其在促进当地就业、提升产业链水平等方面的积极作用。

在谈判过程中，公司并没有采取完全不合作的态度，而是积极寻求与政府之间的共赢方案。公司提出，如果政府能在基础设施建设、税收政策等方面给予更多支持，公司也愿意在土地价格上做出一定让步，并承诺在投资完成后为当地带来显著的经济效益和社会效益。

随着谈判的深入，公司根据政府的反应和谈判进展灵活调整策略。在某些议题上，公司可能采取更加坚定的立场；而在其他议题上，则可能表现出更大的灵活性，以换取政府在关键议题上的让步。

经过多轮谈判和协商，公司与政府最终达成了合作协议。协议中不仅包含了双方就土地价格、税收政策等核心议题达成的共识，还明确了政府在基础设施建设、人才引进等方面的支持措施。这一结果既满足了公司的投资需求，又促进了当地经济的发展，实现了双赢。

【名师箴言】

在本案例中，通过交叉讨论多个议题，公司成功地重塑了谈判框架，使政府意识到一个成功的投资项目需要综合考虑多个方面的因素。这种策略有助于打破僵局，推动谈判向更加积极的方向发展。在整个谈判过程中，公司始终秉持共赢思维，积极寻求与政府之间的合作机会和共同利益点。这种思维方式有助于建立双方之间的信任和合作关系，为达成合作协议奠定坚实基础。商务谈判是一个动态的过程，需要根据对方的反应和谈判进展灵活调整策略。在本案例中，公司能够根据政府的反应和谈判进展灵活调整议题讨论的顺序和重点，以最大限度地维护自身利益并推动谈判取得成果。

综上所述，当面对不合作的谈判对手时，谈判人员需要灵活运用上述策略来应对挑战并争取达成有利的结果。同时，也需要保持冷静、理智和开放的心态来应对各种可能出现的复杂情况。在谈判过程中，谈判人员需要不断观察和分析对方的反应和应对策略，灵活调整自己的策略和方案。通过不断地学习和实践，谈判人员可以逐渐提高自己的谈判能力和应对复杂情况的能力，为未来的谈判工作打下坚实的基础。

【实操演练】

请同学们自由分组，两人一组，分别扮演两家公司的谈判代表甲和乙。其中甲要以某种理由指责乙，并表现得很生气，有很强烈的对立情绪；乙要根据情境做出应对措施，使谈判顺畅进行。演练结束后由教师点评。

11.1.4　诡计式谈判应对策略

诡计式谈判应对策略是一种在谈判过程中，一方采用欺骗、心理攻击或其他施压手段，试图获取不公平优势的策略。这种策略违背谈判的公平、诚实和尊重原则，通过各种手段来操纵谈判进程，以达到自身利益最大化的目的。诡计式谈判应对策略往往具有隐蔽性、欺骗性和攻击性等特点，可能严重损害另一方的利益，甚至破坏双方的谈判关系。

诡计式谈判应对策略违背了谈判的基本原则，包括公平原则、诚实原则和尊重原则。公平原则要求谈判双方平等参与、机会均等，而诡计式谈判则通过不正当手段获取优势，破坏了公平性；诚实原则要求谈判双方提供真实、准确的信息，而诡计式谈判则通过欺骗和隐瞒来获取利益；尊重原则要求谈判双方相互尊重，保持礼貌和谦逊，而诡计式谈判则可能采用攻击性的言辞和行为，损害对方尊严。

采用诡计式谈判应对策略可能带来严重的后果。首先，它可能损害另一方的利益，导致对方在谈判中处于不利地位，甚至遭受经济损失或声誉损害。其次，诡计式谈判可能破坏双方的谈判关系，导致信任破裂，合作难以继续。最后，长期采用诡计式谈判策略可能损害谈判者的声誉和信誉，使其在未来的谈判中难以获得他人的信任和尊重。

【小故事大道理 11-7】

一家知名的电子产品制造商(以下简称"制造商")计划从一家关键零部件供应商(以下简称"供应商")处采购大量零部件。鉴于该零部件对制造商产品的重要性,供应商在谈判中处于相对强势的地位。制造商希望以更优惠的价格采购零部件,同时确保供应的稳定性和质量。

制造商在谈判初期故意放出风声,称正在考虑与另一家供应商合作,并暗示对方提供的价格更为优惠。这一举动旨在试探供应商的反应,并引发供应商对可能失去订单的担忧。虽然这种做法并非直接欺骗,但它确实利用了信息不对称来影响供应商的心理预期。制造商提出采用分批采购的方式,并暗示如果首批零部件的价格和质量不能达到预期,将考虑转向其他供应商提供后续批次的供应。这种策略既是一种压力手段,也是一种对供应商实际能力和诚意的考验。虽然它并非直接诡计,但确实给供应商带来了一定的不确定性和压力。

在谈判过程中,制造商还强调双方长期合作的重要性,并提出一系列合作倡议,如共同研发、市场拓展等。这些倡议旨在将供应商的利益与制造商的利益紧密绑定在一起,从而促使供应商在价格上做出更多让步。这种策略虽然看似正面,但实际上也是一种心理战术,通过描绘美好的合作前景来软化供应商的立场。

【名师箴言】

在商务谈判中运用策略时,应始终遵守商业道德和法律法规的底线,以诚信和公平为原则进行谈判。同时,也应注意策略的合理性和适度性,避免给对方造成过大的压力或损害双方的合作关系。

1. 谈判人员选择诡计式谈判的原因

谈判人员之所以会采用诡计式谈判策略,主要出于以下三个方面的原因。

1) 套取更多利润

一些谈判人员为了获取更多的利润,不惜采用诡计式谈判策略。他们试图从对方的底线中获取更多利益,通过欺骗、隐瞒或施压等手段来迫使对方让步。这种行为的背后是贪婪和自私的动机,忽视了谈判的公平性和长期合作的可能性。

2) 打破僵局

当谈判陷入僵局时,一些谈判人员可能会考虑采用诡计式谈判策略来打破局面。他们可能认为,通过制造假象、提供虚假信息或采用心理攻击等手段,可以迫使对方让步,从而推动谈判进程。然而,这种做法往往只会加剧双方的紧张关系,导致更大的矛盾和冲突。

3) 牟取暴利

有些谈判人员认为,采用诡计式谈判策略可以帮助他们牟取暴利。他们可能相信,通过欺骗和隐瞒等手段,可以在谈判中获取更多的利益,从而实现自身的经济目标。然而,这种做法不仅违背了谈判的公平和诚实原则,还可能损害双方的长期合作关系。

2. 诡计式谈判的主要表现

诡计式谈判策略在谈判过程中可能表现为多种形式,以下是一些主要的表现。

1) 制造假象

一些谈判人员可能会利用虚假谈判的方式制造假象，以获取有价值的信息。他们可能通过伪装成潜在的买家或卖家，与对方进行虚假的谈判，从而套取对方的商业机密、价格底线或其他敏感信息。这种行为不仅违背了诚实原则，还可能对对方的商业利益造成严重损害。

2) 达成欺骗

诡计式谈判的另一个主要表现是通过提供使对方感到意外的信息或做出使对方感到突然的行为举动来达到欺骗的目的。谈判人员可能会故意散布虚假信息、夸大事实或隐瞒重要细节，以误导对方的判断和决策。他们还可能利用对方的疏忽或误解，通过突然的行为举动来迫使做出让步。

3) 掩饰意图

一些谈判人员还会利用肢体语言来掩饰自己的真实意图，误导对方。他们可能通过虚假的表情、姿势或动作来传达错误的信息，以掩盖自己的真实目的和策略。这种行为不仅具有欺骗性，还可能破坏谈判的公平性和透明性。

3. 应对诡计式谈判的策略

为了有效应对诡计式谈判策略，谈判人员可以采取以下策略。

1) 充分准备

谈判人员要做好充分准备，包括信息收集、分析对方可能的策略，以及制订自己的谈判计划。通过有效的沟通和信息收集工作，谈判人员可以更好地了解对方的底线和真实意图，从而防范和认清对方的诡计。同时，谈判人员还要保持清醒的头脑和敏锐的洞察力，不被对方的虚假信息或行为所迷惑。

2) 转移压力

当发现对方采用诡计式谈判策略时，谈判人员可以明确告知对方，如果对方提供的信息不完整或不准确，自己很难合理决策，这将导致谈判进程延长甚至谈判失败，这是双方都不想看到的结果。通过这种方式，谈判人员可以把压力转移回对方，迫使对方更加谨慎和诚实地参与谈判。

3) 质疑陈述

当发现对方陈述的信息有所偏差或失真时，谈判人员不必急于揭穿其谎言。相反，应该做到对事不对人，只质疑其内容的合理性。在质疑过程中，谈判人员要保持冷静和客观的态度，避免人身攻击或情绪化的言辞。通过合理的质疑和探讨，谈判人员可以揭露对方的诡计，并推动谈判向更加公平和透明的方向发展。

4) 增加违约成本

为了防范对方的诡计式谈判策略，谈判人员还可以在协议中增加制约其实现诡计谈判的内容。通过明确违约责任和增加违约成本，谈判人员可以降低对方采用诡计式谈判策略的可能性。同时，在谈判过程中，谈判人员还要时刻保持警惕，及时发现并应对对方的任何违约行为。

5) 非谈判选择

如果以上策略均不奏效，谈判人员最后就要转向非谈判选择。他们可以明确告诉对方，因为无法达成交易，己方只能退场。在退场符合谈判规则的前提下，对方虽然故意隐瞒部分真相，但其根本目的是达成协议。因此，己方退场的行为会损害其利益，所以对方会请求继续谈判。此时，对方往往会让步，提供完整、真实的信息。这时，对方将处于被动地位，失去对谈判进程的控制。通过这种方式，谈判人员可以有效地应对对方的诡计式谈判策略，维护自己的利益和谈判的公平性。

11.2　不同境况下的谈判策略

商务谈判，作为一场涉及利益分配和交换的复杂智力较量，其策略的选择与运用深受谈判双方所处境况的影响。在商务谈判的实践中，谈判双方并非简单地按照预设的方案进行交涉，而是会根据自身的实力、资源、技术、市场或信息等方面的优势或劣势，以及对手的实际状况，灵活选择和调整谈判策略。这种策略性的选择不仅关乎谈判的成败，更直接影响双方最终能够达成的协议内容和利益分配，因此，谈判策略的运用在商务谈判中具有举足轻重的作用。

谈判双方都会对自身和对方的实力、资源、技术、市场或信息等方面进行全面的评估和对比，以明确自身在谈判中的优势和劣势。商务谈判策略的成功除了依靠谈判人员强大的说服力之外，还要建立在方案和交易本身的价值上，即方案和交易具备强大的吸引力。而谈判本身是博弈与较量，是攻守方之间的拉锯战，存在着主动要求利益和让步妥协的统一。因此，依据谈判人员面对的不同境况，谈判策略可分为优势境况下的谈判策略、劣势境况下的谈判策略，以及势均力敌境况下的谈判策略。

11.2.1　优势境况下的谈判策略

优势境况下的谈判策略是指当谈判一方在某个或某些方面具有明显的优势时，他们往往倾向于采取更为积极主动的谈判策略。这是因为优势方希望通过充分利用其优势地位，最大化地争取自身利益。在这种境况下，优势方可能会提出较高的初始要求或条件，以期在后续谈判中逐步妥协，但仍能达成对自身有利的协议。他们还可能通过强调自身优势、展示实力或利用对方弱点等方式，积极争取更多利益。同时，优势方也会努力控制谈判节奏和议程，引导对方按照己方的意愿进行协商，以期在谈判中占据主导地位。谈判一方处于优势境况时与对方谈判的策略分为以下几种。

1. 优势定位策略

优势定位策略在商务谈判中是一种具有深远影响的开局策略。它并非简单地追求开局阶段的优势地位，而是通过精心策划，旨在创造一个平等、坦诚、互谅互让的谈判氛围，从而为整个谈判过程奠定良好的基础。

采用优势定位策略的一方，在谈判开局阶段就会明确表达出自己的诚意和合作愿望。他们深知，在商务谈判中，双方的关系往往比具体的条款和条件更为重要。因此，他们会努力营造一种积极、正面的谈判气氛，使对方感受到自己的真诚和合作意愿。为了实现这一目标，采取优势定位策略的一方可能会采取一系列具体的行动。例如，他们可能会主动介绍己方的立场和观点，同时以开放和包容的态度倾听对方的意见和建议。在表达己方需求的同时，他们也会充分考虑对方的利益和需求，寻求双方都能接受的解决方案。

此外，优势定位策略还强调互谅互让的精神。在商务谈判中，双方难免会出现分歧和争议。采取优势定位策略的一方要理解并尊重对方的立场和观点，同时也会在适当的时候做出妥协和让步，以换取对方的合作和理解。

> **【小故事大道理 11-8】**
>
> 一家国内领先的科技公司(以下简称"科技公司")在国际市场上拥有多项核心技术专利，其产品性能和质量均达到了国际一流水平。某国际知名品牌商(以下简称"品牌商")看中了科技公司的技术优势，希望与其建立长期的技术合作关系，共同开发新产品。科技公司在谈判前进行了充分的准备，明确了自己在核心技术、产品研发能力、市场响应速度等方面的独特优势。这些优势是科技公司与竞争对手区别的关键所在。在谈判过程中，科技公司不断强调其技术的领先性和创新性，通过展示专利证书、技术评估报告等文件来证明其技术实力。同时，还通过案例分享的方式，向品牌商展示了以往成功的技术合作经验和成果。
>
> 科技公司了解到品牌商对于新产品的定制化需求较高，因此在谈判中特别突出了其定制化服务能力。科技公司承诺能够根据品牌商的具体需求，提供从产品设计、研发到生产的全链条定制化解决方案，以满足品牌商对于新产品的独特要求。为了进一步巩固谈判地位，科技公司还积极邀请品牌商参观其研发中心和生产基地，让品牌商亲身体验其技术实力和生产能力。同时，科技公司还通过高层互访、技术交流等方式，加深与品牌商之间的了解和信任，为双方建立长期稳定的合作关系奠定基础。
>
> 经过多轮谈判和协商，科技公司与品牌商成功达成了技术合作协议。协议不仅明确了双方在技术合作方面的具体内容和责任义务，还规定了合作期限、利益分配等关键条款。这次谈判的成功不仅为科技公司带来了可观的商业利益，还进一步提升了其在国际市场上的知名度和影响力。
>
> **【名师箴言】**
>
> 在商务谈判中运用优势定位策略时，企业需要明确自身的独特优势，并通过多种方式向谈判对手展示这些优势。同时，还需要根据谈判对手的需求和关注点来灵活调整策略内容，以建立双方的信任与合作关系。通过运用优势定位策略，企业可以在谈判中占据有利地位，实现自身利益的最大化。

总的来说，优势定位策略是一种旨在创造积极、正面谈判气氛的开局策略。它通过展现诚意、合作愿望和互谅互让的精神，为整个谈判过程奠定良好的基础，并有助于双方最终达成公平、合理的协议。

在优势定位策略下，平等坦诚、互谅互让和轻松愉快的谈判气氛是一种理想的谈判气氛，谈判人员要想达到谈判目的，在开局阶段应做到以下几点。

第一，由于谈判的开场很容易冷场，在这种情况下，作为东道主的优势方应具备主人的风度，在热烈友好的氛围下展开交往。优势方应有意识地与对方产生共鸣，创造一种和谐、活跃的谈判氛围。

第二，在主场谈判的情况下，为了形成积极的谈判气氛，表现出己方的豁达与宽容，优势方应态度平和、诚恳、真挚，不以势压人、恃强凌弱。

第三，在谈判开局时，优势定位策略的谈判开局目标只是己方的一己之愿，优势方要想方设法使其成为双方的共识。因此，优势方要发挥自身在开局目标设定上的主导作用，引导对方向己方的目标靠拢，营造良好的谈判气氛。

第四，在商议中心议题前，优势方要与对方交流思想，双方共同努力以满足彼此的需要。

第五，密切注意对方的策略定位，谨防对方的反向行动给己方造成不利，切忌大意失利，恶化开局阶段的谈判气氛。

2. 不开先例策略

不开先例策略通常是指在谈判过程中，处于优势的一方不破例给对方提供更好的条件，坚持自己提出交易条件的策略。该交易条件以之前曾利用过的行为惯例和合作规则(即先例)为标准。不开先例策略在商务谈判中是一种重要的谈判策略，尤其当一方处于优势地位时，这一策略的运用尤为关键。该策略的核心在于，优势方坚持自己提出的交易条件，不破例给对方提供更好的条件。

先例的力量来源于先例的类比性、对方的习惯心理和对方对先例的无知，如表 11-1 所示。

表 11-1　先例的力量来源

分　类	说　明
先例的类比性	先例为当前的谈判提供了一个可参考的框架或模式。当双方讨论交易条件时，优势方可以指出先前的类似案例，强调这些条件是如何在之前的合作中成功实施的。这种类比性不仅增强了优势方的立场，还使得提出的条件显得更加合理和可接受
对方的习惯心理	人们往往倾向于遵循已知和习惯的做法。在商务谈判中，如果对方之前接受过类似的条件或先例，他们可能会更倾向于接受当前提出的条件，因为这符合他们的习惯心理。优势方可以利用这一点，强调先例的普遍性和可接受性，从而增加对方接受当前条件的可能性
对方对先例的无知	在某些情况下，对方可能对先前的案例或行为惯例并不了解。这时，优势方可以巧妙地利用这一点，通过呈现先例来支持自己的立场。由于对方对先例的无知，他们可能更容易被说服，认为提出的条件是合理和公正的

1) 采用先例的情况

在商务谈判的实践中，采用的先例主要涵盖三种情况，每种情况都承载着不同的历史、市场和行业背景，为谈判提供了丰富的参考和依据。

(1) **与对方过去谈判的先例**。这指的是双方之前合作或协商时所确立的条件或规则。它们不仅仅是历史记录，更是双方合作经验和互动模式的体现。这些先例为当前的谈判提供了直接的参考，帮助谈判人员了解对方的行为模式、期望和底线。在谈判中引用这些先例，可以增强己方立场的合理性，提醒对方过去的合作模式和成功经验。

(2) **与他人过去谈判的先例**。这涉及其他相似交易或合作中形成的条件和规则。虽然这些先例不直接涉及当前谈判的对方，但它们为谈判提供了一个更为宏观的背景和参照系。引用这些先例，可以帮助谈判人员展示己方条件的普遍性和行业接受度，从而增强己方在谈判中的说服力。

(3) **外界通行的谈判先例**。这指的是在广泛的市场环境或行业内普遍接受和应用的条件和规则。这些先例代表了市场或行业的最佳实践，为谈判双方提供了一个共同的、公认的参照标准。在谈判中引用这些先例，可以帮助谈判人员确立己方条件的合理性和公正性，同时也可以限制对方提出不合理要求的空间。

【小故事大道理 11-9】

一家大型连锁超市(以下简称"超市方")与一家知名食品供应商(以下简称"供应商")就某品牌食品的年度供货合同进行谈判。超市方在该地区拥有广泛的销售网络和强大的品牌影响力，而供应商则依赖超市方作为其重要的销售渠道之一。

在谈判过程中，超市方提出了降价要求，希望供应商能够在原有价格基础上给予一定折扣。然而，供应商坚决拒绝了这一要求，并表示："我们与贵公司过去几年的合作中，一直保持着稳定的价格体系。如果此次单独为贵公司破例降价，那么未来与其他客户的合作将难以维持同样的价格水平，这对我们公司的整体市场策略将造成不利影响。"供应商进一步强调，过去几年中他们与多家大型零售商的合作均保持了相同的价格政策，没有先例表明他们会在没有充分理由的情况下单方面降价。这种坚持先例的做法不仅保护了供应商的利益，也维护了其在市场上的公平竞争地位。

超市方虽然拥有强大的销售网络，但也意识到供应商在市场上同样具有一定的不可替代性。因此，在供应商坚决拒绝降价后，超市方并未采取过激措施，而是转而寻求其他合作方式，如增加促销活动、优化货架陈列等，以提升销售业绩。经过多轮谈判和协商，供应商最终未对价格做出让步，但双方同意在促销活动、库存管理等方面加强合作，以实现共赢。

【名师箴言】

此次谈判中供应商成功运用不开先例策略，不仅维护了自身的价格体系和市场地位，还向市场传递了其坚持原则、不轻易妥协的形象，有助于提升品牌信誉和客户忠诚度。在商务谈判中运用不开先例策略时，关键在于明确自身的立场和优势，并强调先例的力量来约束对方。同时，也需要注意灵活应对谈判中的各种情况，寻求双方都能接受的解决方案。通过合理运用这一策略，企业可以在谈判中占据有利地位，实现自身利益的最大化。

---

2) 不开先例的情况

在面对特定情形时，谈判人员可以巧妙地运用不开先例策略来增强自己的谈判立场，这些情况具体如下。

(1) **当谈判内容涉及保密性交易活动时**。为了维护信息的敏感性和交易的独特性，谈判人员可以坚持不开先例，确保交易条件的独特性和保密性。

(2) **当商品交易属于垄断交易时**。由于市场条件的特殊性，谈判人员也可以坚持原有条件不开先例，以维护己方在市场中的独特地位和利益。

(3) **当市场条件有利于己方且对方急于达成交易时。**谈判人员可以利用不开先例策略来保持优势地位，确保获得最大的利益。

(4) **当对方提出的条件难以接受时。**谈判人员同样可以通过强调不开先例来维护自己的利益，拒绝接受不合理的要求。

以电冰箱进货商与供货商的谈判为例，当进货商提出降价要求时，供货商巧妙地运用了不开先例策略。他们不仅指出如果这次交易破例降价，将会影响与其他 600 多位客户的业务关系，还进一步强调了一直以来给所有客户的价格都是每台 3500 元，这个价格是基于成本、市场需求和竞争状况的合理定价。供货商通过强调不开先例，不仅维护了与现有客户的公平和一致性，也保护了自身在整个市场中的立场和信誉。

在实际操作中，谈判人员需要更加细致入微地衡量交易条件的合理性和适度性。他们要确保提出的条件既不会过于苛刻，导致对方无法接受，也不会损害己方的利益。为了做到这一点，谈判人员需要对市场行情、竞争状况、成本结构等进行深入的分析和研究，确保提出的条件具有合理性和说服力。

同时，谈判人员还需要反复强调不开先例的事实与理由。他们需要提供充分的证据和逻辑支持，加强先例的真实性和可信度。例如，他们可以引用过去的合同、交易记录、市场报告等来证明先例的存在和合理性。通过加强先例的真实性和可信度，谈判人员可以让对方对己方使用的先例深信不疑，从而增强己方在谈判中的立场和说服力。

此外，谈判人员还应善于运用类比性强的先例。他们需要着重突出本次交易与先例在多个关键方面的相似性，如交易条件、市场行情、竞争情况以及相关的外部因素等。通过强化先例的类比性，谈判人员可以使得先例的力量得到更充分的发挥。他们可以借助先例来展示己方条件的合理性和公正性，同时也可以借助先例来反驳对方的不合理要求。通过巧妙地运用类比性强的先例，谈判人员可以在谈判中占据有利地位，实现己方的利益最大化。

3. 价格信息策略

价格信息策略是商务谈判中一种颇为巧妙的策略，其核心在于卖方巧妙地利用商品价格上涨的信息，以及人们在涨价后的不安情绪，以此作为诱饵，吸引买方的注意力，使其过度聚焦于价格问题，而忽视了合同中的其他重要条款。这种策略的有效性深深植根于对人们心理因素的精准把握与充分利用。

首先，它巧妙地利用了人们"买涨不买落"的心理倾向。这种心理现象在消费者行为中尤为显著。当市场价格出现下跌时，消费者往往会选择观望，他们期待价格能进一步下跌，以获得更优惠的购买条件。这种观望态度是基于一种对未来价格走势的预判，即认为价格有可能继续下跌。相反，当价格上涨时，消费者则倾向于积极购买，以防价格继续攀升。这种购买行为是出于一种规避风险的心理，即担心未来价格会进一步上涨，从而增加购买成本。价格信息策略正是基于这种心理倾向，通过传递商品价格上涨的信息，激发买方的购买欲望，使其在价格上涨的压力下做出购买决策。

其次，该策略还充分利用了人们"价格中心"的心理定式。在谈判过程中，价格往往是双方最为关注的核心问题，因为它直接关系双方的利益得失。谈判人员往往将价格视为谈判中最关键的条款，认为只要在价格上取得了优惠，就等同于谈判的胜利。这种心理定式使得价格成为谈判中的焦点，也使得价格信息策略能够在谈判中发挥更大的作用。卖方可以利用这种心理定式，通过传递价格优惠的信息，吸引买方的注意力，使其在价格上做出让步，从而达成有利于卖方的协议。

然而，需要注意的是，并非所有谈判都将价格视为最核心的问题。特别是在一些复杂的商务谈判中，如大型的商业合作项目，谈判的内容往往涉及多个方面，包括技术、服务、质量、交货期等，牵涉的内容繁多。在这些情况下，价格并不一定是最主要的问题。如果过分关注价格，可能会忽视其他更为重要的条款和条件，从而导致实际利益的损失。价格信息策略正是利用了对方"价格中心"的心理定式，让对方在价格上获得了一定的优惠，但却可能因此失去比单纯的价格优势更为重要的东西，如技术支持、售后服务等。

【小故事大道理 11-10】

某大型制造企业(以下简称"甲方")计划与一家国际知名设备供应商(以下简称"乙方")就采购一批先进生产设备进行谈判。这批设备对于甲方提升生产效率、降低成本至关重要，而乙方在该领域拥有领先的技术和市场份额。

在谈判前，甲方通过市场调研、咨询行业专家、查阅公开资料等方式，广泛收集了同类设备的市场价格信息。他们发现，市场上同类设备的价格因品牌、技术含量、售后服务等因素而异，价格波动范围较大。甲方还利用自身在行业内的关系网络，获取了部分竞争对手与乙方或其他供应商的交易价格信息。这些信息虽然不完全公开，但对于甲方评估乙方的报价合理性具有重要参考价值。

甲方回顾了与乙方过去几年的合作记录，特别是类似设备的采购价格。他们发现，随着技术的进步和市场竞争的加剧，同类设备的价格呈下降趋势。因此，在谈判中，甲方以历史交易价格为依据，提出了更加合理的降价要求。甲方在谈判中强调，本次采购规模较大，对乙方是一笔重要的订单。他们表示，如果乙方能够提供具有竞争力的价格，甲方将考虑在未来继续扩大与乙方的合作规模，从而实现双赢。乙方在谈判初期提出了较高的报价，并试图通过强调设备的技术优势和售后服务来支撑其价格。甲方则运用收集到的价格信息，逐一反驳乙方的论点，并指出市场上存在性价比更高的替代产品。同时，甲方也表现出了一定的灵活性，愿意在付款方式、交货期等方面做出让步，以换取乙方在价格上的妥协。

经过多轮谈判和协商，甲乙双方最终达成了一致意见。乙方在价格上做出了一定让步，满足了甲方的合理要求；而甲方也承诺在未来继续扩大与乙方的合作规模，为双方的长远发展奠定了基础。

【名师箴言】

此次谈判的成功一方面使甲方降低了采购成本、提升了生产效率，另一方面使乙方在激烈的市场竞争中赢得了重要订单、巩固了市场地位。同时，该案例也为行业内其他企业在类似谈判中提供了有益的借鉴和参考。在商务谈判中运用价格信息策略时，企业需要充分收集和分析各种价格信息，包括市场价格、竞争对手价格、历史交易价格等。同时，企业还需要结合自身的实际情况和谈判目标灵活运用这些信息来制定谈判策略并在谈判过程中保持灵活性和耐心以达成双方都能接受的协议。

为了更有效地运用价格信息策略，并增加其成功的可能性，谈判人员可以将其与最后

期限策略相结合。最后期限策略是一种通过向对方提出达成协议的明确截止时间，并表明如果超过这一时间期限就不再继续谈判的态度，以此来给对方施加压力，迫使其在短时间内做出决定的策略。通过结合这两种策略，谈判人员可以更好地引导谈判的走向，增加达成有利协议的可能性。

例如，供货商可以利用即将涨价的信息，对买方说："这种商品的价格即将上涨 20%，如果你能一周内在订货合同上签字，就能免除因价格上升而带来的损失。"在这个例子中，供货商不仅运用了价格信息策略来引发买方的紧迫感，还结合了最后期限策略来给对方施加时间上的压力，使其感受到必须在有限的时间内做出决定。这种策略的组合使用能够更有效地引导谈判的进程，促使对方在价格和其他条款上做出更有力的让步，从而达成对供货商更为有利的协议。

4. 红白脸策略

红白脸策略，又称为刚柔相济策略或先苦后甜策略，是一种在商务谈判中广泛运用且效果显著的策略。其核心思想在于，谈判初期，通过提出苛刻的条件和要求，使对方产生疑虑、压抑、无望等负面心态，从而大幅度降低其期待值。随后，在深入谈判的过程中，逐步给予优惠或做出让步，使对方在对比之下感到满意，并最终促成合同的签订。通过这种策略的运用，己方往往能够获取较大的利益。

在实际操作过程中，为了更好地发挥红白脸策略的效力，谈判团队通常会进行明确的角色分工。其中，"白脸"角色负责持强硬立场，提出较为苛刻的条件和要求，给对方制造压力，并表现出立场坚定、毫不妥协的态度。这一角色的扮演者需要是一个雷厉风行、反应迅速、敢于进攻且言语铿锵有力的人，能够在谈判中占据主导地位，有效地向对方施加压力。而"红脸"角色则持温和态度，和颜悦色、举止谦恭、通情达理，愿意体谅对方的难处，并在适当时机"劝说白脸"，促使其做出一定程度的让步。这一角色的扮演者需要是一个态度温和、经验丰富、言语平缓且性格沉稳的人，能够在谈判中起到调和作用，缓解紧张气氛，使对方更容易接受己方的条件。

在谈判的初期，"白脸"角色会先出场，提出较为苛刻的条件和要求，给对方制造压力。这一阶段的目的是降低对方的期待值，使其在接受后续条件时更容易感到满意。同时，"白脸"角色会表现出立场坚定、毫不妥协的态度，使对方感受到己方的强硬立场。

随着谈判的深入，"白脸"角色自然会与对方相持不下。此时，"红脸"角色出场，其和颜悦色、举止谦恭、通情达理的态度会起到缓和气氛的作用。同时，"红脸"角色会表示愿意体谅对方的难处，并"劝说白脸"做出一定程度的让步。这一阶段的目的是使对方在感受到己方的诚意和让步后，更容易接受剩余的条件和要求。

最终，剩下的条件和要求往往正是己方要达到的目标。通过红白脸策略的运用，己方不仅能够在谈判中占据主导地位，还能够有效地降低对方的期待值，使其在后续谈判中更容易感到满意。同时，通过"红脸"角色的调和作用，己方还能够缓解紧张气氛，使对方更愿意与己方达成合作。

【小故事大道理 11-11】

某大型跨国公司(以下简称"甲方")计划与一家供应商(以下简称"乙方")就一批关键原材料的采购进行谈判。这批原材料对甲方的生产至关重要，且市场上供应商数量有限，竞争较为激烈。

红脸角色由甲方谈判团队中的一位成员扮演，该成员态度温和、友好，善于倾听乙方的意见和需求，并表现出对乙方立场的理解和同情。白脸角色由另一位成员扮演，该成员态度强硬、坚定，对乙方的要求持批评态度，并在必要时提出尖锐的问题或反对意见。

谈判开始时，红脸角色首先与乙方进行接触，通过礼貌的寒暄和友好的交流建立初步的信任关系。红脸角色认真听取乙方的报价和条件，并适时表达甲方的关切和需求。当谈判进入关键阶段，且双方在某些关键条款上产生分歧时，白脸角色开始发挥作用。他表现出对乙方报价的不满和质疑，强调甲方的立场和底线，并暗示如果无法达成共识，甲方将考虑寻找其他供应商。在白脸角色制造紧张气氛后，红脸角色适时介入，通过温和的言辞和理性的分析来缓和紧张气氛。他强调双方合作的重要性，并提出建设性的解决方案，以寻求双方的共同利益。最终，在红脸角色的努力下，双方就关键条款达成共识。

通过红白脸策略的运用，甲方成功降低了采购成本，同时确保了原材料的质量和供应稳定性。乙方虽然在一定程度上做出了让步，但也成功获得了甲方的长期合作承诺，为双方未来的合作奠定了基础。

【名师箴言】

此次谈判的成功不仅增强了甲方在市场上的竞争力，还为乙方带来了稳定的订单和良好的口碑。同时，该案例也为行业内其他企业在类似谈判中提供了有益的借鉴和参考。但在运用红白脸策略时，需要确保团队成员之间的密切配合和良好沟通，以避免出现内部矛盾或误解。同时，要根据谈判的具体情况和对方的反应，灵活调整策略，以确保谈判的顺利进行和最终目标的实现。此外，还要注意谈判过程中的道德和法律风险，避免采用不正当手段影响对方的决策。

红白脸策略之所以能够在商务谈判中发挥作用，原因在于人们对外界刺激的评价总是以先入之见作为标准。如果对方感觉到的刺激是"甜"的，即对方先给出较为优惠的条件，那么再加一点"苦"的刺激，即提出更为苛刻的要求，对方会觉得非常苦、难以接受。相反，如果对方先感觉到的刺激是"苦"的，即己方先提出苛刻的条件，那么再加一点"甜"的刺激，即后续做出一定的让步或给予优惠，对方会觉得非常甜、非常满意。这种心理现象在商务谈判中尤为显著，也是红白脸策略能够发挥作用的关键原因。

要想使红白脸策略更有效地实施下去，谈判人员需要把握好以下几点关键要素。

1) 角色分配要与性格相符

在分配"红脸"和"白脸"角色时，谈判团队必须充分考虑成员的性格特征。扮演"白脸"角色的人应是一个雷厉风行、反应迅速、敢于进攻且言语铿锵有力的人，能够在谈判中占据主导地位，有效地向对方施加压力。而扮演"红脸"角色的人则应是一个态度温和、经验丰富、言语平缓且性格沉稳的人，能够在谈判中起到调和作用，缓解紧张气氛，使对方更容易接受己方的条件。如果由性格不相符的人扮演角色，就可能导致实际效果与预期不符，形成糟糕的现场局面，使对方有机可乘。

2) 角色之间要互相配合

在谈判过程中，"红脸"和"白脸"两种角色应当密切配合、掌握火候。当"白脸"

角色提出苛刻的条件时，"红脸"角色要充分注意对方的反应。如果对方做出强硬的表现或表示不满，"红脸"角色要适时出场进行调停，为"白脸"角色解围。如果"红脸"角色不及时出场，"白脸"角色将无法收场，谈判也可能出现僵持局面，甚至导致暂停或破裂。因此，"红脸"和"白脸"角色之间的配合默契和时机掌握是红白脸策略成功的关键。

3）掌握适度原则

谈判人员在扮演"红脸"和"白脸"角色时，必须把握好分寸。作为"白脸"角色，既要善于言语进攻、坚持不让步以给对方制造压力，又要言之有理、讲究礼节以避免过于咄咄逼人或胡搅蛮缠。过于强硬的态度可能会引起对方的反感，甚至导致谈判破裂。而作为"红脸"角色，则要掌握好让步的分寸并适度使用语言进行调解和劝说，既不能过于软弱也不能显得过于强硬或急于求成。过于软弱的态度可能会让对方觉得己方缺乏诚意和决心，而过于强硬或急于求成的态度则可能会让对方觉得己方在逼迫或威胁他们。

4）进行合理的角色分工

从角色分工的角度来看，"白脸"角色一般由主谈人扮演，因为其掌握着让步的分寸并能够总揽全局。主谈人通常具有丰富的谈判经验和专业知识，能够更好地把握谈判的节奏和进程。而"红脸"角色则一般由其助手扮演，因为其建议和观点往往更容易被对方接受和采纳。助手在谈判中通常扮演辅助角色，其职责是为主谈人提供支持和建议，并在适当时候进行调解和劝说。这样的角色分工既能够充分发挥各自的优势和特点，又能够有效地配合和协作以达到最佳的谈判效果。

综上所述，红白脸策略是一种在商务谈判中广泛运用且效果显著的策略。通过明确的角色分工和默契的配合，己方能够在谈判中占据主导地位，有效地降低对方的期待值，并使其在后续谈判中更容易感到满意。同时，通过掌握适度原则和进行合理的角色分工，己方还能够确保策略的有效实施并获取较大的利益。在实际运用中，谈判人员需要根据具体情况灵活调整策略，并注重与对方的沟通和交流，以达到最佳的谈判效果。

【小故事大道理 11-12】

出人意料的谈判胜利

某航空公司欲购买 20 架飞机，对于该公司的 CEO（首席执行官）来说，其中 10 架是志在必得的。起初，CEO 亲自出马与飞机制造商洽谈，但因为价格原因一直没能谈拢。最后，该 CEO 非常生气，拂袖而去，谈判陷入僵持阶段。

后来，CEO 找了一个代理人，他对代理人说，如果条件合适，尽量购买 20 架飞机，实在不行，只要能买下他最中意的那 10 架飞机即可。本来 CEO 并不抱太大希望，但谈判结果出乎他的意料，代理人居然把 20 架飞机都买了下来，而且价格也令其非常满意。

CEO 很佩服代理人，问他是如何做到的。代理人回答："很简单，每一次陷入僵局时我就问他们，他们是希望继续和我谈，还是和你本人谈。最后，他们就乖乖地说，还是按我的意思办吧。"

【名师箴言】

故事中的代理人深知对方不希望与 CEO 谈判，因为无法接受 CEO 提出的条件。而代理人谈判风格温和，属于"红脸"角色，是对方乐意相处的类型，所以对方更愿意接受其提出的条件。

5. 最后期限策略

最后期限策略是一种有效的谈判技巧，其核心在于通过向对方表明他们只能在有限的时间内获得某种好处，从而巧妙地利用时间压力促使对方更容易做出顺从的选择。这一策略深入植根于人们日常生活的一个普遍心理规律之中：相较于那些大量存在、易于获取的事物，那些稀缺的、罕见的或是难以获得的事物往往会被赋予更高的价值。因此，人们常常愿意投入更多的努力或支付更高的代价去获取那些稀缺资源，而非那些供应充足、随处可见的物品。这一基本的人类行为模式为众多促使对方顺从的技巧提供了坚实的理论基础，而最后期限策略便是其中最为常见且效果显著的一种。

在谈判的过程中，时间是一个除信息和权力之外，对最终结果产生重大影响的因素。社会经验反复告诫我们，许多事情都有不可逾越的最后期限，一旦错过，便可能招致重大的损失。这种对时间限制的普遍认知使得最后期限策略在谈判中具有了特殊的效力。特别是在商务谈判的语境下，往往是在谈判接近尾声，即在不到总时长 10% 的时间内，双方才会真正达成妥协。在这一紧要关头，双方做出的让步幅度通常也是最大的，这进一步体现了时间压力对谈判进程的深刻影响。

【小故事大道理 11-13】

美日汽车贸易谈判

20 世纪 90 年代，美日两国在汽车销售领域存在长期摩擦，经过近 20 个月的谈判仍未取得实质性进展。

1995 年 5 月上旬，美国首席贸易谈判代表坎特声明，白宫已提醒 WTO 注意，美国可能在 45 天之内提出申诉，指控日本政府在汽车及其零部件领域的规章与汽车生产公司的商业行为违反世界贸易规则。

1995 年 5 月中旬，美国公布了制裁日本汽车的清单，并声明如果日本到 6 月 28 日仍未向美国汽车及零部件开放其市场，美国将对日本的 13 种豪华型汽车征收 100% 的惩罚性关税，总金额高达 50.9 亿美元，创下美国政府实施惩罚性关税的最高纪录。

在美国宣布制裁清单后，日本通产省省长桥本龙太郎宣称日本将向 WTO 争端解决机构提出解决要求，并敦促 WTO 就美国提出的对日本汽车征收惩罚性关税的合法性问题召开紧急会谈。日方还表示准备在 6 月末对美国采取报复性措施，并声称将在审查了美国针对日本出口汽车的最后制裁清单后再作决定。

尽管存在分歧，双方还是设法达成了协议，决定由两国的中层代表于 6 月 12 日和 13 日在日内瓦重开双边谈判。然而，谈判无果而终。

桥本龙太郎随后宣布将于 6 月 22 日和 23 日在华盛顿举行新一轮谈判，以避免贸易战。在新一轮谈判中，尽管初期未取得进展，但随着最后期限的临近(即 6 月 28 日)，双方的不安与焦虑感日益扩大。

在 6 月 27 日，即克林顿政府所宣布的实施制裁措施期限的前一天，谈判有了实质性的突破。美国贸易谈判代表坎特声明放弃克林顿政府的数额要求，而日本则提出了自愿增产计划。

最终，由于美方的让步和日方的妥协性建议，双方达成了政府间的协议，解决了汽车贸易争端。通过运用最后期限策略，美方成功迫使日方在压力下做出让步，双方达成了汽车贸易协议。

【名师箴言】

该协议的达成对美日两国的汽车市场产生了深远影响，促进了贸易自由化和市场竞争。此案例展示了在商务谈判中运用最后期限策略的有效性，即在谈判进入僵局时，通过设定明确的截止日期来增加对方的紧迫感，从而推动谈判的进展和协议的达成。

对于那些在谈判中处于相对被动地位的参与者而言，他们始终渴望能够通过谈判达成一项对自己有利的协议。然而，当谈判双方陷入僵持，难以取得进展时，占据主动地位的一方便可以巧妙地利用对方的心理状态，明确提出解决问题的最后期限以及相应的条件。这实际上是一种最后通牒，其目的在于传达出一个明确的信息：如果不尽快决定，那么达成协议的机会将会丧失。这种策略的有效性在于它巧妙地利用了人们对失去机会的恐惧心理。随着最后期限的临近，对方所承受的心理压力会逐渐累积，最终达到一个临界点，迫使他们在紧迫的时间压力下迅速决策。

然而，在运用最后期限策略时，谈判人员需要格外注意以下几个关键点，以确保策略的有效实施并避免不必要的冲突。

1) 首要原则是切忌激怒对方

在执行最后期限策略的过程中，谈判人员应当努力消除对方的敌意，采取委婉的语气和恰当的措辞进行沟通。这是因为，如果对方感到自己被威胁，甚至被激怒，他们可能会采取防御性的立场，从而抵制最后期限策略。为了缓和对方的抵触情绪，谈判人员可以引用某种公认的准则或习惯作为策略合理性的解释依据。例如，他们可以指出行业的惯例、法律法规的要求或先前类似案例的处理方式，以证明最后期限的合理性。通过这样的解释，谈判人员可以降低对方在接受条件时产生不满情绪的可能性，增加对方对最后期限策略的接受度。

2) 给予对方充分的考虑时间

最后期限策略的目的并非通过强硬的手段迫使对方接受苛刻的条件，而是为对方提供一个解决问题的可行方案，因此，谈判人员应当为对方预留出一定的时间。这段时间可以是几分钟、几小时或几天，具体取决于谈判的复杂性和紧迫性。在这段时间内，对方可以评估自己的利益、权衡各种选择，并考虑是否接受最后期限的条件。给予对方充分的考虑时间是非常重要的，因为它体现了对对方的尊重和关注。即使最终的结果可能并不完全有利于对方，但他们仍会因为这是自己经过考虑后做出的选择而更愿意接受。这样的过程也有助于建立双方之间的信任和合作关系，为未来的谈判奠定良好的基础。

3) 在适当的时候做出让步

当对方在面临最后期限的压力下做出让步时，谈判人员也应当在原有条件的基础上展现出一定的灵活性，做出适当的让步。这样的举动能够给予对方极大的心理安慰，使他们感受到一种公平的氛围。通过适当的让步，谈判人员可以向对方传达出一种合作和共赢的意愿，这有助于缓解对方的紧张情绪，并增加他们接受最后期限条件的意愿。同时，适当的让步也可以为谈判人员自己保留一些回旋的余地，以便在后续的谈判中做出进一步的调整或妥协。这样的灵活性有助于维护谈判的顺利进行，并最终达成双方都能接受的协议。

4) 确保最后期限真实且合理

最后期限应该是基于实际情况和合理推断得出的，而不是随意设定的。如果最后期限显得过于紧迫或不切实际，对方可能会怀疑其真实性，并对策略的有效性产生怀疑。

5) 保持冷静和专业

在使用最后期限策略时，谈判人员需要保持冷静和专业的态度。他们应该以客观、理性的方式传达最后期限的信息，并避免情绪化的言辞或行为。这样的表现有助于增强对方对最后期限策略的信任度，并促使对方更加认真考虑后进行决策。

6) 准备应对策略

在使用最后期限策略时，谈判人员需要预先准备应对对方的各种可能反应。他们应该考虑对方可能会提出的异议、质疑或反驳，并制定相应的应对策略。通过充分的准备，谈判人员可以更好地应对对方的反应，并有效地推动谈判进程的发展。

综上所述，最后期限策略是一种通过向对方表明他们只能在有限的时间去获得某种好处，从而促使对方更容易顺从的谈判技巧。在使用这一策略时，谈判人员需要特别注意避免激怒对方、给予对方充分的考虑时间，以及在适当的时候做出让步。通过遵循这些关键点，谈判人员可以更有效地运用最后期限策略，并在谈判中取得更好的结果。同时，他们也需要保持冷静和专业，准备应对对方的反应，以确保策略的有效实施并达成双方都能接受的协议。

【实操演练】

请同学们自由分组，两人一组，分别扮演两家公司的谈判代表甲和乙。其中甲占据优势，在演练时可分别演练各种谈判策略，例如，不开先例策略、价格信息策略、最后期限策略等，乙给出相应的应对措施。演练结束后由教师点评。

11.2.2　劣势境况下的谈判策略

谈判的一方处于劣势境况时，可以运用以下谈判策略。

1. 吹毛求疵策略

吹毛求疵策略是谈判中的一种独特且富有挑战性的策略，尤其适用于处于劣势的一方。当谈判的弱势方在面对优势方谈及自身实力时，他们往往采取回避态度，不直接回应对方的强势，而是专注于寻找对方的弱点，并伺机进行精准的打击。这种策略的核心目的在于，通过巧妙地指出对方的不足和瑕疵，为弱势方争取到更多的讨价还价余地，从而在一定程度上平衡谈判桌上的力量对比，使得谈判结果更加有利于自己。

在商务谈判的激烈交锋中，讨价还价是不可或缺的环节，它直接关系到双方的利益分配。然而，对于弱势方而言，对方的目标越高，他们的处境就越不利。因为高目标往往伴随着高价位和严格的交易条件，而价格下降或条件放宽的可能性则相对较低。在这种情况下，弱势方若直接回应对方的强势，往往难以取得理想的谈判结果。因此，弱势方的首要任务便是降低对方的目标，通过指出商品或服务存在的缺陷、不足或潜在风险来贬低其价值。这样一来，对方在心理上失去了坚持高价格或严格交易条件的基础，从而为弱势方争取到更有利的谈判地位。

【小故事大道理 11-14】

一家大型零售企业(以下简称"甲方")计划与一家家电制造商(以下简称"乙方")就采购一批高端电视机进行谈判。甲方希望以更优惠的价格采购到高质量的电视机，而乙方则希望维持其市场价格定位。

谈判初期，甲方并没有直接提出大量采购电视机的需求，而是先以少量采购为试探，询问乙方关于不同数量采购下的价格政策。在此过程中，甲方表现出对电视机质量的关注，并询问了关于电视机的详细规格、性能参数等信息。

当乙方提供了初步的报价后，甲方开始运用吹毛求疵策略。甲方代表指出乙方电视机在外观设计、画质表现、智能功能等方面存在的一些"不足"，并强调这些不足可能对消费者购买决策产生负面影响。甲方还进一步质疑乙方的生产成本和利润空间，暗示乙方有更大的降价空间。

在提出挑剔和质疑后，甲方并没有急于还价，而是持续施压，要求乙方就提出的问题给出合理解释和改进措施。同时，甲方也表达了对长期合作的意愿，但强调只有在价格和质量都达到甲方要求的情况下，合作才能顺利进行。

经过多轮谈判和讨价还价，乙方逐渐认识到甲方在价格上的坚定立场和对质量的严格要求。为了促成合作，乙方最终同意在价格上做出一定让步，并提供一些额外的售后服务作为补偿。双方最终达成了妥协，签订了采购协议。

【名师箴言】

通过运用吹毛求疵策略，甲方成功降低了采购成本，并获得了乙方在质量和服务上的更多承诺。此次谈判的成功不仅增强了甲方在市场上的竞争力，还为乙方提供了改进产品和服务的动力和方向。此案例展示了在商务谈判中运用吹毛求疵策略的有效性。然而，需要注意的是，在运用此策略时要把握好度，避免过分挑剔或无理取闹导致谈判破裂。同时，也要根据对方的反应和谈判进程的变化灵活调整策略。

当然，运用吹毛求疵策略并非易事，它需要谈判人员具备敏锐的洞察力、丰富的知识和经验以及高超的谈判技巧。为了确保策略的有效实施，谈判人员需要注意以下几点。

1) 策略运用的市场环境

吹毛求疵策略必须在卖方市场条件下进行。当卖方具有垄断性、品牌优势、技术领先或资源稀缺等特性时，市场便成为了卖方市场。在这种情况下，卖方完全可以要求买方必须按照其规定的价格购买，而买方即使不购买，卖方也不会受到太大影响，因为其产品或服务具有不可替代性。因此，在这样的市场环境下，买方运用吹毛求疵策略才有可能取得成功。他们可以通过指出卖方的产品或服务存在的微小瑕疵或不足，来削弱卖方的市场地位，从而争取到更有利的购买条件。

2) 适度原则的掌握

谈判人员在运用吹毛求疵策略时要适可而止。商务谈判的本质应该是互利共赢的，双方都应该在谈判中获得一定的利益。因此，通过无理的挑剔来过分压低对方的报价或提出过于苛刻的交易条件是不明智的。这样做不仅会损害双方的合作关系和信任基础，还可能引发对方的反感和抵制，导致谈判破裂或陷入僵局。因此，谈判人员需要掌握好适度原则，既要指出对方的不足和瑕疵，又要保持一定的灵活性和妥协精神，以便在谈判中达成共识和妥协。

3) 瑕疵点的恰当选择

在运用吹毛求疵策略时，买方需要明确挑剔的范围，并重点关注商品的质量、性能、外观、包装、售后服务等使用价值方面或成本、价格、交货期、付款方式等交易条件方面。同时，他们还需要注意选择那些确实存在且对对方具有一定影响的瑕疵点进行挑剔。如果没有重点地胡乱挑剔或提出一些无关紧要的问题，不仅不能有效地说明问题并削弱对方的市场地位，还可能引起对方的怀疑和反感。特别是在面对一些优质商品或名牌商品时，过分且无理的贬低可能会激怒对方并损害双方的合作关系。因此，在选择瑕疵点时，谈判人员需要进行充分的市场调研和比较分析，以便找到确实存在且对对方具有一定影响的瑕疵点进行有针对性的挑剔。

4) 合适方法的采用

为了更有效地运用吹毛求疵策略并削弱对方的市场地位，买方应采用对比法将商品或交易条件与其他同类商品或交易条件进行比较。通过对比可以更加直观地凸显出对方商品或交易条件的不足和弱点，并迫使卖方不得不承认自己的劣势并实现自己的谈判意图。这种方法既客观又具说服力，是运用吹毛求疵策略时的理想选择。此外，谈判人员还可以采用提问法、假设法等方法来引导对方承认自己的不足或瑕疵，进一步削弱其市场地位。

综上所述，吹毛求疵策略是商务谈判中弱势方的一种有效策略。通过巧妙地运用这一策略并掌握好适度原则、选择合适的瑕疵点，以及采用合适的方法，弱势方可以在谈判桌上争取到更多的主动权和讨价还价余地。然而，为了确保策略的成功实施并避免引发不必要的冲突和矛盾，谈判人员还需要注意市场环境、合作关系，以及信任基础等因素的影响，并灵活地调整自己的谈判策略和行为。只有这样，他们才能在商务谈判中充分发挥吹毛求疵策略的优势并取得理想的谈判结果。

2. 拖延回旋策略

在商务谈判的激烈交锋中，谈判人员时常会遇到态度强硬、咄咄逼人的谈判对手。这些对手以居高临下的强势姿态参与谈判，试图通过提高嗓门说话、情绪激昂时离开座席、站起来挥舞手并叙述观点，以及以自负、傲慢的眼神看对方，流露出不屑于听对方意见的神情等手段来压制和震慑对手，从而达到自己的谈判目的。面对这种趾高气扬、盛气凌人的谈判对手，拖延回旋策略是一种十分有效的应对策略。

拖延回旋策略，也被称为疲劳战术，其核心在于通过拖延谈判时长，以马拉松式的谈判逐渐消磨对方的锐气和精力，使其陷入疲惫和困倦的状态，从而扭转己方在谈判中的不利地位。当对方筋疲力尽、头昏脑胀之时，己方便可反守为攻、以理服人，摆出自己的观点和条件，促使对方在无奈之下做出让步和妥协。

【小故事大道理 11-15】

一家国内知名的大型连锁超市(以下简称"甲方")与一家食品供应商(以下简称"乙方")就新一年的供货合同进行谈判。甲方希望在新合同中降低采购成本，并提高供货质量和服务水平，而乙方则希望维持原有的价格和服务条款。

谈判开始时，甲方代表对乙方过去一年的供货表现表示了肯定，但同时也提出了一些在供货质量、配送准时性等方面的问题，作为新合同谈判的议题。乙方代表对这些问题进行了解释，并表达了改进的决心，但同时也强调价格和服务条款的合理性。

甲方在听取乙方的解释后，并没有立即回应，而是提出了一系列新的要求，包括降低供货价格、提高供货质量、增加配送频次等。甲方表示，这些新要求是基于市场变化和消费者需求的提升，需要乙方进行认真考虑后回应。同时，甲方也提议将谈判进程适当拖延，以便双方有更充分的时间来评估和讨论。

在拖延谈判的过程中，甲方积极收集市场上其他供应商的价格和服务信息，以及消费者对供货质量和服务水平的反馈。甲方还对自身的销售数据、库存情况和利润空间进行了详细分析，以评估新要求的合理性和可行性。

经过一段时间的拖延和多次谈判，甲方逐渐加大了对乙方的施压力度，强调新要求对公司运营和消费者满意度的重要性。乙方在感受到甲方的坚定立场后，开始在外围问题上做出让步，如提高供货质量、增加配送频次等。甲方则在乙方让步的基础上，逐步调整自己的谈判立场，最终在价格上也获得了一定的优惠。在双方达成妥协后，甲方和乙方签订了新的供货合同，并明确了新一年的合作细节和要求。

【名师箴言】

通过运用拖延回旋策略，甲方不仅成功降低了采购成本，还提高了供货质量和服务水平，为双方的长期合作奠定了坚实的基础。此案例再次展示了拖延回旋策略在商务谈判中的有效性。通过合理运用此策略，可以在谈判中争取更多有利条件和优惠条款。然而，也需要注意适度运用，避免过分拖延导致谈判破裂或损害双方关系。同时，在拖延过程中要持续收集信息和评估形势，以便在关键时刻正确决策。

要成功运用拖延回旋策略，己方谈判人员必须事先对一轮接一轮的马拉松式谈判有足够的思想准备和充分的体力储备。在谈判一开始，对于对方盛气凌人提出的各种要求和条件，己方应采取回避和周旋的对策，切忌以硬碰硬，以免激起对方的对立情绪和反感，导致谈判破裂或陷入僵局。己方应保持冷静和理智，以柔克刚，用温和而坚定的态度回应对方的挑衅和压迫。

在谈判的过程中，己方可以采取车轮战术，不断更换谈判人员，使对方陷于不断重复谈判的境地。新的谈判人员可以从前一轮谈判人员那里了解对方的各类信息和谈判策略，同时也便于修正己方在谈判中的失误和不足。而对方则必须努力向每一轮新的谈判人员推销自己的观点和条件，重新介绍之前已经说过的内容和观点。这样一来，对方便会被困在车轮战术的泥淖中，其耐力、精力和锐气会不断消减，从而迫使对方在无奈之下做出让步和妥协。

拖延回旋策略在涉外商务谈判中也有着广泛的应用和变化形式。例如，在涉外商务谈判中，己方可以利用谈判对手经过长时间紧张的飞行之后身心疲惫的机会，一下飞机就将其拉去赴宴，然后安排大小负责人轮流亮相与之会面。在晚上又安排舞会或演出等娱乐活动，使谈判对手处于兴奋和疲劳的状态。第二天，远道而来的客人或许还在为己方的热情招待而激动和感慨，而谈判就要开始了。可想而知，在未能得到很好休息、情感处于兴奋和疲劳交织的状态下的谈判人员，在持久的谈判中很难保持清醒的头脑和敏锐的洞察力，其谈判表现和决策能力也会大打折扣。

此外，在涉外商务谈判中，己方还可以利用时差和谈判地点的变换来进一步实施拖延回旋策略。例如，己方可以将谈判地点安排在自己的主场，并利用时差的优势来安排谈判时间。这样，谈判对手在适应新环境和时差的过程中就会消耗更多的精力和时间，从而在谈判中处于更加不利的地位。

综上所述，拖延回旋策略是商务谈判中一种十分有效的应对策略。通过拖延谈判时长、采取车轮战术以及谈判中的特殊条件和环境等因素，己方可以逐渐消磨对方的锐气和精力，使其陷入疲惫和困倦的状态，从而扭转己方在谈判中的不利地位。然而，要成功运用这一策略，己方谈判人员必须具备高度的耐心、毅力和谈判技巧，并时刻保持清醒的头脑和敏锐的洞察力。只有这样，才能在商务谈判中充分发挥拖延回旋策略的优势并取得理想的谈判结果。

【小故事大道理 11-16】

缓 兵 之 计

国内某公司(以下简称"中方")想要从美国某公司(以下简称"美方")引进一批先进的机械设备，美方得知中方想要更新设备、扩大生产规模，对该设备的需求很大，便在谈判中索要很高的价格。中方谈判代表与其展开激烈的较量，但美方态度坚决，谈判没有任何进展。

如果没有该设备，国内的这家公司扩大再生产的计划就没有办法实现；但如果答应美方的条件，该公司就会损失很大一部分利益，这也是该公司不想看到的结果。就在这时，中方谈判代表突然宣布谈判暂时中止，并表示对于美方的条件要请示董事会，请美方等待回复。

几次催问无果之后，美方慌了手脚，急忙派人打探消息。结果让他们大吃一惊，原来中方正在与日本的一家公司洽谈同类商品的进口问题，且双方都对这笔交易很感兴趣。美方眼看着要失去这么重要的一个市场，于是很快转变了态度，表示愿意用新的价格继续商谈。看着自己的目的已经达到，中方谈判代表就同意了美方的要求。

在谈判桌上，美方谈判代表接连让步，在达成协议时，美方谈判代表直呼自己赚得太少了，而中方则依靠缓兵之计取得了重大胜利，节省了一笔不小的外汇支出。

【名师箴言】

故事中的美方看起来趾高气扬、态度坚决，但中方采取拖延回旋策略后，美方便没了锐气，尤其是看到自己要被竞争对手取代时，便慌了手脚。拖延回旋策略的实质是增加对方谈判的机会成本和时间成本，因为谈判的时间越长，前期投入就越大，为了不浪费前期投入，对方只能做出让步。

---

3. 以柔克刚策略

在商务谈判的复杂环境中，谈判人员时常会遇到各种挑战和困难。当谈判出现危难局面或对方坚持不让步时，采取何种策略来化解僵局、争取利益，成为谈判成功的关键。以柔克刚策略，便是在这种背景下应运而生的一种高效策略。它是指在谈判中，面对对方的强硬态度和坚持，己方采取软的方法来迎战，避免正面冲突，通过巧妙的方式达到制胜目的的一种策略。

有些谈判对手锋芒毕露、咄咄逼人，他们想要成为整个谈判的中心。对于这一类谈判对手，如果己方也采取强硬的态度进行反击，很可能会引发激烈的冲突，甚至导致谈判破裂。因此，以柔克刚策略是一种更为明智的选择。

【小故事大道理 11-17】

一家国际知名的科技公司(以下简称"甲方")与一家小型创新企业(以下简称"乙方")就一项新技术的授权合作进行谈判。甲方拥有强大的市场地位和资金实力，而乙方则拥有独特的技术专利和创新能力。甲方希望以较低的价格获得乙方的技术授权，而乙方则希望获得更合理的回报以支持其后续研发。

在谈判初期，面对甲方的强势态度和较低的价格提议，乙方代表保持了冷静和耐心，没有立即反驳或让步。他们深知自己的技术价值，并相信通过合理的谈判策略能够争取到更好的条件。

乙方代表认真倾听了甲方的观点和需求，并试图从对方的角度理解其立场。这种倾听和理解的态度让甲方感受到了乙方的诚意和合作意愿，为后续的谈判奠定了良好的基础。在回应甲方的提议时，乙方代表采用了温和而坚定的语气，表达了自己对技术价值的认可和对合理回报的期望。他们详细解释了技术的独特性和市场前景，以及乙方在研发过程中投入的大量资源和努力。这种合理解释让甲方更加认识到乙方技术的价值。

面对甲方的持续压价，乙方代表没有采取强硬对抗的态度，而是灵活地调整了自己的谈判策略。他们通过提出合作方案、分享成功案例等方式逐步引导甲方认识到合作的重要性和双赢的可能性。同时，他们也表达了对未来合作的期待和信心，让甲方感受到合作的潜力和价值。

经过多轮谈判和沟通，甲方逐渐认可了乙方技术的价值并提高了报价。最终，双方在平等互利的基础上达成了共识，并签订了技术授权合作协议。乙方成功获得了合理的回报以支持其后续研发工作，而甲方也获得了宝贵的技术资源以提升自身竞争力。

【名师箴言】

通过运用以柔克刚策略，乙方在谈判中成功争取到了更合理的回报条件并保护了自身的技术利益。此次合作不仅增强了乙方在市场上的知名度和影响力，也为甲方带来了技术创新和市场竞争力的提升。双方的合作实现了互利共赢的目标并为未来的长期合作奠定了基础。在商务谈判中保持冷静和耐心是非常重要的品质。它有助于谈判者更好地应对各种挑战和压力并进行明智的决策。倾听对方的需求和立场并尝试从对方的角度理解问题有助于建立信任和合作关系并促进谈判的顺利进行。采用温和而坚定的语气表达自己的观点和需求并给出合理解释有助于增强谈判的说服力和可信度并赢得对方的尊重和支持。面对对方的强硬态度或不合理要求时灵活调整谈判策略并逐步引导对方认识到合作的重要性和双赢的可能性是取得谈判成功的关键之一。

要成功运用以柔克刚策略，己方可以采取以下方法来应对。

1) 冷静地观察谈判对手

在谈判中，不管对方如何表现，己方不要急于反驳或急于解释。谈判是一场心理战，也是一场信息战。在对方锋芒毕露、咄咄逼人的时候，己方首先要做的是保持冷静，尽可能地耐心倾听对方阐述其观点、提出其要求。这不仅是为了了解对方的立场和需求，更是为了观察对方的言行举止，从中寻找对方的弱点和破绽。

必要时，己方可以使谈判出现冷场，进入比拼双方忍耐力的局面。在这时，己方要保持头脑清醒、情绪平稳，静观事态发展，直到对方再次申明自己的观点。这种冷静的观察和等待，不仅可以让对方感受到己方的沉稳和从容，还可以让对方在长时间的等待中逐渐失去耐心和锐气，从而为己方争取更多的主动权。

需要注意的是，己方的沉默并非一句话也不说，而是要掌握好度，使谈判能继续进行下去。过度的沉默可能会让对方感到不安或疑惑，甚至可能让对方认为己方已经放弃了谈判。因此，在保持沉默的同时，己方也要适时地发表一些看法或提问，以维持谈判的进行。

2) 故意转移话题

针对谈判对手的咄咄逼人，己方不要与其直接交锋，而是巧妙地转移话题。这种转移话题并非为了逃避问题或回避矛盾，而是为了避其锋芒，寻找更好的出击时机。在转移话题的过程中，己方可以引导对方谈论一些与主题相关但又相对轻松的话题，从而缓解紧张的气氛，降低对方的攻击性。

当对方在谈论这些轻松话题时，很可能会露出一些破绽或失误。这时，己方就可以针对这些失误突然出击，提出有力的反驳或质疑。这种出击往往能让对方措手不及，从而达到以柔克刚的效果。

3) 适时提问

在谈判中，提问是一种非常有效的手段。己方可以在谈判对手目空一切、自以为是、高谈阔论时找准机会，针对其发言中的自相矛盾之处或违背常理之处进行提问。这种提问不仅可以让对方意识到自己的失误或矛盾，还可以削弱对方的气势。

当对方的气势下降到一定程度时，己方就可以继续推进谈判的进程。这时，己方可以提出更为有力的观点和条件，从而为己方争取更多的利益。通过适时的提问和以柔克刚的策略运用，己方可以在谈判中逐渐占据主动地位，最终达成更为有利的协议。

综上所述，以柔克刚策略是商务谈判中的一种高效策略。通过冷静地观察谈判对手、故意转移话题以及适时提问等手段的运用，己方可以在谈判中化解僵局、争取利益，最终达成更为有利的协议。然而，要成功运用这一策略，谈判人员必须具备高度的耐心、毅力和谈判技巧，并时刻保持清醒的头脑和敏锐的洞察力。只有这样，才能在商务谈判中充分发挥以柔克刚策略的优势并取得理想的谈判结果。

4. 难得糊涂策略

在商务谈判的激烈交锋中，谈判人员时常会遇到各种复杂和困难的局面。当谈判出现对己方不利的局面时，如何有效地化解危机、争取利益，成为谈判成功的关键。难得糊涂策略，便是在这种背景下应运而生的一种高效策略。它是一种防御性的策略，通过故作糊涂，以此作为掩护来麻痹对方的斗志，从而达到蒙混过关、争取利益的目的。

难得糊涂策略的核心在于"糊涂"二字，但这并非真正的糊涂，而是一种巧妙的伪装和掩饰。在谈判中，当对方步步紧逼，提出对己方不利的条款或要求时，己方可以故意装作不理解或误解对方的意思，以此作为掩护，绕开对己方不利的条款，把话题转移到有利于己方的交易条件上。这种策略的运用，不仅可以有效地化解对方的攻势，还可以为己方争取更多的主动权和利益。

【小故事大道理 11-18】

某国内电子产品制造商 A 公司，与一家国际知名电子产品零售商 B 公司就新产品的独家代理权进行谈判。A 公司的新产品在市场上具有较高的技术含量和创新性，但 B 公司凭借其强大的渠道优势，提出了较为苛刻的合作条件，包括高额的代理费、严格的市场保护期限，以及复杂的销售返点政策等。

B 公司一开始就展现出强势姿态，详细列举了其渠道优势和市场推广能力，同时提出了对 A 公司极为不利的代理条件。A 公司谈判团队在初步接触中，并未直接反驳这些条件，而是采取了倾听和记录的方式，表现出对 B 公司实力的认可，同时也透露出对新产品市场前景的乐观态度。

在谈判进入关键阶段时，B 公司进一步施压，要求 A 公司必须接受所有条件，否则将考虑与其他厂商合作。此时，A 公司谈判代表故意表现出对部分条款的"困惑"和"不解"，例如，对某些技术细节的保护期限、市场保护范围的界定等，提出了一系列看似"天真"的问题。通过这种方式，A 公司成功地将 B 公司的注意力从核心利益点(如代理费和销售返点)上转移开，为后续的谈判争取了时间和空间。

在 B 公司解释这些"困惑"时，A 公司谈判代表巧妙地引导话题，开始讨论双方共同关心的市场前景、品牌协同效应，以及长期合作的可能性。通过这些讨论，A 公司逐渐让 B 公司意识到，虽然 A 公司在某些方面可能显得"糊涂"，但在对市场和产品的理解上却有着独到的见解和长远的规划。最终，在谈判气氛逐渐缓和的情况下，A 公司提出了更为合理的代理条件，并成功说服 B 公司接受了这些条件。

【名师箴言】

在这个案例中，难得糊涂策略的成功运用关键在于谈判团队对谈判局势的准确判断和灵活应对。他们通过故意装作糊涂来转移对方的注意力，为后续的谈判争取了时间和空间；同时，他们也充分展示了自身的专业能力和长远规划，最终赢得了对方的信任和尊重。这个案例充分展示了在商务谈判中灵活运用"难得糊涂"策略的重要性和有效性。

具体来说，当对方发现己方误解其意思后，会立刻进行解释和澄清。在这个过程中，己方可以巧妙地利用对方的解释和澄清，引导谈判的话题和方向，从而在不知不觉中使对方受到己方话语的影响，在潜移默化中接受己方的要求和条件。这种策略的运用，需要谈判人员具备高度的敏锐性和洞察力，能够准确地捕捉对方的意图和动机，并灵活地运用话语和技巧引导谈判的进程。当然，难得糊涂策略的运用并非易事，需要掌握一定的技巧和原则。

首先，难得糊涂贵在一个"巧"字。这种策略的运用需要适度，不能超过对方的承受范围。如果过度使用或滥用这种策略，很可能会引发对方的反感和警惕，甚至导致谈判的破裂。因此，在使用难得糊涂策略时，谈判人员需要根据对方的性格、立场和谈判环境等因素进行灵活的调整和运用。

其次，装糊涂、故意犯错或误解等不能超出法律的许可范围。在商务谈判中，双方都需要遵守相关的法律法规和商业道德。如果己方在运用难得糊涂策略时违反了法律法规或商业道德，很可能会引来不必要的纠纷和法律风险。因此，在使用这种策略时，谈判人员需要时刻保持清醒的头脑和法律意识，确保自己的言行符合法律法规和商业道德的要求。

最后，在使用难得糊涂策略时，谈判人员还需要注意以下几点。

1) 保持冷静和沉着

在谈判中，无论对方如何步步紧逼或提出不利的条款，己方都需要保持冷静和沉着，不要轻易暴露自己的真实意图和底线。只有保持冷静和沉着，才能更好地运用难得糊涂策略来化解危机和争取利益。

2) 灵活运用话语和技巧

在使用难得糊涂策略时，谈判人员需要灵活运用各种话语和技巧来引导谈判的进程。例如，可以使用模糊语言、反问、转移话题等技巧来转移对方的注意力，从而争取更多的主动权和利益。

3) 密切观察对方的反应和变化

在运用难得糊涂策略时，谈判人员需要密切观察对方的反应和变化。如果对方对己方的策略产生了怀疑或反感，需要及时调整策略或转换话题，以避免引发更大的矛盾和冲突。

综上所述，难得糊涂策略是商务谈判中的一种高效策略。通过故作糊涂、麻痹对方斗志的方式，己方可以有效地化解谈判中的危机和困难，争取更多的利益和主动权。然而，要成功运用这一策略，谈判人员需要具备高度的敏锐性、洞察力和法律意识，并时刻保持清醒的头脑和冷静的心态，只有这样，才能在商务谈判中充分发挥难得糊涂策略的优势并取得理想的谈判结果。

【小故事大道理 11-19】

我国某外贸公司(以下简称"我方")与法国某工业集团(以下简称"法方")准备洽谈某项贸易合同，法方执意要把谈判地点定在法国。我方谈判代表看出其中必有"文章"，但仍同意了法方的要求。果然，谈判一开始，法方就主动报盘，在陈述时气吞山河，说起话来滔滔不绝，从上午8点一直说到11点。法方列举数字、图表，投影屏幕也时不时出现深奥难懂的图像，以此来证明他们要价的合理性。

报盘结束后，法方谈判代表满意地笑着，自信地询问我方谈判代表："我的介绍就到此为止了，你们认为怎么样？"

我方谈判代表在这之前一声未吭，安静地坐在椅子上，在听到提问后很平静地答道："很遗憾，我没有听明白你的介绍。"

法方谈判代表一听，脸色大变："你们有哪些地方没听明白？我再解释解释。"

我方谈判代表微笑着说："对你们介绍的内容，我们全都不明白。"

法方谈判代表很沮丧地坐在椅子上，眼看时间就要到中午，法方谈判代表有气无力地说："我不会再讲一遍了，那样也没有什么用。下午我们重新开始谈吧。"

在下午谈判时，法方的要价明显降低了。

【名师箴言】

从故事中我们可以看出，在对方表现出较强的优越感时，己方不妨让他充分表演，以此消耗他的精力，待削弱其气势后再从容不迫地发起反攻。

---

5. 权力有限策略

在商务谈判的复杂环境中，谈判人员经常面临各种挑战和压力。当己方实力较弱，被要求向对方做出某些条件过高的让步时，如何巧妙地应对并保护己方的利益，成为谈判成功的关键。这时，权力有限策略便应运而生，它是一种有效的谈判策略，通过巧妙地利用谈判人员使用权力的有限性，来化解危机、争取利益。

权力有限是指谈判人员使用权力的有限性。在商务谈判中，如果己方实力较弱，面对对方过高的要求或条件，谈判人员可以策略性地表示自己在这个问题上没有权限，即没有权力向对方做出这样的让步，或者无法改变既定的事实。通过这种方式，谈判人员可以让对方意识到，即使他们坚持原有的条件，也无法得到更多的让步或优惠。这往往会使对方感到困惑和无奈，从而不得不重新考虑他们的立场和要求。

【小故事大道理 11-20】

一家国内企业 C 公司计划从国外进口一批先进的生产设备，以提升生产效率。在与国外供应商 D 公司的谈判过程中，C 公司面临着 D 公司提出的较高价格以及一系列附加条件。为了降低采购成本并争取更有利的合作条款，C 公司决定运用权力有限策略。

在谈判初期，C 公司谈判代表首先详细了解了 D 公司提供的设备性能、价格及售后服务等关键信息，并表达了对合作的积极态度。随后，当 D 公司提出较为苛刻的价格和条件时，C 公司谈判代表立即声明："非常感谢您的详细介绍，但我在此需要明确一点，我作为公司的采购经理，虽然有一定的谈判权限，但在价格和某些关键条款上，我必须得到公司高层的批准才能最终决定。"

在权力声明后，C 公司谈判代表故意将谈判节奏放缓，表示需要时间与公司高层沟通，并将对方的条件反馈给上级。这一期间，C 公司利用"等待"策略，让对方等待答复，同时内部紧急讨论并制定了更为合理的还价方案。

经过一段时间的等待后，C 公司谈判代表再次与 D 公司接触，表示经过与公司高层的沟通，他们同意在价格上做出一定让步，但同时也提出了更为合理的支付方式和售后服务要求。D 公司面对 C 公司的有限权力声明和等待策略，意识到如果坚持原有条件可能会导致谈判破裂，因此不得不重新考虑，并在一定程度上接受了 C 公司提出的条件。

通过运用权力有限策略，C 公司成功降低了采购成本，并争取到了更为有利的支付方式和售后服务条件，最终与 D 公司达成了合作协议。

【名师箴言】

在这个案例中，权力有限策略的成功运用关键在于 C 公司谈判代表对谈判局势的准确判断和灵活应对。他们通过声称权力有限来限制自身的谈判权限，从而迫使对方在谈判中做出让步；同时，他们也充分利用了等待策略来给对方施加压力，并争取到了更多的思考时间和空间。此外，C 公司还通过内部紧急讨论制定了更为合理的还价方案，为最终达成协议奠定了坚实基础。这个案例充分展示了在商务谈判中灵活运用权力有限策略的重要性和有效性。通过限制自身的谈判权限并巧妙地运用等待策略，谈判者可以在谈判中占据更有利的位置，并迫使对方在关键问题上做出让步。

从某种意义上来说，一个权力受到限制的谈判人员所处的局面要比独揽大权的谈判人员更有利。这是因为，当他表示"在这个问题上，我没有权力做出这样的让步"时，他实际上是在向对方传递一个明确的信息：他的决策是受到限制的，他无法单方面地做出更大的让步。这种明确的拒绝往往会使对方大伤脑筋，因为他们知道，即使他们继续坚持原有

的条件，也无法得到更多的好处。这种局面迫使对方只能根据谈判人员所拥有的权限来考虑问题，从而在一定程度上降低了对方的期望值。

如果对方急于求成，尽管他们知道可能会有损失，也只好妥协拍板。因为他们明白，如果继续坚持原有的高条件，谈判可能会陷入僵局甚至失败。这种对谈判失败的担忧往往会使对方更加倾向于接受谈判人员在其权限范围内提出的条件。

谈判人员的权力受到限制，实际上给他们规定了一个由有限权力制约的最低限度目标。这个目标可以对己方谈判人员起到保护作用，防止他们在谈判中做出过多的让步或承诺。例如，在买方与卖方的谈判中，如果买方的成交价格超过每件100元就需要请示上级领导，这就给买方规定了一个明确的最高限度目标。这个目标可以使买方谈判人员的立场更加坚定，因为他们知道，即使他们愿意做出更大的让步，也没有权力这样做。这种明确的限制和立场往往会使卖方更加认真地考虑买方的条件和要求，从而使权力有限策略成为买方谈判人员对抗卖方的有力武器。

在实际运用中，权力有限策略需要谈判人员具备高度的策略性和灵活性。他们需要在谈判前对自己的权限和立场有清晰的认识和准备，以便在谈判中能够巧妙地运用这一策略。同时，他们还需要密切观察对方的反应和变化，以便及时调整自己的策略和立场。如果谈判人员能够熟练地运用权力有限策略，他们就可以在谈判中更加有效地保护己方的利益，争取更有利的条件。

综上所述，权力有限策略是商务谈判中的一种重要策略。通过巧妙地利用谈判人员使用权力的有限性，谈判人员可以化解危机、争取利益，并保护己方的最低限度目标。然而，要成功运用这一策略，谈判人员需要具备高度的策略性、灵活性和对谈判环境的敏锐洞察力。只有这样，他们才能在商务谈判中充分发挥权力有限策略的优势并取得理想的谈判结果。

【实操演练】

请同学们自由分组，两人一组，分别扮演两家公司的谈判代表甲和乙。其中甲占据优势，乙占据劣势，面对甲的攻势，乙要根据情况采取适合的应对措施和不同的谈判策略，如拖延回旋策略、权力有限策略等。演练结束后由教师点评。

11.2.3 势均力敌境况下的谈判策略

在谈判双方势均力敌的情况下，谈判人员可以运用以下谈判策略来应对另一方。

1. 投石问路策略

在商务谈判的复杂多变环境中，谈判人员往往需要运用各种策略来探索对方的意向、底线和动机，以便在谈判中争取到最有利的交易条件。投石问路策略便是其中一种行之有效的谈判策略。它是指谈判人员通过提出假设条件来观察对方的反应和回答，以此来了解、揣摩对方的意向，进而抓住有利时机达成有利于自己的交易。

投石问路策略的核心在于"试探"二字。在谈判过程中，谈判人员通过提出一系列假设性的问题或条件，来试探对方的反应和底线。这些问题或条件往往涉及交易的关键要素，如价格、数量、交货期等。通过对方的回答和反应，谈判人员可以进一步了解对方的商业习惯、动机和底线，从而为后续的谈判和决策提供依据。

例如，在双方讨论产品价格时，如果己方想要试探对方的要价底线，可以提议："如果我方增加购买数额，贵方是否考虑给予更优惠的价格呢？"这样的问题不仅提出了一个假设性的条件(增加购买数额)，还直接触及了价格这一关键要素。通过对方的回答，己方可以进一步了解对方的价格底线和优惠政策。

在试探和提议阶段，投石问路策略是一种积极的谈判策略。它使谈判不拘泥于固定的模式，而是更加灵活多变。通过提出假设性的问题或条件，己方可以更进一步了解对方的商业习惯和动机。这不仅可以使己方在谈判中做到心中有数，还有助于双方为了共同利益选择最佳的成交途径。

【小故事大道理 11-21】

一家国内知名服装公司 E，因设计出一款备受欢迎的冬装，决定扩大生产以抢占市场。为此，公司需要大批量购进面料，而面料成本对整体生产成本具有重要影响。由于市场上面料供应商众多，E 公司在选择合作对象时面临着如何确保面料质量和价格合理的双重挑战。E 公司放出需要大批量面料的消息后，迅速吸引了本地和外地面料生产厂家的关注。多家供应商主动上门洽谈，希望与 E 公司达成供货协议。

在谈判初期，E 公司并未急于做出决策，而是派出采购部人员与各家供应商的销售人员进行详细谈判。谈判人员一方面尽可能多地了解对方公司的情况，包括产品质量、生产规模、公司实力、信誉以及初步报价等；另一方面，他们并不急于拍板，而是以"贵公司的情况和报价我们已经清楚了，定会如实地转告公司领导，只要你们的质量可靠、价格合理，我们领导一定会考虑贵公司"等话术答复对方。

通过与多家供应商的初步接触和谈判，E 公司收集了大量关于供应商的信息和报价。随后，公司对这些信息进行了对比分析，基本上掌握了各供应商的真实情况和各方面的优势，最终选定了其中一家作为重点谈判对象。

在与选定供应商的深入谈判中，E 公司继续运用投石问路策略。他们通过提出假设性的订货数量增加、长期合作的可能性等问题，进一步试探供应商的底线和谈判立场。例如，E 公司询问："如果我们今年的订货量增加到 X 万米，贵公司能否在价格上给予更多优惠？"

由于 E 公司在谈判前做了充分的准备，且在实际谈判中灵活运用投石问路策略，他们始终占据着谈判的主导权。经过双方的进一步谈判和磋商，E 公司最终与供应商达成了协议，以合理的价格购得了高质量的面料，为扩大生产、抢占市场奠定了坚实基础。

【名师箴言】

在本案例中，E 公司成功运用了投石问路策略来摸清供应商的底牌和谈判立场。通过提出试探性的问题或假设条件，他们不仅了解了各供应商的真实情况和报价优势，还在谈判中占据了主动地位。E 公司在谈判前做了大量的准备工作，包括收集市场信息、分析供应商情况等。这些准备工作为他们在谈判中灵活运用投石问路策略提供了有力支持。在谈判过程中，E 公司谈判人员表现出了较强的应变能力。他们能够根据谈判形势的变化及时调整策略，始终保持对谈判的主导权。投石问路策略在商务谈判中具有重要应用价值。通过灵活运用这一策略，谈判者可以在不暴露自身底牌的情况下摸清对方的虚实和谈判立场，从而为己方在后续谈判中争取更有利的条件。

投石问路策略的运用需要谈判人员具备高度的敏锐性和洞察力。在提出假设性的问题

或条件时，谈判人员需要密切关注对方的反应和回答。通过对方的表情、语气和措辞等细微之处，谈判人员可以进一步揣摩对方的意向和底线。同时，谈判人员还需要根据对方的反应和回答及时调整自己的策略和立场，以便在谈判中争取最有利的交易条件。

投石问路策略一般在市场价格行情不稳定、己方没有太大把握，或者对对方并无太多了解时使用。在这种情况下，通过投石问路策略可以更加有效地了解对方的意向和底线，从而为后续的谈判和决策提供依据。然而，在使用该策略时，谈判人员也需要注意以下几点。

1) 尽量做到虚实结合

在提出假设性的问题或条件时，谈判人员需要虚实结合，使对方难以摸清自己的意图。通过虚实结合的问题或条件，己方可以更加有效地试探对方的反应和底线，同时也不会暴露自己的真实意图和底线。

2) 不要使双方陷入猜拳的境地

在使用投石问路策略时，谈判人员需要注意不要使双方陷入猜拳的境地。如果双方都在试探和揣摩对方的意向和底线，那么谈判可能会陷入僵局或无法达成共识。因此，在使用该策略时，谈判人员需要适时地明确自己的立场和意图，以便推动谈判的进展。

3) 灵活运用策略

在谈判过程中，对方的反应和回答可能会出乎己方的预料。在这种情况下，谈判人员需要灵活运用策略，根据对方的反应和回答及时调整自己的策略和立场。通过灵活运用策略和调整立场，己方可以更加有效地应对各种突发情况，并争取到最有利的交易条件。

综上所述，投石问路策略是商务谈判中的一种重要策略。通过提出假设性的问题或条件来试探对方的反应和回答，己方可以更加有效地了解对方的意向和底线，并为后续的谈判和决策提供依据。然而，在使用该策略时，谈判人员也需要注意虚实结合、避免猜拳境地以及灵活运用策略等要点。只有这样，才能在商务谈判中充分发挥投石问路策略的优势并取得理想的谈判结果。

2. 先势后价策略

先势后价策略即先造势后还价策略，是指在对方开价后己方不急于还价，而是向对方说出市场行情的变化趋势及其原因，或者强调己方的优势，暗示对方存在的劣势，从而使谈判有利于己方，最后提出己方的要价的策略。在商务谈判的激烈交锋中，谈判策略的选择和运用往往决定了谈判的走向和结果，先势后价策略是一种颇具智慧和策略性的谈判手法。这一策略的核心在于：在对方开价后，己方并不急于还价，而是巧妙地运用市场行情的变化趋势、己方的优势以及对方可能存在的劣势来构建有利于己方的谈判态势，最终在此基础上提出己方的要价。

先势后价策略的精妙之处在于心理战术的运用。通过向对方详细阐述市场行情的变化趋势及其背后的原因，己方不仅能够展示出对市场动态的敏锐洞察力，还能够间接地传达出一个信息：己方对这次交易有着充分的了解和准备。这种信息的传递无疑会给对方增加一定的心理压力，使其意识到己方并非易于应付的对手。

同时，强调己方的优势也是造势过程中的重要一环。这些优势可能包括产品质量、品牌影响力、市场份额、技术创新能力等。通过突出这些优势，己方能够进一步巩固自己在谈判中的地位，使对方更加倾向于接受己方的条件和要价。在造势的过程中，暗示对方存在的劣势也是一种有效的策略。这些劣势可能涉及对方的产品质量、交货能力、售后服务等方面。通过巧妙地指出这些劣势，己方能够在不直接攻击对方的情况下，使其意识到自己在某些方面的不足，从而增加其在谈判中的让步意愿。

然而，先势后价策略的运用并非毫无风险。在造势的过程中，己方必须确保所依据的客观事实准确无误，表达的语气要坚定而有力，以展现出己方的自信和决心。同时，还价的态度也要坚决明确，不能给对方留下任何含糊不清的印象。同时，造势的尺度需要根据谈判的具体情况和对方的反应来灵活掌握。如果造势过度，可能会吓跑对方或使其产生抵触情绪，从而招致其顽强反击，最终使谈判破裂。因此，在运用这一策略时，己方需要保持高度的敏感性和判断力，以便在关键时刻做出正确的决策。

为了成功运用先造势后还价策略，己方还需要在谈判前做好充分的准备。这包括对市场行情的深入了解、对己方优势的清晰认识以及对对方可能存在的劣势的准确判断。只有在此基础上，己方才能在谈判中游刃有余地运用这一策略，达到预期的效果。

【小故事大道理 11-22】

某国内汽车制造商 F 公司，计划引进一款先进的发动机技术以提升产品竞争力。经过市场调研和技术评估，F 公司锁定了国外某知名发动机制造商 G 公司作为潜在合作对象。然而，G 公司在行业内享有盛誉，其发动机技术备受推崇，因此谈判难度较大。

在正式谈判前，F 公司进行了充分的市场调研，了解了国内外同类发动机技术的市场情况、性能参数及价格水平等。同时，F 公司通过媒体和行业会议等渠道，积极宣传自身品牌实力和市场前景，营造出一种积极向上、实力雄厚的品牌形象。

在谈判初期，F 公司谈判团队向 G 公司详细介绍了自身的生产规模、市场份额、技术研发能力及未来发展规划等，让 G 公司充分认识到 F 公司的合作潜力和价值。同时，F 公司也明确表达了引进先进发动机技术的迫切需求和合作诚意。为了增加谈判筹码，F 公司还故意透露了与其他潜在合作伙伴的接触情况，营造出一种竞争氛围，让 G 公司感受到压力，从而更有可能在谈判中做出让步。在充分展示了自身实力和需求后，F 公司谈判团队在还价阶段提出了一个经过精心计算的合理价格区间。这个价格区间既考虑了 G 公司的技术价值和市场定位，也兼顾了 F 公司的成本控制和盈利能力。

在还价过程中，F 公司谈判团队始终强调双方合作的重要性和共赢的可能性。他们指出，通过合作，G 公司可以进一步拓展中国市场，提升品牌影响力；而 F 公司则可以获得先进发动机技术，提升产品竞争力，实现双赢局面。

面对 G 公司的还价反馈，F 公司谈判团队表现出了高度的灵活性和妥协精神。他们根据谈判形势的变化及时调整策略，既坚持原则又不失灵活，最终在双方都能接受的范围内达成了合作协议。

【名师箴言】

通过运用先势后价策略，F 公司成功引进了先进的发动机技术，并在价格、技术支持、售后服务等方面争取到了较为有利的合作条件。这一合作不仅提升了 F 公司的产品竞争力，还为其未来的市场拓展奠定了坚实基础。

在这个案例中，先势后价策略的成功运用关键在于 F 公司谈判团队对谈判局势的准确判断和灵活应对。他们通过充分的市场调研和宣传造势，成功营造了有利的谈判氛围；

同时，在还价阶段坚持原则又不失灵活，最终达成了双方都能接受的合作协议。此外，该案例还启示我们，在商务谈判中，除了运用有效的谈判策略外，还需要注重团队协作、信息收集和分析等方面的工作，以确保谈判的顺利进行和成功达成合作目标。

在实际运用中，先势后价策略可以与其他谈判策略相结合，以形成更为强大的谈判攻势。例如，在造势的过程中，己方可以运用"红白脸"策略，由一名谈判成员扮演"红脸"角色，负责提出苛刻的条件和要求，以给对方施加压力；而另一名成员则扮演"白脸"角色，负责在关键时刻做出适当的让步和妥协，以缓和谈判气氛并引导对方接受己方的条件。

综上所述，先势后价策略是一种充满智慧的商务谈判手法。通过巧妙地运用市场行情、己方优势和对方劣势来构建有利于己方的谈判态势，己方能够在谈判中占据主动地位并争取到更为有利的交易条件。然而，这一策略的运用也需要谨慎和灵活，以避免过度造势所带来的风险。只有在充分准备和准确判断的基础上，己方才能在商务谈判中成功地运用这一策略并取得理想的谈判结果。

3. 欲擒故纵策略

在商务谈判的复杂环境中，谈判策略的选择和运用往往对谈判结果产生深远影响。其中，"欲擒故纵策略"作为一种充满智慧和高超技巧的策略，被广泛应用于各种商务谈判场合。这一策略的核心在于：谈判的一方尽管内心急切想要达成交易，却故意装出一副无所谓的样子，以掩盖自己的真实心情，给对方一种己方只是为了满足其需求而进行谈判的错觉。通过这样的方式，能够使对方急于推进谈判进程，并在不惜让步的情况下，使己方实现先"纵"后"擒"的谈判目的。

1) 策略特点

欲擒故纵策略在谈判中的表现多种多样，但主要有以下几个显著特点。

(1) **态度上的若即若离**。己方谈判人员在态度上表现出一种不冷不热的状态，既不显得过于热情，也不显得过于冷淡。这种态度上的模糊性能够让对方难以捉摸己方的真实意图，从而产生一种紧迫感，急于推进谈判以探明己方的底线。

(2) **日程安排上的灵活性**。在谈判的日程安排上，己方不急于求成，而是表现出一种可以按照对方的安排来进行的灵活性。这种灵活性能够给对方一种己方并不急于达成交易的感觉，从而使其在谈判中更加急于做出让步。

(3) **对方强硬时的冷静应对**。当对方在谈判中表现出强硬的态度时，己方谈判人员不慌不忙，静待其表演，但不给对方任何实质性的回应。这种冷静的应对方式能够让对方摸不着头脑，无法准确判断己方的真实意图和底线，从而在心理上产生一种压力。

【小故事大道理 11-23】
一家国内大型零售连锁企业 H，计划引进一批国际知名品牌的商品以提升其门店的吸引力和销售额。经过市场调研和筛选，H 公司锁定了某国际品牌 I 作为合作对象。然而，由于 I 品牌在市场上具有较高的知名度和影响力，因此谈判难度较大，H 公司希望能在保证品牌质量的同时，争取到更优惠的进货价格和合作条件。

在谈判初期，H 公司谈判团队与 I 品牌代表进行了初步接触。尽管 H 公司对合作充满热情，但在谈判过程中，他们却故意表现出一种相对冷淡的态度。当 I 品牌代表提出较高的进货价格和一系列合作要求时，H 公司谈判团队并未立即给予积极回应，而是表示需要考虑一下，并暗示还有其他备选品牌可供选择。

为了进一步增加谈判筹码，H 公司谈判团队故意透露了与其他国际品牌接触的情况，营造出一种竞争氛围。他们告诉 I 品牌代表，有多个品牌都在积极寻求与 H 公司的合作，而且某些品牌在价格和服务方面更具优势。这种策略旨在让 I 品牌感受到压力，从而更有可能在谈判中做出让步。

在一段时间的冷处理后，H 公司谈判团队突然转变态度，主动邀请 I 品牌代表进行新一轮的谈判。然而，在谈判过程中，他们仍然保持了一种相对冷静和谨慎的态度，没有急于表现出强烈的合作意愿。相反，他们更多的是在询问和了解 I 品牌的合作细节、市场策略和未来规划等方面的问题。

当 I 品牌代表试图再次提出较高的进货价格和合作条件时，H 公司谈判团队并没有直接拒绝或反驳，而是以一种轻松而又不失礼貌的方式表达了自己的担忧和顾虑。他们表示理解 I 品牌的品牌价值和市场地位，但同时也强调了 H 公司在选择合作品牌时的慎重态度和多元化考虑。

经过几轮谈判的较量和心理博弈后，I 品牌代表逐渐意识到 H 公司在合作中的重要性和潜在价值。为了维护与 H 公司的合作关系并抢占市场份额，他们开始主动调整自己的谈判立场和条件。最终，在双方都能接受的范围内达成了合作协议。

【名师箴言】

通过运用欲擒故纵策略，H 公司成功引进了国际知名品牌 I 的商品，并在进货价格、合作期限、售后服务等方面争取到了较为优惠的条件。这一合作不仅提升了 H 公司门店的吸引力和销售额，还进一步巩固了其在零售市场的竞争地位。

在这个案例中，欲擒故纵策略的成功运用关键在于 H 公司谈判团队对谈判局势的准确判断和灵活应对。他们通过故意表现出冷淡态度和制造竞争氛围来诱使对方主动让步；同时，在谈判过程中保持冷静和谨慎的态度以掌握主动权。此外，该案例还启示我们，在商务谈判中除了运用有效的谈判策略外还需要注重团队协作、信息收集和分析等方面的工作以确保谈判的顺利进行和成功达成合作目标。

2）策略运用注意事项

在运用欲擒故纵策略时，谈判人员需要注意以下几个关键点，以确保策略的有效实施。

(1) **给对方希望**。在谈判过程中，己方要表现得若即若离，既不完全拒绝对方，也不轻易满足其要求。每一次接近和远离都要有适当的理由和借口，既不让对方轻易得到满足，也不要使其轻易放弃。这样，当对方再次得到谈判的机会时，会更加珍惜并急于做出让步。同时，己方还要善于倾听对方的意见和诉求，表现出对对方的关注和尊重，从而增强对方对己方的好感和信任。

(2) **注重礼节**。在运用欲擒故纵策略时，谈判人员要特别注意自己的言谈举止，不能羞辱对方或在情感上伤害对方。任何不礼貌的行为都可能激怒对方，导致谈判破裂。同时，也要避免转移矛盾的焦点，确保谈判始终围绕核心议题进行。在谈判过程中，己方要时刻保持礼貌和谦逊的态度，尊重对方的意见和立场，避免使用攻击性或贬低性的言辞。通过展现出良好的职业素养和人格魅力，己方可以赢得对方的尊重和信任，为谈判的成功打下良好的基础。

(3) **抛出诱饵**。为了让对方更加急于回到谈判桌上并做出让步，己方需要抛出足够的诱饵。这些诱饵可以是谈判中的某些利益或实惠，其大小要达到能使对方心动并愿意重新回到谈判桌上的程度。通过抛出诱饵，己方能够更好地控制谈判的进程和节奏。同时，己方还要根据对方的反应和谈判的进展情况，灵活调整诱饵的大小和种类，以确保其始终具有吸引力和说服力。

(4) **保持神秘感**。在谈判中，己方要保持一定的神秘感，不要过早地暴露自己的底线和真实意图。通过保持神秘感，能够让对方在猜测和揣摩中消耗时间和精力，从而在心理上产生疲惫感，更加急于达成交易。为了实现这一点，己方可以在谈判中适时地透露一些模糊的信息或暗示一些可能的行动方案，让对方无法准确判断己方的真实想法和计划。同时，己方还要善于观察和捕捉对方的反应和情绪变化，以便及时调整自己的策略和行动方案。

(5) **灵活调整**。在运用欲擒故纵策略时，谈判人员还需要根据谈判的实际情况和对方的反应灵活调整策略。如果发现对方并不急于谈判或并不受策略的影响，己方需要及时调整策略，以避免谈判陷入僵局或破裂。在谈判过程中，己方要时刻保持警觉和敏锐的观察力，及时捕捉对方的反应和情绪变化，以便及时调整自己的策略和行动方案。同时，己方还要善于倾听和理解对方的诉求和利益关注点，以便更好地满足其需求并达成共赢的协议。

(6) **掌控谈判节奏**。在运用欲擒故纵策略时，己方还需要掌控谈判的节奏。这包括控制谈判的时间、议程和进度等。通过掌控谈判节奏，己方可以更好地引导对方按照己方的意愿进行谈判，并在关键时刻给对方施加压力或做出让步。为了实现这一点，己方可以在谈判前制订详细的议程和时间表，并在谈判过程中根据实际情况进行灵活调整。同时，己方还要善于利用暂停、休会等手段来控制谈判的节奏和氛围。

(7) **保持冷静和耐心**。在运用欲擒故纵策略时，谈判人员需要保持冷静和耐心。无论对方如何表现，己方都要保持冷静的头脑和稳定的情绪。同时，己方还要有足够的耐心等待对方的反应和让步。在谈判过程中，己方可以通过深呼吸、放松身体等方式来缓解紧张情绪和压力，并保持清晰的思维和敏锐的观察力。

综上所述，欲擒故纵策略是一种充满智慧的商务谈判策略。通过巧妙地运用这一策略，己方能够在谈判中占据有利地位，实现先"纵"后"擒"的谈判目的。然而，这一策略的运用也需要谨慎和灵活，以确保其有效性和成功率。只有在充分准备和准确判断的基础上，己方才能在商务谈判中成功地运用这一策略并取得理想的谈判结果。同时，己方还要注重与对方的沟通和交流，建立良好的合作关系和信任基础，以实现长期的合作和共赢发展。

4. 浑水摸鱼策略

在商务谈判的复杂环境中，各种策略与技巧的运用都可能会对谈判结果产生深远影响。其中，浑水摸鱼策略作为一种具有迷惑性和扰乱性的谈判策略，被部分谈判者用于特定的谈判场合。这一策略的核心在于：谈判中的一方故意扰乱正常的谈判秩序，将众多问题一并抛到谈判桌上，使对方难以应付，从而在对方慌乱、产生失误的情况下，达到己方的谈判目的。

浑水摸鱼策略之所以有效，其背后的心理学原理不容忽视。研究结果表明，当人们面临一大堆问题时，往往会变得精神紧张，自信心下降，甚至会产生自暴自弃的心态。这种心态在谈判中尤为明显。例如，许多谈判人员在谈判开始没多久时，就提出质量标准、数量、价格、包装、运输方式、支付方式、送货日期和售后服务等多方面的问题，将事情变得极为复杂。如果对方没有充分的思想准备，便很容易在这些纷繁复杂的问题中出错，进而屈服、让步。

浑水摸鱼策略的运用，实际上是一种心理战术。它通过制造混乱和不确定性，使对方难以做出准确的判断和决策。在这种策略下，谈判者往往会故意模糊问题的焦点，混淆视听，以达到掩盖己方真实意图和目的的效果。同时，他们还会通过不断提出新的问题和要求，使对方陷入疲于应付的境地，从而无法集中精力对关键问题进行深入的分析和思考。

【小故事大道理 11-24】

浑 水 摸 鱼

1988 年，北国粮油贸易公司(以下简称"北国公司")刚刚成立，以经销东北玉米为主要业务。由于市场竞争激烈，省内外经销单位众多，北国公司的销路不畅，效益不佳。公司经理张某急于寻找销路，以扩大市场份额。

有朋友介绍了一位日本客户——岛村一郎，他是日本某化工公司的业务经理，此次来华目的是为其公司订购一批生产所需的玉米。张某热情接待了岛村，并给出了每吨32美元的报价(当时的市场价格)。然而，岛村却表示惊讶，认为价格过高，没有诚意，随即离席而去，避而不见张某。岛村在离开张某后，并未真正放弃合作，而是采取了更为隐蔽的策略。他同时与多家中国粮油公司接触，包括大连某粮油公司等，故意营造出一种多家竞争的混乱局面。这些公司之间并无直接联系，因此各自不知晓岛村与其他公司的谈判情况。

在此期间，张某不断接到来自其他公司的电话，询问与岛村的谈判价格。这些电话进一步加剧了张某的紧迫感，使他误以为自己正面临激烈的竞争。为了促成交易，张某不得不逐步降低报价。从最初的每吨32美元降至31美元，再降至30美元，最终甚至同意以每吨29.5美元的价格成交(这几乎是盈亏分界点的价格)。在张某最终同意岛村的报价后，岛村表示需要考虑并请示老板。然而，在约定的签约日，岛村却突然消失，让张某一度感到困惑和不安。

几个月后，张某在一次洽谈会上遇到了大连粮油公司的经理，才得知真相。原来岛村在与张某讨价还价的同时，其助手正在与大连粮油公司进行谈判。岛村正是利用这种多方接触和制造混乱的策略，使各家公司在不知情的情况下相互压价，最终他以最低价格购得了所需货物。

【名师箴言】

这个案例启示我们，在商务谈判中要保持头脑清醒并进行冷静分析。面对复杂的局面和看似激烈的竞争，不要轻易被对方牵着鼻子走。同时，要注意信息收集和分析，防止对方利用信息不对称来制造混乱和谋取利益。在必要时，可以采取反制措施来打破对方的策略布局。

在谈判中，己方也要谨防对方使用浑水摸鱼策略来扰乱谈判秩序。为了有效应对这种策略，谈判人员需要坚持以下几点原则。

1) 逐项讨论

面对对方提出的众多问题，己方应坚持逐项讨论的原则，不让对方有施展计谋的机会。通过逐项讨论，己方可以更加清晰地了解每个问题的具体情况和对方的真实意图，从而做出更加准确的判断和决策。

2) 坚持意见

在谈判中，己方应坚持自己的意见和立场，不要被对方牵着鼻子走。即使对方提出再多的问题和要求，己方也要保持清醒的头脑，坚守自己的底线和原则。

3) 敢于说不

如果己方对某些问题不清楚或不了解，应敢于承认并说不了解情况。这样可以避免在这些问题上节外生枝，被对方利用来制造混乱和不确定性。

4) 资料研究

在谈判中，对方往往会拿出一些数据和资料来支持其立场和观点。己方应仔细研究和分析这些数据和资料的真实性和准确性，以免被对方所蒙蔽。

5) 攻其不备

当对方在某些问题上表现出困惑或不确定时，己方应抓住机会攻其不备，通过提出有针对性的问题和要求，进一步揭露对方的真实意图和弱点，从而掌握谈判的主动权。

综上所述，浑水摸鱼策略是一种具有迷惑性和扰乱性的谈判策略。它通过制造混乱和不确定性来使对方难以应付，从而达到己方的谈判目的。然而，在谈判中己方也要谨防对方使用这种策略来扰乱谈判秩序。为了有效应对这种策略，谈判人员需要坚持逐项讨论、坚守自己的意见、敢于说不了解情况、仔细研究和分析对方的数据和资料以及攻其不备等原则。只有这样，才能在复杂的商务谈判环境中保持清醒的头脑和准确的判断力，最终实现己方的谈判目标。

5. 情感转移策略

情感转移策略作为一种重要的谈判策略，被广泛应用于各种商务谈判场合。这一策略的核心在于：当正式谈判出现僵局，或者遇到很难解决的问题时，谈判人员要有意识地转换谈判环境，调整谈判气氛，变更谈判形式，从而使对方的情感发生转移。通过这样的方式，双方才能更加坦率地谈论真正的问题，克服障碍，推动之后的谈判进程。

情感转移策略之所以有效，其背后的心理学原理不容忽视。在谈判过程中，双方往往会因为立场、利益、观点等不同而产生矛盾和冲突。当这些矛盾和冲突无法得到有效解决时，谈判就会陷入僵局。此时，如果继续坚持原有的谈判方式和环境，往往很难取得突破。而情感转移策略则通过改变谈判的环境和气氛，使对方的情感状态发生变化，从而打破僵局，推动谈判的进展。

高明的谈判人员并不一定要等到谈判僵局出现时才运用情感转移策略。实际上，在整个谈判过程中，他们都会始终运用这一策略，使对方的情感不断发生转移。在这一动态过程中，双方的差距逐渐缩小，直到最后达成协议。这种策略的运用需要谈判人员具备敏锐的洞察力和灵活的应变能力。他们需要在谈判过程中不断观察对方的情感变化，及时调整自己的策略和行为，以达到最佳的谈判效果。

【小故事大道理 11-25】

一家新兴的智能家居公司(简称 I 公司)与一家大型房地产开发商(简称 J 公司)就智能家居系统的合作问题进行谈判。I 公司的智能家居系统以先进的技术和用户体验著称,但成本较高;而 J 公司则注重在房地产项目中提供性价比较高的配套设施。双方在合作方式、成本分担和预期收益上存在分歧。

谈判初期,双方就合作方式和成本分担展开了激烈的讨论。I 公司强调其智能家居系统的先进性和用户体验,而 J 公司则坚持要求更低的成本以保持房地产项目的竞争力。气氛逐渐变得紧张,双方似乎难以找到共同点。

为了打破僵局,I 公司的销售总监决定采用情感转移策略。他开始谈论智能家居对未来生活方式的影响,以及 I 公司如何致力于通过技术创新提升人们的生活质量。他强调:"我们不仅仅是在推销智能家居系统,更是在为人们创造更舒适、更便捷的未来生活。选择与我们合作,就是选择了与未来同行。"接着,销售总监进一步提出,J 公司作为知名的房地产开发商,一直致力于为客户提供高品质的居住环境。他强调,I 公司的智能家居系统与 J 公司的品牌理念不谋而合,如果双方可以达成合作将为客户带来前所未有的居住体验,并共同推动房地产行业的创新发展。

在谈判过程中,销售总监还分享了 I 公司智能家居系统在提升客户满意度和增加房产附加值方面的成功案例。他强调,通过合作,J 公司的房地产项目将更具市场竞争力,能够吸引更多追求高品质生活的客户。

J 公司的谈判代表开始更加关注智能家居系统对提升客户价值和房地产项目竞争力的积极作用。气氛逐渐缓和,双方开始更加积极地探讨合作细节。最终,I 公司和 J 公司达成了合作协议,并在后续的合作中共同推动了智能家居系统在多个房地产项目中的应用和推广。

【名师箴言】

在这个商务谈判案例中,情感转移策略发挥了关键作用。通过识别并转移情感焦点,强调合作愿景,引入客户价值,I 公司成功地打破了成本分担和预期收益上的僵局,与 J 公司建立了有益的合作关系。这进一步证明了情感转移策略在商务谈判中的有效性,这个策略能够帮助双方超越短期利益分歧,共同追求更长远的合作目标和市场价值。

在大型商业谈判中,情感转移策略的运用尤为重要。随着谈判的深入进行,双方往往会陷入一些难以解决的问题中。此时,正式谈判的时间会变得越来越短,而分散的非正式谈判时间会变得越来越长,场外交易也会更加频繁。在这种情况下,运用情感转移策略改变谈判的环境和气氛,使对方的情感状态发生变化,往往能够打破僵局,推动谈判的进展。在运用情感转移策略时,谈判人员也需要注意以下一些问题。

首先,在非正式谈判场合切忌做单方面的陈述。这是因为在这种场合下,双方往往没有达成正式的协议或承诺,单方面的陈述可能会泄露机密信息,给对方留下把柄或造成误解。因此,谈判人员在非正式场合下应该保持谨慎和低调,避免不必要的风险。

其次,谈判人员要认真分析私下传播的信息。在情感转移策略的运用过程中,往往会有一些私下传播的信息。这些信息可能来自对方谈判人员的透露、第三方的传递或其他渠道。谈判人员需要对这些信息进行认真分析和判断,以确定其真实性和可信度。

最后，要谨防对方利用情感转移策略收买己方人员或传递虚假信息。

为了有效应对这些问题，谈判人员在运用情感转移策略时可以采取以下措施：一是加强保密意识，确保机密信息不被泄露；二是建立有效的信息筛选和判断机制，对私下传播的信息进行认真分析和判断；三是加强对己方人员的培训和管理，提高他们的警惕性和防范意识；四是灵活运用多种谈判策略和技巧，以应对对方可能采取的各种手段。

综上所述，情感转移策略是一种高明的谈判技巧，它通过改变谈判的环境和气氛来引导对方的情感状态发生变化，从而打破僵局、推动谈判的进展。在大型商业谈判中，这一策略的运用尤为重要。然而，在运用这一策略时，谈判人员也需要注意一些关键的问题并采取有效的措施来应对可能出现的风险和挑战。只有这样，才能在复杂的商务谈判环境中保持清醒的头脑和准确的判断力，最终实现己方的谈判目标。

6. 沉默寡言策略

沉默寡言策略作为一种具有深邃内涵和高度策略性的谈判手法，被部分谈判者视为在特定情境下获取优势的关键。这一策略的核心在于：谈判人员在谈判初始阶段选择保持沉默，不急于开口说话，而是通过观察对方的表演或巧妙向对方提问，来引导对方沿着既定的话题深入谈论，以此手段来揭示对方的真实动机及最低的谈判目标。在充分掌握对方动机和目标的基础上，再结合己方的实际需求，进行有针对性、高效的谈判。

沉默寡言策略的有效性，根植于谈判心理学的一个基本原理：在谈判过程中，表露的信息越多，就越有可能暴露自己的底细和弱点，从而使自己陷入不利的境地。相反，通过保持沉默和细心聆听，谈判者可以更加敏锐地捕捉对方说出的每一句话，注意对方的措辞、举止及语气、声调等细微之处，从中获取有效的信息，为后续的谈判策略制定提供坚实的依据。

在运用沉默寡言策略时，谈判人员需要具备高度的耐心和冷静。他们必须能够忍受谈判初期的沉默和可能带来的不确定感，同时保持对对方言行举止的敏锐观察。通过提问，他们引导对方进入自己设定的话题框架，使对方在不知不觉中透露出更多的信息和真实的立场。这种策略要求谈判人员具备出色的提问技巧，能够提出既具引导性又不显得过于尖锐的问题，以避免引起对方的警觉和反感。

沉默寡言策略的另一大优势在于，它能够使谈判的主动权牢牢掌握在己方手中。通过让对方多说、多表露，己方可以在不暴露自己底牌的情况下，逐渐摸清对方的底线和真实意图。这种信息不对称的状态为己方在后续谈判中制定更有针对性的策略提供了极大的便利。

然而，沉默寡言策略并非适用于所有谈判场合。在某些情况下，过度的沉默可能会被视为缺乏诚意或合作意愿，从而损害双方的关系。因此，在运用这一策略时，谈判人员必须根据具体的谈判环境和对方的文化背景、性格特点等因素进行灵活调整。

【小故事大道理 11-26】

M 公司作为全球领先的汽车制造商，一直致力于提升产品质量和市场竞争力。N 公司则是 M 公司长期合作的零部件供应商之一，为 M 公司提供高质量的发动机零部件。然而，随着市场竞争的加剧和成本控制的压力，M 公司希望与 N 公司重新谈判采购合同，以降低采购成本并确保供应链的稳定。

　　M 公司派出了专业的采购团队与 N 公司进行初步接触，明确表达了希望降低采购成本、优化合同条款的意愿。N 公司方面则表示理解 M 公司的需求，但同时也强调了自身在产品质量、技术创新和供应链稳定性方面的优势。M 公司采购团队在谈判前做了充分的准备，收集了市场上同类零部件的价格信息、N 公司的生产成本结构以及双方过去几年的合作数据。双方通过多轮会议和信息交换，对各自的立场和需求有了更深入的了解。

　　在谈判进入关键阶段时，M 公司采取了沉默寡言的策略。面对 N 公司的报价和条件，M 公司谈判代表并未立即回应，而是选择沉默思考，让 N 公司感受到压力。这种沉默使得 N 公司开始重新评估自己的报价和合作条件，并主动提出了一些让步方案。

　　经过多轮谈判和讨价还价，双方逐渐找到了利益平衡点。M 公司在保证产品质量和供应链稳定性的前提下，成功降低了采购成本。N 公司则通过优化生产流程、提高生产效率等方式来应对降价压力，并承诺在未来继续为 M 公司提供高质量的零部件。

　　最终，双方达成了共识并签订了新的采购合同。合同中明确规定了产品规格、价格、交货期、质量标准等关键条款。签订合同后，双方继续保持良好的合作关系，共同应对市场挑战和机遇。

　　【名师箴言】

　　这个案例展示了在商务谈判中运用沉默寡言策略的有效性。通过适当的沉默来施加压力、引导对方主动让步并促进共识的达成，最终实现了双赢的结果。同时，这个案例也强调了数据准备、信息交换和妥协精神在商务谈判中的重要性。

　　为了更有效地运用沉默寡言策略，谈判人员需要在谈判前进行充分的准备和策划，并对谈判的主题、对方的立场和可能的谈判策略有深入的了解和预测。在谈判过程中，还需要保持高度的警觉和灵活性，随时准备根据对方的反应和谈判的进展调整自己的策略。

　　谈判人员在运用沉默寡言策略时也需要注意一些关键的问题。首先，他们必须确保自己的沉默不会给对方留下消极的印象或误解。为此，他们可以通过适当的肢体语言或口头暗示来传达自己的专注和诚意。其次，他们需要在适当的时机打破沉默，提出有针对性的问题或陈述，以推动谈判的进展。最后，他们还需要在谈判结束后对获取的信息进行仔细的分析和整理，以便为后续的谈判或决策提供有力的支持。

　　综上所述，沉默寡言策略是一种具有高度策略性和深邃内涵的谈判手法。它通过巧妙的沉默和提问来引导对方透露更多的信息和真实的立场，从而为己方在谈判中获取优势提供有力的支持。然而，这一策略的运用也需要根据具体的谈判环境和对方的文化背景、性格特点等因素进行灵活调整。只有充分准备、灵活应对，并在适当的时机采取有针对性的行动，才能充分发挥沉默寡言策略在商务谈判中的巨大潜力。

　　7. 针锋相对策略

　　在商务谈判复杂多变的环境中，谈判双方往往会围绕各自的利益和目标展开激烈的交锋。在这个过程中，有时会遇到对方无理地提出过高要求，或者通过施加高压、制造僵局等手段来试图迫使己方做出更大的让步。当己方已经做出了适当的妥协和退让，但仍然无法满足对方的不合理要求时，就需要考虑采取更为有力的策略进行反击，以维护自身的利益和谈判的公平性。这时，针锋相对策略就是一种有效的策略。

　　针锋相对策略的核心在于，当面对对方的不合理要求或高压手段时，己方不是被动地接受或继续无谓地让步，而是直接、明确地指出对方制造僵局的真正目的，并要求对方放弃那些不合理的条件和要求。这种策略的运用，需要己方具备坚定的立场和明确的底线，同时也需要对谈判的形势和对方的真实意图有准确的判断。

【小故事大道理 11-27】

公司 A：一家中国的大型家电制造商，拥有较强的生产能力和市场份额，但希望在技术上进一步突破，以提升产品竞争力。

公司 B：德国的一家高科技企业，专注于家电领域的高端技术研发，拥有多项专利技术。

公司 A 希望从公司 B 引进一项先进的家电节能技术，以提升自身产品的能效比和市场竞争力。公司 B 则希望通过技术转让获得可观的经济回报，并在中国市场扩大其技术影响力。

在初步接触中，公司 B 提出了技术转让的高额费用，包括技术转让费、专利使用费以及后续的技术支持费用等，总金额远超公司 A 的预期。公司 A 对报价表示惊讶，并指出市场上类似技术的转让费用远低于此，同时强调自身在中国市场的巨大潜力和合作前景。

面对公司 B 的高额报价，公司 A 没有直接拒绝，而是采取了针锋相对的策略。他们详细列出了市场上同类技术的转让价格、公司 A 自身的研发能力和市场地位，以及如果合作不成将带来的潜在损失。同时，公司 A 还提出了备选方案，表示正在与多家国外技术供应商进行洽谈。面对公司 A 的反制，公司 B 虽然仍坚持其报价的合理性，但态度开始有所松动。他们表示愿意对某些费用项目进行重新评估，并承诺提供更全面的技术支持和售后服务。

经过多轮谈判，双方开始就具体条款进行深入协商。公司 A 提出了更加详细的合作要求，包括技术转让的具体内容、专利使用权的范围、技术支持的时间表等。公司 B 则根据这些要求，对报价进行了相应调整，并提出了更加灵活的付款方式和合作期限。双方最终在技术转让费用、专利使用权、技术支持、付款方式等关键条款上达成了共识。公司 A 同意支付一定额度的技术转让费和专利使用费，并获得了所需技术的使用权和长期的技术支持。公司 B 则成功进入中国市场，扩大了其技术影响力，并获得了可观的经济回报。

【名师箴言】

在这个案例中，公司 A 和公司 B 都充分运用了商务谈判的策略和技巧。公司 A 通过针锋相对的策略成功施加了压力，迫使公司 B 在报价上做出让步。同时，公司 A 也展现出了灵活性和妥协精神，在关键条款上与公司 B 达成了共识。公司 B 则在面对压力时保持了冷静和理性，通过重新评估报价和提供更全面的支持来维护自身利益。最终，双方通过谈判实现了共赢的局面。这个案例充分展示了商务谈判的复杂性和挑战性，以及通过合理运用策略和技巧达成双赢结果的可能性。

在实际操作中，采用针锋相对策略时，己方可以直接而坦诚地向对方表达己方的立场和观点，明确指出对方要求的不合理之处，以及为什么己方无法接受这样的条件。这种直接的表达方式，有时能够让对方意识到己方的坚定立场和不易被动摇的决心，从而促使他们重新考虑自己的要求，做出更为合理的调整。

有些谈判对手在面对己方的针锋相对策略时，可能会因为意识到继续坚持不合理要求将无法达成协议，而主动降低要求，以使谈判能够顺利进行。这种情况下，己方的策略就达到了预期的效果，既维护了自身的利益，又推动了谈判的进程。然而，也有些谈判对手可能会因为面子、利益或其他原因，不肯轻易接受己方的针锋相对策略。在这种情况下，己方可以进一步采取更为果断的行动，如起身离开谈判桌，暂时结束谈判。这样的行动不仅彰显了己方的坚定立场和不易被胁迫的态度，也给对方传递了一个明确的信号：如果继续坚持不合理的要求，将无法与己方达成任何协议。

当己方采取这样的行动时，如果对方确实有合作的意向，他们往往会重新评估形势，意识到继续僵持下去对他们自身也没有好处。这时，他们可能会主动抛出"橄榄枝"，调整他们的要求，以寻求与己方达成妥协和合作的可能性。而在这个过程中，己方就掌握了谈判的主动权，可以根据形势的发展和对方的态度调整己方的策略和行为。

需要注意的是，针锋相对策略虽然是一种有效的反击手段，但也需要谨慎使用。在采取这种策略时，己方需要确保自身的立场和底线是合理且坚定的，同时也要对谈判的形势和对方的反应有充分的预判和准备。如果盲目使用或过度依赖这种策略，可能会导致谈判关系的破裂或无法达成任何协议。

因此，在运用针锋相对策略时，己方需要保持冷静和理性，既要坚守自身的利益和底线，也要寻求与对方的合作和共赢。通过巧妙的策略和灵活的应对，己方可以在商务谈判中有效地应对对方的不合理要求或高压手段，掌握谈判的主动权，最终达成有利于双方的协议。

综上所述，针锋相对策略是商务谈判中的一种有效反击手段。当面对对方的不合理要求或高压手段时，己方可以通过直接指出对方的真实目的、要求对方放弃不合理条件等方式进行反击。这种策略的运用需要谨慎而灵活，既要坚守自身的利益和底线，也要寻求与对方的合作和共赢。通过巧妙的策略和灵活的应对，己方可以在商务谈判中掌握主动权，达成有利于双方的协议。

8. 逆向说服策略

在商务谈判的复杂舞台上，谈判人员往往需要运用各种策略和技巧来争取优势，达成协议。逆向说服策略作为一种具有独特魅力和高度策略性的谈判手法，被部分谈判者视为调动对方积极性、缩短谈判时间、进而达成协议并及时签约的有效手段。这一策略的核心在于：通过激将法来刺激对方，使其产生谈判兴致和紧迫感，从而在谈判中表现出更为积极和主动的态度。

逆向说服策略的运用前提是谈判对手是一个高傲自负的人。这类人往往对自己的能力和判断有着过高的评价，对别人的意见和看法则容易持有一种轻视或忽视的态度。当遇到这样的谈判对手时，运用逆向说服策略，通过激将法来刺激其自尊心和自信心，往往能够使其更加积极地投入到谈判中来，从而在一定程度上缩短谈判时间，提高谈判效率。

然而，在实际商务谈判中，摸清对方的性格并不是一件容易的事情。特别是那些驰骋于谈判场合的老将，他们大多擅长隐藏自己，不轻易表露真实的想法和意图。这使得谈判人员在运用逆向说服策略时面临着一定的挑战和风险。因此，为了在谈判中更有把握地运用这一策略，谈判人员在谈判前有必要进行一些调查工作，以尽可能地了解对方的性格、喜好、谈判风格以及过往的谈判结果等信息。

即使无法做到在谈判前进行充分的调查，谈判人员也要学会临场观察、察言观色。在谈判过程中，通过对对方言行举止的细致观察和分析，谈判人员可以逐渐摸清对方的性格和心态，从而判断是否适合运用逆向说服策略。例如，当对方表现出一种高傲自负、急于求成的心态时，运用逆向说服策略往往能够取得较好的效果；而当对方表现出一种谨慎、稳重的心态时，则可能需要考虑采用其他更为稳妥的谈判策略。

【小故事大道理 11-28】

小李是一位经营小型超市的年轻创业者，近期他希望扩大商品种类，提升顾客满意度。老张是本地一家知名食品供应商的销售经理，手握多款热销食品代理权，对合作条件较为严格。小李希望以较低的价格和更灵活的结算方式引进老张公司的几款热销食品，以增强超市的竞争力。老张则希望保持价格稳定，并坚持先款后货的结算方式，以保障自身利益。

在初次接触时，小李并没有直接提出自己的合作条件，而是向老张表达了一个看似无法解决的难题："老张啊，我知道你们的产品质量上乘，但我这小超市利润微薄，实在承担不起你们的高价。而且，我这资金流转也慢，先款后货的话，我压力太大了。"老张听到小李的话后，自然有些不悦，但小李紧接着话锋一转："不过，我也理解你的难处。我在想，如果我们能合作成功，你的产品在我的超市里卖得好，不仅你的销量上去了，我这超市的客流量也能跟着涨。长期来看，对咱们双方都是好事啊。"

接着，小李提出了一个看似让步实则暗含条件的建议："要不这样，咱们先试合作几款产品，价格上你能不能给我一个小批量采购的优惠？至于结算方式，咱们能不能灵活点，比如月结或者按销量阶梯式结算？这样我资金压力小了，也有动力多推广你的产品。"在提出建议的同时，小李还向老张展示了超市的销售数据、顾客反馈以及自己对未来市场的乐观预测，以增强老张对合作的信心。

经过几轮深入的沟通和讨论，老张被小李的诚意和逆向说服策略所打动。他重新评估了合作条件，最终同意给予小李一定的价格优惠，并在结算方式上做出了适当的让步。双方达成了合作协议，实现了共赢。

【名师箴言】

这个案例中的小李巧妙地运用了逆向说服策略，通过抛出难题、引导思考、提出让步式建议和展现诚意与信心等步骤，成功地说服了老张在合作条件上做出让步。这一策略的关键在于通过反向思维打破对方的预期框架，引导对方从更广阔的视角审视问题，并找到双方都能接受的解决方案。同时，这也需要谈判者具备敏锐的观察力、灵活的思维和良好的沟通能力。

在运用逆向说服策略时，谈判人员需要注意一些关键的问题。首先，激将法的运用需要恰到好处，既要能够刺激对方的自尊心和自信心，又不能过于尖锐或刻薄，以免引起对方的反感或抵触情绪。其次，谈判人员在运用逆向说服策略时需要保持冷静和理性，不能被对方的情绪或言语所左右，而是要始终坚持自己的底线和原则。最后，谈判人员在运用逆向说服策略时还需要注意与对方的沟通和交流方式，尽可能地以一种平和、友好的态度来与对方进行交流和协商，以避免因言辞过激或态度强硬而导致谈判破裂或无法达成协议。

除了以上几点外，谈判人员在运用逆向说服策略时还需要注意一些细节问题。例如，在激将对方时，可以采用一种委婉或间接的方式来表达自己的观点和看法，以避免直接冲突或引起对方的警觉。同时，在谈判过程中还可以适时地给对方一些"甜头"或"诱饵"，以进一步刺激其积极性和谈判兴致。此外，在运用逆向说服策略时还需要注意与团队成员之间的配合和协作问题，以确保整个谈判团队能够形成一个有力的整体来共同应对对方的挑战和压力。

综上所述，逆向说服策略是一种具有独特魅力的谈判手法。通过激将法来调动对方的积极性、缩短谈判时间、进而达成协议并及时签约是这一策略的核心目标。在实际运用中需要注意摸清对方性格、激将法的恰到好处以及沟通和交流方式的平和友好等问题。只有充分准备、灵活应对并注意细节问题才能确保逆向说服策略在商务谈判中发挥出最大的效力并帮助谈判人员取得更为优异的谈判成果。

9. 调侃对手策略

在商务谈判的复杂环境中，谈判双方往往会围绕各自的利益和目标展开激烈的交锋。当对方提出的条件超出己方的承受范围时，如何有效地应对并传达己方的立场，成为谈判成功的关键。在这种情况下，调侃对手策略作为一种独特的谈判策略，展现出了其重要的应用价值。

调侃对手策略的核心在于：即使对方提出的条件不在己方的承受范围之内，己方也不要陷入情绪上的对抗。相反，己方可以采用一种幽默和调侃的方式，用轻松的语言来控制谈判场面，化解可能出现的尴尬气氛。这种策略的运用，不仅能够有效地缓解谈判中的紧张氛围，还能够在不让对方生气的前提下，巧妙地把希望传达的信息传递出去，达到一种既不失礼又能够坚守立场的反击效果。

在商务谈判中，调侃对手策略的运用需要谈判者具备高度的语言驾驭能力和对谈判形势的敏锐洞察力。谈判者需要能够在瞬间捕捉到对方言语中的漏洞或不合理之处，并以一种幽默而又不失风度的方式指出来。这种调侃并不是无的放矢的讽刺或挖苦，而是一种善意的、带有玩笑性质的提醒或反驳。它的目的是让对方在笑声中意识到自己的问题，并愿意做出某种程度的让步或调整。

【小故事大道理 11-29】

一家国内软件开发公司(以下简称"甲方")与一家国际知名的硬件制造商(以下简称"乙方")就一项软硬件集成项目进行商务谈判。乙方凭借其强大的硬件实力和品牌影响力，在谈判初期显得较为强势，对合作条件提出了较高的要求。

在谈判过程中，甲方代表注意到乙方代表频繁强调其硬件的卓越性能和在全球市场的领先地位，试图以此作为提高合作门槛的筹码。为了打破这种局面，甲方代表决定运用调侃对手的策略来缓和气氛并传达自身立场。

甲方代表微笑着说："听了乙方对硬件性能的介绍，我真是大开眼界。感觉就像是超人在谈判桌上，而我们就像是普通人。不过，超人也需要朋友嘛，对吧？我们甲方虽然不像乙方那样拥有超能力，但在软件开发方面也是有几把刷子的。我们希望这次合作能让超人和普通人一起打怪升级，共创辉煌。"

接着，甲方代表进一步阐述："说笑归说笑，我们认真地说，这次合作对双方都有巨大的价值。乙方有强大的硬件实力，而我们有深厚的软件开发经验。就像超人需要智慧的头脑来指挥他的超能力一样，我们也需要乙方的硬件支持来让我们的软件大放异彩。我们相信，通过合作，我们可以共同创造出超越单打独斗的成果。"

【名师箴言】

甲方代表的调侃对手策略有效地缓和了谈判的紧张气氛，让乙方代表意识到合作需要双方的努力。这种策略不仅传达了甲方对自身实力的自信，也表达了合作共创价值的愿景。通过运用调侃对手策略，甲方代表成功地打破了乙方代表的单方面施压，为双方更加开放地探讨合作细节创造了积极的环境。最终，这种策略有助于双方达成互利共赢的协议，实现合作的目标。

调侃对手策略的成功运用，往往能够带来意想不到的效果。首先，它能够在不破坏谈判氛围的前提下，有效地传达己方的立场和观点。通过幽默的语言和轻松的氛围，己方可以在不引起对方反感的情况下，表明自己对对方条件的看法和无法接受的原因。其次，调侃对手策略能够展现己方的自信和从容。在谈判中，能够以一种幽默的方式来应对对方的挑战，往往能够让对方感受到己方的沉稳和自信，从而增加对己方的信任和尊重。最后，调侃对手策略还能够为谈判带来一种轻松和愉快的氛围，有助于缓解双方的紧张情绪，促进双方的沟通和交流。

【小故事大道理 11-30】

不可能存在的年利率

中国某公司(以下简称"中方")与法国的一家供应商(以下简称"法方")谈判，讨论历史遗留的付款问题。法方开出一个账单，其中有一项"财务指数"，收费数额很大。中方仔细查看，发现法方是按照 10% 的年利率来对未支付款项计息的。如果中方现在支付这笔所谓的财务费用，相当于除了支付当年的款项，还要每年支付额外的 10% 的利息，这是中方不能接受的。

中方之所以这样反应，一是因为这部分款项未结清属于历史问题，不能由中方一家承担；二是 10% 的年利率太不合理，外国的银行存款利率普遍很低，年利率不可能是 10%。

法方对此解释为原材料和人工成本随通货膨胀的自然上涨指数。中方代表听完法方的讲话，并没有直接指出其错误，因为这样做法方肯定会觉得中方代表无礼，然后避重就轻地为此争论，更不可能听得进去中方的观点。

这时，中方代表笑道："10%，天啊！你把这些钱存在哪个银行可以获得这个级别的收益啊？你告诉我，我也去存钱，一年增值 10%，这比 90% 的基金和股票业绩要好得多。"

中方的调侃显然让法方意识到了自己的要求有些过分，对中方代表的话也不再回应。而当中方代表在第二天拿到新的款项统计单时发现，10% 的"财务指数"收费已被法方默默删除。

【名师箴言】

从故事中我们可以看出，中方代表在看到自己难以接受的条件时，并没有让自己陷于对抗情绪，而是采用调侃对手的策略，给对方一个台阶下。而对方自知理亏，也顺势更改了条件，这是一个皆大欢喜的结果。由此可见，合情合理地调侃对手也是一门沟通的艺术，更是谈判人员高情商的体现。

　　当然，调侃对手策略的运用要注意一些关键的问题。首先，调侃的内容必须要是恰当的、无害的，不能涉及对方的隐私、尊严或敏感话题，否则可能会引起对方的反感或抵触情绪。其次，调侃的方式需要是友好的、轻松的，不能带有攻击性或讽刺意味，否则可能会破坏谈判的氛围和双方的关系。最后，调侃的时机也需要是恰当的，不能在不适当的场合或时间使用调侃策略，否则可能会让对方感到不适或尴尬。

　　在实际运用中，调侃对手策略可以与其他谈判策略相结合，以达到更好的效果。例如，在调侃对方之后，己方可以适时地提出一种更为合理或可行的方案，以展现己方的诚意和合作意愿。或者，在调侃对方的同时，己方也可以巧妙地引导对方思考其他可能的解决方案，以促进双方的合作。

　　此外，调侃对手策略的运用还需要考虑谈判双方的文化背景和语境差异。在不同的文化背景下，人们对于幽默的理解和接受程度可能会有所不同。因此，在使用调侃策略时，谈判者需要充分了解对方的文化背景和语境习惯，以确保调侃的内容能够被对方所理解和接受。

　　综上所述，调侃对手策略是一种独特的谈判策略，它能够在不破坏谈判氛围的前提下，有效地传达己方的立场和观点，并展现己方的自信和从容。然而，要成功运用这一策略，谈判者需要具备高度的语言驾驭能力和对谈判形势的敏锐洞察力，并需要注意调侃内容的恰当性、方式的友好性以及时机的恰当性。同时，还需要考虑谈判双方的文化背景和语境差异，以确保调侃策略的有效性和适用性。通过巧妙地运用调侃对手策略，谈判者可以在商务谈判中取得更好的成果，实现双方的共赢和合作。

【实操演练】

　　请同学们自由分组，两人一组，分别扮演两家公司的谈判代表甲和乙。甲和乙势均力敌，在演练时甲可分别演练各种谈判策略，例如浑水摸鱼、欲擒故纵、沉默寡言、情感转移等，乙给出相应的应对措施。演练结束后由教师点评。

课件资源

第12章　商务沟通与谈判实践案例分析

学习目标

了解成功案例的经验：通过成功案例的分享，掌握成功的商务沟通与谈判策略，提炼其中的关键要素和启示。

分析失败案例的教训：通过失败案例的分析，深入理解导致谈判失败的原因，总结教训，避免在实际谈判中重蹈覆辙。

重点知识

- 成功案例中的关键策略和要素。
- 失败案例中的常见错误和教训。

学习难点

- 如何从成功案例中提取可借鉴的经验，并将其应用于实际商务谈判中。
- 如何深入分析失败案例，准确识别导致谈判失败的根本原因，并据此调整谈判策略。
- 如何将理论知识与实际案例相结合，提高商务谈判的实践能力和应对复杂情况的能力。

——情景呈现——

跨文化谈判中的挑战

华兴科技有限公司，作为中国智能手机制造业的佼佼者，正站在全球业务扩张的十字路口。面对激烈的国际竞争和不断变化的市场需求，公司决定与美国 TechInnovate 公司合作，利用其在人工智能领域的先进技术，共同打造一款融合最新 AI 技术的智能手机，以期在全球市场上占据一席之地。在北京的首次会晤中，华兴科技有限公司的 CEO 李伟与 TechInnovate 公司的首席技术官 John Smith 共同探讨了合作的可能性，双方都对此次合作抱有很高的期望。

随着谈判的深入，文化差异和工作方式的不同逐渐显现。李伟在谈判中展现出东方文化中常见的含蓄和谨慎，强调建立稳固的长期合作关系，注重团队精神和维护公司形象。他倾向于在决策前进行深入的讨论和内部协商，以确保所有方面都得到妥善考虑。而 John Smith 则代表了西方文化中的直接和效率，他追求快速的决策和明确的结果，希望迅速推进项目并看到实际成效。

　　在技术共享和市场准入等关键议题上，双方的立场出现了分歧。华兴科技有限公司希望在合作中保持对核心技术的控制权，以保护其长期利益和市场竞争力。TechInnovate公司则坚持认为，作为技术提供方，他们应获得平等的利益分配，以体现其技术贡献的价值。此外，TechInnovate 公司希望项目能够快速启动并实现商业化，而华兴科技有限公司则需要更多时间进行市场调研和战略规划，以确保项目的可持续性，并最终获得成功。

　　这些差异对谈判进程构成了挑战，但也为双方提供了深入了解彼此商业文化和工作习惯的机会。通过耐心的沟通和相互的适应，双方有机会找到共同点，建立一个互利共赢的合作关系，共同开发出一款能够引领市场的智能手机。

──名师点拨──

　　跨文化商务谈判的关键点在于对文化差异的敏感性和适应性。应提前准备，了解对方的商业习惯和文化背景，寻找共同利益点，并在谈判中展现出灵活性和开放性。同时，建立信任和尊重是解决分歧、达成共识的基础。通过有效沟通和适当的策略调整，可以克服文化障碍，实现双赢的合作结果。

12.1　成功案例分享及启示

　　在当今这个复杂多变、竞争激烈的商业环境中，有效的沟通与谈判技巧无疑是企业取得成功的关键要素之一。它们不仅是企业内外部交流的基石，也是促成合作、化解冲突、达成共赢的重要工具。为了更好地适应这种商业环境的挑战，并培养学生在实际商务场景中的应用能力，本节收集整理了一些典型的商务沟通与谈判成功的案例，通过深入剖析这些案例，引导学生将所学的理论知识与实际情境相结合。通过本节的学习，学生不仅能够全面理解和掌握商务沟通与谈判的基本理论和技巧，更重要的是能够学会灵活运用这些知识，将其转化为解决实际商务问题的能力。

　　具体来说，学生将通过分析案例中的沟通策略、谈判技巧、冲突解决方法，以及合作模式的构建等，学习如何在不同的商务情境下做出恰当的决策，并有效表达自己的观点和利益。同时，学生也将有机会模拟真实的商务沟通与谈判过程，通过角色扮演、小组讨论等形式，亲身体验和实践这些技巧，进一步提升自己的商务沟通与谈判技能，为未来的职业生涯打下坚实的基础。

　　本节将分享三个成功案例，它们分别运用了红白脸策略、吹毛求疵策略和投石问路策略。我们将深入剖析这些策略的应用及其背后的启示。

12.1.1　红白脸策略在跨国并购谈判中的应用

1. 背景

　　一家中国科技公司(以下简称"中方")计划收购一家欧洲的软件企业(以下简称"欧方")，旨在实现全球市场布局。然而，在谈判初期，双方对估值、控制权等核心问题存在较大分歧，这使得谈判变得很艰难。

2. 过程

1) 白脸角色的出击

中方谈判团队中，一位性格直率、态度强硬的成员首先出场。他直接对欧方提出的估值表示质疑，并坚持中方要掌握控制权的诉求。这一强硬态度导致谈判气氛一度紧张。这位成员不断强调中方的市场潜力和技术优势，试图通过施加压力来使对方让步。

2) 红脸角色的缓和

当中方白脸成员的强硬态度引起欧方反感时，中方的另一位谈判代表以红脸角色出现。他态度温和，表示理解欧方的立场和担忧，并提出了一系列建设性的建议，试图缓和紧张气氛。红脸代表还强调了双方合作的长远利益，表示愿意在某些非核心问题上做出让步，以促成交易的达成。

3) 策略的实施与调整

在红白脸角色的交替配合下，中方谈判团队逐渐掌握了谈判的主动权。白脸角色通过强硬态度让欧方意识到中方的决心和实力，为后续的谈判奠定了有利的基础。而红脸角色则通过温和态度和建设性建议，引导谈判向有利于中方的方向发展。在谈判过程中，中方团队还根据欧方的反应和谈判的进展，灵活调整红白脸策略的使用，以确保谈判的顺利进行。

3. 结果

经过多轮谈判和策略调整，双方最终就估值、控制权等核心问题达成一致。中方成功收购了欧洲软件企业，实现了其全球市场布局的战略目标。

4. 启示

1) 红白脸配合的重要性

在商务谈判中，红白脸策略是一种有效的谈判策略。白脸角色负责施加压力、传达强硬立场，而红脸角色则负责缓和气氛、提出建设性建议。两者相辅相成，共同推动谈判进程。

2) 灵活应变的能力

在谈判过程中，要根据实际情况灵活调整策略。当一方策略失效时，要及时切换至另一策略，以维持谈判的主动权和优势地位。这种灵活应变的能力是商务谈判成功的关键之一。

3) 关注长远利益

在强调自身利益的同时，也要关注对方的利益和需求。通过提出建设性建议和做出适当让步，可以引导对方看到合作的长远利益，从而促成交易的达成。这种关注长远利益的思维方式有助于建立稳定的合作关系。

12.1.2　吹毛求疵策略在设备采购谈判中的应用

1. 背景

一家制造企业计划采购一批生产设备，遂与多家供应商进行了初步接触。在选定一家主要供应商后，双方就价格、交货期等细节问题展开深入谈判。然而，制造企业在谈判中面临着供应商的高价和交货期不确定的问题。

2. 过程

1) 吹毛求疵的策略

为了降低采购成本和确保交货期的稳定性，制造企业谈判代表在谈判初期对供应商提供的设备进行了详细审查。他们提出了诸多看似微不足道的问题，如设备的某些部件材质、生产工艺流程的优化空间、售后服务条款的具体内容等。这些问题虽然看似琐碎，但实则涉及设备的性能、成本和使用寿命等关键要素。

2) 逐步施压的过程

随着谈判的深入，制造企业代表逐渐将这些问题汇总起来，向供应商施加压力。他们强调这些问题对设备整体性能和使用效果有重要影响，要求供应商在价格、交货期等方面做出让步。通过不断地质疑和施压，制造企业代表成功地让供应商意识到问题的严重性，并为其后续的谈判策略奠定了基础。

3) 策略的实施与效果

在吹毛求疵策略的实施过程中，制造企业代表始终保持冷静和理性。他们通过数据分析和实例说明来支持自己的观点，让供应商无法轻易反驳。同时，他们也表现出对合作的诚意和期待，避免了谈判破裂的风险。经过多轮谈判和策略实施，供应商最终在价格、交货期等方面做出了较大让步。

3. 结果

双方达成了满意的采购协议，制造企业成功降低了采购成本并确保了交货期的稳定性。这一结果为企业的生产运营提供了有力保障。

4. 启示

1) 细节决定成败

在商务谈判中，细节往往能决定成败。通过吹毛求疵策略，可以深入挖掘对方产品或服务的潜在问题，为谈判争取更多优势。这种对细节的关注和把控能力是商务谈判成功的关键之一。

2) 理性施压的重要性

在施压过程中要保持理性和客观，避免情绪化行为。通过数据和事实来支持自己的观点，让对方无法轻易反驳。这种理性施压的方式有助于增强谈判的说服力，并推动对方做出让步。

3) 合作诚意的表达

在强调自身利益的同时，也要表现出对合作的诚意和期待。通过积极的沟通和协商来寻找双方都能接受的解决方案，以促成交易的达成。这种合作诚意的表达有助于建立互信关系，并为长期的合作奠定基础。

12.1.3　投石问路策略在原材料采购谈判中的应用

1. 背景

一家化工企业计划采购一批关键原材料，遂与多家供应商进行了初步询价。然而，市场价格的波动和供应商的成本结构使得采购成本不能确定。为了摸清市场价格和供应商的成本结构，该企业决定采用投石问路策略进行谈判。

2. 过程

1) 投石问路的策略

在谈判初期，企业采购代表向多家供应商提出了不同数量的采购意向，并询问了相应的价格。他们先从小批量采购开始询价，然后逐渐增加采购数量至目标批量，并观察价格的变化趋势。通过这种方式，采购代表逐渐掌握了市场价格的大致范围和供应商的成本结构。

2) 信息的收集与分析

通过不断询问和对比不同供应商的报价，采购代表逐渐收集了大量的市场价格信息和供应商的成本结构数据。他们发现不同供应商在不同采购数量下的价格差异较大，且某些供应商在达到一定采购量后愿意提供更优惠的价格。这些信息为后续的谈判提供了有力的支持。

3) 策略的实施与成果

在收集到足够信息后，采购代表开始与主要供应商进行深入谈判。他们利用掌握的市场价格和成本信息作为谈判筹码，要求供应商在价格、交货期等方面做出让步。同时，他们也提出了多种采购方案供供应商选择，以引导谈判向有利于己方的方向发展。经过多轮谈判和协商，企业与主要供应商达成了满意的采购协议。

3. 结果

企业不仅获得了较低的价格和稳定的供货渠道，还与供应商建立了长期的合作关系。这一成果为企业的生产运营提供了有力保障，并为其在市场竞争中赢得了优势地位。

4. 启示

1) 信息的重要性

在商务谈判中，信息是最宝贵的资源之一。通过投石问路策略可以收集到大量有价值的信息和数据，为谈判提供有力支持。因此，在商务谈判中要注重信息的收集和分析能力。

2) 灵活方案的提出

提出多种采购方案可以增加谈判的灵活性和主动权。通过引导供应商在不同方案之间进行选择，可以促使对方在关键问题上做出让步。这种灵活方案的提出有助于推动谈判的进展并达成双赢的结果。

3) 长期合作的考虑

在追求短期利益的同时，也要考虑长期合作的可能性。通过建立稳定的供货渠道和长期的合作关系，可以为企业带来更大的竞争优势和经济效益。因此，在商务谈判中要注重长期利益的考虑，并为建立稳定的合作关系而努力。

综上所述，红白脸策略、吹毛求疵策略和投石问路策略在商务沟通与谈判中都具有重要的应用价值。通过灵活运用这些策略并结合实际情况进行调整，可以为企业争取更多利益并促成交易的达成。同时，这些案例也启示我们在商务谈判中要注重细节、保持理性、积极沟通并寻求双方都能接受的解决方案，以实现共赢的局面。

12.2 失败案例分析及教训总结

在商务活动中，沟通与谈判是达成合作、实现利益最大化的关键环节。然而，由于各种因素的影响，沟通与谈判并非总能顺利进行，甚至可能导致合作破裂。本节将通过三个具体的失败案例，分别探讨最后期限策略、以柔克刚策略和欲擒故纵策略的应用失误及其教训，以期为学生提供有益的参考。

12.2.1 最后期限策略应用失误

1. 背景

一家中国企业 A 与一家美国企业 B 计划进行一项跨国业务合作，双方经过多轮谈判，已经就大部分合作细节达成了一致。然而，在正式签订合约前，中国企业 A 决定采用最后期限策略，试图迫使美国企业 B 在最后关头做出更多让步。

2. 过程

1) 策略实施

中国企业 A 向美国企业 B 发出最后通牒，表示如果不在规定时间内接受中方提出的最后条件，合作将终止。中方认为，由于双方已经投入了大量时间和精力，美国企业 B 不会轻易放弃这次合作机会，因此会在最后关头做出让步。

2) 对方反应

然而，美国企业 B 并未如中方所愿在最后期限内做出让步。相反，他们认为中方的最后通牒是一种不尊重和不信任的表现，对这种强硬的谈判方式感到不满。美国企业 B 开始重新评估合作的必要性和风险，并考虑寻找其他合作伙伴。

3. 结果

由于双方未能就最后条件达成一致，合作最终破裂。这次失败不仅让双方失去了潜在的商业机会，还损害了双方的信任关系。

4. 教训总结

1) 尊重与信任

在商务谈判中，尊重与信任是合作的基础。最后期限策略虽然能在一定程度上增加谈判的紧迫感，但也可能破坏双方的信任关系。因此，在使用这一策略时，必须谨慎权衡利弊，确保不会损害双方的合作基础。

2) 了解对方底线

在采用最后期限策略前，必须充分了解对方的底线和谈判策略。如果盲目施压而不知对方底线，很可能导致谈判破裂。因此，在谈判过程中要注重信息的收集和分析工作。

3) 灵活应变

商务谈判是一个动态的过程，需要随时根据对方的反应和谈判的进展调整策略。当最后期限策略失效时，应及时调整谈判的思路和方法，寻求新的解决方案。

12.2.2 以柔克刚策略应用失误

1. 背景

一家欧洲电子产品制造商 C 计划进入亚洲市场，它选择了一家中国分销商 D 作为合作伙伴。在谈判过程中，欧洲制造商 C 试图采用以柔克刚策略来应对中国分销商 D 的强硬态度。

2. 过程

1) 策略实施

面对中国分销商 D 的强硬要求和不断施压，欧洲制造商 C 采取了以柔克刚的策略。他们表现得非常谦逊和合作，尽量满足对方的要求，并试图通过耐心和诚意来打动对方。然而，在关键问题上，如利润分配、市场推广费用等，中方始终不肯让步。

2) 对方反应

中国分销商 D 认为欧洲制造商 C 的以柔克刚策略是一种软弱的表现，认为中方已经掌握了谈判的主动权，因而提出了一些不合理要求。

3. 结果

由于双方在关键问题上无法达成一致，合作谈判陷入僵局并最终破裂。欧洲制造商 C 未能成功进入亚洲市场，而中国分销商 D 也失去了一个潜在的优质合作伙伴。

4. 教训总结

1) 策略适用性分析

以柔克刚策略虽然能在一定程度上缓解谈判的紧张气氛，但并非适用于所有情况。在面对强硬对手时，如果过度使用以柔克刚策略而缺乏必要的强硬态度和支持措施，很可能导致对方得寸进尺、变本加厉。

2) 底线坚守

在采用以柔克刚策略时，必须坚守自己的底线和原则。对于不合理的要求和条件要坚决拒绝并明确表达立场。只有坚守底线才能赢得对方的尊重和理解并为后续谈判奠定基础。

3) 策略组合

单一的谈判策略往往难以应对复杂的谈判局面。因此，在商务谈判中应根据实际情况灵活组合多种策略以应对不同情况。例如，可以将以柔克刚策略与红白脸策略、吹毛求疵策略等相结合，以形成更加有效的谈判组合拳。

12.2.3 欲擒故纵策略应用失误

1. 背景

一家日本汽车制造商 E 计划在中国市场推出一款新车型，并选择了一家中国经销商 F 作为合作伙伴。在谈判过程中，日本汽车制造商 E 试图采用欲擒故纵策略来试探中国经销商 F 的底线和诚意。

2. 过程

1) 策略实施

日本汽车制造商 E 在谈判初期表现得非常积极和热情，向中国经销商 F 展示了新车型的技术优势和市场前景。然而，在谈到具体合作条件时却故意表现得犹豫不决、态度暧昧。他们试图通过这种方式来试探中国经销商 F 的底线和诚意并迫使对方做出更多让步。

2) 对方反应

中国经销商 F 很快识破了日本汽车制造商 E 的欲擒故纵策略，并对这种不真诚的态度感到不满。他们认为日本汽车制造商 E 在谈判中缺乏诚意和尊重，开始重新评估合作的必要性和风险。同时他们也开始积极寻找其他潜在合作伙伴以备不时之需。

3. 结果

由于双方未能建立起足够的信任，谈判最终破裂。日本汽车制造商 E 未能成功在中国市场推出新车型。

4. 教训总结

1) 真诚与尊重

在商务谈判中，真诚与尊重是建立合作关系的基础。采用欲擒故纵策略时如果表现得过于虚伪和做作则很容易引起对方的不满和反感，破坏合作关系。因此在使用这一策略时必须确保自己的言行举止真实可信并尊重对方的感受和利益。

2) 适度原则

欲擒故纵策略需要把握适度原则。过度的试探和犹豫可能让对方感到被轻视和不被尊重，引发对方的反感和抵触情绪。因此在使用这一策略时必须根据对方的反应和谈判的进展适时调整策略力度，维持谈判的和谐氛围和合作基础。

3) 明确目标

在使用欲擒故纵策略时必须明确自己的谈判目标和底线，避免因为过度试探而偏离了原本的谈判目标或暴露了自己的底线，导致谈判失败。因此在使用这一策略前必须做好充分的准备工作，明确自己的谈判目标和底线并制定相应的应对策略，应对可能出现的各种情况。

通过上述三个失败案例的分析可以看出，在商务沟通与谈判中策略的选择和运用至关重要。不同的策略适用于不同的谈判情境和对手特点，因此需要根据实际情况灵活选择和运用策略。同时在使用策略时必须注意尊重与信任、底线坚守、策略组合，以及适度原则等，以确保谈判的顺利进行和合作关系的建立。在未来的商务沟通与谈判中，我们应吸取这些失败案例的教训，不断改进自己的谈判技巧和方法，以实现更好的谈判效果和商业利益。

课件资源

参 考 文 献

[1] VOSS C，RAZ T. Never Split the Difference: Negotiate Like Your Life Depended on It[M]. New York: HarperBusiness，2016.

[2] MALHOTRA D. Negotiation Genius: How to Negotiate Anything with Confidence and Power[M]. San Francisco: Berrett-Koehler Publishers，2018.

[3] RICHARD SHELL G. Bargaining for Advantage: Negotiation Strategies for Reasonable People[M]. New York: Penguin Books，2018.

[4] KUHN J T. The Art of Negotiation: How to Improve Your Negotiation Skills[M]. New York: McGraw Hill Professional，2013.

[5] WHEELER M. The Art of Negotiation: How to Improvise，Adapt，and Win[M]. New York：W. W. Norton & Company，2018.

[6] 史蒂夫•巴毕茨基，吉姆•曼桂威提. 价格谈判：在生意场合胜出的 50 个谈判绝招[M]. 高晓燕，贾伟，译. 北京：电子工业出版社，2014.

[7] 蔡玉秋. 商务谈判[M]. 北京：中国电力出版社，2011.

[8] 陈彤，张琴. 商务沟通与谈判[M]. 北京：人民邮电出版社，2019.

[9] 陈文汉. 商务谈判实务[M]. 北京：电子工业出版社，2009.

[10] 斯图尔特•戴蒙德. 沃顿商学院最受欢迎的谈判课[M]. 北京：中信出版社，2018.

[11] 丁建忠. 国际商业谈判[M]. 北京：中信出版社，1993.

[12] 杜海玲，许彩霞. 商务谈判实务[M]. 3 版. 北京：清华大学出版社，2019.

[13] 杜慕群，朱仁宏. 管理沟通[M]. 2 版. 北京：清华大学出版社，2014.

[14] 高方涛，谈判心理学：优势谈判的决胜策略[M]. 北京：中国铁道出版社，2019.

[15] 高宏. 一看就懂的谈判技巧全图解(升级版)[M]. 北京：北京理工大学出版社，2016.

[16] 龚荒. 商务谈判与沟通：理论、技巧、实务[M]. 北京：人民邮电出版社，2014.

[17] 谷静敏. 商务沟通[M]. 北京：国家行政学院出版社，2014.

[18] 何彬. 沟通能力优化训练与指导[M]. 北京：人民邮电出版社，2014.

[19] 赫红. 管理沟通[M]. 北京：科学出版社，2010.

[20] 胡介埙. 商务沟通：原理与技巧[M]. 大连：东北财经大学出版社，2011.

[21] 黄杰，汤曼. 商务沟通与谈判(微课版)[M]. 北京：人民邮政出版社，2019.

[22] 黄漫宇. 商务沟通[M]. 北京：机械工业出版社，2010.

[23] 贾书章. 现代商务谈判理论与实务[M]. 武汉：武汉理工大学出版社，2010.

[24] 姜桂娟. 公关与商务礼仪[M]. 2 版. 北京：北京大学出版社，2010.

[25] 李昆益. 商务谈判技巧[M]. 北京：对外经济贸易出版社，2007.

[26] 李品媛. 现代商务谈判[M]. 大连：东北财经大学出版社，2005.

[27] 刘志强. 哈佛商务谈判[M]. 长春：吉林摄影出版社，2002.

[28] 罗宇. 商务礼仪实用手册[M]. 北京：人民邮电出版社，2008.

[29] 罗纳德·B·阿德勒，珍妮·玛库特·埃尔霍斯特. 商务沟通的艺术[M]. 10 版. 施宗靖，译. 上海：复旦大学出版社，2012.

[30] 马克·凯·斯科恩菲尔德，瑞克·艾姆·斯科恩非尔德. 36 小时谈判课程[M]. 施宗靖，黄文灼，周越美，译.上海：上海人民出版社，1995.

[31] 斯坦顿. 商务交流[M]. 王秀村，译. 北京：高等教育出版社，2009.

[32] 彭凯平，王伊兰. 跨文化沟通心理学[M]. 北京：北京师范大学出版社，2009.

[33] 潘肖珏，谢承志. 商务谈判与沟通技巧[M]. 上海：复旦大学出版社，2004.

[34] 钱森，张卓. 商务沟通[M]. 上海：立信会计出版社，2006.

[35] 乔淑英. 商务谈判[M]. 北京：北京商业大学出版社，2007.

[36] 苏勇，罗殿军. 管理沟通[M]. 北京：企业管理出版社，1999.

[37] 孙健敏，吴铮. 会说会听会沟通[M]. 北京：企业管理出版社，2007.

[38] 马蒂亚斯·施汉纳，绝地谈判[M]. 黄静，译. 杭州：浙江人民出版社，2019.

[39] 魏江，严进. 管理沟通：成功管理的基石[M]. 2 版. 北京：机械工业出版社，2010.

[40] 王德海，周圣坤. 传播与沟通[M]. 北京：中国农业大学出版社，2002.

[41] 王爱国. 商务谈判与沟通[M]. 北京：中国经济出版社，2008.

[42] 王慧敏. 商务沟通教程[M]. 北京：中国发展出版社，2006.

[43] 王建明. 商务谈判实战经验和技巧：对五十位商务谈判人员的深度访谈[M]. 北京：机械工业出版社，2015.

[44] 王鹏，高效沟通：如何让沟通精准有效[M]. 成都：四川文艺出版社，2018.

[45] 王绍军，刘增田. 商务谈判[M]. 北京：北京大学出版社，2009.

[46] 王文潭. 商务沟通[M]. 北京：首都经济贸易大学出版社，2006.

[47] 王振翼. 商务谈判与沟通技巧[M]. 大连：东北财经大学出版社，2020.

[48] 吴建伟，沙拉·谢尔曼. 商务谈判策略[M]. 北京：中国人民大学出版社，2006.

[49] 谢群英，何艳萍. 商务沟通与谈判[M]. 3 版. 大连：东北财经大学出版社，2022.